AF370773

CATALOGUE

# DE L'OEUVRE COMPLET

## DE FANTIN-LATOUR

## IL A ÉTÉ TIRÉ

Cent vingt exemplaires du présent ouvrage :

100 sur papier de Hollande (numérotés de 1 à 100),
  8     —     —     (pour service de presse),
  4     —  Japon impérial (pour dons d'auteur),
  8     —  simili Japon supérieur (pour dons d'auteur).

EXEMPLAIRE OFFERT A M.

PAR

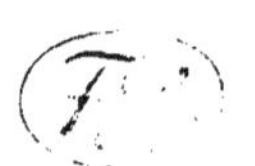

# CATALOGUE

# DE L'ŒUVRE COMPLET

(1849-1904)

# DE FANTIN-LATOUR

*Etabli et rédigé par Madame FANTIN-LATOUR*

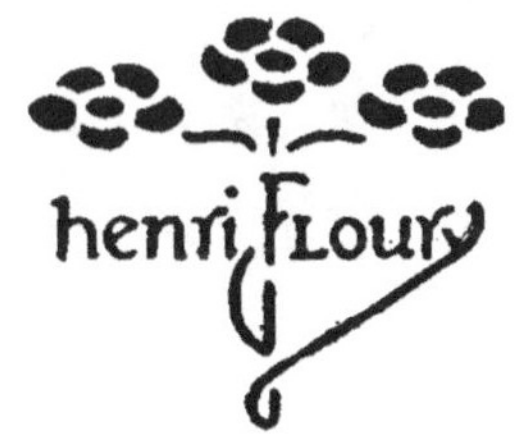


PARIS

HENRI FLOURY, ÉDITEUR

1, BOULEVARD DES CAPUCINES, 1

—

1911

# NOTICE

<br>

En établissant le Catalogue — aussi complet que possible — de l'œuvre peint, dessiné et lithographié de Fantin-Latour, on a suivi l'ordre chronologique pour chacun de ces genres afin d'arriver à l'énumération la plus simple.

Le présent Catalogue est divisé en trois parties principales, classées par année : La **Peinture** (copies, portraits, études d'après nature, sujets d'imagination, fleurs et natures mortes), les **Dessins** et les **Lithographies**.

On s'est contenté pour ces dernières de l'énumération des planches et des références au Catalogue Hédiard, dont la dernière édition est tout à fait au courant. [1]

Le lecteur constatera, ici même, bien des lacunes en ce qui concerne les mesures et les dates. Cela vient de ce que, si Fantin prenait note des peintures qu'il envoyait en Angleterre ou qu'il vendait à M. Tempelaere, il omettait souvent d'en mentionner les dimensions. A défaut de ces renseignements, il a été très difficile de différencier avec certitude nombre de tableaux de fleurs.

On a mentionné en appendice, les ouvrages parvenus tardivement à notre connaissance.

---

(1) Voir : *Les Maitres de la Lithographie : Fantin-Latour.* — Catalogue de l'Œuvre lithographique du Maître, précédé d'une étude par Germain Hédiard et d'une notice sur Germain Hédiard, par Léonce Bénédite, conservateur du Musée du Luxembourg.

# SPÉCIMEN DE SIGNATURES [1]

Année 1858 — N° 104 bis

Année 1859 — N° 124

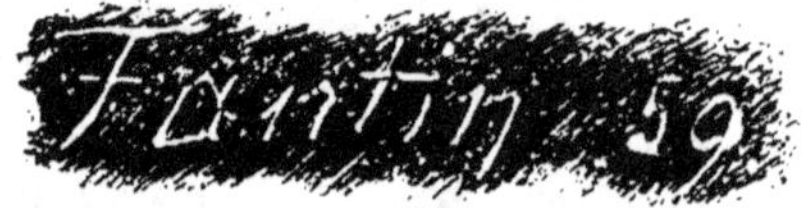

Année 1861 — N° 168

Année 1862 — N° 205

Année 1867 — N° 296

Année 1867 — N° 297

Année 1871 — N° 536

Année 1873 — N° 647

(1) Il a été impossible de retrouver aucun spécimen de la signature Fantin La Tour, citée aux n°˙ 24, 25, 47, 67. Sauf pour ces quatre ouvrages cette signature (en trois mots) doit être, *à priori*, attribuée à Théodore Fantin La Tour (1805-1875) père de Henri Fantin-Latour (1836-1904).

Année 1875 — N° 738

Année 1875 — N° 768

Année 1882 — N° 1058

Année 1877 — N° 851

Année 1885 — N° 1194

Année 1898 — N° 1750

Année 1901 — N° 1851

Année 1903 — N° 2020

# ERRATUM

Page 4 (Note finale) lire 2291 au lieu de 2308.
— 6 — — — 2184 — — 2204.
— 6 — — — 2292 — — 2309.
— 6 — — — 2293 — — 2310.
— 8 — — — 2185 — — 2205.
— 12 — — — 2292 — — 2309.
— 12 — — — 2293 — — 2310.
— 20 — — — 2183 — — 2203.
— 23 — — — 2274 — — 2292.

N° 1526, page 162, au lieu de : appartient à M. Ch. E. Haviland — lire à M. Georges Haviland.

Page 19, le portrait classé N° 117, à l'année 1859, doit être transféré à l'année 1858, avec mention « daté en haut Juillet 1858 ».

# CATALOGUE

## DE

# L'OEUVRE DE FANTIN-LATOUR

---

# ANNÉE 1849

---

### DESSIN

1. — *L'Enfant prodigue.* Deux croquis à la plume ; premiers dessins de l'auteur, datés 1849. Au Musée du Luxembourg. Croquis de droite : H. 0$^m$162. L. 0$^m$108.

> Le père tient son fils embrassé, on ne voit que le haut du corps.

Croquis de gauche : H. 0$^m$162. L. 0$^m$108.

> En haut, les deux figures en pied : le père embrassant son fils à genoux devant lui. En bas, un dessin du corps du père.

# ANNÉE 1850

## PEINTURE

2. — Copie d'un portrait prétendu authentique de *Saint-Ignace de Loyola*, pour le couvent des Jésuites de Strasbourg. Toile.

# ANNÉE 1853

## PEINTURES

3. — **Titien** (Copie d'après le). *Portrait de François I*<sup>er</sup>.
Musée du Louvre, n° 1588. Première copie de Fantin.

4. — **Van Dyck** (Copie d'après). *Portrait du duc de Richmond.*
Musée du Louvre, n° 1975.

5. — **Ferdinand Bol** (Copie d'après). *Le Philosophe en médi-
tation.* Musée du Louvre, n° 2328.

6. — **Véronèse** (Copie d'après). *La Vierge,* fragment de la
*Sainte-Famille.* Musée du Louvre, n° 1190.

7. — **Titien** (Copie d'après le). Petite esquisse d'après le *Saint-
Jérôme.* Musée du Louvre, n° 1585.

8. — **Poussin** (Copie d'après). *La Sainte-Famille.* Musée du
Louvre, n° 713.

9. — **Poussin** (Copie d'après). *L'Assomption de la Vierge.*
Musée du Louvre, n° 718. Toile. H. 0<sup>m</sup>73. L. 0<sup>m</sup>60 ; plus grand
que l'original.

10. — **Portrait de Fantin à 17 ans.** — Papier marouflé sur
toile. H. 0<sup>m</sup>40. L. 0<sup>m</sup>31. Daté en bas, à droite : 1853. Exposition
Fantin, n° 1. A M<sup>me</sup> Fantin-Latour.

> La tête imberbe, de trois quarts tournée vers la droite. Lithographié
> en 1893 et mis en tête de la plaquette de Germain Hédiard sur les
> lithographies de Fantin.

11. — **Portrait du Père Jésuite, Henri Fantin-Latour,**
oncle du peintre. Toile. H. 0<sup>m</sup>136. L. 0<sup>m</sup>123. Exécuté en 1853,
le 8 septembre. Exposition Fantin, n° 14. A M<sup>me</sup> Fantin-Latour.

> De trois quarts à droite, la tête un peu penchée.

12. — **Montmartre.** Paysage. Toile. H. 0<sup>m</sup>12. L. 0<sup>m</sup>18.
Exposition Fantin, n° 132. A M<sup>me</sup> Fantin-Latour.

> Un grand terrain gris verdâtre descendant, se détachant sur un ciel gris.

13. — ***Etude***. — Carton. H. o^m185  L. o^m31. A M. Ottin.

Femme nue, accoudée sur un lit, de face : une main soutient la tête ; l'autre bras est coupé par un coussin vert. Une jambe est passée sur l'autre jambe ; rideau rouge dans le fond.

Au dos du carton, une figure d'homme nu, assis dans la campagne.

## DESSIN

14. — ***André del Sarte*** (Copie d'après). *Un pied*. Crayon. H. o^m18. L. o^m23. Musée du Luxembourg.

*Pour complément, voir Appendice n° 2308.*

# ANNÉE 1854

## PEINTURES

15. — **Titien** (Copie d'après le). *Les Pélerins d'Emmaüs.* Musée du Louvre, n° 1581. Toile. H. 1ᵐ69. L. 2ᵐ44. Probablement en Amérique.

> Cette copie fut faite pour le beau-frère de Mᵐᵉ Beecher-Stowe, auteur de la *Cabine de l'oncle Tom.*

16. — **Delacroix** (Copie d'après). Esquisse du groupe central de *l'Entrée à Constantinople.* Toile. H. 0ᵐ42. L. 0ᵐ5o. Donnée à Mario Proth. Vente Chéramy, mai 1908 : 1.200 francs.

17. — **Delacroix** (Copie d'après). *Les Femmes d'Alger :* esquisse de la femme en robe verte. Toile. H. 0ᵐ32. L. 0ᵐ21. Signé en bas, à droite, en rouge, et daté : 54. A M. de Launay.

18. — **Delacroix** (Copie d'après). *Le Massacre du Chio ;* esquisse de la femme et l'enfant. Toile. H. 0ᵐ23. L. 0ᵐ26. Datée 8 septembre 1854. A M. L. de Launay.

19. — **Delacroix** (Copie d'après). *Les Femmes d'Alger :* esquisse de la femme en bleu.

20. — **E. Hébert** (Copie d'après). *La Malaria ;* esquisse du batelier. Au dos, une esquisse du *Cyrénéen,* de Véronèse. Carton.

21. — **Véronèse** (Copie d'après). *Le Christ entre les Larrons.* Musée du Louvre, nᵒ 1195. Toile. H. 0ᵐ232 L. 0ᵐ23. Châssis 24-24. A M. Charles Pacquement.

> Ces peintures appartenaient à Guillaume Régamey.

22. — **Decamps** (Copie d'après). *Intérieur de Cour ;* esquisse. Toile H. 0ᵐ26. L. 0ᵐ19. Daté 54. A. M. Ottin.

> Un personnage accoté au mur. Peint de mémoire d'après un bois du *Magasin Pittoresque.*

23. — **Rubens** (Copie d'après). *Le Christ en croix.* Musée du Louvre, n° 2082. Toile. H. 0<sup>m</sup>265. L. 0<sup>m</sup>215. Daté en bas, à gauche, au grattoir : 54. Appartenait à Guillaume Régamey.

24. — **Saint-Jean et le Chasseur.** Toile. H. 0<sup>m</sup>61. L. 0<sup>m</sup>50. Exposition Fantin, n° 139. A M<sup>me</sup> Fantin-Latour.

> Au premier plan, à gauche, est assis Saint-Jean ; devant lui, le chasseur armé d'une flèche. Derrière ce tableau il y avait écrit : « Fait en 6 heures, à son ami Cuisin, Henry Fantin-la-Tour, octobre 1854 ». Il a été rentoilé.

25. — **Le Songe.** Toile. H. 0<sup>m</sup>46. L. 0<sup>m</sup>55. Exposition Fantin, n° 140. A M<sup>me</sup> Fantin-Latour.

> A droite, au premier plan, sous de grands arbres au bord de l'eau, un jeune homme est étendu et dort. Il voit passer en songe des figures de femmes ; l'une tient une palme, d'autres se jouent dans l'eau. Derrière cette toile il y avait écrit : « Fait le 29 juillet 1854. H. Fantin-la-Tour à son ami Solon ». Fantin reprit cette même composition en 1889 et en fit un pastel. H. 0<sup>m</sup>81. L. 1<sup>m</sup>, qu'il transforma en 1893 en peinture à l'huile avec de légères modifications.

26. — **Vénus et l'Amour.** — Peinture sur papier fort. H. 0<sup>m</sup>22. L. 0<sup>m</sup>325. A M. Ottin.

> Femme nue, couchée sur un terrain. Elle tient une colombe dans la main gauche ; l'Amour, derrière elle, tenant son arc ; fond de paysage.

## DESSINS

27. — **Portrait de M<sup>lle</sup> Nathalie Fantin.** Crayon noir sur vergé blanc. H. 0<sup>m</sup>30. L. 0<sup>m</sup>24. Daté à droite : septembre 54, signé en bas, à gauche : Fantin. Exposition des dessins chez Tempelaere en 1901, n° 2. Exposition Fantin, n° 255. Au Musée du Luxembourg.

> Visage presque de face, coiffée de bandeaux ondulés.

28. — **Étude de Vieillard.** Crayon noir, estompe et rehauts blancs. H. 0<sup>m</sup>43. L. 0<sup>m</sup>30. En bas, à gauche : Fantin, atelier, 1854. Exposition de dessins chez Tempelaere en 1901, n° 47. Musée de Grenoble.

> Vieillard assis, vu à mi-corps, tourné vers la droite, les mains sur une draperie qui recouvre les jambes.

29. — **Femme au Piano.** Mine de plomb. H. 0<sup>m</sup>162. L. 0<sup>m</sup>135. Exposition Fantin, n° 267. Musée du Luxembourg.

> M<sup>me</sup> Fantin mère, assise au piano, de dos, légèrement tournée vers la droite.

*Pour complément, voir Appendice n<sup>os</sup> 2204, 2309 et 2310.*

# ANNÉE 1855

## PEINTURES

30. — **Rembrandt** (Copie d'après). *L'Ange de Tobie.* Musée du Louvre, n° 2536. Toile. H. 0<sup>m</sup>307. L. 0<sup>m</sup>265. Daté à droite : 1855. au dessous, la date répétée : 55 ; cette date est gravée dans la peinture. A M. Félix Bracquemond.

31. — *Études de Paysages.* Envoyées en Angleterre en 1870.

32. — *Étude de Femme.* Toile. H. 0<sup>m</sup>45. L. 0<sup>m</sup>35. A M. Ferlet.

> Femme dans un paysage. Au dos, il y avait écrit : « Henry Fantin-Latour à son ami Ferlet, 5 juillet 1855 ». A été rentoilé.

## DESSINS

33. — *Une Main,* d'après un plâtre. Crayon noir. H. 0<sup>m</sup>175. L. 0<sup>m</sup>315. Daté décembre 55. Musée du Luxembourg.

34. — *Une Main d'homme,* d'après nature. Crayon noir. H. 0<sup>m</sup>228. L. 0<sup>m</sup>272.

35. — *Étude.* Crayon noir. H. 0<sup>m</sup>146. L. 0<sup>m</sup>127. En bas, on lit : 55. Musée du Luxembourg.

> Tête de jeune fille baissée, d'après sa sœur Nathalie.

36. — *Étude.* Crayon noir. H. 0<sup>m</sup>163. L. 0<sup>m</sup>13. Musée du Luxembourg.

> Dessin sommaire, une jeune fille la tête appuyée dans sa main.

37. — *Brodeuses.* Crayon noir sur papier gris, avec des rehauts de blanc. H. 0<sup>m</sup>27. L. 0<sup>m</sup>40. Signé en haut, à droite : Fantin 1855. Collection Heseltine.

> Au milieu, devant la fenêtre, le métier à broder. Deux jeunes filles sont en train de travailler et se penchent sur l'ouvrage. L'une, dont la figure est visible de trois quarts, semble saisir l'aiguille ; l'autre, de profil perdu, dans un mouvement à peu près semblable. Figures coupées à mi-corps. La lithographie n° 4 du catalogue Hédiard en est la reproduction.

38. — *M<sup>lle</sup> Fantin au Piano*. Crayon noir sur papier vergé. H. 0<sup>m</sup>17. L. 0<sup>m</sup>225. Exécuté vers 1855, rue du Dragon. Exposition des dessins chez Tempelaere en 1901, n° 22.

> M<sup>lle</sup> Fantin est vue de dos, la bougie est allumée à sa gauche.
> Donné à M. Tempelaere en janvier 1902 avec cette dédicace : « A M. Tempelaere, H. Fantin ».

39. — *Brodeuse*. Dessin. Mine de plomb. H. 0<sup>m</sup>22. L. 0<sup>m</sup>15. Musée du Luxembourg.

> Figure en pied, assise, de face le métier sur les genoux.

40. — *Saint-François Xavier*. — Forme ogivale. H. 0<sup>m</sup>36. L. 0<sup>m</sup>18. Daté septembre 1855. Exposition des dessins chez Tempelaere, en 1901, n° 20. Musée du Luxembourg.

> Première idée pour la décoration de la chapelle des fonts baptismaux, à l'église du Plessis-Piquet.
> Cette décoration n'existe plus.

41. — *Saint-François Xavier*. — Saint-François Xavier baptisant les indiens. Dimension de la demi-feuille probablement.

> Dessin au crayon noir très achevé, exécuté en 1855 d'après la décoration précédemment indiquée, à la demande de M. Grosjean, de Versailles.

42. — *M<sup>me</sup> Fantin, mère, à la lampe*. — Au crayon noir sur papier vergé. H. 0<sup>m</sup>20. L. 0<sup>m</sup>22. Donné à G. Hédiard avec cette dédicace en haut, à gauche : à M. Hédiard. H. Fantin. Exposition des dessins chez Tempelaere, en 1901, n° 23. A M<sup>me</sup> G. Hédiard.

> Elle est de profil perdu à droite, lisant une feuille qu'elle tient à la main, sous la clarté de l'abat-jour.

43. — *Brodeuse*. — Mine de plomb. H. 0<sup>m</sup>235. L. 0<sup>m</sup>22. Exposition Fantin, n° 264. Musée du Luxembourg.

> Assise, en pied, vers la droite, brodant au métier ; deux figures de femme au second plan.

44. — *Brodeuses*. — Mine de plomb. H. 0<sup>m</sup>225. L. 0<sup>m</sup>23. Exposition Fantin, n° 260. Musée du Luxembourg.

> Deux figures en pied, assises près d'une fenêtre. Le visage de la brodeuse de gauche est caché, celui de la brodeuse de droite à peine indiqué.

45. — *M<sup>lles</sup> Marie et Nathalie Fantin*. — Au crayon noir sur papier gris bleuté. H. 0<sup>m</sup>19. L. 0<sup>m</sup>40. Daté mai 1855. Exposé chez Tempelaere, n° 19. Musée du Louvre, collection Moreau.

> Elles brodent au métier près de la fenêtre.

*Pour complément, voir Appendice n° 2205.*

# ANNÉES 1855 A 1858

## DESSINS

46. — ***Brodeuse.*** — Mine de plomb. H. 0ᵐ15. L. 0ᵐ13. Exposition Fantin, n° 262. Musée du Luxembourg.

Assise de profil perdu vers la droite, le métier sur les genoux.

47. — ***Le Trouvère.*** — Aquarelle gommée et gouachée. H. 0ᵐ11. L. 0ᵐ23. Signé et daté : Avril 55, Henry Fantin-la-Tour. Provient de l'album Cuisin. Reproduit dans *Les Artistes de tous les temps, Fantin-Latour*, par L. Bénédite. Musée du Luxembourg.

Personnage en costume renaissance assis au pied d'un bouquet d'arbres, au bord d'un lac, au soleil couchant et jouant de la mandoline.

48. — ***Liseuse et Brodeuse.*** — Mine de plomb. H. 0ᵐ267. L. 0ᵐ192. Exposition Fantin, n° 263. Musée du Luxembourg.

La brodeuse est assise près d'une fenêtre, à gauche, tournée vers la droite et brode au métier. La liseuse est assise à côté d'elle de profil, tenant un livre d'une main et l'autre main appuyée sur le bras du fauteuil.

49. — ***Croquis.*** — Crayon noir. H. 0ᵐ267. L. 0ᵐ217. Musée du Luxembourg.

Une femme cousant, une fanchon sur la tête ; dans le bas, à gauche, un autre petit croquis.

50. — ***Etude.*** — Mine de plomb. H. 0ᵐ117. L. 0ᵐ092. Musée du Luxembourg.

Tête de jeune fille appuyée, les yeux fermés.

51. ***Etude.*** Mine de plomb. H. 0ᵐ113. L. 0ᵐ093. Musée du Luxembourg.

Jeune fille lisant, un livre sur la table, la main soutenant la tête baissée.

52. ***Etude.*** Mine de plomb. H. 0ᵐ142. L. 0ᵐ105. Musée du Luxembourg.

Jeune fille lisant, un livre sur les genoux, la main gauche sous le menton.

53. — *Etude*. Mine de plomb et touches d'encre de Chine. H. 0$^m$137. L. 0$^m$105. Musée du Luxembourg.

> Jeune fille lisant, la main droite soutenant la tête.

54. — *Etude*. Mine de plomb. H. 0$^m$152. L. 0$^m$185. Musée du Luxembourg.

> Deux femmes brodant à un métier près d'une fenêtre.

55. — *Etudes*. Mine de plomb. H. 0$^m$123. L. 0$^m$096. Deux petits croquis. Musée du Luxembourg.

> Jeune fille de face, la tête soutenue par la main droite.

56. — *Etude*. Mine de plomb. H. 0$^m$123. L. 0$^m$096. Musée du Luxembourg.

> Femme de dos, assise à un métier et brodant.

57. — *Etude*. Mine de plomb. H. 0$^m$122. L. 0$^m$097. Musée du Luxembourg.

> Jeune femme, un métier sur les genoux, et brodant.

58. — *Etude*. Mine de plomb. H. 0$^m$122. L. 0$^m$96. Musée du Luxembourg.

> Jeune fille lisant, dans un livre, qu'elle tient près de ses yeux.

59. — *Intérieur*. Dessin à la plume. H. 0$^m$205. L. 0$^m$198. Musée du Luxembourg.

> Une table sur laquelle est posé un bougeoir allumé éclairant la Vénus à la jambe coupée. Effets d'ombre.

60. — *Etude*. Dessin à la plume. H. 0$^m$225. L. 0$^m$262. Musée du Luxembourg.

> Une table avec un bougeoir allumé. Effet d'ombre.

# ANNÉE 1856

## PEINTURES

61.     **Véronèse** (Copie d'après). Le coin des *Noces de Cana*.
(Septembre 56). Musée du Louvre, n° 1192. Petite esquisse.
Toile.

62.     **Etude de femme**.
Dans la pose de l'Antiope du Corrège, faite en plein air.

63.     **Etude**. Fantin d'après lui-même.
En plein air au moyen d'une glace.

64 et 65.     **Portrait d'Alphonse Legros**. Toile. H. 0ᵐ26. L. 0ᵐ23.
Fantin 56. Vente. Charpentier : 420 francs.
La tête presque de face, légèrement inclinée vers la gauche, se détachant
sur un fond de paysage, très esquissé.

66.     **Nature morte**. Carton. H. 0ᵐ493. L. 0ᵐ61. Signé et daté
sur le bord de la table : Fantin 1856. A Mᵐᵉ Fantin-Latour.
A droite, un verre à pied avec du vin, en avant d'une bouteille ; à
gauche, une casserole en cuivre, intérieur étamé ; en arrière, un pot en
faïence noire émaillé de blanc à l'intérieur ; dans le fond, un plat à gratin
en cuivre.

67.     **Les Brodeuses**. Esquisse à l'aquarelle gommée. H. 0ᵐ15.
L. 0ᵐ215. Signé et daté : février 56. Henri Fantin-la-Tour.
Exposition Fantin. n° 243. Musée du Luxembourg.
Les deux sœurs de l'artiste : l'une, de trois quarts, brode, la main sur
le métier, l'autre de dos. Elles sont assises près de la fenêtre.

## DESSINS

68.     **Portrait de Mˡˡᵉ Nathalie Fantin**. Dessin crayon noir sur
papier gris. H. 0ᵐ345. L. 0ᵐ29. En bas. à droite : avril 56. Musée
de Grenoble.
La tête est baissée, vue de trois quarts perdus.

69. — **Etude**. Mine de plomb. H. 0<sup>m</sup>15. L. 0<sup>m</sup>157. A droite, en bas : L. Solon.

> Etude d'après son ami Solon, dessinant, le bras gauche appuyé sur une table, un crayon dans la main droite.

70. — **Etude**. Mine de plomb. H. 0<sup>m</sup>115. L. 0<sup>m</sup>92. En bas, à droite : O. S. Musée du Luxembourg.

> Etude d'après son ami O. Scholderer, assis, jouant du violon.

71. — **Scène d'intérieur**. Croquis. Mine de plomb. H. 0<sup>m</sup>117. L. 0<sup>m</sup>94. Daté en bas, à gauche : 1856. A M<sup>me</sup> Fantin-Latour.

> Deux femmes dans un intérieur, l'une à la fenêtre ouverte, de dos et debout. L'autre, près de la table, de profil, lisant.

*Pour complément, voir Appendice n<sup>os</sup> 2309 et 2310.*

# ANNÉES 1856-1857

## PEINTURES

72. — **Véronèse** (Copie d'après). *Les Noces de Cana*. Musée du Louvre, n° 1192. Toile d'un peu plus de deux mètres (exécutée pour M. Beecher Stowe). Cette copie est sans doute en Amérique.

73. — **Titien** (Copie d'après) *La Mise au tombeau*. Musée du Louvre, n° 1584. Panneau. H. 0<sup>m</sup>19. L. 0<sup>m</sup>25. Au dos : A so ami Ottin. juillet 57. A M. Ottin. Fait de souvenir.

74. — **Véronèse** (Copie d'après). *Le Saint Georges de la Sainte Famille*. Musée du Louvre, n° 1190. Toile. H. 0<sup>m</sup>99. L. 0<sup>m</sup>90. même grandeur que l'original. A M<sup>me</sup> Sartoris.

75. — **Rubens** (Copie d'après). *Le Tournoi*. Musée du Louvre, n° 2116. Panneau H. 0<sup>m</sup>73. L. 1<sup>m</sup>08. grandeur de l'original n° 463. A M<sup>me</sup> Sartoris.

76. — **Murillo** (Copie d'après). *La Conception*. Musée du Louvre, n° 546 *bis*. (Petites dimensions.) Pour Himly, graveur.

77. — **Rubens** (Copie d'après). *Le Christ en croix*. Musée du Louvre, n° 2082. Toile. (Petites dimensions.) Pour Himly, graveur.

78. — **Clouet** (Copie d'après). *Portrait de Cossé-Brissac*. Musée du Louvre, n° 1009. Carton. H. 0<sup>m</sup>18. L. 0<sup>m</sup>15. Attribué aujourd'hui à l'école de Corneille, de Lyon. A M. Ottin.

79. — **Jeune fille au piano**. Toile. H. 0<sup>m</sup>31. L. 0<sup>m</sup>21. Exposition Fantin. n° 18. Vente Jean Dolent, février 1910 : 1.850 francs. Étude d'après une de ses sœurs.

80. — **La Brodeuse**. Toile. H. 0<sup>m</sup>24. L. 0<sup>m</sup>20. Signée, à droite. Exposition Fantin. n° 17. Vente Jean Dolent, février 1910 : 1.800 francs. Étude d'après une de ses sœurs.

81. — *Portrait de Fantin*. Toile. H. o^m^31. L. o^m^25. En bas, à
gauche : A Tempelaere, Fantin. A droite : 1857. Exposition
Fantin, n° 3. A M. F. Tempelaere.

> La tête de trois quarts vers la droite.

82. — *Portrait de Fantin*. Toile.

> Petit portrait de Fantin assis dans un fauteuil tourné vers la droite,
> une palette à la main, dans le fond un intérieur.

83. — *Portrait de Cuisin*. Carton. H. o^m^24. L. o^m^147. Au dos :
A son ami Ottin, juillet 57. A M. Ottin.

> Etude : il est de trois quarts tourné vers la droite, nu jusqu'à la cein-
> ture, un bras étendu, l'autre droit sur la jambe.
> Les bras sont coupés par le cadre.

84. — *Les Brodeuses*. Toile. H. o^m^29. L. o^m^26. Signé dans le
coin, au bas et à droite : Fantin 1857. Vente Vitu. A M. Roger
Marx.

85. — *Fleurs*. Toile H. o^m^26. L. o^m^24. A M. Ottin.

> Trois reines-marguerites blanches, petite branche de bruyère dans un
> verre.

## DESSINS

86. — *Fantin* à 21 ans. Crayon noir sur papier gris. H. o^m^37.
L. o^m^20. En bas, à gauche : 1857, Fantin. Exposition des dessins chez Tempelaere, en 1901, n° 43. A M. Arsène Alexandre.

> Tête de trois quarts, tournée vers la droite.

87. — *Portrait de Fantin*. Crayon noir sur papier bleu. H. o^m^355.
L. o^m^295. Signé en bas, à droite : Fantin. Exposition chez
Tempelaere. n° 44. A M. Gorjeu.

> Tête presque de face, légèrement tournée à gauche.

88. — *Jeune homme de dos*. Crayon noir sur papier vergé.
H. o^m^30. L. o^m^20. Exposition Fantin. n° 304. au Musée du
Luxembourg.

> Académie faite chez Suisse, probablement avant 1858.

89. — *M^lle^ Nathalie Fantin*. H. o^m^30. L. o^m^30. A M. Heseltine.

> Elle est assise sur un canapé, cousant. Portrait en buste, de profil à
> droite. Daté 1857.

90. — *Académie d'homme*. H. o^m^435. L. o^m^22. Exposition Fantin. n° 305. Musée du Luxembourg.

# ANNÉE 1858

## PEINTURES

91.   **Titien** (Copie d'après). *La Mise au tombeau*. Musée du Louvre. n° 1584. Toile. H. 0ᵐ65. L. 0ᵐ81. Faite pour M. Pina, de Mexico. (Cette copie est peut-être à l'Académie de Mexico).

92.   **Titien** (Copie d'après). Copie réduite de *La Mise au tombeau*. Pour Himly, graveur.

93.   **Murillo** (Copie d'après). Copie de *La Vierge de Séville*, qui était alors à Saint-Cloud. Pour Himly, graveur.

94.   **Portrait de Fantin**. Toile. H. 1ᵐ02. L. 0ᵐ72. Signé en bas, à droite : Fantin 58. Peint pour O. Scholderer pour remplir des cadres destinés à lui être envoyés. Voir sur ce tableau la *Revue de l'Art, Ancien et Moderne, Deux Œuvres nouvelles de Fantin-Latour*, par L. Bénédite, novembre 1903. Exposition Fantin. n° 2. Galerie Nationale de Berlin.

Il est assis sur une chaise de velours rouge, les jambes croisées, en veston noir et pantalon gris, se détournant de face de la toile posée à droite et sur laquelle il parait occupé à peindre. Il a l'air de tenir la palette de la main droite sur ses genoux et la brosse de la main gauche comme dans tous ses portraits où il se peint devant la glace.

95.   **Portrait de Fantin**. Toile. H. 0ᵐ88. L. 0ᵐ61. Peint pour O. Scholderer, comme le précédent. Au Musée d'Anvers.

Il est en corps de chemise, tourné vers la droite, la palette à la main.

96.   **Portrait d'Alphonse Legros**. Toile. H. 0ᵐ52. L. 0ᵐ45. Exécuté pour O. Scholderer, comme les deux précédents. Exposition Fantin. n° 16. A Mᵐᵉ Paix, de Douai.

La tête coiffée d'un chapeau, de trois quarts à gauche.

97.   **Les deux Sœurs**. Toile. H. 0ᵐ70. L. 0ᵐ95. Signé et daté en haut, à droite : Fantin 58. C'est une des toiles que Fantin

brossa pour remplir les cadres envoyés à O. Scholderer. (V. l'article cité au n° 94.) Exposition Fantin, n° 15. A M. J. Tempelaere.

> L'une, Nathalie, est assise, à droite, sur le canapé rouge, qui a si souvent servi à ses modèles ; les mains croisées dans une attitude de songerie ; l'autre, Marie, à gauche, est assise sur une chaise presque de profil, en capote et en manteau.

98. — *Les deux Sœurs*. Toile. H. 0<sup>m</sup>303. L. 0<sup>m</sup>205. A M<sup>me</sup> Fantin-Latour.

> L'une tient un métier sur les genoux et brode ; l'autre, derrière elle, lit. Rideau rouge dans le fond.

99. — *Petit portrait de Fantin*. Toile. H. 0<sup>m</sup>25. L. 0<sup>m</sup>20. Vente Dalou, décembre 1906, 1.950 francs. A. M. Kaan.

> La tête seulement, de trois quarts, éclairée à gauche, appuyée dans un coin de canapé rouge, fond gris.

100. — *Nature morte*. Panneau. H. 0<sup>m</sup>58. L. 0<sup>m</sup>71. Vendue à l'Hôtel Drouot. Avril 1858 : 17 francs.

101. — *Portrait de Fantin*. Toile. H. 0<sup>m</sup>32. L. 0<sup>m</sup>28. Exposition Fantin, n° 7. A M. Camille Benoit.

> La tête seulement, de profil vers la gauche, un peu inclinée, se dégageant de la chemise blanche.

102. — *Portrait de Fantin*. Toile. H. 0<sup>m</sup>40. L. 0<sup>m</sup>30. Exposition Fantin, n° 6. A M. A. Guillemet.

> La tête tournée à gauche, signé à gauche.

103. — *Les deux Sœurs*. Toile. A Sir Seymour Haden.

> Les deux sœurs de Fantin assises sur un divan rouge, et restoppant des chaussettes.

104. — *Paysage*. Toile. H. 0<sup>m</sup>21. L. 0<sup>m</sup>24. Exposition Fantin. n° 128. A M. Adrien Kempf.

> Un coin du parc de Saint-Cloud. A ce moment il fit une copie de la *Vierge de Séville*, de Murillo, qui était au château de Saint-Cloud, en revenant il fit des études de paysage.

104 *bis*. — *Nature morte*. Panneau. H. 0<sup>m</sup>51. L. 0<sup>m</sup>62. Signé et daté, à droite, en haut : Fantin 58. A M. L. Meley, à Alger.

> A gauche, dans le fond, un plateau ; devant une bouteille, un verre à pied, un plat à gratin, une casserole ; à droite, un pot avec son couvercle.

## DESSINS

105. — *M<sup>lle</sup> Fantin près d'un métier lisant*. Crayon noir, sur vergé. H. 0<sup>m</sup>185. L. 0<sup>m</sup>195. Exécuté vers 1858. Donné en

décembre 1901 à M^{lle} Louise Breslau avec cette dédicace, en bas. à gauche : à M^{lle} Breslau, H. Fantin. Exposition chez Tempelaere. n° 24.

Elle est vue de profil à droite; derrière elle, la fenêtre avec ses carreaux et son rideau.

106. — *Lecture*. Mine de plomb. H. 0^{m}165. L. 0^{m}245. Exposition Fantin, n° 270. Musée du Luxembourg.

Cinq jeunes gens, les amis de Fantin, assis autour d'une table; l'un d'eux, à gauche, lit.

107. — *Croquis*. Mine de plomb. H. 0^{m}21. L. 0^{m}255. Au Musée du Luxembourg.

Une jeune femme cousant, un capuchon sur la tête. A côté, un autre petit croquis.

108. — *Portrait de Fantin*. A la plume et à l'encre de Chine. H. 0^{m}13. L. 0^{m}14. A M^{me} Fantin-Latour.

109. - *Etude de jeune fille*. Crayon noir et encre. H. 0^{m}145. L. 0^{m}145. A M^{me} Fantin-Latour.

De profil, assise près d'une petite table à ouvrage.

# ANNÉE 1859

## PEINTURES

110. — ***Véronèse*** (Copie d'après). *Les Noces de Cana*. Musée du Louvre, nº 1192. Toile. H. 0m81. L. 1m. Pour M. Pina, de Mexico.

111. — ***Véronèse*** (Copie d'après). *Le repas chez Simon*. Musée du Louvre, nº 1193. Toile. H. 0m81. L. 1m. En pendant avec la copie précédente. Pour M. Pina, de Mexico.

112. — ***Portrait de Mlle Marie Fantin***. Toile. H. 0m73. L. 0m60. Refusé au Salon de 1859, exposé dans l'atelier de Bonvin. A M. Gorjeu.

Figure de trois quarts, tournée vers la droite, lisant dans un livre grand ouvert. Une main sur le livre, ornée d'une bague bleue, l'autre au-dessous.

113. — ***Portrait de Fantin***. Toile. H. 1m01. L. 0m83. Signé à gauche, dans le sens de la hauteur : H. Fantin, 1859. Refusé au Salon de 1859. Exposé dans l'atelier de Bonvin. Exposition Fantin, nº 8. Au Musée de Grenoble.

Il est debout, de trois quarts à gauche, en corps de chemise, une cravate nouée sous le col. La main gauche tient un pinceau dans le mouvement suspendu du travail.

114. — ***Les deux Sœurs ou les Brodeuses***. Toile. H. 1m. L. 1m32. Signé en bas, à gauche. Refusé au Salon de 1859. Exposition du Luxembourg en 1903. Exposition Fantin, nº 23. Reproduit en héliogravure dans la revue de l'*Art Ancien et Moderne* : *Un tableau de Fantin-Latour*, par Léonce Bénédite. à Mme Victor Klotz.

Elles sont assises, chacune d'un côté d'un métier à tapisserie sur lequel, à gauche, travaille Nathalie, la figure tournée de face, la main sur le métier où est posé un flot de laines, multicolores. A droite Marie est assise, de profil, vers la gauche, lisant dans un livre. Au fond, deux cadres.

115. — ***Deux jeunes femmes brodant et lisant***. Toile. H. 0m37. L. 0m50. Sans doute la première idée du tableau : *les Brodeuses*. qui appartient à Mme Victor Klotz. Signé et daté 1859. Vente Régamey, juin 1907 : 4.100 francs. A M. J. Strauss.

116.  *Portrait de Fantin*. Toile. H. 0^m27. L. 0^m21. Vente
Régamey, juin 1907 : 1.200 francs.

117. -- *Portrait de Fantin*. Panneau. H. 0^m35. L. 0^m32.
À sir F. Seymour Haden.
> L'artiste est à son chevalet, peignant.

118. *Portrait de Fantin*. Toile. Signé ainsi : à l'ami Vernier 9
Fantin. Cette signature est gravée dans la peinture avant le
nom de Fantin. on distingue à peine un 9. Quant au chiffre
placé devant. il est invisible. sans doute 5. A M. F. Bracquemond.
> La tête de Fantin touche presque le haut de la toile. Presque debout,
> en corps de chemise, il s'appuie sur un tabouret, la palette à la main, et
> regarde en face. Chevalet, de profil ; à droite, un fauteuil rouge.

119. -- *Nature morte*. Toile. H. 0^m175. L. 0^m23. Non signé.
Daté ainsi : nov. 4^b 9. A M. Bracquemond.
> Une tasse de porcelaine blanche, les bords dorés ; à droite une cuillère
> d'argent dans la soucoupe, sur une table de ton acajou..

120. *Pêche et couteau sur une assiette*. Toile. H. 0^m18.
L. 0^m33. Signé en bas. à gauche : Fantin. 59. A M. C. Benoit.

121. *Etude de femme*. Panneau. H. 0^m27. L. 21. Vente
Régamey, juin 1907 : 310 francs.
> Elle sort du bain et soulève un rideau.

122. -- *Portrait de Fantin*. Toile. H. 0^m27. L. 0^m215. Vente
Régamey, juin 1907 : 110 francs.

123. -- *Intérieur*. Toile. H. 0^m27. L. 0^m23. Fait rue de Beaune.
Exposition Fantin. n° 19. A M. Camille Benoit.

124. -- *Intérieur*. Toile. H. 0^m31. L. 0^m165. Fait rue de Beaune.
Signé en bas, à gauche : Fantin, à droite : 59. Exposition
Fantin, n° 20. A M^me Fantin-Latour.
> Au fond, une fenêtre avec des rideaux de mousseline blanche. Devant
> une petite table à ouvrage en acajou.

## DESSINS

125. *Etude*. Crayon noir sur papier bulle. H. 0^m11. L. 0^m11.
Signé et daté, en bas. à droite : Fantin 59. Exposition Fantin n° 275. Reproduit dans la *Gazette des Beaux-Arts* (décembre 1901). pour accompagner les *Dessins de Fantin-Latour*.
par G. Hédiard. Musée du Luxembourg.
> Profil de femme, tournée vers la gauche, tête baissée.

126. *Portrait de Fantin*. Crayon noir sur papier vergé.
H. 0^m42. L. 0^m30. Daté 20 septembre 1859.

127. — ***Fantin père à son chevalet.*** Crayon noir sur papier brun. H. o^m435. L. o^m31. Signé au bas, à droite. Exécuté rue de Beaune vers 1859. Exposition chez Tempelaere, n° 1. Exposition Fantin, n° 254. Musée du Luxembourg.

  Il est assis, de profil perdu, à gauche. L'atelier est éclairé par une baie dont le bas est garni de rideaux.

128. — ***M^lle Marie Fantin.*** Crayon noir sur papier vergé blanc. H. o^m09. L. o^m08. Reproduit dans la *Gazette des Beaux-Arts.* 1^er décembre 1901.

  Visage de profil à droite. Signé en bas, Fantin 59.

129. — ***Tête d'homme de trois quarts.*** Crayon noir. H. o^m31. L. o^m40. Signé à droite : Fantin. A mon ami Guillemet.

  Grandeur naturelle, fait à l'atelier Suisse d'après un vieux modèle appelé Vilcoq.

130. — ***Brodeuse en buste.*** Crayon noir sur papier Ingres. H. o^m142. L. o^m145. Exposition Fantin, n° 269. Musée du Luxembourg.

  Elle est en buste, tournée de trois quarts, à droite, la main sur le métier.

131. — ***Croquis.*** Fait à Londres chez sir Seymour Haden. Signé : London July 59.

132. — ***Croquis.*** 1° A la plume. H. o^m13. L. o^m175. En bas, on lit : 26 septembre 1859. A gauche : Souvenir de chez Andler.

  Des jeunes gens assis à une table, discourent, l'un tient un journal.

  2° A la plume. H. o^m135. L. o^m19. En bas : vendredi 23 septembre 1859. Musée du Luxembourg.

  Réunion de jeunes gens autour d'une table.

133. — ***Etude de jeune femme.*** Crayon noir. H. o^m173. L. o^m165. En bas, on lit : 16 oct. 1859. A M^me Fantin-Latour.

  Assise dans un fauteuil, le corps de trois quarts à gauche, les bras croisés, la tête, de face, baissée.

134. — ***Réunion de jeunes gens.*** Croquis à la plume. H. o^m097. L. o^m135. Daté en haut : 1859. A M^me Fantin-Latour.

135. — ***Portrait de Fantin.*** Crayon noir sur papier vergé. H. o^m415. L. o^m295. Daté en bas : 30 sept. 1859. Musée du Luxembourg.

  Il est tourné vers la droite.

136. — ***Académies de femmes.*** Crayon noir. Figures d'environ o^m35 de haut. Donné à Whistler en 1859.

  *Pour complément, voir Appendice n° 2203.*

# ANNÉE 1860

## PEINTURES

137. — **Titien** (Copie d'après). *Sainte Agnès*, dans *La Sainte Famille*. Musée du Louvre, n° 1580. De la même grandeur que l'original, sauf la partie ajoutée. A M. Ferran.

138.    **Calcar** (Copie d'après). *Portrait de jeune homme*. Musée du Louvre. n° 1185. Toile. H. 0ᵐ93. L. 0ᵐ78. A Sir Seymour Haden.

139. — **Les Brodeuses**. Toile. H. 0ᵐ32. L. 0ᵐ40. Signé : Fantin, 1860. A Mᵐᵉ V. Klotz.

    Les deux sœurs de Fantin faisant de la tapisserie.

140. - **Portrait de Fantin**. Toile. H. 0ᵐ54. L. 0ᵐ42. Signé le long du côté gauche et daté : avril 1860, Fantin. Vente A. Alexandre. mai 1903 : 6.000 francs. Exposition Fantin, n° 9. A Mᵐᵉ Victor Klotz.

    Buste de face, avec de longs cheveux, une barbe blonde en flocons légers, des yeux grands et pensifs, vêtu d'une redingote noire à haut col.

141. — **Portrait de Fantin**. Toile 0ᵐ34. L. 0ᵐ27. Signé à gauche, en travers. daté : 1860. Exposition Fantin. n° 5. Vente Jean Dolent. fév. 1910 : 3.300 francs.

142.    **Les Objets de toilette**. Toile. H. 0ᵐ20. L. 0ᵐ21. Exposition Fantin. n° 65.

    Une brosse à dent, un pot en porcelaine blanche et deux flacons en verre.

143.    **Nature morte**. Toile. Exposition Fantin. n° 69 *bis*. A M. Pra.

    Tasse, cuillère et pot de faïence brune.

144.    **Nature morte**. Toile. H. 0ᵐ118. L. 0ᵐ217. Signé en haut. à gauche : Fantin. Daté en bas : 1860. A M. F. Bracquemond.

    Une soucoupe de porcelaine blanche. filets en rayons dorés, contenant deux fraises et six cerises.

145. — ***Nature morte***. Toile. H. 0<sup>m</sup>24. L. 0<sup>m</sup>40. Signé en haut. à droite, sur le coin de fond rouge sombre : Fantin, 1860. Exposition Fantin, n° 64. A M. Léonce Bénédite.

> Un coin de table recouvert d'une nappe. A gauche, un moutardier de porcelaine blanche ; à côté, à droite, une assiette sur laquelle sont posés un couteau à manche noir et une cuillère de cuisine en bois.

146. — ***Intérieur***. H. 0<sup>m</sup>077. L. 0<sup>m</sup>107. Sans signature. Daté dans le sens de la hauteur, à gauche : 1860. A M. Bracquemond.

> Une croisée avec des rideaux blancs, une chaise de velours rouge placée devant les rideaux. A gauche, une porte ouverte cache une partie de la chaise.

147. — ***Fleurs***. Toile. H. 0<sup>m</sup>22. L. 0<sup>m</sup>24. Datée : Juin 1860. Vente Régamey. Juin 1907 : 70 francs.

> Quelques fleurs très esquissées.

148. — ***Fleurs***. Toile. H. 0<sup>m</sup>22. L. 0<sup>m</sup>24. Signé et daté : Juin 1860. Vente Régamey. Juin 1907 : 155 francs.

> Quelques fleurs très esquissées.

149. — ***Fleurs***. Toile. H. 0<sup>m</sup>405. L. 0<sup>m</sup>32. Signé en haut, à gauche : Fantin ; à droite : 1860. Vente Buckler, Londres. mars 1906 : 105 guinées.

> Bouquet de tournesols et autres fleurs dans une bouteille carrée en verre.

150. — ***Une poire et deux pommes***. Toile.


## DESSINS


151.    ***Fantin dessinant***. H. 0<sup>m</sup>21. L. 0<sup>m</sup>21. Plume et lavis sur papier vergé. Exposition Fantin, n° 328. Musée du Luxembourg ; don de M. Bracquemond.

> A mi-corps de trois quarts à droite, il est en train de dessiner. La table forme premier plan.

152. — ***Liseuse***. Crayon noir sur papier gris. H. 0<sup>m</sup>15. L. 0<sup>m</sup>155. Exposition Fantin, n° 265. Au Musée du Luxembourg.

> Assise près d'une fenêtre, de profil perdu, vers la droite.

153. — ***Fantin dessinant***. Plume et mine de plomb. H. 0<sup>m</sup>215. L. 0<sup>m</sup>21. Exposition Fantin, n° 248. Au Musée du Luxembourg.

> Debout à mi-corps, de trois quarts vers la droite, le portefeuille appuyé sur une table.

154.   **Croquis.** Mine de plomb. H. 0<sup>m</sup>142. L. 0<sup>m</sup>145. En haut,
à droite. on lit : 3 juin 1860. Musée de Luxembourg.
  Une jeune femme est assise dans un fauteuil, la tête dans la main.

155.   **Petit croquis.** H. 0<sup>m</sup>094. L. 0<sup>m</sup>083. Musée du Luxembourg.
  Femme assise dans un fauteuil, vue de dos.

156.   -- **Académie de Jeune homme.** H. 0<sup>m</sup>435. L. 0<sup>m</sup>22. Exposition chez Tempelaere. n° 46. Musée du Luxembourg.
  Dessin fait chez Suisse le soir, vers 1860.

157.   **Croquis.** H. 0<sup>m</sup>125. L. 0<sup>m</sup>092. Daté en haut, à gauche : 1860.
A M<sup>me</sup> Fantin-Latour.
  Un homme vêtu d'un paletot et emmitouflé d'un cache-nez.

158.   **Portrait de Fantin.** H. 0<sup>m</sup>18. L. 0<sup>m</sup>145. Signé et daté :
H. Fantin. 18 octobre 1860. Exposition Fantin. n° 247. Au
Musée du Luxembourg.
  Tête de face, toute dans la pénombre.

159.   -- **Portrait de Fantin.** H. 0<sup>m</sup>303. L. 0<sup>m</sup>234. En bas, à droite,
en dehors du dessin, signé : H. Fantin. Musée de Lille. n° 2609.
  Buste de profil, visage de face. Dessin au crayon noir et fusain avec
rehauts de blanc sur papier vergé jaune. En haut, dans le coin à gauche :
avril 1860.

160.   — **Etude.** Crayon noir sur papier gris bleu. H. 0<sup>m</sup>13. L. 0<sup>m</sup>12.
Exposition Fantin. n° 277. Musée du Luxembourg.
  Femme de profil perdu, à droite.

161.   -- **M<sup>lle</sup> Marie Fantin brodant.** Crayon noir. H. 0<sup>m</sup>185.
L. 0<sup>m</sup>155. Daté : octobre 1860. Au Musée du Luxembourg.

162.   **Fantin de face.** Crayon noir. H. 0<sup>m</sup>185. L. 0<sup>m</sup>15. Au
Musée du Luxembourg.

163.   **Fantin dessinant le soir à la lumière.** Crayon noir.
H. 0<sup>m</sup>145. L. 0<sup>m</sup>123. Photographiés par Giraudon : novembre
1901. Exposition Fantin. Au Musée du Luxembourg.
  Ces trois dessins font partie de l'album du peintre Cuisin, vendu au
Musée du Luxembourg en 1900, par ses héritiers. Ils sont à peu près de
la même date.

  *Pour complément, voir Appendice n° 2292.*

# ANNÉE 1861

## PEINTURES

164. — **Véronèse** (Copie d'après). *Les Noces de Cana*. Musée du Louvre, n° 1192. Toile. H. 1ᵐ66. L. 2ᵐ47. A sir F. Seymour Haden.

165. — **Tintoret** (Copie d'après). Toile. H. 0ᵐ26. L. 0ᵐ32. *Le Miracle de saint Marc*, de l'Académie de Venise, d'après une copie faite par le peintre anglais Hook. A Mᵐᵉ Fantin-Latour.

166. — **Liseuse**. Toile. H. 0ᵐ28. L. 0ᵐ28. Signé et daté, en haut, à gauche. Exposition Fantin, n° 22. A M. G.-R. Burnett.

> Petite étude d'après la sœur de Fantin. Elle est assise près d'une table, tournée vers la gauche, la tête appuyée sur une main, l'autre main repose sur un livre ouvert.

167. — **Portrait de Fantin**. Toile. H. 0ᵐ83. L. 0ᵐ65. Exposé au Salon de 1861, sous le titre : *Etude d'après nature*, n° 1059. Exposition Centennale de 1900. Exposition Fantin, n° 10. A M. G. Viau.

> Assis de face, la palette à la main droite, un pinceau de la main gauche (il n'a pas pris garde à l'interversion de la glace), par un effet de clair obscur.

168. — **Portrait du peintre anglais Ridley**. Toile. H. 0ᵐ72. L. 0ᵐ60. Signé et daté, en haut : Fantin, n° 61. Exposé au Salon de 1861, sous le titre : *Etude d'après nature*. n° 1061. Exposition Fantin, n° 25.

> En buste, de face, la tête inclinée et les yeux baissés, sa chevelure longue et frisée est séparée inégalement, la barbe est frisée et touffue. Vêtu d'un pardessus brun.

169. — **Liseuse**. Toile. H. 1ᵐ. L. 0ᵐ83. Signé et daté, en haut, à gauche : Fantin, 61. Un dessin de ce tableau appartient au Musée du Luxembourg. (Don Charles Hayem.) Une esquisse préparatoire de ce tableau appartient à sir F. Seymour Haden. Exposé au Salon de 1861. sous le titre : *Etude*. n° 1060. Exposé au Luxembourg en 1903, dans l'exposition

temporaire des chefs-d'œuvre de maîtres contemporains avec le concours des amis du Luxembourg. Exposition Fantin, n° 24. A. M. R. Koecklin.

C'est sa sœur Marie, assise sur le haut canapé rouge de la maison, de trois quarts à droite, un livre ouvert devant elle.

170. — ***Portrait de Fantin***. Toile. H. 0^m24. L. 0^m19. Signé en haut, à gauche : Fantin 61. A M^me Fantin-Latour.

Il est de trois quarts tourné vers la droite, la tête légèrement baissée. Fond gris clair.

171. — ***Portrait de Fantin***. Toile. H. 0^m36. L. 0^m32. Signé en bas, à droite. Exposition Fantin, n° 4.

En buste, de trois quarts à gauche.

172. — ***Portrait de Fantin***. Toile. H. 0^m23. L. 0^m155. Signé en bas, à gauche, en rouge : Fantin. A M^me Fantin-Latour.

La tête seulement, de face dans l'ombre, un peu de lumière sur le front, le nez et le col de la chemise.

173. — ***Etude de jeune femme***. Toile. H. 0^m235. L. 0^m20. Signé en haut, à gauche : Fantin. Vente Chéramy, en 1908 : 460 francs.

Elle est vue de face jusqu'à la poitrine ; une draperie blanche autour de la gorge ; ses cheveux noirs sont dénoués ; un peu de draperie lilas derrière elle ; fond gris.

174. — ***Les deux Sœurs***. Panneau. H. 0^m25. L. 0^m33. Signé des initiales. et daté : 1861. Vente Burty, en 1891 : 480 francs. Exposé à la Centennale de 1900. A M. Ch.-E. Haviland.

Deux jeunes femmes dans un intérieur. L'une faisant de la tapisserie, l'autre lisant. Même sujet que le tableau refusé au Salon de 1859.

175. — ***M^lle Marie Fantin***. Toile. Esquisse du portrait *La Liseuse*. exposé Salon 1861, n° 1060. A sir F. Seymour Haden.

176. — ***Tête de vieillard***. Toile. H. 0^m29. L. 0^m31. Etude faite à l'atelier Courbet. Signé en haut, à droite : Fantin 61.

177. — ***Deux têtes sur une même toile***. Toile. H. 0^m33. L. 0^m225. Faites à l'atelier Courbet. Signé en haut, à droite : Fantin 61. A M^me Fantin-Latour.

178. — ***Nature morte***. Toile H. 0^m16. L. 0^m21. Daté 1861. Exposition Fantin, n° 66. A M. Robert Ellissen.

Un citron.

179. — ***Nature morte***. Toile. H. 0^m34. L. 0^m47. Exposition Fantin, n° 68. A M. Emile Lévy.

Tasse, pichet d'argent, couteau et coupe à champagne.

180. — ***Nature morte***. Toile. Signé en haut, à droite : Fantin 61.

> Assiette de fruits, derrière une carafe ; à droite, un verre avec des roses.

181. — ***Un Coin d'Atelier***. Toile. H. o^m^24. L. o^m^41. Signé en haut, à gauche : Fantin, on croit voir 61. Vente Chéramy, en 1908 : 1.900 francs. A M^me^ de Basily-Callimaki.

> Contre le mur, une toile retournée sur laquelle s'appuie un carton à dessin et un vieux bouquin. A droite, une chaise de paille.

182. — ***Nature morte***. Toile. H. o^m^17. L. o^m^31. Signé en haut, à droite : Fantin, 61. Exposé chez Martinet en (?). Cette nature morte a appartenu à Whistler. Collection G.-A. Lucas.

> Fruits dans un plat, sur une table.

183. — ***Fleurs***. Toile. H. o^m^44. L. o^m^345. Daté 1861.

> Chrysanthèmes pompons dans un verre.

184. — ***Fleurs***. Toile. H. o^m^45. L. o^m^35. Signé en bas, à gauche, au grattoir : Fantin. A droite : Oct. 61.

> Lys, Chrysanthèmes, Véroniques, Roses, etc., dans un verre sombre arrondi.

185. — ***Fleurs***. Toile. H. o^m^45. L. o^m^35. Signé au grattoir, en bas, à gauche : Fantin. Daté à droite : Oct. 61.

> Dahlias, Reines-Marguerites, Roses, Bluets, etc., dans un vase sombre arrondi.

186. — ***Fleurs***. Toile. H. o^m^42. L. o^m^34. Signé en haut, à gauche, Fantin, 1861. A M^me^ Scholderer.

> Bouquet de fleurs mêlées dans un pot vert.


## DESSINS

187. — ***Fantin à 25 ans***. Crayon noir sur papier vergé. H. o^m^45. L. o^m^30. Exposition chez Tempelaere, n° 3.

> Buste de profil, à gauche. En bas : A son ami Myionnet Fantin-la-Tour. Exécuté en 1861, le dessin donné à Myionnet fut retrouvé par Fantin après la mort de Myionnet, chez un marchand avec d'autres choses. Il fut encadré pour l'exposition des dessins chez Tempelaere, avec un passe-partout cachant cette dédicace, et en raison de cela, il a été signé une seconde fois plus haut.

188. — ***Portrait de Fantin***. Crayon noir sur papier gris. H. o^m^375. L. o^m^31. On lit en bas : 28 mars 1861. Au Musée de Grenoble.

> La tête de grandeur naturelle, tournée à droite, est vue de trois quarts.

# ANNÉE 1862

---

## PEINTURES

189. — *Portrait de Fantin*. Toile. H. 0ᵐ74. L. 0ᵐ60. Exposition des Refusés en 1863. n° 159. Exposition Fantin. n° 11. Vente Darrasse, déc. 1909 : 11.250 francs.

A mi-corps, de face en veston.

190. — *Tannhæuser*. H. 0ᵐ241. L. 0ᵐ325. Non signé. A M. F. Bracquemond.

Esquisse faite pour la première lithographie qu'il a crayonnée sur la pierre en 1862. (N° 1 du catalogue Hédiard).

La figure nue de l'esquisse est à la droite des spectateurs, tandis que sur la lithographie cette figure est à gauche.

191. — *Fleurs*. Toile. H. 0ᵐ45. L. 0ᵐ37. Signé en haut, à droite, Fantin, à gauche, 1862. Vente Buckler. Londres, 1906 : 220 guinées.

Lys, roses et fleurs diverses dans un verre droit.

192. — *Fleurs*. Toile. H. 0ᵐ46. L. 0ᵐ38. Signé en haut, à droite : Fantin. Daté à gauche : 1862.

Branche de lys, rose rose, capucine. fleurs diverses, dans un vase en verre bleu sombre, coupé par le cadre. fond sombre.

193. — *Fleurs*. Toile. H. 0ᵐ45. L. 0ᵐ37. Signé en haut, à gauche : Fantin 62. Vente Buckler. mars 1906 : 175 guinées.

Roses, phlox, etc.

194. — *Fleurs*. Toile. H. 0ᵐ46. L. 0ᵐ38. Signé en haut. à droite : Fantin 62.

Roses blanches et roses roses, giroflées, etc., vase sombre, coupé par le cadre. Fond sombre.

195. — *Fleurs*. Toile. H. 0ᵐ44. L. 0ᵐ37. Signé en haut, à gauche. Daté à droite : 1862. Ce tableau a appartenu au peintre Laurent Bouvier, ami de Fantin. Exposition Fantin. Au Musée du Louvre. Collection Moreau. n° 65.

Narcisses et tulipes.

196. ***Nature morte***. Toile. H. o^m33. L. o^m2o5. Signé et daté en haut, à gauche : Fantin 62. Vente Buckler. Londres, mars 1906 : 55 guinées. Vente Rosemberg, 1909 : 1.110 francs.

> Quatre pêches dans une assiette blanche.

## DESSINS

197. — ***Nymphe et Amour.*** Crayon noir sur papier vergé. H. o^m25. L. o^m215. Daté en haut : 1862, 6 mars. Exposition chez Tempelaere, n° 29.

> A droite, la nymphe, vue en raccourci comme une figure plafonnante ; à gauche, l'amour nu.

198. — ***Hylas.*** Crayon noir sur papier vergé. H. o^m295. L. o^m235. Exposition chez Tempelaere, n° 33.

> Projet de tableau. Hylas est assis de face sur la berge du fleuve. Une des nymphes, vue de dos, a jeté ses bras autour de lui pour l'attirer dans l'eau. Une autre, de face, à droite, semble lui indiquer le chemin.

199. — ***L'Amour désarmé.*** Crayon noir sur papier vergé. H. o^m3o5. L. o^m21. Première idée pour la lithographie, n° 2 du catalogue Hédiard. En bas, sur le papier bleu : mars 1862. Musée du Luxembourg.

200. — ***L'Éducation de l'Amour.*** Crayon noir sur papier vergé. H. o^m195. L. o^m157. Première idée pour la lithographie, n° 3 du catalogue Hédiard. Musée du Luxembourg.

201. — ***Brodeuses.*** Crayon noir sur papier gris. H. o^m228. L. o^m29. Exposition Fantin, n° 256. Au Musée du Luxembourg.

> Deux figures assises à mi-corps, à peine esquissées.

202. — ***Brodeuse et Liseuse.*** H. o^m2o5. L. o^m268. Signé au bas, à gauche : 1859. Exposition Fantin, n° 258. Au Musée du Luxembourg.

> Dessin à la plume sur papier calque d'après le tableau de 1859, refusé au Salon, pour servir à l'eau-forte faite en 1862.

203. — ***Brodeuse et Liseuse.*** H. o^m2o5. L. o^m275. Exposition Fantin, n° 257. Au Musée du Luxembourg.

> Même sujet inversé.

## LITHOGRAPHIES

204. — ***Tannhæuser-Vénusberg.*** 1^re planche. H. o^m398. L. o^m495. N° 1 du catalogue Hédiard.

2o5. — *L'Amour désarmé.* 1ʳᵉ planche. H. 0ᵐ3o5. L. 0ᵐ2 ɪ. N° 2 du catalogue Hédiard.

2o6. — *L'Éducation de l'Amour.* H. 0ᵐ32. L. 0ᵐ28. N° 3 du catalogue Hédiard.

2o7. — *Les Brodeuses.* 1ʳᵉ planche. H. 0ᵐ27. L. 0ᵐ4o7. N° 4 du catalogue Hédiard.

## EAU-FORTE

2o8. — *Les deux Sœurs.* H. 0ᵐ2o. L. 0ᵐ26ɪ. N° ɪ. Appendice au catalogue Hédiard.

# ANNÉE 1863

## PEINTURES

209. — **Bordone** (Copie d'après). Petite copie du portrait de *Paris Bordone*. Musée du Louvre, n° 1179. Pour M. d'Auteuil.

210. — **Véronèse** (Copie d'après). *Les Pèlerins d'Emmaüs*. Musée du Louvre, n° 1196. Toile d'environ 2ᵐ. Au Dʳ Rondeau. Provenant de la collection de Lecoq de Boisboudran.

211. — **Titien** (Copie d'après). *Le Repos de la Sainte-Famille*. Musée du Louvre, n° 1580. Toile. H. 0ᵐ80. L. 1ᵐ08. Grandeur de l'original. Au Dʳ Rondeau. Provenant de la collection de Lecoq de Boisboudran.

212. — **Titien** (Copie d'après). *L'Homme au Gant*. Musée du Louvre, n° 1592. Toile. H. 1ᵐ. L. 0ᵐ89. Grandeur de l'original. A sir F. Seymour Haden.

213. — **Alphonse de Ferrare et Laura de Dianti** (Copie d'après). Le tableau connu sous le titre de : *La Maîtresse du Titien*. Musée du Louvre, n° 1590. Toile. H. 0ᵐ96. L. 0ᵐ76. Grandeur de l'original. A sir F. Seymour Haden.

214. **La Féerie**. Toile. H. 0ᵐ98. L. 1ᵐ30. Exposition des Refusés en 1863, n° 158. Exposition Centennale de 1900. Exposition Fantin, n° 142. A M. Ch. Ed. Haviland.

Une jeune princesse des contes de fées descend les marches d'un palais de fantaisie, et voit devant elle un jeune prince Charmant, avec une suite, qui lui offre de précieux présents.

215. — **La Lecture**. Toile. H. 1ᵐ. L. 0ᵐ80. Signé en haut, à droite. Salon de 1863, n° 669. Exposé à Gand en 1895. Cette toile y fut acquise par M. Van Cutsem. Exposition Fantin. A M. Guillaume Charlier, à Bruxelles.

Portrait de sa sœur Marie en jaquette brune et robe noire, tournée de trois quarts à gauche, la tête penchée sur un livre.

216. — **Scène mythologique**. Toile. H. 0ᵐ21. L. 0ᵐ26. Esquisse

pour le tableau du *Tannhœuser*, exposé au Salon de 1864, n° 678. Daté au dos : 7 décembre 1863. Vente Régamey, juin 1907 : 500 francs.

217. ***Toilette.*** Toile. H. 0ᵐ22. L. 0ᵐ29. Vente Régamey, juin 1907 : 620 francs. A Mᵐᵉ Camus-Haviland.

218. — ***Fleurs.*** Toile. H. 0ᵐ46. L. 0ᵐ38. Signé et daté 1863.

Des lys et des pélargoniums dans un vase de porcelaine blanche posant sur le cadre.

219. — ***Nature morte.*** Toile. H. 0ᵐ43. L. 0ᵐ56. Signé et daté en haut, à gauche : Fantin 1863. Exposition Fantin, n° 111. Vente Buckler, Londres, mars 1906 : 145 guinées.

Une assiette de fruits. Sur la table, quelques fruits et un couteau, deux bouteilles et un verre à pied.

220. — ***Nature morte.*** Toile. H. 0ᵐ33. L. 0ᵐ39. Signé en haut, à droite : Fantin 1863. Exposition Fantin, n° 92. A M. F. Tempelaere.

Roses blanches dans un verre, poire et raisin, sur la table.

221. — ***Fleurs dans un verre.*** Toile. H. 0ᵐ41. L. 0ᵐ48. Vendu à Londres, en 1906.

## DESSINS

222. — ***Apothéose.*** H. 0ᵐ365. L. 0ᵐ475. Dessin au crayon noir, estompé, avec des rehauts de blanc, sur papier Ingres bleu gris. Daté en haut, à droite : 13 septembre 1863. Exposition des dessins chez Tempelaere, en 1901, n° 59. Collection Moreau. Musée du Louvre, n° 148.

Première idée pour le tableau du Salon de 1864 : *Hommage à Delacroix.* A droite, le buste de Delacroix sur la tête duquel une femme, en costume du temps (chapeau fermé et châle), pose une couronne. (La princesse Colonna.) Au pied de la colonne qui supporte le buste, une Muse, assise, pleurant, les mains sur les yeux. A droite, un homme, figure coupée par le bord, apporte une couronne. A gauche, groupe nombreux d'admirateurs, l'un, debout, au second plan, est en redingote, un autre en corps de chemise ; au premier plan, deux personnages assis.

223. — ***Dessin d'après Ingres : L'Age d'or.*** Cintre. H. 0ᵐ335. L. 0ᵐ255. Calque à la mine de plomb, achevé de l'Age d'or. Daté 31 août 1863. Au Musée du Luxembourg.

224. ***Dessin d'après Ingres : Le Bain Turc.*** H. 0ᵐ212. L. 0ᵐ19. Mine de plomb. Au Musée du Luxembourg.

# ANNÉE 1864

## PEINTURES

225. — **Géricault** (Copie d'après). *Le Naufrage de la Méduse.*
Musée du Louvre. Toile. H. o^m615. L. o^m895. Exécutée pour
M. de la Rozière.

226. — **Rembrandt** (Copie d'après). *Le Portrait de Rembrandt,*
dit « au Bonnet de coton ». Musée du Louvre. Toile. H. o^m55.
L. o^m45. Signé en bas, à gauche.

227. — **Hommage à Eug. Delacroix.** Toile. H. 1^m60. L. 2^m52.
Salon de 1864, n° 677. Exposition des portraits du siècle, en
1883. Exposition Centennale, en 1889. Exposition Fantin, n° 28.
Voir sur les origines de ce tableau : *Revue de l'Art ancien et
moderne; Histoire d'un tableau: le « Toast », par Fantin-
Latour.* Léonce Bénédite, janvier-février 1905. Collection
Moreau. Musée du Louvre.

Une réunion de dix personnages est pressée autour du portrait de
Delacroix, accroché, dans un cadre doré, au milieu de la muraille de
fond. Ils forment comme deux groupes. Dans celui de gauche, tout en
avant, debout, de trois quarts de dos, vers la droite, et se retournant,
Whistler en longue redingote, tenant un bouquet. Derrière lui, assis,
Fantin en corps de chemise, la palette à la main, presque de face; à
gauche de celui-ci, sur le même plan, également assis, Duranty, de profil
à droite. Au second plan, du même côté, à gauche, le peintre Cordier, de
trois quarts, à droite, et Alphonse Legros, de face, un foulard blanc
autour du cou. Dans le groupe de droite figurent, au 1^er plan, assis tous
deux, Champfleury, les bras croisés, puis Baudelaire, le mouchoir sortant de la poche du vêtement, la main gauche sur la cuisse. En arrière,
entre eux, les mains dans les poches de son veston, Manet, debout; puis,
à sa droite, Bracquemond, un peu tourné vers le peintre de Balleroy.

228. — **Hommage à Delacroix.** Peinture sur papier marouflé.
H. o^m25. L. o^m26. Signé en bas, à gauche. A M^me Fantin-Latour.

Projet de tableau. Au milieu, un buste sur un piédestal; à gauche,
un homme monte les marches qui conduisent au buste tenant un
chapeau haut de forme derrière lui; à droite, cinq personnages : l'un
d'entre eux couronne le buste et un autre; au premier plan, — un peintre
en corps de chemise, — tient une palette.

229. — *Hommage à Delacroix*. Panneau. H. 0^m^29. L. 0^m^26.
Signé à droite, en bas : Fantin. Vente Chéramy, 1908 :
1.205 francs.

A droite, une Gloire ailée, vêtue de rouge, embouche la trompette et
couronne le buste de Delacroix. A gauche, un groupe de personnages
se tient devant le buste et l'un d'eux s'avance pour lui offrir une
couronne.

230. — *L'Hommage*. Panneau. H. 0^m^34. L. 0^m^45.

Projet pour l'*Hommage à Delacroix*. Au premier plan, une femme de
dos, vêtue d'une tunique blanche, couronne le buste de Delacroix.

231. — *Hommage*. Toile. H. 0^m^27. L. 0^m^28.

Autre projet pour l'*Hommage à Delacroix*. Personnages auprès du buste
de Delacroix.

232. — *Apothéose*. Toile. H. 0^m^17. L. 0^m^20. A M. Denys Cochin.

Autre projet pour l'*Hommage à Delacroix*. A gauche, un buste de
Delacroix, qu'une figure ailée couronne ; à droite, plusieurs figures
d'hommes.

232 *bis*. — *Hommage à Delacroix*. Papier marouflé. H. 0^m^195.
L. 0^m^244. Signé en bas, à droite. A M. Moreau-Nélaton.

A gauche, une jeune femme, en robe rose, monte les degrés qui conduisent au buste de Delacroix pour le couronner. Au milieu, un homme, vu de
dos, s'avance également vers le buste, tenant une couronne. A droite,
coupé par le cadre, un peintre en corps de chemise tient une palette.
Derrière lui sont groupés six personnages.

233. — *Scène du Tannhæuser*. Toile. H. 0^m^95. L. 1^m^28. Salon
de 1864, n° 678. Exposition Fantin, n° 151. A M. Rosenberg.

A gauche, dans un paysage romantique, Tannhæuser est assis sur un
tertre de gazon, face au spectateur. Près de lui, Vénus, à demi couchée
sur l'herbe, s'appuie sur ses genoux. A droite, un groupe de quatre
nymphes. La plus voisine de Tannhæuser est assise et joue de la flûte
antique. Une autre debout, la tête renversée en arrière, danse, ainsi
que la troisième, tournée vers la gauche. La dernière, à peine distincte,
paraît couchée à terre. Près d'elle, tout en bas, une cassolette fumante.

234. — *Tannhæuser*. H. 0^m^26. L. 0^m^34.

A gauche, Tannhæuser, assis. Vénus, étendue, s'appuie sur ses genoux.
Près d'eux, une danseuse de face et une autre tenant un tambourin.

235. — *Tannhæuser*. Toile. H. 0^m^21. L. 0^m^26. Collection
Ch. E. Haviland.

Petite esquisse du même sujet.

236. — *Portrait de M^me^ Edwards*. Toile. H. 0^m^60. L. 0^m^49.
Signé et daté en haut, à gauche : Fantin, 61-64. Exposition
Fantin, n° 26. Au Musée de la Ville de Paris.

En buste, de trois quarts à gauche, en robe blanche. Exécuté au cours
de ses voyages en Angleterre.

237. — *Portrait de M^me Potter*. Toile.
> En robe de soie et mousseline blanche, tenant un livre.

238. — *Nature morte*. Toile. H. 0^m19. L. 0^m275. Signé en haut,
à droite. Exposition Fantin, n° 67. A Sir Herbert Thompson.
> Tasse et soucoupe avec cuillère.

239. — *Fleurs*. Toile. H. 0^m56. L. 0^m46. Signé à gauche, au-
dessus de la table : Fantin, 1864. Exposition Fantin, n° 83.
A la National Gallery.
> Roses blanches, dans un verre droit.

240. — *Fleurs*. Toile. H. 0^m54. L. 0^m45. Signé à droite, au-
dessus de la table : Fantin, 1864. Vente Buckler. Londres,
1906 : 180 guinées.
> Narcisses blancs, jacinthes, tulipes, etc., dans une boule de verre, sur
> une table de marbre blanc.

241. — *Fleurs*. Toile. H. 0^m48. L. 0^m43. Signé en bas, à
gauche : Fantin, 1864. Vente Buckler. Mars 1906 : 230 guinées.
> Camélia, primevères, boules de neige, dans une grosse boule de verre.

242. — *Fleurs*. Toile. H. 0^m55. L. 0^m41. Signé à gauche,
au-dessus de la table : Fantin, 1864. Donné à Whistler. Vente
Buckler. Mars 1906 : 205 guinées.
> Roses, lys, tulipes dans une boule de verre.

243. — *Fleurs*. Toile. Signé à gauche, au-dessus de la table :
Fantin, 1864. H. 0^m53. L. 0^m44. Vente Schouten. Amsterdam
1910 : 5.250 francs.
> Des roses, des œillets, des véroniques et des fleurs diverses dans une
> grosse boule de verre.

244. — *Fleurs*. Toile. H. 0^m49. L. 0^m44. Signé et daté : 1864,
en bas, à gauche, Victoria and Albert Muséum. South-Ken-
sington. Collection C. A. Ionides.
> Tulipes, Azalées, roses, lilas, etc., dans un vase rond.

245. — *Fleurs*. Toile. H. 0^m49. L. 0^m438. Signé et daté : 1864,
en bas, à droite. Victoria and Albert Museum, South-Ken-
sington. Collection C. A. Ionides.
> Tulipes, camélias, etc., dans un vase rond.

246. — *Fleurs*. Toile. H. 0^m535. L. 0^m42. Daté, 1864.
> Fleurs d'automne.

247. — *Fleurs*. Panneau. H. 0^m14. L. 0^m20. A M. F. Tempelaere.
> Petite esquisse ancienne. Quelques fleurs dans un pot de porcelaine blanc.

248. — *Fleurs*. Toile. H. 0<sup>m</sup>55. L. 0<sup>m</sup>041 ? Signé en haut, à gauche.

> Roses, lys et d'autres fleurs dans une grosse boule de verre.

249. — *Nature morte*. Toile. H. 0<sup>m</sup>55. L. 0<sup>m</sup>44. Signé en haut, à gauche : H. Fantin, 64. Exposition Fantin, n° 117. A M<sup>me</sup> Paul Paix.

> Fleurs et fruits sur fond rouge ; lys du Japon dans un verre à long col, assiette de fruits, raisins, pêches, prunes.

250. — *Bouquet de fleurs*. Toile. H. 0<sup>m</sup>495. L. 0<sup>m</sup>44. Signé en bas, à gauche : Fantin, 1864.

> Camélia, azalée, primevère, jacinthe bleue, tulipe, giroflée, etc., dans une boule de verre.

250 *bis*. — *Nature morte*. Toile. H. 0<sup>m</sup>15. L. 0<sup>m</sup>30. Signé en haut, à droite, en grosse signature : Fantin. Daté en haut, à gauche : juillet 64. Signé et daté en rouge.

> Deux figues, une reine-claude et un abricot dans une assiette blanche.

251. — *Fruits*. Toile. Exécuté à Sunbury (Angleterre).

> Quatres pommes dans une assiette.

## DESSINS

252. — *Tannhæuser-Vénusberg*. Crayon noir, mise aux carreaux. H. 0<sup>m</sup>24. L. 0<sup>m</sup>32. Projet pour le tableau exposé au salon de 1864. Au Musée de Grenoble.

> Au premier plan, Vénus couchée, appuyée sur les genoux de Tannhæuser. Derrière eux, une nymphe joue de la flûte ; trois autres nymphes dansent, l'une d'entre elles s'accompagne du tambourin.

253. — *Hommage à Delacroix*. H. 0<sup>m</sup>175. L. 0<sup>m</sup>265. Au Musée de Grenoble.

> Décalque à la mine de plomb, accentuée dans certaines parties par des traits à la plume.

254. — *Buste de vieillard*. Crayon noir. H. 0<sup>m</sup>207. L. 0<sup>m</sup>28. Exposition chez Tempelaere, n° 26. Au Musée de Grenoble.

> Partie supérieure d'une figure d'homme appuyé du côté droit.

255. — *Buste de jeune homme* (dit Saint-Jean-Baptiste). Crayon noir sur vergé. H. 0<sup>m</sup>16. L. 0<sup>m</sup>18. Exposition chez Tempelaere, n° 25. A M. A. Beurdeley.

> Académie faite chez Jacque, rue Lamartine, vers 1864.

256. — *Baigneuses*. Dessin à la mine de plomb et au crayon noir, sur papier végétal. H. 0<sup>m</sup>23. L. 0<sup>m</sup>125. Signé au bas.

à gauche : Fantin. A droite, en dehors du dessin : nov. 64. Au Musée de Lille, n° 2.604.

> Groupe de quatre femmes nues dans un paysage, au bord de l'eau.

257. — *Etude*. Crayon noir. H. 0<sup>m</sup>23. L. 0<sup>m</sup>20. Musée du Luxembourg.

> Etude pour la redingote de Champfleury dans l'*Hommage à Delacroix*.

258. — *Jeune femme lisant*. Crayon noir. H. 0<sup>m</sup>098. L. 0<sup>m</sup>129. On lit dans le coin, à droite : 1864. Au Musée de Grenoble.

> Une jeune femme assise devant une table, lit à la lueur d'une lampe.

259. — *Etude*. Crayon noir sur papier bulle. H. 0<sup>m</sup>195. L. 0<sup>m</sup>28. Etude pour l'eau-forte. Signé en bas, à gauche, à l'envers : H. Fantin. Exposition Fantin, n° 281. Au Musée du Luxembourg.

> Un morceau de Schumann, n° 2, de l'appendice du catalogue Hédiard. M<sup>me</sup> Edwards est à droite, au piano ; M. Edwards, à gauche, joue de la flûte.

260. — *Deux têtes d'études pour l'eau-forte n° 2*. Crayon noir et mine de plomb. H. 0<sup>m</sup>15. L. 0<sup>m</sup>23. Exposition Fantin, n° 280. Au Musée du Luxembourg.

> Appendice catalogue Hédiard : *Un morceau de Schumann*. A droite, le portrait de M<sup>me</sup> Edwards, de trois quarts vers la droite. A gauche, la tête de M. Edwards, de profil vers la droite, la flûte à la bouche.

261. — *Autre étude*. Mine de plomb. H. 0<sup>m</sup>195. L. 0<sup>m</sup>275. Etude pour l'eau-forte : *Un morceau de Schumann*. Signé, en haut, à gauche : Fantin.

## EAU-FORTE

262. — *Un Morceau de Schumann*. H. 0<sup>m</sup>195. L. 0<sup>m</sup>27. Au catalogue Hédiard, n° 2 de l'appendice.

# ANNÉE 1865

## PEINTURES

263. — **Véronèse** (Copie d'après). *Les Noces de Cana*. Musée du Louvre, n° 1192. Toile H. 0ᵐ84. L. 1ᵐ255. A M. Dilberoglou.

264. — **Rembrandt** (Copie d'après). *Le saint Mathieu*. Musée du Louvre, n° 2538.

265. — **Rubens** (Copie d'après). *Le triomphe de la Religion,* Musée du Louvre, n° 2083.

266. — **Véronèse** (Copie d'après). *Portrait de femme*. Musée du Louvre, n° 1199.

267. — **Vélasquez** (Copie d'après). *L'Infante*. Musée du Louvre, n° 1731.

268. — **Rubens** (Copie d'après). *Portrait de la fille de Henri IV.* Musée du Louvre, n° 2112.

269. — **Giorgione** (Copie d'après). *Concert champêtre*. Musée du Louvre. n° 1136.

270. — **Deux baigneuses**, dont une effrayée par un serpent. *Nota :* Les numéros 263 à 270 inclus. ont été faits entre 1865 et 1867. Appartiennent à M. de Balleroy.

271. — **Le Toast**. Toile. H. 0ᵐ21. L. 0ᵐ285. Exposition Fantin, n° 30. Voir au sujet de cette toile : *Histoire d'un tableau : « Le Toast »*, par Léonce Bénédite. *Revue de l'art ancien et moderne*. Janvier-février 1905. A Mᵐᵉ Fantin-Latour.

Esquisse définitive du tableau exposé au Salon de 1865, n° 782, et détruit après le Salon.

272. — **Portrait de Fantin**. Toile. H. 0ᵐ355. L. 0ᵐ315. Exposition Fantin. n° 13. A Mᵐᵉ Fantin-Latour.

Tête découpée du tableau : *Le Toast*, au moment de la destruction de cette toile par l'artiste. De trois quarts à droite.

273. — ***Portrait du peintre Vollon***. Toile. H. 0ᵐ3o. L. 0ᵐ18. Exposition Fantin, n° 31. Vente Henri Darrasse, décembre 1909 : 1.35o francs. A M. L. Méley, à Alger.

    C'est la tête de l'artiste, découpée avec celles de Whistler et de Fantin, du tableau du *Toast* au moment de sa destruction en 1865.

274. — ***Portrait du peintre Whistler***. Toile. H. 0ᵐ46. L. 0ᵐ36. En Amérique, à la New-York Public Library, donné par M. Avery.

    Découpée du tableau : *Le Toast*, avec celle de Fantin et du peintre Vollon, au moment de sa destruction, en 1865.

275. — ***Portrait de sa sœur Marie***. Toile. H. 0ᵐ185. L. 0ᵐ155.

    Petite esquisse d'après sa sœur, en robe brune et chemisette bleue, un livre à la main ; pour le portrait exposé au Salon de 1866, n° 682, et détruit après le Salon.

276. — ***Jugement de Pâris***. Toile. H. 0ᵐ24. L. 0ᵐ19. Exposition Fantin, n° 217. A M. Raoul Pugno.

    A droite, Pâris tenant la pomme et l'offrant à Vénus. Derrière lui Minerve avec son bouclier, puis Junon, dans le haut, le bras étendu. Au pied de Vénus, l'Amour qui cherche à l'approcher de Pâris.

276 *bis*. — ***Nature morte***. Toile. H. 0ᵐ645. L. 0ᵐ57. Signé et daté, en haut, à droite : Fantin. 1865.

    Bouquet de dahlias de diverses couleurs dans un vase blanc. Pommes et poires sur une assiette. Raisins blancs et couteau sur une table de bois.

277. — ***Fleurs et fruits***. Toile. H. 0ᵐ54. L. 0ᵐ67. Signé en haut, à droite. Exposition Fantin, n° 71. A M. Alfred Pacquement.

    Sur une table, couverte d'une nappe blanche, une assiette avec un melon entamé, devant un panier rempli de pêches et une assiette de raisins blancs et noirs. Derrière, un vase avec un bouquet de marguerites.

278. — ***Nature morte***. Toile. H. 0ᵐ54. L. 0ᵐ67. Signé en haut, à droite : Fantin. Exposition Fantin, n° 72. A M. Ch. Pacquement.

    Sur une table, un plat à fruits en porcelaine blanche rempli de pommes et de poires. A côté, un plateau plein de grenades, derrière un pot de primevères et une carafe.

279. — ***Nature morte***. Toile. H. 0ᵐ48. L. 0ᵐ39. Signé sur le milieu d'une des moulures de la table : Fantin, 1865. Exposition Fantin, n° 114. 3ᵉ vente Tavernier, avril 1907 : 5.400 francs.

    Dans un verre cornet, quelques jacinthes légèrement teintées de mauve. Sur l'angle de la table, une assiette blanche avec une poire, deux pommes et une grappe de raisin.

280. — ***Fleurs et fruits***. Toile. H. 0ᵐ48. L. 0ᵐ39. Signé à gau-

che, en bas : Fantin, 1865. Exposition Fantin, n° 113. 3ᵉ vente
Tavernier, avril 1907 : 5.800 francs.

Dans un verre, forme flûte, quelques tulipes rouges et blanches. Au
premier plan, dans un plateau d'argent, un citron, une orange, une
pomme et un couteau. Un tapis rouge sombre tombe sur la table.

280 *bis*. — *Nature morte*. Toile. H. 0ᵐ58. L. 0ᵐ49. Signé en
haut, à gauche : Fantin 1865. A Mᵐᵉ Esnault-Pelterie.

Une tranche de melon dans une assiette, une semelle de pêche, vase
de fleurs diverses, carafe de vin muscat sur une nappe.


## DESSINS


281. — *La Vérité*. Crayon noir sur papier vergé. H. 0ᵐ23.
L. 0ᵐ192. Sans doute pour la Vérité du *Toast*, tableau du Salon
de 1865. Au-dessus est écrit : 27 janvier 65. Au Musée du
Luxembourg.

La Vérité est debout, de face, nue, coupée au-dessous des genoux,
levant de la main gauche un miroir, de la droite, tenant un voile derrière
elle.

282. — *Vérité*. Crayon noir et mine de plomb sur papier vergé.
H. 0ᵐ22. L. 0ᵐ17. Exposition Fantin, n° 297. Au Musée du
Luxembourg.

Nue, de face, à mi-jambes, un miroir dans la main gauche.
Dessin fait probablement pour la Vérité du *Toast*.

283. — *Portrait de M. Ingres*. Crayon noir. H. 0ᵐ165. L. 0ᵐ11.
En haut : 28 9ᵇʳᵉ 1865.

284. — *Tête de femme*. (D'après un maître ancien, semble-t-il).
Crayon noir. H. 0ᵐ19. L. 0ᵐ16. Daté en haut, à gauche : 19 oct.;
en bas, à gauche : 1865. Exposition Fantin, n° 279. Au Musée
du Luxembourg.

Inclinée, de trois quarts vers la gauche, les yeux baissés, les cheveux
défaits.

# ANNÉE 1866

## PEINTURES

285. — *La Table Garnie*. Toile. H. 0<sup>m</sup>60. L. 0<sup>m</sup>72. Signé en haut, à droite : Fantin 1866. Salon de 1866, n° 683. Exposition Fantin, n° 69. Vente collection R. D. (Reginald Davis). Paris, 1909 : 15.000 francs.

Sur une table, un panier rempli de fruits ; à côté, des oranges et des petites pommes, une tasse et des quartiers d'orange dans un plateau rouge ; derrière, un livre à couverture bleue et un vase plein de camélias.

286. — *Fleurs*. Toile. Signé en bas, à gauche.

Lys du Japon sur fond clair, fragment d'une nature morte qui a été coupée.

287. — *Fruit*. Toile. H. 0<sup>m</sup>16. L. 0<sup>m</sup>22. Signé en haut, à gauche : Fantin 1866. Ces deux numéros étaient sur une même toile. A M. C. Benoit.

Grosse pêche coupée sur un tapis de table bleu.

288. — *Nature morte*. Toile. H. 0<sup>m</sup>73. L. 0<sup>m</sup>60. Signé en haut, à gauche : Fantin.

Sur une table, poires et pommes dans un panier d'osier. Au premier plan, à gauche, un couteau ; à droite, une moitié de poires. Au second plan, à droite, un vase en hauteur contenant des branches de lilas et de giroflées.

289. — *Nature morte*. Toile. H. 0<sup>m</sup>73. L. 0<sup>m</sup>60. Signé en haut, à gauche.

Sur une table, recouverte d'un tapis rouge foncé, sont disposés : au premier plan, une orange ouverte dont les quartiers sont épars, une fraise et, tout à fait à gauche, une soucoupe contenant des fraises. Au deuxième plan, à gauche, un plateau avec une orange ; à droite, un sucrier et un quartier d'orange. A gauche, à l'angle de la table, des hortensias et des anémones dans un vase rond en cristal rempli à moitié d'eau.

290. — *Nature morte*. Toile. H. 0<sup>m</sup>73. L. 0<sup>m</sup>55. Signé en haut, à droite : Fantin, 1866.

Pot de primevères, compotier avec poires ; sur la table couverte d'une nappe, des grenades, un citron et un couteau.

291. — ***Nature morte***. Toile. H. 0^m73. L. 0^m55. Signé en haut, à gauche : Fantin, 1866.

> Panier plein de pommes sur une table; une petite pomme à côté; en arrière, un pot d'azalées, puis un verre à moitié plein, des oranges sur une assiette et sur la table.

## DESSINS

292. — ***Départ***. Crayon noir et un peu d'aquarelle. H. 0^m132. L. 0^m11. Exposition Fantin, n° 282. Au Musée du Luxembourg.

> Deux femmes debout, dans un intérieur, prêtes à partir. Au premier plan, la sœur de l'artiste; derrière elle, sa mère. En bas, on lit : Marie, ma Mère.

293. — ***Tête de femme***. (Etude d'après?). Crayon noir sur papier Ingres. H. 0^m233. L. 0^m192. Daté : 23 sept. 1866. Exposition Fantin, n° 272. Au Musée du Luxembourg.

> De trois quarts, légèrement inclinée vers la droite, un bandeau dans les cheveux.

# ANNÉE 1867

## PEINTURES

294. — **Véronèse** (Copie d'après). *Les Noces de Cana*. Musée du Louvre, n° 1192. Toile. H. 1<sup>m</sup>65. L. 2<sup>m</sup>45. Copie faite pour M. Homer. Au Musée de Belfast (Irlande).

296. — **Portrait de Manet**. Toile. H. 1<sup>m</sup>30. L. 1<sup>m</sup>. Signé en bas, à gauche, avec dédicace : A mon ami Manet, Fantin, 1867. Salon de 1867, n° 571. Exposition rétrospective de 1889. Exposition Fantin, n° 32. A l'Art Institute, de Chicago.

> De face, un peu tourné à gauche, en veston bleuâtre et pantalon gris, cravate bleue. Il est coiffé d'un chapeau de soie. Il tient horizontalement sa canne des deux mains, la gauche gantée de jaune.

297. — **Portrait de Fantin**. Toile. H. 0<sup>m</sup>64. L. 0<sup>m</sup>55. Salon de 1867, n° 572. Signé en haut, à droite. Exposition Fantin, n° 13.

> En buste de face, tourné vers la droite, en redingote.
>
> Ce tableau avait été vendu à feu M. A. Jonides, de Londres. Rossetti l'avait réclamé comme partie du paiement d'un portrait qu'il avait fait pour cet amateur, mais ce portrait de Fantin disparut alors avec la personne qui devait le remettre.

298. — **Une Vierge et deux Saintes**. En trois tableaux. A M. Ed. Dwight, de Boston.

> La figure de la vierge mesurait en largeur, deux pieds deux pouces, les figures des saintes étaient plus étroites.

299. — **Portrait de la duchesse de Fitz-James**. Toile. H. 0<sup>m</sup>52. L. 0<sup>m</sup>44. Exposition Fantin, n° 37. A M. Beurdeley.

> En buste de trois quarts à gauche. Robe lilas décolletée, la gorge nue parée d'un triple collier à pendants de perles; une écharpe sur l'épaule droite. Ses cheveux sont ornés d'une couronne de fleurs posée en diadème. Fond gris.

300. — **Le jeune Fitz-James**. Toile. H. 0<sup>m</sup>50. L. 0<sup>m</sup>42. Signé et daté en haut, à gauche, 67. Exposition Fantin, n° 38. Vente Henri Darrasse, déc. 1900 : 1.800 francs.

> En buste de face, un col blanc rabattu sur la veste.

301. — **Un autre jeune de Fitz-James**. Toile. H. 0<sup>m</sup>50. L. 0<sup>m</sup>42. Exposition Fantin, n° 33. A M. Alb. Pra.

# ENTRE 1867 ET 1868

## PEINTURES

3o2. — ***M<sup>lle</sup> de Fitz-James***. Toile. H. o<sup>m</sup>5o. L. o<sup>m</sup>42. Signé en haut, à gauche : Fantin, 67. A M. H.-J. Laroche, de Gand.

De face, en robe blanche décolletée, un ruban mauve avec un médaillon autour du cou, des bouffants mauves aux bras.

3o3. — ***Une autre demoiselle de Fitz-James***. Toile.

3o4. — ***M<sup>lle</sup> de Machy***. Toile.

3o5. — ***Le jeune de Machy***. Toile.

3o6. — ***M<sup>me</sup> de Lapanouse***. Toile.

3o7. — ***M. de Bonneval***. Toile.

3o8. — ***Un autre M. de Bonneval***. Toile.

## DESSIN

3o9. — ***Portrait de M<sup>me</sup> Ditte***. Crayon noir sur papier vergé, demi-nature. H. environ o<sup>m</sup>25. L. o<sup>m</sup>2o.

# ANNÉE 1868

---

## PEINTURES

310. — ***Nature morte***. Toile. H. 0ᵐ12 L. 0ᵐ26. Signé en haut, à gauche : Fantin, 68. A Mᵐᵉ Fantin-Latour.

> Deux abricots et des cerises dans une soucoupe.

311. — ***Nature morte***. Toile. H. 0ᵐ495. L. 0ᵐ47. Daté 68. Vente Galloway. Londres, juin 1905 : 360 guinées. Vente Humphrey Roberts, mai 1908 : 10.500 francs.

> Dahlias dans un vase vert, des raisins et des pêches.

312. — ***Fruits***. Papier marouflé. H. 0ᵐ19. L. 0ᵐ24. Signé à gauche, en bas : Fantin, 68. Vente Chéramy, 1908 : 1.050 francs.

> Trois pêches sur une assiette.

313. — ***Fruits***. Toile. H. 0ᵐ195. L. 0ᵐ273. Châssis. H. 0ᵐ208. L. 0ᵐ288. Signé en bas, à gauche : Fantin, 1868.

> Trois pêches dans un petit panier bas.

---

# ANNÉE 1869

## PEINTURES

314. — **Véronèse** (Copie d'après). A). *L'évanouissement d'Esther devant Assuérus*. Musée du Louvre, n° 1189. Toile. H. 0ᵐ30. L. 0ᵐ46. Signé en bas, à droite. A Mᵐᵉ Fantin-Latour.

315. — **Véronèse** (Copie d'après). B). *Le Christ portant sa croix*, aidé par le Cyrénéen. Musée du Louvre, n° 1194. Sur papier.

316. — **Giorgione** (Copie d'après). *La Sainte famille ;* plusieurs saints et un donateur. Musée du Louvre, n° 1135. Commencée en 1869, reprise en 1870. H. 0ᵐ37. L. 0ᵐ55. Signé et daté en bas, à droite : août 1870. A Mᵐᵉ Fantin-Latour.

317. — **Portrait de Mˡˡᵉ Biron**. Toile. La grandeur originale était de : H. 1ᵐ285. L. 0ᵐ975. Il a été coupé. Comme la signature avait été coupée, Fantin la signa à nouveau en 1903. A Mᵐᵉ la marquise de Saint-Sauveur.

   Dans un ovale jusqu'à la taille. Elle est en robe blanche, décolletée, avec des rubans cerise.

318. — **Tête de Fillette**. Toile. H. 0ᵐ33. L. 0ᵐ27. Exposition Fantin, n° 34. A M. Van Gogh.

   De face, les cheveux pendant en arrière sur les épaules et retenus par un nœud, sur le haut de la tête, col nu.

319. — **Tête de Fillette**. Toile. H. 0ᵐ30. L. 0ᵐ21. Signé en bas, à droite : Fantin 70. A sir Herbert Thompson. En dépit de la signature, cette peinture a été exécutée en 1869.

   Le même petit modèle que le numéro précédent. La tête tournée vers la gauche, légèrement de trois quarts. Le cou découvert. Un ruban de velours noir dans les cheveux.

320. — **Vision**. Papier maroufté. H. 0ᵐ315. L. 0ᵐ235. Signé environ au milieu de la toile, en bas : Fantin. Dans l'angle supérieur gauche du tableau, se lit sous la couleur cette indication au crayon : 7 janvier 1869. A M. Roger Marx.

   Au premier plan, à gauche, un guerrier armé d'une lance et d'un bouclier. Devant lui, une jeune femme assise sur des nuées, dans une attitude méditative. Derrière elle, deux figures debout ; l'une joue de la mandoline. Esquisse du tableau exposé au Salon de 1895, n° 712.

321. — *Le Rêve du Poète*. Toile. (?) H. 0ᵐ23. L. 0ᵐ32. Vente Doria, mai 1899 : 1.000 francs.

Le poëte est assis, le front dans la main ; derrière lui des formes féminines s'évoquent, l'une dansant, l'autre jouant du tambour de basque.

322. — *Reflets d'Orient*. (R. Schumann.) Peinture. H. 0ᵐ23. L. 0ᵐ31. Esquisse faite pour le tableau envoyé au Salon de 1869, qui fut refusé, et dont il ne reste que *Le Jour* et *La Nuit*. 1871.

Dans un intérieur oriental, des danseuses éclairées par des lampes japonaises. Par une grande baie, on voit un paysage éclairé par la lune. Près de cette baie, sont assis une jeune femme et un jeune homme. Au premier plan est étendu un personnage sombre : R. Schumann voyant, en rêve, les reflets d'Orient.

323. — *Reflets d'Orient*. Papier marouflé. H. 0ᵐ24. L. 0ᵐ28. A Mᵐᵉ Fantin-Latour.

Légère esquisse semblable au numéro ci-dessus.

324. — *Hommage à Delacroix*. Toile. H. 0ᵐ235. L. 0ᵐ31. Signé et daté, en haut, à droite : 1869. Vente Clapisson, en 1894.

A droite, un portrait encadré devant lequel une jeune femme vue de dos vient offrir une couronne. Près d'elle, un homme tenant des fleurs ; d'autres personnages debout et assis.

325. — *Nature morte*. Toile. H. 0ᵐ32. L. 0ᵐ295. Signé en haut, à droite : Fantin 1869. A Mᵐᵉ Fantin-Latour.

Dans un cornet blanc et bleu, des fleurs de printemps et des fraises dans un petit compotier blanc ; sur la table, un camélia blanc, deux cerises et une fraise, un verre à pied contenant du vin.

326. — *Nature morte*. Toile. H. 0ᵐ56. L. 0ᵐ46. Signé : Fantin 69. A M. Heseltine, de Londres.

Des abricots, des cerises, des amandes vertes dans une assiette, des cerises et une amande verte sur la table ; en arrière, de la camomille.

327. — *Nature morte*. Toile. H. 0ᵐ65. L. 0ᵐ55. Vendu à l'hôtel Drouot, février 1874, collection Le Barbier.

Pieds d'alouettes dans un vase. Roses trémières et glaïeuls sur la table.

328. — *Nature morte*. Toile. H. 0ᵐ27. L. 0ᵐ21. Signé en haut, à gauche : Fantin 1869.

Tranche de melon sur un linge blanc.

329. — *Nature morte*. Toile. H. 0ᵐ41. L. 0ᵐ33. A M. Fry.

330. — *Nature morte*. Toile. H. 0ᵐ41. L. 0ᵐ33. A M. Fry.

331. — *Pêches*. Toile. Daté : 1869.

332. — *Dahlias*. Toile. Daté : 1869.

333. — *Fleurs de printemps*. Toile. H. 0ᵐ38. L. 0ᵐ31. Signé et
daté : Fantin 69, en bas, à droite, au-dessus de la table. A
O. Scholderer.

   Coucous, jacinthes bleues, giroflées jaunes, dans un vase bleu foncé.

334. — *Nature morte*. Toile. H. 0ᵐ255. L. 0ᵐ305. Signé en
haut, à gauche : Fantin 69.

   Panier plein d'abricots : par derrière, deux figues et des cerises ; en
avant, une assiette avec des fraises et, derrière l'assiette, deux amandes
vertes.

334 bis. — *Nature morte*. Toile. H. 0ᵐ18. L. 0ᵐ31. Signé en bas,
à gauche : Fantin 69.

   Fraises sur une soucoupe, trois abricots dans un petit panier, en avant,
des amandes vertes.


## DESSINS


335. — *Portrait de la tante de Duranty*. Crayon noir. Dimension mi-nature, époque probable, 1869. A M. Edgar Degas.

   D'après nature, après décès.

336. — *Vision*. H. 0ᵐ31. L. 0ᵐ23. On lit en haut, à gauche :
7 janvier 69. Au Musée de Grenoble.

   Calque fait sur la peinture n° 310, exécutée en 1869, et mis au carreau
pour un tableau plus grand, exposé au Salon de 1895.

337. — *Baigneuses*. Crayon noir. H. 0ᵐ315. L. 0ᵐ405. Calqué
sur une peinture de 1869 ou 70. Musée de Grenoble.

   Au premier plan et à droite, une femme, couchée, s'appuie sur le bras
gauche : la tête en profil perdu, regarde dans le lointain ; derrière elle,
une autre femme, vue de dos. Au second plan, une figure drapée,
adossée à un arbre ; plus à gauche, une quatrième, drapée et assise, joue
de la guitare.

338. — *Rêve du Poète*. H. 0ᵐ30. L. 0ᵐ22. Au Musée de
Grenoble.

   Dessin sur calque fait sur une peinture. En bas deux figures assises ;
en haut, dans le ciel, à droite, une figure ailée tenant une couronne et
une trompette ; à gauche, une femme tenant une coupe.

339. — *La Toilette de Vénus*. Crayon noir. H. 0ᵐ29. L. 0ᵐ262.
Au Musée de Grenoble.

   A droite, Vénus, le haut du corps nu, les bras levés pour arranger ses
cheveux, se regarde dans un miroir que tient une nymphe drapée, placée
à côté d'elle. A gauche, une autre figure de femme, drapée et assise, joue
de la guitare.
   Calque fait sur une peinture.

340. — ***Baigneuses***. H. 0^m22. L. 0^m275. Calqué sur une peinture faite en 1869 ou 1870. Au Musée de Grenoble.

> Composition de trois figures. Tout à fait à droite, l'une d'elles, debout, complétement nue, entre dans l'eau. Elle se retourne et regarde à sa gauche. A gauche, une baigneuse nue, vue de dos, agenouillée sur la berge, cause à une troisième, drapée et assise. Forêt dans le fond.

341. — ***Vénus et l'Amour***. Crayon noir. H. 0^m16. L. 0^m20. Au Musée de Grenoble.

> Vénus couchée regarde l'Amour qui semble vouloir l'entraîner.

# COPIES
# EXÉCUTÉES AVANT 1870
## (SANS DATES CERTAINES)

342. - **Véronèse** (Suite de copies d'après). A). *Jupiter foudroyant les crimes*. Musée du Louvre. n° 1198. Fragment
n° 1. H. 0ᵐ245. L. 0ᵐ153. Signé en bas, à droite.

343. — Fragment n° 2. H. 0ᵐ245. L. 0ᵐ175. Signé en bas, à
gauche.

344. — Fragment n° 3. H. 0ᵐ21. L. 0ᵐ165. Signé en bas, à
gauche. A Mᵐᵉ Fantin-Latour.

345. - B). *Jupiter foudroyant les crimes*. Pour Lecoq de
Boisbaudran.

346. — C). *Le Portrait de Véronèse* des *Noces de Cana*. Musée
du Louvre, n° 1192. Grandeur de l'original. Pour Lecoq de
Boisbaudran.

347. — D). *Le Groupe d'Esther* de *L'évanouissement d'Esther*.
Musée du Louvre, n° 1189. A M. Hirsch.

348. — E). *Jésus guérit la belle-mère de Pierre*. Autrefois au
Musée du Louvre. N° 102 du catalogue Villot. H. 0ᵐ41.
L. 0ᵐ35. Signé en bas. à gauche. A Mᵐᵉ Fantin-Latour.
Très ancienne esquisse.

349. — F). *L'incendie de Sodome*. Musée du Louvre, n° 1187.
H. 0ᵐ29. L. 0ᵐ39. Signé en bas, à droite. A Mᵐᵉ Fantin-Latour.
Très ancienne esquisse.

350. — G). *Jésus sur le chemin du calvaire*. Musée du Louvre,
n° 1194.
Petite esquisse.

351. — H). *Le Christ entre les larrons*. Musée du Louvre,
n° 1195. H. 0ᵐ29. L. 0ᵐ29. Exposition Fantin, n° 135.
A M. Alfred Pacquement.

352. — I). *Jupiter foudroyant les crimes.* Musée du Louvre, n° 1198. A M. Lambert.

353. — J). *Le saint Georges de la Sainte Famille.* Musée du Louvre, n° 1190.

354. — K). *Portrait de femme.* Musée du Louvre, n° 1199. H. 0ᵐ41. L. 0ᵐ31. Exposition Fantin, n° 138. A M. Pacquement.
    La tête seulement.

355. — **Titien** (Suite de copies d'après). A). *La tête de l'Antiope.* Musée du Louvre, n° 1587. H. 0ᵐ60. L. 0ᵐ72. A M. Etcherry.

356. — B). *La vierge au lapin.* Musée du Louvre, n° 1578. H. 0ᵐ50. L. 0ᵐ60. A J. Jacquemart.

357. — C). *La vierge au lapin.* Papier marouflé. H. 0ᵐ175. L. 0ᵐ24. Signé en bas, à droite. A M. J. Tempelaere.

358. — D). *Le tableau dit : La Maîtresse du Titien.* Musée du Louvre, n° 1590. Au commandant Lejosne.

359. — E). *L'Antiope.* H. 0ᵐ248. L. 0ᵐ45. A Edouard Manet.
    Petite esquisse.

360. — F). *La mise au tombeau.* Musée du Louvre, n° 1584.

361. — G). *Portrait d'Alphonse d'Avallos.* Musée du Louvre, n° 1589. H. 0ᵐ44. L. 0ᵐ39. Exposition Fantin, n° 134. A Mᵐᵉ Tesse.

362. — **Boucher** (Copie d'après). *Le Bain de Diane.* Musée du Louvre, n° 30. A la Manufacture Nationale de Sèvres.

363. — **Chardin** (Copie d'après). *Le Bénédicité.* Musée du Louvre, n° 92.

364. — **Van Dyck** (Copie d'après). *Les donateurs (de la Vierge aux donateurs).* Musée du Louvre, n° 1962. Pour Prévost, graveur.

365. — **Craesbeke** (Copie d'après). *Craesbeke peignant un portrait.* Musée du Louvre, n° 2340. A Eugène Manet.

366. — **Les deux Bellin** (Copie d'après). Musée du Louvre, n° 1156. A Eugène Manet.
    Petite copie.

367. — **Rubens** (Suite de copies d'après). A. *Entrevue de Marie de Médicis et de son fils.* Musée du Louvre, n° 2104. H. 0ᵐ35. L. 0ᵐ22. A M. Roger Marx.
    Très ancienne esquisse.

368. — B). *Présentation du portrait de Marie de Médicis à Henri IV.* Musée du Louvre, n° 2088. H. 0ᵐ40. L. 0ᵐ30. A M. F. Bracquemond.

369. — C). *Mariage de Marie de Médicis.* Musée du Louvre, n° 2089. Toile. H. 0ᵐ40. L. 0ᵐ30. A M. F. Bracquemond.

370. — D). *Présentation du portrait de Marie de Médicis à Henri IV.* Toile. Musée du Louvre, n° 2088. A M. Lambert.

371. — D). *Paysage.* Musée du Louvre, n° 2119. Toile. H. 0ᵐ233. L. 0ᵐ482. A E. Manet.

372. — E). *La femme et les enfants de Rubens.* Musée du Louvre, n° 2113. Toile. H. 0ᵐ50. L. 0ᵐ32. A J. Jacquemart.

273. — E). *Le débarquement à Marseille.* Toile. Musée du Louvre, n° 2090. A Blaise Desgoffe.

374. — **Corrège** (Suite de copies d'après). A). *Le Mariage mystique de sainte Catherine.* Musée du Louvre, n° 1117. Toile. H. 0ᵐ45. L. 0ᵐ45. Exposition Fantin, n° 133. A Mᵐᵉ Tesse.

375. — B). *Le mariage mystique de sainte Catherine.*
Petite esquisse.

376. — C). *L'Antiope.* Musée du Louvre, n° 1118. Toile. Pour M. Tesse.

377. — **Murillo** (Copie d'après). *Le jeune mendiant.* Musée du Louvre, n° 1717. Toile. Pour M. de Combarieu.

378. — **Giorgione** (Copies d'après). A.) *Le Concert champêtre.* Musée du Louvre, n° 1136. Toile. H. 0ᵐ50. L. 0ᵐ60. A J. Jacquemart.

379. — B). *Le Concert champêtre.* Toile. A Edouard Manet.

380. — **Tintoret** (Copies d'après). *Le Paradis.* Musée du Louvre, n° 1465. Fragment, n° 1. H. 0ᵐ42. L. 0ᵐ31. Fragment n° 2. H. 0ᵐ36. L. 0ᵐ295. A Mᵐᵉ Fantin-Latour.

381. — **Raphaël** (Copies d'après). A). *Portrait de jeune homme.* Musée du Louvre, n° 1506. Toile.

382. — B). *Portrait de Castiglione.* Musée du Louvre, n° 1505. Toile.

383. — **Vélasquez** (Copies d'après). A). *L'Infante Marguerite.* Musée du Louvre, n° 1731. Toile. A M. Drechou.

384. -- B). *L'Infante Marguerite*. Toile. H. 0ᵐ38. L. 0ᵐ38. A. M. Heseltine.

385. — **Rembrandt** (Copie d'après). *Portrait de femme*. Musée du Louvre. nᵒ 2547. Toile.

386. — **Véronèse** (Copie d'après). *Le Repas chez Simon*. Musée du Louvre. nᵒ 1193. Pour Prévost, graveur.

387. — **Chardin** (Copie d'après). *La Pourvoyeuse*. Musée du Louvre. nᵒ 99. Carton. H. 0ᵐ20. L. 0ᵐ21. A. M. F. Tempelaere.

# COPIES
# EXÉCUTÉES DE 1870 A 1873
## (SANS DATES CERTAINES)

---

388.    **Véronèse** (Suite de copies d'après). *Evanouissement d'Esther*. Musée du Louvre. n° 1189. Toile. H. 0^m30. L. 0^m46. Signé en bas, à droite. A M^me Fantin-Latour.

389.    — *Les Noces de Cana*. Musée du Louvre. n° 1192. Toile. H. 0^m71. L. 1^m02. Signé en bas, à droite. Commencée pour M. Tesse, avant 1870, elle fut reprise plus tard et gardée par Fantin.

390.    — *Les mains du marié* des *Noces de Cana*. Toile. H. 0^m28. L. 0^m22. A M^me Esnault-Pelterie.

391.    — *La tête du marié* des *Noces de Cana*. Toile. H. 0^m37. L. 0^m38. Signé en bas, à gauche. A M^me Fantin-Latour.

392.    — *Les Pèlerins d'Emmaüs*. A). *Tête d'enfant*. Musée du Louvre. n° 1196. Toile.

393.    — B). *Tête d'homme*. Toile.

394.    — C). *Les enfants du centre*. Toile.

395.    — D). *Fragment*. Toile. H. 0^m40. L. 0^m27. Signé en bas, à droite. A M. Léonce Bénédite.

   Un homme âgé, assis devant la table ; on voit une tête derrière lui.

396.    — E). *Fragment*. Toile. H. 0^m23. L. 0^m29. Signé en bas, à gauche. A M. Maurice Dreyfous.

   Trois têtes sur une toile.

397.    — F). *Fragment*. Toile. H. 0^m52. L. 0^m37. Signé en bas, à droite.

   Une femme tenant un petit enfant sur les bras, un petit garçon devant elle, un homme et une tête de jeune fille.

398. — *Tête d'enfant avec une main*, du *Portrait de femme.*
Musée du Louvre. Toile. H. 0ᵐ34. L. 0ᵐ24. Signé en bas, à
droite, daté : 1873.

399. — A). *Le repas chez Simon.* Musée du Louvre, nᵒ 1193.
Toile. H. 0ᵐ21. L. 0ᵐ33. Signé en bas, à gauche.
    Fragment du centre.

400. — B). *Fragment de droite.* Toile. H. 0ᵐ27. L. 0ᵐ37. Signé
en bas, à gauche.

401. — C). *Fragment de gauche.*

402. — D). *Autre fragment de gauche.*

403. — **Titien** (Copies d'après). *La tête de l'homme au gant.*
Musée du Louvre, nᵒ 1592. Carton. H. 0ᵐ35. L. 0ᵐ28.

404. — *Portrait d'homme* (l'Aretin). Musée du Louvre, nᵒ 1591.
Carton. H. 0ᵐ34. L. 0ᵐ25.
    La tête seulement.

405. — **Watteau** (Copie d'après). *L'embarquement pour l'île de
Cythère.* Musée du Louvre, nᵒ 1982. H. 0ᵐ21. L. 0ᵐ33. Exposition Fantin, nᵒ 137. A M. Pacquement.

406. — **Rubens** (Copies d'après). A). *Henri IV part pour la
guerre et confie à la reine le gouvernement du royaume.* Musée
du Louvre, nᵒ 2003. Toile. H. 0ᵐ30. L. 0ᵐ25. Signé en bas, à
droite.

407. — B). *Apothéose de Henri IV.* Régence de Marie de
Médicis. Bellone (fragment). Musée du Louvre, nᵒ 2095. Toile.
H. 0ᵐ35. L. 0ᵐ34. A Mᵐᵉ Esnault-Pelterie.

408. — C). *Apothéose d'Henri IV.* L'Hydre de la Rébellion.
Toile. H. 0ᵐ22. L. 0ᵐ28. Signé en bas, à droite.

# ANNÉE 1870

## PEINTURES

409. — *L'Atelier aux Batignolles*. Toile. H. 2<sup>m</sup>o5. L. 2<sup>m</sup>685.
Signé et daté sur le tapis, en bas à gauche : Fantin 70. Salon
de 1870, n° 1000. Médaille de 3<sup>e</sup> classe au Salon de cette année.
Acquis par l'Etat à M<sup>me</sup> Ed. Edwards, en 1892. Exposition
Fantin, n° 35. Au Musée du Luxembourg.

C'est l'atelier du peintre Manet, vêtu d'un veston gris et d'un pantalon
plus clair, une cravate bleue nouée sur les parements du veston, l'artiste
est assis, presque, au milieu de la composition, un peu à gauche, de face,
devant une toile posée sur un chevalet. Il semble peindre le portrait de
Zacharie Astruc, assis à sa droite, au premier plan, un livre à la main,
en avant d'un groupe d'amis, tous debout. Le premier, la tête encadrée
dans une bordure vide accrochée au mur, coiffé d'un chapeau mou,
regarde attentivement le travail qui s'avance sur la toile, c'est Auguste
Renoir. Puis vient Emile Zola, jouant avec son lorgnon, il cause avec
trois autres personnages qui sont: au premier plan, de profil, les mains
derrière le dos, Bazille, tué pendant la guerre 1870 : entre celui-ci et
Zola, la tête d'un ami particulier de Fantin, Edmond Maitre, et, à ce
même plan, contre le cadre, la tête de Claude Monet.

A gauche du tableau, debout, derrière Manet, les mains dans les
poches, le peintre allemand Otto Scholderer. La composition est équili-
brée de ce côté par la silhouette du chevalet, derrière lequel sont posés:
sur une table garnie d'un tapis de molleton rayé, une Minerve en plâtre
et un pot de grès.

410. — *L'Atelier aux Batignolles*. H. o<sup>m</sup>29. L. o<sup>m</sup>39. Au Musée
du Luxembourg.

Esquisse pour le n° 409.

411. — *L'Atelier aux Batignolles*. H. o<sup>m</sup>29. L. o<sup>m</sup>39. A M. Reid.

Autre esquisse pour le même tableau.

412. — *La Lecture*. Toile. H. o<sup>m</sup>98. L. 1<sup>m</sup>28. Salon de 1870,
n° 999. Médaille de 3<sup>e</sup> classe. Exposition centennale de 1889.
Exposition Fantin, n° 36. A M. Ch. Ed. Haviland.

Deux jeunes filles sont assises, chacune d'un côté d'une petite table
sur laquelle est posé un pot de fleurs. C'est, à gauche, M<sup>lle</sup> Victoria
Dubourg, sa future femme, en veste grise, de trois quarts à droite, sui-
vant du doigt sa lecture sur un livre ouvert, tandis que, à droite, sa sœur,
M<sup>lle</sup> Charlotte Dubourg, le visage encadré d'un petit chapeau à barbes
de dentelles et à nœud bleu, de face les mains réunies sur les genoux, la
main gantée, semble écouter.

4I3. — *M^me de Chaubry*. Toile. H. 0^m57. L. 0^m48.

4I4. — *M. Petit-Didier (Emile Blémont)*. Toile. 0^m52. L. 0^m42.
Signé en haut, à droite. A M. E. Blémont.
> Buste de trois quarts à droite.

4I5. — *Petit-Didier*, frère du précédent. Toile. H. 0^m52. L. 0^m42.
Signé en haut, à droite.
> Buste de trois quarts à gauche.

4I6. — *La Musique et la Danse*. Toile.

4I7. — *Les Vendanges*. Toile.

4I8. — *Esquisse*.
> Quatre figures, un homme, trois femmes, robes bleues, éventails et parasols.

4I9. — *Esquisse*. Papier maroufié. H. 0^m305. L. 0^m23. Signé en bas, à gauche.
> Trois figures de femme, dont une, mi-vêtue d'une draperie bleue, dans un bois. Celle du milieu a une robe rose, celle de droite une robe jaune clair.

420. — *Femme mi-vêtue*. Toile.

42I. — *Baigneuses*. Toile.
> Deux femmes, dont une nue, dans l'eau.

422. — *Repos*. Toile.
> Trois femmes assises dans un paysage, une autre venant de la forêt.

423. — *Baigneuses*. Toile.
> Trois figures nues dans un bois près d'un ruisseau.

424. *Brune et Blonde*. Toile.
> Derrière il y a écrit : 1^re esquisse septembre 70.

425. — *Manet dans son atelier*. Toile. H. 0^m28. L. 0^m33. Signé en bas, à gauche. Vente d'un amateur (Shoukine), en 1900 : 900 francs. Vente Buckler, mars 1906 : 160 guinées.
> A gauche, Manet assis devant son chevalet, une palette à la main. Derrière lui, un personnage debout regardant sa toile. A droite, un jeune garçon debout devant une table avec des flacons, porte un plateau. Derrière, deux amis causent.

426. — *Nature morte*. Toile. H. 0^m16. L. 0^m27. Signé en haut, à gauche : Fantin 70.
> Une sébille japonaise dans laquelle il y a une lettre posée sur un livre japonais.

427. — *Nature morte*. Toile. H. 0^m16. L. 0^m27. Signé en bas, à droite : Fantin 70. A sir Herbert Thompson.
> Un bougeoir en porcelaine blanche, avec une boîte à allumettes en argent.

428. — *Fleurs.* Toile H. 0ᵐ3o. L. 0ᵐ25. Signé et daté à gauche, en bas, au-dessus de la table : Fantin 70.
Une rose et quelques fleurs dans un verre sombre.

429. — *Nature morte.* Toile.
Panier de raisin avec deux pêches sombres.

430. — *Fruits.* Toile.
Deux pommes, une poire dans une assiette blanche.

431. — *Fruits.* Toile.
Une poire, une pomme et du raisin dans une assiette blanche.

432. — *Nature morte.* H. 0ᵐ24. L. 0ᵐ3o. Signé et daté en bas, à droite : Fantin 70. A M. Baillehache.
Une poire, une pêche, une pomme et du raisin blanc et noir dans une assiette.

433. — *Pommes.* Toile. H. 0ᵐ26. L. 0ᵐ34. Signé à gauche, en bas : Fantin 70. Vente A. Reid, de Glasgow, 1898 : 2o5 francs.

434 et 435. — *Fruits.* Toile.
Une pomme, des raisins dans une assiette blanche, sur une nappe blanche.

436. — *Phlox blanc.* Daté : 70.

437. — *Panier de Pêches.* Toile.

438. — *Pêches sur une assiette blanche.* Toile. H. 0ᵐ18. L. 0ᵐ25. Signé en haut, à droite : Fantin 70. Vente Darrasse, déc. 1909 : 1.55o francs. A M. H.-J. Laroche.

439. — *Fruits.* Toile. H. 0ᵐ22. L. 0ᵐ28. Signé et daté, à droite : 1870. Vente Darrasse, déc. 1909 : 2.000 francs.
Une pêche, un couteau et du raisin blanc.

44o. — *Fruits.* Toile.
Raisins noirs, pomme sur une assiette et un couteau.

441. — *Fruits.* Toile.
Des pommes, du raisin blanc sur une assiette, couteau sur une nappe blanche.

442. — *Fleurs.* Toile. Daté : 70.
Un bouquet de dahlias sur une table.

443. — *Nature morte.* Toile. A M. Georges Haviland.
Un camélia blanc dans un verre et trois pommes d'Api dans une soucoupe.

**444. — *Nature morte*. Toile.**

Deux pommes, une rouge et l'autre rose; poire, raisin blanc et noir, le tout dans une assiette.

**445. — *Fruits*. Toile.**

Quatre pêches dans une soucoupe, une, sur la table, se détachant sur du blanc; le haut d'un compotier rempli de pêches en pyramide.

**446. — *Fleurs*. Toile.**

Fleurs de printemps : narcisses, lilas blanc, tulipes jaunes; deux pivoines sur la table.

**447. — *Trois pêches dans une assiette*. Toile.**

**448. — *Nature morte*. Toile.**

Une grappe de raisin blanc à côté d'une pomme dans une assiette.

**449. — *Trois pêches dans une soucoupe*. Toile. H. 0ᵐ25. L. 0ᵐ17. Signé en haut, à gauche : Fantin 70.**

**450. — *Nature morte*. Toile.**

Cerises et amandes vertes dans une assiette.

**451. — *Nature morte*. Toile.**

Raisin blanc et pomme dans une assiette.

**452. — *Fruits*. Toile.**

Des cerises, des groseilles blanches, deux abricots, des amandes vertes dans une soucoupe.

**453. — *Fleurs blanches*. Toile.**

**454. — *Etude d'Hortensias*. Toile. H. 0ᵐ3925. L. 0ᵐ42. Signé et daté en haut, à gauche: Fantin 1870. Vente Buckler, mars 1906 : 80 guinées.**

**455. — *Fruits*. Toile. H. 0ᵐ21. L. 0ᵐ29. Signé en haut, à droite : Fantin 70. A M. Baillehache.**

Une assiette avec une poire, deux pêches, un abricot et un peu de raisin blanc.

**456. — *Fruits*. Toile. Daté : Août 1870.**

Raisins blancs et noirs et trois pêches dans une assiette.

**457. — *Fleurs*. Toile. H. 0ᵐ31. L. 0ᵐ47. Signé en haut, à gauche : Fantin 70.**

Roses blanches noisettes.

**458. — *Fleurs*. Toile.**

De la julienne blanche, dans un verre, des pêches dans un vase blanc, des abricots dans un panier; sur la table, du raisin blanc et noir, deux pêches sur une feuille.

**459. — *Fruits*. Toile.**

Un citron et une orange.

## DESSINS

460. — *Jeune femme*. Dessin sur calque. H. 0ᵐ313. L. 0ᵐ395.
Calque fait sur une peinture faite vers 1870. Signé dans le bas,
à droite : Fantin. Au musée de Grenoble.

> Une jeune femme est assise dans un paysage boisé, les épaules sont
> nues, le corps légèrement penché à gauche, la main droite repose sur le
> terrain, la main gauche sur la poitrine.

461. — *Baigneuses*. Dessin sur calque. H. 0ᵐ30. L. 0ᵐ22. Calque
fait sur une peinture faite vers 1870. Au musée de Grenoble.

> Dans un paysage boisé, deux jeunes femmes drapées et assises causent
> avec une troisième, vue de dos et le torse nu.

462. — *Feuilles de Croquis*. Dessin à la plume. H. 0ᵐ21.
L. 0ᵐ295. Exposition Fantin, n° 278. Au musée du Luxembourg.

> Profil de Whistler, quatre têtes de femmes, une femme habillée, trois
> mains, un bras et une main.

# ANNÉE 1871

## PEINTURES

463. — ***Le Jour***. Toile. H. 0<sup>m</sup>70. L. 0<sup>m</sup>32. Fragment d'un tableau refusé au salon de 1869, sous le titre : *Reflets d'Orient* (Voir le n° 444). Il n'en reste que ces deux fragments : le « Jour » et la « Nuit ». Vente Feydeau, Avril 1903 : 2.000 francs.

> Planant au-dessus d'un bouquet d'arbres, à gauche, une figure nue, autour de laquelle flottent des gazes roses et blanches, s'élève. Elle lève le bras et soutient un voile qui noie d'ombre toute la partie supérieure de son corps.

464. — ***La Nuit***. Toile. H. 0<sup>m</sup>70. L. 0<sup>m</sup>32. Signé en haut : Fantin 71. Fragment d'un tableau refusé au salon de 1869, sous le titre *Reflets d'Orient* (Voir le n° précédent). Vente Feydeau, Avril 1903 : 3.300 francs.

> Assise près d'une fenêtre ouverte, une jeune femme, vue de profil et dont les genoux sont drapés d'une étoffe blanche, contemple, dans le ciel, à gauche, la montée lente de la lune à travers les feuillages.

465. — ***Baigneuses***. Toile. Signé en bas, à droite.

> Deux femmes assises au bord de l'eau. L'une, à droite, vue de dos, joue du luth. L'autre, de trois quarts tournée vers la droite, s'appuie d'une main sur le terrain, de l'autre, elle tient une draperie qui la couvre à mi-corps.

466. — ***Diane***. Toile. H. 0<sup>m</sup>245. L. 0<sup>m</sup>22.

> La déesse est vue de dos, à droite, la tête de profil tournée vers la gauche. Elle s'apprête à monter dans son char. Fantin fit un tableau du même sujet en 1900.

467. — ***Allégorie***. Toile. H. 0<sup>m</sup>254. L. 0<sup>m</sup>218. Un calque de cette esquisse est au musée du Luxembourg.

> Une figure de femme debout, deux autres dans les nuages, un homme assis à terre, près d'un arbre.

468. — ***Diane et Actéon*** (*Baigneuses surprises*). Toile 0<sup>m</sup>217. L. 0<sup>m</sup>252. Signé en bas, à droite.

> Au premier plan, un personnage vêtu d'une tunique s'avance vers le spectateur, tout en regardant une femme couchée, à droite ; une autre assise les bras relevés.

469. — *Un Banquet*. Toile.

470. — *Rêve*. Toile. H. 0<sup>m</sup>30. L. 0<sup>m</sup>22. Signé en bas, à droite. Un calque de cette peinture au Musée de Grenoble.

> En bas, deux figures assises, en haut, dans le ciel, à droite, une figure ailée tenant une couronne et une trompette; à gauche, une femme tenant une coupe.

471. — *Un Concert*. Toile.

472. — *Deux Anges*, etc. Toile.

473. — *Un Sage*. Toile.

> Un sage en rouge, près d'une femme en jaune assise et d'une autre en bleu, dans un bois; fond d'arbres.

474. — *Nymphe dansant*. Toile.

> Une nymphe dansant, des femmes nues, d'autres avec des guitares et tambourins.

475. — *Le Lever*. Toile.

> Une jeune femme mettant sa pantoufle.

476. — *Tentation de Saint-Antoine*. Toile.

> Un moine et une figure nue.

477. — *Sainte Famille*. Toile.

> La vierge et l'enfant Jésus sous un arbre. Une jeune fille (Sainte Catherine) tient une branche de l'arbre, l'enfant semble désirer un fruit de cet arbre.

478. — *Le Concert*. Toile.

> Sorte de concert de fantaisie : une femme apporte des rafraîchissements, une autre tient un tambour de basque, deux autres des cahiers de musique ; un jeune homme est en train d'accorder une mandoline. Effet de soir, dernière lueur sur les deux femmes.

479. — *Le Poète*. Toile.

> Le poète lit ; près de lui une Muse couchée tient une lyre, une autre le couronne, montrant le ciel, le ciel du poète plein d'idéal et de fantaisie.

480. — *Baigneuse au soir*. Toile.

> Une femme rousse tient ses cheveux. Effet sombre du soir sur les arbres et le costume.

481. — *Vénus et l'Amour*. Toile.

> Cupidon embrassant Vénus ; plus loin, une nymphe. Effet du soir, dernier rayon de soleil. Voir le nᵒ 1539.

482. — *Baigneuses*. Toile.

> Deux baigneuses au coucher du soleil dans un paysage.

483. — *Le Diseur de bonne aventure*. Papier maroufié sur toile.

> Sorte de Japonaiserie.

484. — *Balcon*. Toile.

> Deux femmes sur un balcon, l'une assise, l'autre debout, à droite, les bras derrière la tête : une domestique passe avec des rafraîchissements.

485. — *Le Lever*. Carton.
> Une jeune femme, au soleil levant, dans un paysage.

486. — *Baigneuse effrayée*. Toile.
> Elle semble entendre du bruit ; le soleil glisse à travers les arbres.

487. — *Le Poète et la Muse*. Toile.
> Soleil couchant.

488. — *Esquisse*. — Toile.
> Figures dans un paysage ; palanquin.

489. — *Vénus et des Amours*. Toile.
> Vénus et deux amours ; l'un sort de l'eau, on lui passe une chemise, l'autre arrive de la droite.

490. — *La Vérité sortant du puits*. Toile. H. 0<sup>m</sup>28. L. 0<sup>m</sup>14.
> Elle s'élance, une jambe posant à terre, l'autre encore dans le puits. Elle est nue ; derrière elle une draperie blanche, dont elle tient un bout d'une main ; elle élève au-dessus d'elle ; de l'autre main une draperie rouge.

491. — *La Toilette*. Toile.
> Deux femmes à leur toilette.

492. — *Sainte Famille*. Toile.
> Sainte Famille dans un paysage.

493. — *Bacchus*. Toile.
> Bacchus, retour de l'Inde, soleil couchant. Ariane, dans l'ombre, couchée.

494. — *Baigneuses*. Toile.
> Deux baigneuses, au soleil couchant, le côté opposé éclairé par un premier rayon de lune.

495. — *Deux baigneuses dans un paysage*.
> L'une habillée en rose, l'autre mettant une chemise.

496. — *L'Embarras du choix*.
> On montre des étoffes à une femme demi-nue, entourée d'autres femmes.

497. — *L'Embarras du choix*. Toile. H. 0<sup>m</sup>183. L. 0<sup>m</sup>158. Variante du numéro précédent. Vente Galloway, Londres, 1905 : 18 guinées 18.

498. — *Intérieur oriental*. Toile. H. 0<sup>m</sup>23. L. 0<sup>m</sup>165. Signé en bas, à gauche.
> Femme turque à moitié nue, assise de face, un bras appuyé jouant avec un collier ; une suivante s'avance avec un plateau. Coup de soleil sur un monument à droite.

499. — *Femmes dansant en rond*. Toile.

500. — *Jugement de Páris*. Toile.

5o1. — *La Gloire*. Toile.

La gloire militaire tenant des lauriers et une épée, passe derrière un personnage étendu à terre.

5o2. — *Pastorale*. Toile.

Femmes debout sous les arbres au bord d'un ruisseau. Au fond, paysage plein de soleil mêlé de pluie.

5o3. — *Sainte Famille*. Toile. H. 0m21. L. 0m158. Signé en bas, à gauche.

La Vierge et l'Enfant sur ses genoux dans un paysage. Un ange dans l'ombre tient une branche d'arbre et cherche un fruit pour l'enfant. Un peu de soleil sur la Vierge.

5o4. — *La Source*. Toile. H. 0m134. L. 0m22.

La source dans les profondeurs des bois, un enfant à ses pieds s'amuse à voir couler l'eau.

5o5. — *L'homme entre le Vice et la Vertu*. Toile. H. 0m25. L. 0m22.

L'homme entre le Vice et la Vertu. Derrière la Vertu, l'Etude, un grand livre sous le bras.

5o6. — *Après le Bain*. Toile. H. 0m235. L. 0m154.

Au bord de la mer, deux femmes après le bain. Le temps s'assombrit, le vent souffle. Une des femmes retient sa chevelure, l'autre est en partie habillée.

5o7. — *Deux Baigneuses*. Papier marouflé.

Deux baigneuses, le temps se gâte, ciel pluvieux.

5o8. — *Trois baigneuses dans un paysage*. Papier marouflé. H. 0m157. L. 0m23. Souvenir de Titien. Signé en bas, à gauche. A Mme F. Gibson.

5o9. — *Noli me tangere, à l'Italienne*. Toile.

Le Christ vu de dos, Marie-Madeleine.

51o. — *Hommage à Delacroix*. Toile.

Projet pour un tableau *Le Couronnement* de E. Delacroix du salon de 1864, repris en 1871.

511. — *Cupidon embrassant Vénus*. Toile.

512. — *Même sujet que le n° précédent*. Toile.

513. — *Femme sous bois*. Toile.

514. — *Le Repas*. Papier marouflé. H. 0m11. L. 0m215. Vente Galloway, 1905 : 33 guinées 12.

Une femme au bord de l'eau endormie sous un arbre, draperie blanche.

515. — *Apparition de Diane*. Toile.

5i6. — *Intérieur algérien*. Papier marouflé. H. 0ᵐ22. L. 0ᵐ285. Signé en haut, à droite, en rouge : Fantin. *Souvenir des femmes d'Alger*, de Delacroix.

Algérienne dans son appartement, se regardant dans un miroir. Une esclave lui apporte des rafraîchissements.

5i7. — *Vénus et un Amour*. Toile.

Jeune femme en rose, tenant sur les genoux un amour qui cherche à enlever le voile qui la couvre.

5i8. — *Jugement de Pâris*. Toile. H. 0ᵐ2i7. L. 0ᵐ2i5. Vente Hamilton-Bruce, Londres, 1903. 80 livres.

Les trois déesses, l'Amour aux pieds de Vénus. Pâris, à genoux, tient la pomme Mercure, avec son caducée, lui indique ce qu'il doit faire.

5i9. — *Deux Baigneuses*. Toile.

Deux baigneuses sous des arbres, l'une se couvre, l'autre se retourne inquiète. Coup de soleil.

520. — *Othello*. Toile.

Othello racontant ses aventures, Brabantio semble dormir. Desdémone est rêveuse. Le jour baisse, le vent du soir fait flotter le manteau rose d'Othello. Au loin Venise.

52i. — *Douce résistance*. Toile.

L'Amour cherche à entraîner une femme. Effet du soir.

522. — *En Orient*. Papier marouflé.

Une femme à sa toilette. On lui présente un miroir, un bassin est à ses pieds ; on achève sa coiffure ; une négresse apporte une robe tissée d'or ; une suivante joue de la mandoline, une autre danse au son du tambourin.

523. — *Baigneuses au soleil couchant*. Papier marouflé.

Inquiétude générale. Au premier plan, une des baigneuses en draperie orange et rubans bleus dans les cheveux.

524. — *Toilette*. Papier marouflé.

Femme à sa toilette ; on la coiffe, une suivante apporte une robe. Fond de jardin.

525. — *Les plaisirs du Bain*.

Femmes au soleil couchant.

526. — *Concert en plein air*. Toile. H. 0ᵐi8. L. 0ᵐi4.

Un homme assis joue de la guitare. A droite, trois femmes, dont l'une tient un cahier de musique, une autre est assise. Deux autres vont aux aventures, le long du bord de l'eau.

527. — *David et Bethsabée*. Papier marouflé. H. 0ᵐ225. L. 0ᵐ255. Signé en bas, à droite.

David, de son balcon, aperçoit Bethsabée.

528. — *Fleurs*. Toile. Daté : 1871.
Aubépines roses.

529. — *Fleurs*. Toile.
Narcisses simples et doubles dans un verre long.

530. — *Dans un verre long des narcisses, jacinthes et giroflées*. Toile.

531. — *Giroflée blanche dans un verre droit*. Toile.

532. — *Jacinthes, tulipes et pensées*. Toile. H. 0ᵐ28. L. 0ᵐ23.

533. — *Pensées dans une bourriche*. Toile.
On ne voit que le haut.

534. — *Pieds d'alouette de toutes couleurs dans un verre*. Toile.

535. — *Nature morte*. Toile. H. 0ᵐ425. L. 0ᵐ31. Signé et daté, en bas, à droite. Victoria and Albert Museum, South Kensington, Londres. (Collection Jonidès).
Dans un vase rond, en verre, des delphiniums, des iris, de la giroflée blanche, sur la table des amandes vertes et des cerises.

536. — *Fleurs*. Toile. H. 0ᵐ38. L. 0ᵐ288. Signé en bas, à gauche : Fantin 71.
Des roses blanches et roses, dans une demi-teinte, dans un verre à champagne à pied carré.

537. — *Roses*. Toile.
Des roses roses et blanches dans un vase en porcelaine.

538. — *Roses*. Toile. Signé et daté en haut, à droite : Fantin 71.
Roses dans un verre à pied.

539. — *Chrysanthèmes*. Toile.

540. — *Pivoines*. Toile. H. 0ᵐ18. L. 0ᵐ24. Signé à droite. Vente Collection V, mars 1901 : 710 francs.
Pivoines blanches et bluets.

541. — *Fleurs*. Toile. H. 0ᵐ56. L. 0ᵐ43. Signé en haut, à droite : Fantin 71.
Bouquet de camomille dans un verre foncé ; un bouquet de dahlias sur la table.

542. — *Fleurs*. Toile.
Pensées et petites marguerites (mères de familles).

543. — *Roses blanches dans un verre droit*. Toile.

544. — *Œillets dans un verre long*. Toile.

545. — *Rose jaune dans un verre long*. Toile.

546. — *Bouquet de dahlias*. Toile.

547. — *Roses blanches dans un verre bas*. Toile.

548. — *Phlox blanc*. Toile.

549. — *Fruits*. Toile.
   Prunes de Monsieur dans un panier.

550. — *Nature morte*. Toile.
   Pêches dans un compotier bleu et blanc ; d'autres pêches sur la table.

551. — *Fleurs*. Toile. H. 0m56. L. 0m46. Signé et daté au-dessus de la table, à gauche : Fantin 71. Vente à Londres. 5 décembre 1906 : 155 guinées.
   Chrysanthèmes dans un vase en porcelaine blanche.

552. — *Fleurs*. Toile. H. 0m32. L. 0m255. Signé et daté, en haut, à droite : Fantin 71.
   Chrysanthèmes presque blancs, dans un petit vase en verre vert foncé.

553. — *Fleurs*. Toile. H. 0m33. L. 0m21. Signé en haut, à gauche : Fantin 71. A M. Heseltine.
   Chrysanthèmes blancs, jaunes, roses, dans un petit verre long.

554. — *Fleurs*. Toile. H. 0m32. L. 0m24. Signé en haut, à gauche : Fantin 71.
   Roses blanches dans un vase de verre vert foncé.

555. — *Fruits*. Toile. H. 0m20. L. 0m27. Signé à droite, en haut : Fantin 71. A M. F. Tempelaere.
   Trois pêches, dont deux sur une assiette avec du raisin noir.

556. — *Fleurs*. Toile. H. 0m25. L. 0m365. Signé en haut, à gauche : Fantin.
   Dahlias et deux branches de lupin ; on ne voit pas le vase.

557. — *Pensées*. Toile. H. 0m19. L. 0m395. Signé et daté : 71.
   Pensées dans une bourriche.

558. — *Fleurs*. Toile.
   Bouquet de dahlias sur une table ; dans une coupe de verre des raisins blancs et noirs.

559. — *Nature morte*. Toile.
   Devant un fond de tapisserie, des altéas dans un petit verre, des raisins blancs dans une coupe de verre et, sur la table, des glaïeuls rouges au centre jaune.

560. — *Iris et jacinthes*. Toile. H. 0m425. L. 0m31. Signé et daté : 1871. Victoria and Albert Museum, South Kensington, Londres. Legs Ionides.

## DESSINS

561. — *Feuille de pieds et de bras d'après les Maîtres*. A la plume. H. 0ᵐ232. L. 0ᵐ31.

562. — *Feuilles de dessins d'après les Maîtres*. A la plume. H. 0ᵐ232. L. 0ᵐ31.

563. — *Sept dessins d'après des médailles antiques*. Mine de plomb. H. 0ᵐ305. L. 0ᵐ23. Daté : 8 février 1871.

564. — *Six dessins d'après des médailles antiques*. Mine de plomb. H. 0ᵐ307. L. 0ᵐ232. Daté : 10 février 71.

565. — *Dessins d'après des médailles antiques des deux côtés de la feuille*. A la plume. H. 0ᵐ195. L. 0ᵐ117. Daté : 5 février 1871, rue d'Antin.

566. — *Feuille de dessins*. H. 0ᵐ195. L. 0ᵐ117. Daté de ce côté, 6 février 1871.
Feuille de dessins d'après des médailles ; d'un côté à la plume, de l'autre, à la mine de plomb.

567. — *Feuille de dessins* à la plume. H. 0ᵐ195. L. 0ᵐ117. Daté : d'un côté, 3 février 1871, de l'autre 2 février 1871, rue d'Antin, 76, hôtel.
Feuille de dessins d'après des médailles ; des deux côtés de la feuille.

568. — *Feuille de dessins*. H. 0ᵐ195. L. 0ᵐ117. Daté : février 1871.
Feuille de dessins, d'un côté, d'après des médailles, de l'autre côté, des croquis à la plume et au crayon noir.

569. — *Feuille de dessins* à la plume. H. 0ᵐ195. L. 0ᵐ117. Daté : 4 février 1871.
Feuille de dessins d'après des médailles des deux côtés de la feuille.

570. — *Portrait de Fantin*. Crayon noir. H. 0ᵐ17. L. 0ᵐ115. La tête seulement, entourée d'une couverture, avec ces inscriptions : Vendredi 13 janvier 1871, au soir, au lit, hôtel des États-Unis, rue d'Antin, 16, chambre 27. Exposition Fantin, n° 250.

571. — *Portrait de Fantin*. Crayon noir. H. 0ᵐ13. L. 0ᵐ11. La tête seulement. Daté : 17 janvier 1871. Exposition Fantin n° 251. Au musée du Luxembourg.

572. — *Portrait de Fantin*. Crayon noir. H. 0ᵐ15. L. 0ᵐ115. Buste de trois quarts à droite. Daté : 20 janvier 1871. Exposition Fantin, n° 252. Au musée du Luxembourg.

573. — *Portrait de Fantin*. Crayon noir. H. 0ᵐ16. L. 0ᵐ115. En buste, de trois quarts à gauche. Daté : 19 janvier 1871. Exposition Fantin, n° 253. Au Musée du Luxembourg.

574. — ***Vénus et l'Amour***. H. 0$^m$122. L. 0$^m$209. Calque fait sur une peinture. Au musée de Grenoble.

> Dans un paysage, Vénus, assise, tient sur ses genoux l'Amour qu'elle semble vouloir désarmer.

575. — ***Baigneuses surprises***. H. 0$^m$217. L. 0$^m$252. Calque fait sur une peinture de 1870 ou 1871, n° 468. Au musée de Grenoble.

> Au premier plan, un personnage, vêtu d'une tunique, s'avance vers le spectateur, tout en regardant une femme nue qui retient une draperie ; au second plan, une femme couchée ; à droite, une autre femme, assise, les bras relevés.

576. — ***Deux baigneuses***. H. 0$^m$205. L. 0$^m$155. Crayon noir sur papier bulle. En bas, cette note : 10 heures soir, nuit du 8 au 9 janvier 1871, retoucher. Obus en quantité tombés place Saint-Sulpice. 82, rue Bonaparte. Exposition Tempelaere, n° 28.

# ANNÉE 1872

## PEINTURES

577. — *Le Coin de Table*. Toile. H. 1ᵐ56. L. 2ᵐ25. Salon de
1872. n° 604. Exposition centennale de 1900. Voir sur cette
toile : *Histoire d'un tableau : Le Toast*, par *Fantin-Latour*,
Léonce Bénédite. *Revue de l'Art ancien et moderne*. Janvier-
février 1905. Exposition Fantin, n° 39. A M. Émile Blémont.

Un groupe de huit personnages réunis autour d'une table à demi-des-
servie, où restent encore quelques fruits dans un compotier de cristal,
ou épars sur la nappe, à l'heure du café, et des liqueurs.

Les cinq premiers sont assis dans des poses diverses : tout à gauche,
Verlaine, de trois quarts, un verre à la main, près d'une carafe de vin
presque entièrement vidée. Vers lui se tourne la figure juvénile et éche-
velée de A. Rimbaud, le menton dans la main gauche, le coude sur la
table. Puis c'est Léon Valade, de face, les bras croisés, un bouquet de
violettes à la boutonnière. Ernest d'Hervilly, un béret en arrière de la
tête, une longue pipe à la main droite ; un livre dans la main gauche ;
la tête tournée vers la gauche. Tout à droite, comme à l'écart, la figure
chevelue et barbue de Camille Pelletan, en face d'un pot de fleurs. En
arrière, les trois personnages, debout, sont : Elzear Bonnier, de profil à
droite, le chapeau sur la tête ; au milieu, Émile Blémont, de trois quarts
à droite, la main dans l'échancrure du gilet. De l'autre côté, tourné vers
lui, Jean Aicard, presque de face. Tout à gauche, sur le mur, un fragment de cadre orné de feuillages. Derrière la tête de Camille Pelletan,
une gravure dans un passe-partout.

578. — *Le Repas*. Peinture sur papier marouflé. H. 0ᵐ21. L. 0ᵐ29.
Ce projet, très diminué, devint le *Coin de table* (précédemment
décrit). A Mᵐᵉ Fantin-Latour.

Projet pour un tableau en l'honneur de Baudelaire. Six personnages assis
autour d'une table servie ; l'un d'eux tient un livre. Derrière eux, six autres
personnages, debout de chaque côté d'un portrait accroché au mur.

579. — *Le Repas*. Peinture sur papier marouflé. H. 0ᵐ20. L. 0ᵐ285.
A Mᵐᵉ Fantin-Latour.

Même sujet que le numéro précédent, un peu plus poussé.

580. — *Étude d'après nature*. Toile. H. 0ᵐ43. L. 0ᵐ27. Signé
en bas à droite, et daté : 1872. Exposition Fantin, n° 214. Collection Moreau. Musée du Louvre.

Étude de femme nue, assise de face, un bras appuyé sur un coussin
rouge, l'autre le long du corps.

581. — *Étude de femme*. Toile. H. o^m^21. L. o^m^16. A M. Ch.
Masson.

> Elle est assise de trois quarts, tournée vers la droite, coupée à mi-jambe,
> un bras sur l'autre.

582. — *Étude d'après nature*. Toile. H. o^m^285. L. o^m^205.

> Étude de femme nue, assise sur une chaise, recouverte d'un linge blanc,
> de trois quarts vers la gauche (presque de face) les mains réunies sur
> les jambes. Une jambe étendue, l'autre repliée.

583. — *Vénus et l'Amour*. Toile. H. o^m^14. L. o^m^18. Signé en
haut, à droite.

> A gauche, est assise Vénus, le haut du corps nu, un bras étendu,
> l'autre bras tenu par l'Amour qui cherche à l'entraîner.

584. — *Deux baigneuses paraissant effrayées*. Toile.

585. — *Dame à sa toilette*. Toile.

> Le matin ; on tire le rideau et on lui apporte une robe rose.

586. — *Deux baigneuses*. Toile.

> L'une paraît empêcher sa compagne de descendre dans l'eau.

587. — *Trois baigneuses sous des saules*. Toile.

588. — *La Tentation*. Toile.

> Une femme déploie des étoffes devant deux femmes qui semblent les
> admirer. Un Amour entre, en volant, et vient témoigner de son goût.

589. — *Trois baigneuses*. Toile.

> Elles sont dans un paysage sombre au soleil levant.

590. — *Deux baigneuses, dans la profondeur des bois*. Toile.

591. — *Une baigneuse dans un paysage vert*. — Papier
marouflé.

592. — *Ariane abandonnée*. Papier marouflé. H. o^m^182. L. o^m^28.

> Soleil couchant. On voit une voile au loin.

593. — *Quatre baigneuses*. Papier marouflé. H. o^m^275. L. o^m^205.

> Quatre figures dans un paysage, une des quatre est au bord de l'eau,
> vue de dos, nue.

594. — *Dame et Cavalier*. Toile.

> Ils sont assis et discourent au soleil couchant. Une jeune fille se pro-
> mène en lisant.

595. — *Deux baigneuses*. Toile.

> Au soleil couchant, l'une d'elles paraît songer.

596. — *Deux baigneuses dans un paysage vert et accidenté*.
Toile.

597. — *Femme à sa toilette*. Toile.
> Une suivante lui tient les cheveux ; une autre parait occupée à lui mettre un bracelet.

598. — *L'Amour désarmé*. Toile.
> Un autre enfant semble l'aider à reprendre son arc.

599. — *Le Lever*. Toile. 0$^m$19. L. 0$^m$133. A M. F. Braquemond.
> Jeune femme assise sur le bord de son lit, un bras levé derrière a tête.

600. — *Fleurs*. Toile.
> Fleurs de cerisiers simples et doubles dans un verre.

601. — *Fleurs*. Toile.
> Même sujet que le numéro précédent.

602. — *Fleurs*. Toile.
> Fleurs d'aubépines, lilas avec des feuilles vertes.

603. — *Fleurs de printemps*. Toile.
> Giroflées jaunes, jacinthes, lilas et roses, narcisses et jonquilles.

604. — *Petit bouquet de printemps*. Toile.
> Giroflées, jacinthes, jonquilles et narcisses.

605. — *Pensées dans des petits pots*. Toile. H. 0$^m$31. L. 0$^m$51. Signé en haut, à droite : Fantin 72.

606. — *Lilas*. Toile. Signé et daté : Avril 1872.
> Lilas dans une boule de verre, sur fond clair.

607. — *Chrysanthèmes*. Toile.

608. — *Pivoines dans un verre bleu foncé*. Toile. H. 0$^m$42. L. 0$^m$30. Daté : 1872. Exposition Fantin, n° 94. Vente A. Reid, de Glasgow, 10 juin 1898, hôtel Drouot : 200 francs.

609. — *Aubépines blanches et roses*. Toile H. 0$^m$255. L. 0$^m$20. Vente à Londres, 15 décembre 1906 : 78 guinées.

610. — *Nature morte*. Toile.
> Pivoines dans une boule de verre, des cerises et un abricot dans une coupe en verre, une tasse de porcelaine et un bol japonais blanc et bleu.

611. — *Fraises dans une petite assiette de terre*. Toile.

612. — *Petite branche de pommier en fleurs*. Toile.

613. — *Giroflée blanche*. Toile.

614. — *Œillets*. Toile. H. 0$^m$38. L. 0$^m$275. Signé en bas, à droite, au-dessus de la table : Fantin 72.
> Un tas de petits œillets blancs, quelques roses, une fleur jaune dans un verre.

615. — ***Aubépines roses dans un verre à champagne***. Toile.
H. 0<sup>m</sup>385. L. 0<sup>m</sup>235. Signé et daté en haut, à droite : Fantin 7 ;
en bas, à droite : 1872.

616. — ***Pivoines dans un vase bleu et blanc***. Toile.

617. — ***Tulipes, narcisses, jacinthes, jonquilles et giroflées***.
Toile.

618. — ***Des œillets de toutes sortes dans un verre***. Toile.

619. — ***Fleurs***. Toile. H. 0<sup>m</sup>26. L. 0<sup>m</sup>23. Signé en bas, à gauche,
daté : 1872. Vente à Londres, en 1908 : 1.050 francs.
Narcisses, giroflées, jacinthes, sans vase ,la flûte est coupée vers le
milieu,.

620. — ***Fleurs***. Toile.
Même sujet que le numéro précédent.

621. — ***Roses jaunes de Perse, une rose sur la table***. Toile.
H. 0<sup>m</sup>44. L. 0<sup>m</sup>38. Daté : 1872.

622. — ***Roses moussues roses***. Toile. H. 0<sup>m</sup>35. L. 0<sup>m</sup>28. Signé
en haut, à droite, et daté : 72. Vente Ricada, mars 1893 :
350 francs. Vente Buckler, mars 1906 : 105 guinées.

623. — ***Nature morte***. Toile. H. 0<sup>m</sup>395. L. 0<sup>m</sup>285. Signé en
haut, à gauche : Fantin 1872.
Chrysanthèmes blancs, raisins dans une coupe de verre, deux pêches
dans un panier avec du raisin noir.

624. — ***Roses blanches dans un verre à pied***. Toile. H. 0<sup>m</sup>27.
L. 0<sup>m</sup>27. Signé en bas, à droite, daté : 72.

625. — ***Roses dans un vase sombre***. Toile. H. 0<sup>m</sup>37. L. 0<sup>m</sup>315.
Signé et daté en haut, à gauche : Fantin 72. Vente Buckler,
mars 1906 : 245 guinées.

626. — ***Roses blanches***. Toile. Signé et daté en haut, à droite.
Roses blanches dans un verre à boire, fond sombre.

627. — ***Le haut d'un rosier***. Toile.
Fragment.

628. — ***Dahlias sur une table***. Toile.

629. — ***Marguerites***. Toile. Signé et daté en haut, à droite :
Fantin 72.
Marguerites dans une boule de verre, sur un fond presque blanc.

630. — ***Marguerites***. Toile. H. 0<sup>m</sup>38. L. 0<sup>m</sup>26. Signé et daté : 72.
Marguerites dans un verre, avec un souci au milieu.

631. — ***Roses blanches***. Toile. H. 0<sup>m</sup>27. L. 0<sup>m</sup>21. Signé à droite,
au-dessus de la table : Fantin 72.
Roses blanches très épanouies dans un verre droit.

632. — *Trois roses blanches dans un verre à champagne*.
Toile. H. 0^m31. L. 0^m23. Signé et daté : 72, en haut à gauche.

633. — *Roses*. Toile.
Des roses de toutes sortes dans un verre sombre.

634. — *Roses blanches*. Toile.
Un gros bouquet de roses blanches dans un verre droit; fond très
sombre.

635. — *Chrysanthèmes jaunes dans un pot de terre*. Toile.
H. 0^m505. L. 0^m435. Signé en haut, à droite : Fantin 1872.

636. — *Nature morte*. Toile.
Roses blanches rosées avec une corbeille en verre remplie de pêches.

637. — *Un gros bouquet sans vase apparent*. Toile.

638. — *Fruits*. Toile. H. 0^m22. L. 0^m30. Signé en haut, à
gauche. Exposition Fantin, n° 120. A M. Ch. E. Haviland.
Des fruits de toutes sortes dans une assiette; quelques cerises à côté.

639. — *Fleurs*. Toile.
Roses blanches très colorées, avec des feuillages rouges.

640. — *Roses blanches dans un verre*. Toile.

641. — *Fleurs*. Toile.
Dahlias simples et marguerites de couleurs différentes.

642. — *Roses de la Malmaison dans un verre vert*. Toile.

643. — *Roses Malmaison dans un verre long*. Toile. H. 0^m38.
L. 0^m32. Signé et daté : Fantin 72.

644. — *Roses dans un verre droit*. Toile.

645. — *Roses*. Toile. Signé en bas, à droite, au-dessus de la
table.
Roses dans un verre à pied un peu arrondi, avec beaucoup de feuillages ; quelques pétales blancs sur la table.

646. — *Dahlias*. Toile. H. 0^m44. L. 0^m365. Signé et daté en haut,
à gauche : Fantin 72.
Bouquet de dahlias dans un vase de porcelaine blanc, fond clair.

646 *bis*. — *Roses*. Toile. H. 0^m35. L. 0^m265. Signé en haut, à
gauche : Fantin 72. A M^me Esnault-Pelterie.
Cinq roses de la Malmaison dans un vase.

# ANNÉE 1873

## PEINTURES

647. — ***Portrait de M<sup>me</sup> Fantin***. Toile. H. 0<sup>m</sup>91. L. 0<sup>m</sup>72. Signé et daté en haut, à droite : Fantin 73. Exposé au Salon de 1873, sous le titre de : *Portrait de M<sup>me</sup> X...*, n° 556. Au Salon des XX, à Bruxelles, en 1885. Exposition Fantin, n° 40. Musée du Luxembourg. (Don de Fantin, 1902).

> Elle est assise, de trois quarts, sur un fauteuil de velours rouge, dans la pénombre d'une lumière tamisée ; un nœud bleu au col, sur sa robe vert foncé ; les yeux sont baissés sur un livre qu'elle tient ouvert des deux mains.

648. — ***Etude de femme nue***. Toile. H. 0<sup>m</sup>35. L. 0<sup>m</sup>27. Exposition Fantin, n° 222. A M. Baillehache.

> Elle est assise de trois quarts à gauche, dans un fauteuil recouvert d'une couverture blanche. La tête, de profil, est appuyée sur la main du bras qui est accoudé au fauteuil, l'autre bras est un peu plié.

649. — ***Étude de femme nue***. Toile. H. 0<sup>m</sup>36. L. 0<sup>m</sup>23. Signé et daté en haut, à gauche. Exposition Fantin, n° 221. A M. Pacquement.

> Elle est assise de profil sur un divan recouvert d'un linge, le bras et la main appuyés sur un coussin.

650. — ***Etude de nu***. Toile. H. 0<sup>m</sup>22. L. 0<sup>m</sup>15. Signé : Fantin 73. A. M. Heseltine.

> Jeune femme assise.

651. — ***Etude***. Toile. H. 0<sup>m</sup>34. L. 0<sup>m</sup>42. A M. Heseltine.

> Femme nue à genoux avec une femme drapée assise.

652. — ***Etude***. Toile. Signé et daté en haut. à gauche, au grattoir : Fantin 73.

> Etude de femme, à mi-corps, assise de face, dans un fauteuil recouvert d'une couverture blanche, nue jusqu'à la ceinture, un linge blanc sur les jambes. La tête, inclinée dans l'ombre, s'appuie sur une main, l'autre bras étendu le long du corps.

653. — ***Etude***. Toile. Signé et daté en haut, à droite : Fantin 73.

> Femme nue, vue de dos ; au fond, une glace.

654. — *Femme nue*. Toile. H. 0ᵐ30. L. 0ᵐ25. Signé et daté en
haut. à droite : Fantin 73.
    Assise, vue de dos, fond rouge.

655. — *Etude*. Panneau.
    Jeune femme, après le bain.

656. — *Femme nue, couchée, vue de dos*. Toile. H. 0ᵐ22. L. 0ᵐ29.

657. — *Vénus désarmant l'Amour*. Toile. 0ᵐ148. L. 0ᵐ209.

658. — *Femme de dos*. Toile. Etude pour un tableau projeté en
hommage à Schumann.

659. — *Le Réveil*. Toile.
    Premier rayon de soleil qui entre dans la chambre.

660. — *Clair de lune*. Toile. H. 0ᵐ26. L. 0ᵐ14.
    Femme assise près d'un arbre, robe rose et draperie bleue.

661. — *Les Baigneuses, au Bas-Meudon*. Toile.

662. — *Troubadour et sa dame*. Peinture sur papier maroufflé.
H. 0ᵐ245. L. 0ᵐ175.

663. — *L'Amour grondé*. Toile. H. 0ᵐ212. L. 0ᵐ16.
    L'Amour est assis sur les genoux de sa mère qui le menace du doigt.

664. — *Baigneuses effrayées, au soleil couchant*. Toile.

665. — *Etude de nu*. Toile.
    Femme, de dos, en buste, dans un fauteuil.

666. — *Etude*. Toile.
    Femme jetant des fleurs.

667. — *Etude*. Toile. H. 0ᵐ25. L. 0ᵐ19. Etude pour un tableau
projeté en l'honneur de Schumann. Exposition Fantin, n° 226.
A M. Alf. Beurdeley.
    Femme, demi-nue, cueillant des fleurs. Elle est de face, la tête tournée
vers la gauche et légèrement inclinée. D'une main elle retient une draperie blanche sous le sein, de l'autre elle cueille des fleurs.

668. — *A la Mémoire de Robert Schumann*. Peinture sur
carton paqueté. H. 0ᵐ295. L. 0ᵐ175. A Mᵐᵉ Fantin-Latour.
    Esquisse pour la lithographie n° 5 du catalogue Hédiard: inversée.
Une figure de jeune fille, debout, nue jusqu'aux hanches, le bas du corps
couvert d'une draperie sombre, les cheveux blonds dénoués, apporte un
bouquet de fleurs au tombeau de R. Schumann à demi-caché.

669. — *A la Mémoire de Schumann*. Toile. H. 0ᵐ31. L. 0ᵐ18.
Même sujet que le précédent, mais dans le sens de la lithographie.

670. — *L'Aurore*. Toile.

671. — ***Nature morte.*** Toile. H. 0<sup>m</sup>93. L. 1<sup>m</sup>21. Salon de 1873,
n° 557. Exposition Fantin, n° 70.

> Coin de table.
> Sur une table, recouverte d'une nappe blanche, une carafe de vin
> demi-pleine, un verre de vin rempli jusqu'au bord, une tasse de café, un
> sucrier d'argent, un carafon de liqueurs et un compotier de fruits; en
> avant, se découpant sur la nappe retombante, une grande touffe de
> Rhododendrons.

672. — ***Fleurs.*** Toile.

> Narcisses, jacinthes, coucous, fleurs jaunes, giroflées.

673. — ***Dahlias.*** Toile.

674. — ***Fleurs d'arbres fruitiers.*** Toile.

675. — ***Fleurs jaunes (Coucous).*** Toile.

676. — ***Pensées.*** Toile.

677. — ***Fleurs.*** Toile.

> Narcisses, jonquilles, jacinthes, giroflées et primevères.

678. — ***Lilas blanc.*** Toile.

> Un peu de lilas blanc.

679. — ***Nature morte.*** Toile.

> Pêches dans un panier, d'autres pêches dans une soucoupe, des petites
> roses blanches dans un vase de terre, une rose à terre.

680. — ***Fleurs.*** Toile.

> Roses de couleurs différentes dans un gros verre à pied.

681. — ***Pêches.*** Panneau.

682. — ***Giroflée blanche.*** Toile.

683. — ***Roses dans une flûte à champagne.*** Toile. H. 0<sup>m</sup>38.
L. 0<sup>m</sup>31. Daté en haut, à droite : Fantin 73. Exposition Fantin,
n° 101.

684. — ***Fruits.*** Toile.

> Pêches et raisin blanc.

685. — ***Roses dans un verre long.*** Toile.

686. — ***Fleurs.*** Toile. 0<sup>m</sup>37. L. 0<sup>m</sup>47. Signé et daté en haut, à
gauche : Fantin 73. Vente Buckler. Londres, mars 1906 :
210 guinées.

> Gros bouquet de dahlias, marguerites, etc., sans vase.

687. — ***Fleurs.*** Toile.

> Grand bouquet de chrysanthèmes.

688. — ***Dahlias.*** Toile.

> Petits Dahlias dans un verre bleu sombre.

689. — ***Dahlias***. Toile.

> Dahlias dans une boule de verre, fond clair.

690. — ***Roses dans un verre***. Toile.

691. — ***Roses***. Toile.

> Roses blanches, roses, bouton rouge.

692. — ***Fleurs de pommier***. Toile H. 0^m29. L. 0^m24. Signé :
Fantin 73. A M. Heseltine.

693. — ***Nature morte***. Toile. Signé en haut, à gauche :
Fantin 73.

> Roses blanches dans un gros verre, devant des pêches sur une semelle;
> à côté, des prunes.

694. — ***Fleurs***. Toile.

> Grand bouquet de chrysanthèmes de toutes les couleurs, sans vase.

695. — ***Roses de Nice***. Toile.

696. — ***Fleurs***. Panneau. H. 0^m25. L. 0^m18. Signé en bleu,
dans le haut, à gauche, et daté 73. Vente à Londres en 1908 :
1.300 francs.

> Roses et mimosas dans un verre à pied.

## DESSINS

697. — ***A la Mémoire de R. Schumann***. Crayon noir. H. 0^m295.
L. 0^m175. M. RoB. A. 9. 17. 18. 19 août 1873. Au Musée de
Grenoble.

> Même composition que le n° 5 du catalogue Hédiard, mais retournée.
> Dans le dessin, le bas de la jambe droite est plus découvert que dans la
> lithographie.
> On lit, dans le sens de la hauteur, sur la marge, à gauche : Schumann,
> et à droite : A la mémoire de Robert Schumann.

698. — ***La Fée des Alpes***. Crayon noir sur papier calque.
H. 0^m315. L. 0^m425. Signé en bas, à gauche : Fantin 73. Au
Musée de Grenoble.

> Exactement la même composition que le n° 6 du catalogue Hédiard,
> mais retournée.
> On lit, à droite, écrit verticalement et dans le corps du dessin : Robert
> Schumann (suivent quelques notes de musique), Manfred.

## LITHOGRAPHIES

699. — ***A la Mémoire de Robert Schumann***. H. 0^m305. L. 0^m19.
N° 5 du catalogue Hédiard.

700. — ***La Fée des Alpes***. H. 0^m322. L. 0^m43. N° 6 du catalogue
Hédiard (1^re planche).

# ANNÉE 1874

## PEINTURES

701. — *Etude de femme*. Toile. H. 0<sup>m</sup>42. L. 0<sup>m</sup>32. Signé dans le haut, à droite, et daté : 74. Exposition Fantin. A M. Guil. Charlier (collection Henri Van Cutsem), à Bruxelles.

> Tête de jeune femme blonde, de trois quarts tournée vers la gauche, une cravate de mousseline blanche autour du cou.

702. — *Femme nue couchée*. Toile. H. 0<sup>m</sup>17. L. 0<sup>m</sup>37. Signé en bas, à droite : Fantin 1874. Exposition Fantin, n° 220. A M. Roger Marx.

> Elle est étendue, de face, de droite à gauche, sur un lit, la tête appuyée sur le bras qui est replié sous la tête ; l'autre bras est étendu le long du corps.

703. — *A. R. Schumann*. Panneau. H. 0<sup>m</sup>33. L. 0<sup>m</sup>40. Esquisse faite pour un tableau projeté en hommage à Schumann. Signé en bas, à droite. Ce tableau n'a jamais été exécuté. La composition est analogue à la lithographie, n<sup>os</sup> 108-109 du catalogue Hédiard.

> Une théorie de femmes, créations de Schumann, muses, etc., vont à son monument. L'une couronne son buste, la Musique assise au pied du monument, pleure.

704. — *A. R. Schumann*. Toile. H. 0<sup>m</sup>23. L. 0<sup>m</sup>29. Même sujet que le numéro précédent. Signé en bas, à gauche : Fantin.

705. — *Étude*. Toile.

> Torse de femme, avec un éventail, vêtue en bleu et orange. Très petite esquisse.

706. *Nature morte*. Toile. H. 1<sup>m</sup>. L. 0<sup>m</sup>81. Exposé au Salon de 1874, n° 702.

> Fleurs et objets divers. La Vénus à la jambe coupée, et des Azalées blancs.

707. — *Fleurs*. Toile.

> Azalées, bruyère et une rose dans un petit cornet de porcelaine blanc et bleu.

708. — **Roses**. Toile. H. 0$^m$58. L. 0$^m$52. Signé en bas, à droite :
Fantin 74.
> Roses blanches dans un vase blanc; quelques roses sur la table.

709. — **Roses sans verre**. Toile.

710. — **Fleurs**. Toile.
> Touffe de rhododendrons sur fond clair.

711. — **Pivoines**. Toile.
> Pivoines roses sur fond clair, pot blanc dans l'ombre

712. — **Fleurs**. Toile.
> Pivoines blanches et un peu de boules-de-neige sur fond sombre
> comme est la table.

713. — **Pensées**. Toile.
> Pensées dans des petits pots et une bourriche.

714. — **Roses**. Toile.
> Roses de toutes couleurs, boutons blancs tombés à terre.

715. — **Pivoines dans un verre long**. Toile. H. 0$^m$47. L. 0$^m$36.
Vente à Londres 1903 : 94 livres 10.

716. — **Fleurs**. Toile.
> Pivoines, œillets blancs, etc., esquisse.

717. — **Fleurs**. Toile. H. 0$^m$81. L. 0$^m$64. Signé et daté en haut, à
gauche : Fantin 74.
> Grand rosier blanc et laurier rose sans vase.

718. — **Roses**. Toile. H. 0$^m$58. L. 0$^m$52. Signé et daté en bas à
gauche : Fantin 74. Signé en biais : Fantin. Exposition Fantin,
n° 98.
> Bouquet de roses blanches dans un verre bleu foncé sur fond clair
> et nappe blanche.

719. — **Dahlias**. Toile. H. 0$^m$55. L. 0$^m$50. Signé et daté en haut
à gauche : Fantin 74. Exposition Fantin, n° 106.
> Dahlias dans un vase de porcelaine blanc et bleu, fond clair.

720. — **Œillets sans vase**. Toile.

721 — **Œillets dans un verre à champagne**. Toile. H. 0$^m$31.
L. 0$^m$23. Signé et daté en haut, à gauche : Fantin 74.

722. — **Roses**. Toile. Signé et daté en haut, à droite : Fantin 74.
> Dans un verre haut, roses blanches épanouies et boutons.

723. — **Roses jaunes**. Toile.

724. — **Fruits**. Toile.
> Abricots, amandes vertes

725. — ***Pêches***. Toile.

726. — ***Pêches et raisin***. Toile.

727. — ***Deux pêches dans une assiette***. Toile.

728. — ***Pêches***. Toile. H. 0$^m$20. L. 0$^m$27. Signé à droite et daté, à gauche : 1874. Vente Kerchner, mars 1902 : 600 francs.

> Quatre pêches aux tons rouge et jaune entourées de feuillage et posées sur une table, fond sombre.

729. — ***Deux poires et une pêche***. Toile.

730. — ***Plusieurs pêches sur une semelle***. Toile.

731. — ***Fleurs et fruits***. Toile.

> Raisin, panier de roses.

732. — ***Fleurs***. Toile.

> Gâchis de roses.

733. — ***Chrysanthèmes***. Toile.

> Deux sortes de chrysanthèmes clairs et roses dans deux pots. Au premier plan, interrompu par le cadre, un chrysanthème jaune.

734. — ***Chrysanthèmes***. Toile,

> Chrysantèmes divers dans un vase de porcelaine bleu.

735. — ***Nature morte***. Toile. H. 0$^m$45. L. 0$^m$55. Signé en haut et daté : Fantin 74. Vente A. Reid, de Glasgow. 10 juin 1898 : 1.010 francs. Vente C. Coquelin, juin 1906 : 4.650 francs. Vente Rosenberg, mai 1909 : 3.050 francs.

> Pensées dans une bourriche, et d'autres dans des petits pots; à côté, des petites pommes avec leur branche.

735 *bis*. — ***Nature morte***. Toile. H. 0$^m$30. L. 0$^m$58. Signé en haut, à gauche : Fantin 74. Exposition Fantin, n° 84. A M$^{me}$ Esnault-Pelterie.

> A droite, au premier plan, sur une nappe blanche, quatre pêches dans une soucoupe, à gauche, un panier rempli de roses thé. Compotier de raisins blancs et noirs.

## DESSINS

736. — ***Torse de femme***. Mine de plomb. H. 0$^m$133. L. 0$^m$08. On lit à droite : 24 nov. 74. Au musée du Luxembourg.

> Étude, torse de femme nue.

# ANNÉE 1875

## PEINTURES

737. — ***Delacroix*** (Copie d'après). *Les femmes d'Alger*. Musée du Louvre, nᵘ 210. Toile. Environ 1 mètre.

738. — ***Portraits de M. et de Mᵐᵉ Edwin-Edwards***. Signé en haut, à droite : A mon ami E. Edwards, Fantin 1875. Exposé au Salon de 1875, nᵘ 784. Il obtint une médaille de 2ᵉ classe : A Bruxelles, la même année ; A la Royal Academy, à Londres, en 1876 ; A Munich, en 1879 ; Exposition rétrospective, en 1889 ; A la National Gallery de Londres.

   Edwards, peintre et graveur à l'eau forte, est assis à côté d'un cartonnier sur lequel il pose une main, de l'autre, il tient une gravure. Derrière lui, madame Edwards, debout, les bras croisés.

739. — ***Portrait de Mˡˡᵉ E. Crowe***. Toile. H. 0ᵐ76. L. 0ᵐ60. Salon de 1875, nᵘ 783. Exposition Fantin, n°41. A Mᵐᵉ Paul Paix.

   De trois quarts, à droite, les cheveux frisotant sur le front, les deux mains croisées à hauteur de la taille, un nœud de cravate noué au-dessous du col aux deux pointes rabattues.

740. — ***L'Anniversaire***. Toile. H. 0ᵐ61. L. 0ᵐ515. Signé dans le coin inférieur gauche : Fantin 1875. A M. Roger Marx.

   Première idée pour le tableau : *L'Anniversaire*, du Musée de Grenoble, et pour la lithographie nᵘ 7 du catalogue Hédiard, en sens inversé.

741. — ***Fleurs***. Toile. H. 0ᵐ68. L. 0ᵐ63. Signé en haut, à gauche, et daté, 1875. Exposition Fantin, nᵘ 80.

   Chrysanthèmes de toutes sortes un peu réduits; gros bouquet, vase bleu foncé.

742. ***Fruits***. Toile.

   Pommes et poires.

743. — ***Fleurs***. Toile. H. 0ᵐ51. L. 0ᵐ57. Signé en rouge, en haut, à gauche : Fantin 1875. Au Musée national de Buenos-Aires.

   Azalées blanches et violettes de Parme.

744. — ***Narcisses blancs dans un verre opalin***. Toile.

745. — ***Pensées dans une bourriche***. Toile. H. 0ᵐ353. L. 0ᵐ52.
Signé et daté : 75.

746. — ***Roses***. Toile. Signé et daté en bas, au dessus de la
table : Fantin 75.
> Roses de Perses jaunes dans un verre à pied; petit feuillage.

747. — ***Roses***. Toile.
> Roses blanches et roses dans un verre.

748. — ***Roses***. Toile.
> Roses blanches éclairées d'en haut. Vase de verre.

749. — ***Roses***. Toile.
> Quelques petites roses blanches dans un petit verre.

750. — ***Branche de pommier en fleurs***. Toile. H. 0ᵐ21.
L. 0ᵐ173.

751. — ***Roses***. Toile.
> Bouquet de roses roses (choux) dans une porcelaine blanche.

752. — ***Roses***. Toile. Signé et daté en haut, à droite :
Fantin 1875.
> Bouquet de roses blanches dans un haut verre à pied.

753. — ***Roses***. Toile. H. 0ᵐ36. L. 0ᵐ25. Vente à Londres, 1903 :
94 livres 10.
> Bouquet de petites roses blanches et jaunâtres dans un long verre à
> pied.

754. — ***Fruits***. Toile.
> Six pêches sur une semelle en paille.

755. — ***Nature morte***. Toile. H. 0ᵐ25. L. 0ᵐ39. Signé et daté
en haut, à gauche : Fantin, 75. A M. Picard.
> Divers fruits dans une assiette.

756. — ***Fleurs***. Toile. H. 0ᵐ54. L. 0ᵐ62. Signé en bas, à gauche,
vers le milieu, daté : juillet 1875.
> Deux grands rosiers, le haut seulement.

757. — ***Grosses roses blanches***. Toile.

758. — ***Roses***. Toile.

759. — ***Dahlias sombres***. Toile.

760. — ***Dahlias clairs***. Toile.

761. — ***Marguerites dans un pot brun***. Toile.

762. — ***Chrysanthèmes***. Toile. H. 0ᵐ68. L. 0ᵐ63. Signé et daté
en haut, à gauche. Exposition Fantin, nᵒ 80.
> Chrysanthèmes de toutes couleurs, pot brun, fond clair.

763. — **Dahlias**. Toile.
> Dahlias, comme dans une corbeille, sur fond sombre.

764. — **Dahlias**. Toile.
> Dahlias, comme dans une corbeille, sur fond clair.

765. — **Fruits**. Toile. H. 0$^m$3o. L. 0$^m$42. Signé et daté en haut, à gauche : Fantin 75. Vente Coudray, juin 1908 : 4.600 francs.
> Raisin sortant d'un panier et grenade.

766. — **Fleurs**. Toile. Exposé au Salon de 1876, n° 767. A M. White, à Londres.
> Gros bouquet de dahlias.

767. — **Roses**. Toile. Signé en toutes lettres et daté : 75. Vente Burty 1891 : 180 francs. A M. Ch. E. Haviland.
> Roses de la Malmaison dans un verre.

768. — **Nature morte**. Toile. H. 0$^m$43. L. 0$^m$52. Signé en haut, à droite : A mon ami Drouet. Fantin, 1875. Vente Ch. Drouet, avril 1908 : 4.000 francs.
> Raisins sortant d'un panier renversé, à côté une carafe avec des chrysanthèmes jaunes, rouges et violets foncés.

## DESSINS

769. — **L'Anniversaire**. Crayon lithographique sur calque. H. 0$^m$62. L. 0$^m$5o. Premier dessin fait d'après l'esquisse peinte n° 740, qui appartient à M. Roger Marx. Exposition Tempelaere, n° 183. A M. Raoul Pugno.

770. — **Etude pour le portrait de M$^{lle}$ Crowe**. Crayon noir sur papier bulle. H. 0$^m$525. L. 0$^m$38. On lit en haut : Salon 1875. Au Musée du Luxembourg.
> Elle est assise de trois quarts, tournée vers la droite. En bas, à gauche, un dessin de l'ensemble du portrait exposé au salon de 1875.

## LITHOGRAPHIE

771. — **L'Anniversaire**. H. 0$^m$623. L. 0$^m$5o3. N° 7 du catalogue Hédiard. Même composition que les n$^{os}$ 740, 769 et 772.

# ANNÉE 1876

## PEINTURES

772. — *L'Anniversaire*. Toile. H. 2<sup>m</sup>20. H. 1<sup>m</sup>70. Salon de 1876, n° 768. Il existe, sur ce même sujet, une lithographie exécutée en 1875 et exposée au Salon de 1877 (n° 7 du catalogue Hédiard), et un pastel, exposé au Salon de 1884. V. n° 1151, à l'Exposition rétrospective de 1889 et à l'Exposition centennale de 1900. Exposition Fantin, n° 146. Exposé à Grenoble, en 1899, et acquis, à la suite de cette exposition, par le Musée de Grenoble.

> Cette toile a été conçue comme un hommage à Berlioz.
>
> Sur les marches d'un monument funéraire, dédié au maître, qu'une figure volante achève d'orner de guirlandes et de feuillages, la Muse en deuil se retourne en montrant du doigt le nom du maître et la date de sa naissance (1803) gravés sur le marbre; de l'autre main, elle tient un rouleau qui s'ouvre, laissant voir les titres des principales compositions du maître. A gauche, assise au pied d'un cyprès, demi-nue, la Musique pleure, appuyée sur sa lyre. A droite, les principales héroïnes des œuvres de Berlioz s'avancent : Marguerite, tendant des deux mains une couronne. Didon, offrant une palme ; Juliette, au premier plan, la gorge nue, la tête demi-couverte d'un voile, portant des fleurs dans ses bras, et se tournant encore vers Roméo. Tout en bas une figure d'homme, dans laquelle on reconnaît Fantin, présentant une couronne d'immortelles.

773. — *Etude*. Toile. H. 0<sup>m</sup>245. L. 0<sup>m</sup>187. Signé en haut, à droite : Fantin 1876. A M<sup>me</sup> Fantin-Latour.

> Tête de jeune femme un peu baissée se détachant en sombre sur le ciel, étude de plein air.

774. — *Etude*. Toile. H. 0<sup>m</sup>305. L. 0<sup>m</sup>245. Signé en haut, à gauche : Fantin. A M<sup>me</sup> Fantin-Latour.

> Jeune femme, assise dans un fauteuil, de face, la tête un peu tournée vers la droite, un chat sur les genoux.

775. — *Rheingold : Les Filles du Rhin*. Toile. H. 0<sup>m</sup>51. L. 0<sup>m</sup>34. Première esquisse de la lithographie n° 8 du catalogue Hédiard, du pastel du Salon de 1877 et du tableau du Salon de 1888. Signé en bas, à droite : A M<sup>me</sup> Fantin.

> Les trois filles du Rhin jouent autour du Rocher qui porte l'Or du Rhin. En bas, le gnôme Albéric apparaît, au premier plan, entre les rochers.

776. — *Scène I$^{re}$ du Rheingold*. Toile. H. 0$^m$525. L. 0$^m$343. Composition identique à la lithographie n° 8 catalogue Hédiard et au pastel. Salon 1877. (Au Musée du Luxembourg.) Sauf le gnôme qui n'y est pas. A M. Jules Bernard.

777. — *Etude*. Toile. H. 0$^m$265. L. 0$^m$35. Signé en bas, à droite : Fantin 1876. A M$^{me}$ Fantin-Latour.

  Etude d'une tête de jeune fille brune, de face, et d'une jeune fille blonde, profil perdu. Pour le tableau *L'Anniversaire*. Salon de 1876.

778. — *Duo des Troyens*. Toile. H. 0$^m$285. L. 0$^m$215. Première idée pour la lithographie n° 10 du catalogue Hédiard. Fantin fit ensuite un pastel du même sujet, exposé au Salon de 1870, qu'il transforma plus tard en peinture à l'huile. Au Musée Berlioz, à la Côte Saint-André (Isère).

779. — *Les Pommes*. Toile. H. 0$^m$27. L. 0$^m$35. Signé en bas, à gauche : Fantin, 76. Vente Tavernier, mars 1900 : 300 francs.

  Dans un coin de verger, deux pommes tombées sur le gazon.

780. — *Fleurs*. Toile. H. 0$^m$34. L. 0$^m$26. Signé et daté : 1876.

  Fleurs de cerisiers double et trois pensées.

781. — *Fleurs*. Toile. H. 0$^m$295. L. 0$^m$405. Signé et daté en haut, à gauche : Fantin 76.

  Gerbe de printemps sans vase : jacinthes, primevères, narcisses, tulipes, etc.

782. — *Fleurs*. Toile.

  Giroflée jaune et cerisier double.

783. — *Roses jaunes et roses*. Toile. H. 0$^m$445. L. 0$^m$41. Vente Galloway. Londres, juin 1905 : 230 guinées.

784. — *Pivoines*. Toile.

785. — *Chrysanthèmes*. Toile.

786. — *Roses*. Toile.

787. — *Fleurs et fruits*. Toile.

788. — *Pieds d'alouette*. Toile.

789. — *Fruits*. Toile. H. 0$^m$30. L. 0$^m$41. Signé et daté en haut, à droite : 1876. Vente Galloway, juin 1905 : 115 guinées.

  Raisins poires et pêches.

790. — *Fleurs*. Toile. H. 0$^m$43. L. 0$^m$44. Signé et daté à gauche, sur la table : Fantin, 1876. Exposé à Anvers en 1876.

  Roses dans un panier et sur la table.

791. — *Roses jaunes Falcon*. Toile.

792. — ***Fleurs et fruits***. Toile. H. 0ᵐ33. L. 0ᵐ455. Daté : 1876.
Vente Galloway. Londres, 1905 : 240 guinées.

> Roses blanches et raisins blancs dans un compotier.

793. — ***Fleurs***. Toile. H. 0ᵐ47. L. 0ᵐ345. Signé en bas : A Mᵐᵉ O.
Scholderer. Fantin, 1876.

> Roses jaunes dans un verre haut.


## DESSINS


794. — ***Rêve***. Crayon lithographique sur papier calque. H. 0ᵐ21.
L. 0ᵐ45. En Amérique.

> A droite, une figure d'homme assis, la tête dans ses mains. A gauche,
> figure de femme passant dans l'air.

795. — ***Etude***. Crayon noir sur papier, tiré d'un carnet. H. 0ᵐ10.
L. 0ᵐ08. Etude pour la Marguerite du tableau l'*Anniversaire*
exposé au salon de 1876. Exposition Fantin, n° 274.

> Tête de femme de profil perdu, à gauche. Deux nattes pendantes.

796. — ***Feuille de croquis***. H. 0ᵐ12. L. 0ᵐ19. Etudes d'arbres,
faites pour le tableau : l'*Anniversaire*. Exposition Fantin,
n° 324.

797. — ***Etudes d'arbres***. H. 0ᵐ12. L. 0ᵐ18. Pour le tableau
l'*Anniversaire*. Exposition Fantin, n° 325.

798. — ***Etudes de mains***. Crayon noir sur papier calque. H. 0ᵐ185.
L. 0ᵐ265. Feuille de trois études de mains pour le tableau l'*Anniversaire*

799. — ***Etude de draperie***. Sanguine. H. 0ᵐ305. L. 0ᵐ17. Etude
faite pour la Muse du tableau l'*Anniversaire*. Exposition Fantin, n° 326.

800. — ***Etude***. Crayon noir sur papier, tiré d'un carnet. H. 0ᵐ10.
L. 0ᵐ09. Etude pour la Juliette. Exposition Fantin, n° 273.

> Buste de femme, la tête inclinée à droite, toute dans l'ombre, les
> épaules nues.

801. — ***Etudes***. N° 1. Crayon noir, mine de plomb. H. 0ᵐ144.
L. 0ᵐ095.

> Deux bras pour la Juliette.

N° 2. Crayon noir. H. 0ᵐ145. L. 0ᵐ095. On lit à gauche : les
guirlandes avec des petites feuilles.

> Un bras avec la main.

N° 3. Crayon noir. H. 0^m 126. L. 0^m 09.

Quatre bras.

N° 4. Crayon noir. H. 0^m 133. L. 0^m 11. On lit : pour Juliette.
37. Michel-Ange ; la figure effacée. — Ces quatre dessins sont
faits pour l'*Anniversaire*.

Tête de profil, les deux bras étendus.

802. — *Études*. N° 1. H. 0^m 148. L. 0^m 095

N° 2. H. 0^m 148. L. 0^m 095.

N° 3. H. 0^m 145. L. 0^m 09.

N° 4. H. 0^m 145. L. 0^m 09. Quatre études d'arbres (Cyprès) pour
l'*Anniversaire*.

803. — *Études*. Crayon noir, papier calque. H. 0^m 09. L. 0^m 16.

Deux pieds. Tête de femme, de profil, les yeux cachés par la main.

804. — *Étude*. Crayon noir, papier calque. H. 0^m 14. L. 0^m 145.
Ces deux études ont été faites pour l'*Anniversaire*.

Étude de jeune fille, de profil perdu, les bras étendus.

805. — *Étude*. H. 0^m 315. L. 0^m 245. Daté en haut, à droite :
12 février 1876. Exposition Fantin, n° 286.

Homme tenant une couronne funèbre, buste de dos.

806. — *Homme de dos*. Crayon noir sur papier calque. H. 0^m 16.
L. 0^m 17. Étude faite pour la figure d'homme qui tient une con-
ronne.

807. — *Études*. H. 0^m 257. L. 0^m 195. Études de cinq mains.

808. — *Études*. H. 0^m 145. L. 0^m 09. On lit en bas : 18 janvier 76.
Indication de l'attache d'un cou.

809. — *Mains pour la Didon*. H. 0^m 138. L. 0^m 09.

810. — *Un Pied de face*. H. 0^m 06. L. 0^m 08.

811. — *Deux Pieds*. H. 0^m 063. L. 0^m 08.

812. — *Études*. N° 1. Crayon noir. H. 0^m 135. L. 0^m 092.

Étude de femme nue à mi-corps de profil tournée vers la droite, la tête
appuyée sur la main.

N° 2. Crayon noir. H. 0^m 135. L. 0^m 09.

Femme nue de profil, à mi-corps, un coude.

N° 3. Crayon noir. H. 0^m 145. L. 0^m 09.

Femme nue, vue de profil.

N° 4. Crayon noir. H. 0^m 145. L. 0^m 093.

Le haut du corps d'une femme nue de profil, la tête appuyée sur la
main.

8i3. *Etude*. Crayon noir sur calque. H. 0<sup>m</sup>20. L. 0<sup>m</sup>27. Etude de quatre mains pour la figure de l'homme qui tient une couronne dans le tableau l'*Anniversaire.*

8i4. — *Etude de nu*. Sanguine. H. 0<sup>m</sup>26. L. 0<sup>m</sup>2i5. Pour la musique qui pleure devant le Monument dans le tableau l'*Anniversaire.* Les études n<sup>o</sup> 7g5 au n<sup>o</sup> 8i4 inclus ont été faites pour le tableau l'*Anniversaire*

8i5. — *L'Anniversaire*. H. 0<sup>m</sup>255. L. 0<sup>m</sup>2o5. Décalque à la mine de plomb. Au Musée de Grenoble.

Le tableau définitif, le personnage du bas tourné à gauche et la tête inclinée, les inscriptions sur les banderolles effacées. Mise au carreau.

8i6. *L'Anniversaire*. Dessin. H. 0<sup>m</sup>622. L. 0<sup>m</sup>5o2. Lithographie travaillée à la gouache. Au Musée de Grenoble.

8i7. — *L'Anniversaire*. H. 0<sup>m</sup>622. L. 0<sup>m</sup>5o2. Signé : H. Fantin, 75. On lit dans le haut : 8 février 76. Au Musée de Grenoble.

Lithographie remaniée à la gouache : la tête de Marguerite est plus renversée, la Muse a été allongée, le personnage du bas tourne la tête à gauche et l'incline dans l'attitude du recueillement ; le cyprès est plus vigoureux, quelques touches de vermillon sur l'épaule gauche de Didon, et d'ocre sur la palme ainsi que sur le bas de la lyre de la Musique rehaussent l'ensemble de la coloration.

8i8. — *L'Anniversaire*. H. 0<sup>m</sup>57. L. 0<sup>m</sup>46. Esquisse du tableau de 1876, du Musée de Grenoble. Dessin au crayon noir, avec rehauts blancs mis au grattoir, sur papier légèrement teinté. Signé au dos, à gauche. Au Musée de Lille, n<sup>o</sup> 2628.

8ig. — *Scène première du Rheingold*. Crayon noir. H. 0<sup>m</sup>5i. L. 0<sup>m</sup>335. Dessin au trait, reproduisant textuellement la lithographie n<sup>o</sup> 8 du catalogue Hédiard. En haut à gauche : i i X<sup>bre</sup> 76. Au Musée de Grenoble.


## LITHOGRAPHIES

820. — *Duo des Troyens*. i<sup>re</sup> planche. H. 0<sup>m</sup>3o. L. 0<sup>m</sup>22. N<sup>o</sup> io du catalogue Hédiard.

82i. — *Scène première du Rheingold*. H. 0<sup>m</sup>5i. L. 0<sup>m</sup>337. N<sup>o</sup> 8 du catalogue Hédiard.

822. — *Tannhæuser-Vénusberg*. 2<sup>e</sup> planche. H. 0<sup>m</sup>4o5. L. 0<sup>m</sup>5o. N<sup>o</sup> 9 du catalogue Hédiard.

823. — *Evocation d'Erda*. i<sup>re</sup> planche. H. 0<sup>m</sup>285. L. 0<sup>m</sup>36. N<sup>o</sup> 20 du catalogue Hédiard.

# ANNÉE 1877

## PEINTURES

824. — ***La Lecture***. Toile. H. 1^m. L. 1^m38. Signé et daté en haut, à gauche : Fantin 77. Salon de 1877, n° 815. Exposé à la Royal Academy, de Londres, en 1878. Salon de Bruxelles, en 1900. Exposition Fantin, n° 43. Au Musée de Lyon (acquis en 1901).

Deux jeunes filles assises à côté l'une de l'autre, près d'une table recouverte d'un tapis oriental, sur laquelle est posé un bouquet de roses dans un cornet de cristal. C'est la belle-sœur de l'artiste, à gauche, de profil sur la droite, les mains sur les genoux, semblant écouter, son amie : une jeune personne aux bandeaux bruns, accoudée du bras gauche, la main sur la joue et lisant dans un livre qu'elle tient ouvert de la main droite.

825. — ***Portrait de M^me Fantin-Latour***. Toile. H. 0^m98. L. 0^m79. Signé en haut, à droite : Fantin 1877. Salon de 1877, n° 816. Exposé à Gand, la même année. Exposition Fantin, n° 42. A M^me Fantin-Latour.

Elle est assise de face, éclairée du haut à droite, le buste couvert d'un mantelet gris bordé d'un ruché de soie ; les deux mains réunies sur les genoux, sortent des manchettes empesées. Robe bleu foncé.

826. — ***Souvenir de Bayreuth***. Pastel. H. 0^m52. L. 0^m337. Intitulé aussi les *Filles du Rhin*. Scène première du *Rheingold*. Signé. La lithographie n° 8 catalogue Hédiard est la même composition. Exposé au Salon de 1877. n° 2674. Exposition Universelle de 1889. Ce pastel a été exposé à l'Exposition des lithographies de Fantin au Musée du Luxembourg en 1899. Donné par l'auteur à ce musée, à la suite de cette exposition. Exposition Fantin, n° 232. Au Musée du Luxembourg.

Au fond des eaux, les trois filles du Rhin se jouent autour du rocher qui porte le trésor magique. Une d'elles, en haut, à l'arrière-plan, s'enivre de ses rayons. Une autre, à droite, vue de dos et vêtue, remonte en déployant des guirlandes d'algues. La troisième, nue, passe horizontalement et annonce à Alberich à quel prix sera conquis l'or du Rhin. Le gnome, figuré de dos et coupé à mi-corps, apparaît au premier plan entre les rochers.

827. — *Scène finale de la Walkyrie*. Toile. H. 0^m375. L. 0^m453. Première idée du pastel exposé au Salon de 1877, n° 2675, qui a été détruit et de la lithographie, n° 24, catalogue Hédiard. Au Musée de Montpellier.

A droite, au premier plan, Brunnhilde est couchée sur une roche couverte de mousse et ombragée par un grand sapin ; derrière elle, debout, les deux bras levés, Wotan vient de frapper le rocher du fer de sa lance. Entre sa fille et lui, la flamme a jailli, et se répand, jetant sur tous les deux des lueurs fantastiques.

828. — *Au Soir*. Toile. H. 0^m27. L. 0^m21. Vente Buckler, mars 1906 : 40 guinées.

Une mère embrassant son enfant. Elle est assise à droite, de profil, tournée vers la gauche et tient un enfant qui est debout sur ses genoux et l'embrasse. Fond d'arbres. Soleil couchant.

829. — *Esquisse*. Toile. H. 0^m355. L. 0^m29. Exposition au Guildhal, à Londres, en 1898. Vente Galloway, Londres, juin 1905 : 135 guinées.

Femme au sortir du bain, debout à gauche tenant sa chevelure des deux bras. Derrière elle un grand arbre ; coup de soleil sur la hanche.

830. — *Femme au bain*. Toile.

831. — *Le Lever*. Toile. H. 0^m19. L. 0^m247. Signé en bas, à droite.

Une jeune femme assise sur son lit, nue, vue de dos ; coup de soleil entrant par la fenêtre. Rideau orangé, ciel bleu.

832. — *L'Amour grondé*. Toile cartonnée. H. 0^m213. L. 0^m16. Même sujet que le n° 663.

Une jeune femme, assise dans un paysage printannier, tient sur ses genoux un Amour qu'elle menace du doigt.

833. — *La jeune mère*. Panneau. H. 0^m16. L. 0^m15. Vente Galloway, Londres, juin 1905 : 38 guinées.

834. — *Baigneuse*. Toile. H. 0^m115. L. 0^m16.

Baigneuse en chemise, jupon rouge.

835. — *Femme dans un paysage, robe rouge*. Toile. H. 0^m16. L. 0^m105.

836. — *Baigneuse*. Panneau. H. 0^m148. L. 0^m122.

837. — *Tentation de Saint Antoine*. Toile. H. 0^m19. L. 0^m25.

A droite, saint Antoine à genoux, de profil à gauche ; derrière lui une femme assise.

838. — *Baigneuse*. Toile. H. 0^m23. L. 0^m282.

839. — *Fleurs*. Toile. H. 0^m445. L. 0^m37. Daté : 1877. Vente Galloway, Londres, juin 1905 : 200 guinées.

Roses de Nice dans un verre et sur une table.

840. — *Fleurs*. Toile. H. 0ᵐ535. L. 0ᵐ60.

> Gerbe de printemps : narcisses, jacinthes, tulipes, giroflée jaune, coucous, impériales, dans une jardinière désargentée ; sur la table, branche de cerisier : fond sombre.

841. — *Fleurs*. H. 0ᵐ47. L. 0ᵐ42. Daté : 1877. Vente Galloway, Londres, juin 1905 : 300 guinées.

> Giroflées de toutes couleurs : fond sombre.

842. — *Fleurs*. Toile. H. 0ᵐ44. L. 0ᵐ36.

> Pivoines roses et blanches, boule de neige, myosotis ; fond clair.

843. — *Branche de lys*. Toile. H. 0ᵐ445. L. 0ᵐ30.

844. — *Nature morte*. Toile. H. 0ᵐ465. L. 0ᵐ58.

> Balsamines, pêches et abricots.

845. — *Œillets sur fond rouge*. Toile. H. 0ᵐ435. L. 0ᵐ505. Signé et daté, en bas, à droite.

> Ils sont dans un verre long, placé dans un plateau rond, sur une table recouverte d'un tapis.

846. — *Très petit bouquet, phlox, etc*. Toile 0ᵐ245. L. 0ᵐ185.

847. — *Œillets sur fond clair*. Toile. H. 0ᵐ325. L. 0ᵐ265.

848. — *Roses jaunes et cramoisies*. Toile. H. 0ᵐ285. L. 0ᵐ23.

849. — *Roses blanches en largeur*. Toile. H. 0ᵐ22. L. 0ᵐ405. Signé en haut, à droite, et daté : 77. Vente à Londres, 1908 : 2.750 francs.

850. — *Fleurs*. Toile. H. 0ᵐ385. L. 0ᵐ225.

> Petit bouquet long avec un souci.

851. — *Nature morte*. Toile. H. 0ᵐ56. L. 0ᵐ51. Daté : 1877. Signé en bas, à droite : Fantin, en écriture renversée.

> Dahlias, raisins, roses de Dijon, fond clair.

851 *bis*. — *Fruits*. Toile. H. 0ᵐ27. L. 0ᵐ34. Signé en haut, à gauche : Fantin 77.

> Des raisins dans une coupe en verre, devant, à gauche, une grenade ouverte.

## DESSINS

852. *La Lecture*. Crayon noir sur papier blanc. H. 0ᵐ18. L. 0ᵐ24. Reproduction du tableau exposé au salon de 1877 sous le nº 815 : *La lecture*. Signé en haut, à droite : Fantin 77. Reproduit dans la *Gazette des Beaux-Arts*, dans le texte, page 548. Collection Héseltine.

853. *Finale du Rheingold*. Dessin au fusain sur papier vergé. Première idée pour la lithographie nº 18 du catalogue Hédiard

et du tableau exposé au Salon de 1880, n° 1383. Daté :
16 juin 1877. Exposition chez Tempelaere en 1901, n° 62.

854. — ***Portrait de femme***. Crayon noir sur papier Ingres.
H. 0<sup>m</sup>238. L. 0<sup>m</sup>185. Exposition Fantin, n° 271. Au Musée du
Luxembourg.

> Portrait de femme, en buste, les yeux baissés, de trois quarts à gauche,
> col rabattu en toile blanche. Il existe une répétition de ce portrait.

855. — ***La Lecture***. Crayon noir sur papier Ingres. H. 0<sup>m</sup>165.
L. 0<sup>m</sup>22. Reproduction du tableau exposé au salon de 1877.
Signé et daté : 1877. Exposition Fantin, n° 266. Au Musée du
Luxembourg.

856. — ***Autre reproduction du même tableau***. H. 0<sup>m</sup>23.
L. 0<sup>m</sup>305. A M. Baillehache.

857. — ***Etude de nu***. Crayon noir sur papier blanc. H. 0<sup>m</sup>31.
L. 0<sup>m</sup>20. Daté : 7 février 77. A M<sup>me</sup> Fantin-Latour.

> Femme de trois quarts, la tête de profil, nue jusqu'à mi-corps, retenant
> d'une main une draperie ; de l'autre faisant le geste de jeter des fleurs.
> En haut, à gauche, un croquis d'une tête et d'un bras levé.

858. — ***L'Amour grondé***. Calque fait sur une peinture n° 832.
H. 0<sup>m</sup>212. L. 0<sup>m</sup>16. Même sujet que le n° 663. A M<sup>me</sup> Fantin-Latour.

> Vénus, assise dans un paysage tient l'Amour sur ses genoux et semble
> le menacer du doigt.

## LITHOGRAPHIES

859. — ***Baigneuses***. 1<sup>re</sup> petite planche. H. 0<sup>m</sup>277. L. 0<sup>m</sup>207.
N° 11 du catalogue Hédiard.

860. — ***Baigneuses***. 2<sup>e</sup> petite planche. H. 0<sup>m</sup>235. L. 0<sup>m</sup>175. N° 12
du catalogue Hédiard.

861. — ***Le Musicien***. H. 0<sup>m</sup>27. L. 0<sup>m</sup>233. N° 13 du catalogue Hédiard.

862. — ***Rinaldo***, 1<sup>re</sup> planche. H. 0<sup>m</sup>315. L. 0<sup>m</sup>242. N° 14 du catalogue Hédiard.

863. — ***Tannhæuser***. Acte III. H. 0<sup>m</sup>24. L. 0<sup>m</sup>315. N° 15 du catalogue Hédiard.

864. — ***L'Etoile du soir***. 1<sup>re</sup> planche. H. 0<sup>m</sup>297. L. 0<sup>m</sup>22. N° 16
du catalogue Hédiard.

865. — ***Le Génie de l'air***. H. 0<sup>m</sup>275. L. 0<sup>m</sup>355. N° 17 du catalogue
Hédiard.

866. — ***Finale du Rheingold***. — H. 0<sup>m</sup>53. L. 0<sup>m</sup>403. N° 18 du
catalogue Hédiard.

# ANNÉE 1878

## PEINTURES

867. — ***La Famille D***. Toile. H. 1<sup>m</sup>43. L. 1<sup>m</sup>67. Signé en bas, à gauche : Fantin 78. Salon de 1878, n° 878. Exposé, la même année, à Bruxelles, et, en 1879, à Londres, à la Royal Academy ; en 1882, à Vienne ; en 1883, aux Portraits du Siècle (première Exposition), Exposition Centennale en 1900. Exposition Fantin, n° 44. Appartient à M<sup>me</sup> Fantin-Latour.

> La famille Dubourg. Quatre personnages réunis dans une pièce claire : c'est la femme du peintre avec sa famille. M<sup>me</sup> Fantin est debout, au second plan, de face, entre son père et sa mère, assis, l'un au premier plan, de profil, à gauche, dans un fauteuil d'acajou ; l'autre, de face, les bras croisés. A gauche, debout, M<sup>lle</sup> Dubourg, en capote et en collet noir, de face, se gante comme se préparant à sortir.

868. — ***Rinaldo***. Toile. H. 0<sup>m</sup>41. L. 0<sup>m</sup>50. Même composition que le n° 19, catalogue Hédiard. Signé à gauche. Cette peinture fut d'abord un pastel et exposé comme tel au Salon de 1878, n° 2896, puis transformé en peinture à l'huile. Vente Imbert, avril 1905, 2,540 francs.

> A gauche, le navire où Renaud va s'embarquer ; l'un de ses compagnons y est déjà descendu, l'autre, debout au premier plan, armé et casqué, est vu de dos seulement. Renaud, debout sur la rive, entre lui et le navire, l'écoute. Au second plan, Armide, vêtue de légères draperies roses, accourt pour le retenir. A droite, au premier plan, deux nymphes se jouent dans les eaux. Paysage.

869. — ***Duo des Troyens***. Toile. H. 0<sup>m</sup>60. L. 0<sup>m</sup>49. Signé à gauche, en bas. Vente A. Alexandre, mai 1903 : 5.900 francs.

> Enée est agenouillé aux pieds de Didon, qui a passé le bras sur son épaule et l'écoute.
> Aux pieds du guerrier gisent son casque et ses armes.
> A figuré au Salon de 1878, sous forme de pastel, puis entièrement repris à l'huile.

870. — ***Duo des Troyens***. Toile. H. 0<sup>m</sup>31. L. 0<sup>m</sup>23. Esquisse pour le pastel du Salon de 1878, transformé en peinture.

871. — ***Baigneuse au matin***. Toile. H. 0<sup>m</sup>17. L. 0<sup>m</sup>155.

872. — ***L'Abandonnée***. Toile. H. 0<sup>m</sup>25. L. 0<sup>m</sup>15.

873. — ***Dernier rayon de soleil***. Toile. H. 0<sup>m</sup>185. L. 0<sup>m</sup>39. Signé
en bas. à droite, en noir sur une ancienne signature rouge.

> Une jeune femme assise sur un terrain, au bord de la mer, à droite.
> A gauche, un terrain plus élevé ; au fond, la mer et le ciel éclairés par
> un dernier rayon de soleil.

874. — ***Fleurs de printemps***. Toile. H. 0<sup>m</sup>385. L. 0<sup>m</sup>225. Signé
et daté en bas, à droite, au-dessus de la table : Fantin 78. A
M<sup>lle</sup> Breslau.

875. — ***Quelques roses sur la table***. Toile. H. 0<sup>m</sup>20. L. 0<sup>m</sup>19.

876. — ***Trois roses***. Toile. H. 0<sup>m</sup>30. L. 0<sup>m</sup>295.

877. — ***Roses de Nice***. Toile. H. 0<sup>m</sup>335. L. 0<sup>m</sup>31.

878. — ***Bouquet de roses***. Toile. H. 0<sup>m</sup>46. L. 0<sup>m</sup>42.

879. — ***Bouquet d'hiver***. Toile. H. 0<sup>m</sup>34. L. 0<sup>m</sup>325.

880. — ***Chrysanthèmes et giroflée***. Toile. H. 0<sup>m</sup>355. L. 0<sup>m</sup>285.

881. — ***Fruits***. Toile. H. 0<sup>m</sup>245. L. 0<sup>m</sup>265.

> Raisins, poires et pommes.

882 et 883. — ***Fleurs***. Toile. H. 0<sup>m</sup>33. L. 265. Signé en haut, à
droite : Fantin 78. Vente Coudray. juin 1908 : 2.900 francs.

> Bouquet de fleurs diverses, roses, pervenches, etc.

884. — ***Petit bouquet de narcisses***. Toile. H. 0<sup>m</sup>285. L. 0<sup>m</sup>23.

885. — ***Dahlias***. Toile. H. 0<sup>m</sup>26. L. 0<sup>m</sup>42.

886. — ***Narcisses, tulipes et pensées***. Toile. H. 0<sup>m</sup>44. L. 0<sup>m</sup>35.

887. — ***Dahlias, fond bleuâtre***. Toile. H. 0<sup>m</sup>41. L. 0<sup>m</sup>30.

888. — ***Spiré sans vase***. Toile. H. 0<sup>m</sup>41. L. 0<sup>m</sup>37. Signé en
haut, à droite : Fantin. 1878. Vente Buckler, mars 1906 :
130 guinées.

889. — ***Pivoines blanches et roses, narcisses***. Toile.

890. — ***Pivoines***. Toile. Exposé à la Royal Academy, Londres,
en 1880.

> Pivoines sur un tabouret en bambou japonais.

891. — ***Petit bouquet d'œillets***. Toile.

892. — ***Pivoines et boules de neige***. Toile.

893. — ***Nature morte***. Toile. H. 0<sup>m</sup>18. L. 0<sup>m</sup>29. Signé et daté
en haut, à gauche. Vente à Londres, en 1908 : 1.850 francs.

> Grosses fraises et roses.

894. — ***Fleurs des champs***. Toile.

895. — ***Fleurs des champs***. Toile.

896. — *Nature morte*. Toile.
> Roses blanches, prunes bleues en branche, soucoupe de pêches.

897. — *Fruits*. Toile.
> Branche de pommier dans un pichet; pommes à terre.

898. — *Fleurs*. Toile.
> Roses blanches, jaunes, cramoisies; d'autres roses à terre.

899. — *Fruits*. Toile.
> Fruits des champs: prunelles, senelles, mûres, quelques fleurs à terre.

900. — *Fleurs*. Toile.
> Fleurs des champs.

901. — *Fruits*. Toile.
> Trois prunes Reine-Claude.

902. — *Nature morte*. Toile.
> Roses, fruits sur la table, prunes et pêches.

903. — *Pivoines et Julienne*. Toile.

904. — *Petit bouquet*. Toile.

905. — *Petit bouquet d'œillets*. Toile.

906. — *Roses*. Toile.
> Roses jaunes et autres, dans un petit verre.

907. — *Œillets, fond verdâtre*. Toile.

908. — *Œillets, fond jaunâtre*. Toile.

909. — *Roses*. Toile.
> Des roses, grosses et petites, une rose cramoisie jetée sur la table.

910. — *Fleurs des Champs*. Toile.

911. — *Fleurs sans vase*. Toile.


## DESSINS

912. — *Étude*. Crayon noir sur papier blanc. H. 0$^m$33. L. 0$^m$20.
Dessin très sommaire.
> Étude pour le tableau : *La Famille D.*, exposé au Salon de 1878. Mademoiselle Dubourg, à mi-corps, en capote et collet, de trois quarts vers la droite.

913. — *Étude*. Crayon noir sur papier blanc. H. 0$^m$235. L. 0$^m$24.
> Portrait de M. Dubourg. Il est assis à droite dans un fauteuil, de trois quarts tourné vers la gauche, les mains réunies sur les jambes croisées.

914. — *Étude*. Crayon noir sur papier blanc. H. 0$^m$234. L. 0$^m$185.
Dessin très sommaire.
> Pour le tableau, *La Famille D*. Portrait de M$^{me}$ Dubourg.

9ı5. — *La Famille D*. Crayon noir sur papier blanc mince. H. 0ᵐ3ı5. L. 0ᵐ365. Dessin très esquissé du tableau : *La Famille D*. En bas, à gauche : H. F.

9ı6. — *La Famille D*. Dessin au crayon noir, d'après le tableau du Salon de 1878, nᵒ 878. Exécuté pour *l'Art* où la reproduction gravée sur bois par Leveilley, a paru dans le nᵒ (?). Les nᵒˢ 9ı2 à 9ı6 inclus sont au Musée du Luxembourg.

9ı7. — *Rinaldo*. Dessin assez sommaire, fusain sur papier Ingres. H. 0ᵐ40. L. 0ᵐ495. Première pensée de la lithographie nᵒ ı9 du catalogue Hédiard, et du pastel exposé au Salon de ı878, nᵒ 2896 et qui a été transformé en peinture à l'huile.

9ı8. — *Rinaldo*. Crayon lithographique sur calque. H. 0ᵐ4ı. L. 0ᵐ495. Variante de la lithographie nᵒ ı9 du catologue Hédiard et du pastel exposé au Salon de ı878, devenu peinture à l'huile. Signé en bas, à gauche. Exposition chez Tempelaere, nᵒ 2ı.


## LITHOGRAPHIES

9ı9. — *Rinaldo*. 2ᵉ planche. H. 0ᵐ4ı. L. 0ᵐ5o. Nᵒ ı9 du catalogue Hédiard.

# ANNÉE 1879

## PEINTURES

920. — *La Leçon de dessin* ou *Portraits*. Toile. H. 1ᵐ48. L. 1ᵐ70. Signé sur la boîte à couleurs : Fantin 79. Salon de 1879, nᵒ 1189. Sous le titre : *Portraits* (Ce sont ceux de Mˡˡᵉ Callimaki Cataigi, et de Mˡˡᵉ Riesener). Exposé la même année à Anvers où il obtint une médaille d'or. Envoyé en 1880 à la Royal Academy de Londres, il y fut refusé. Envoyé à Manchester, il obtint la grande médaille d'or. Exposition Fantin, nᵒ 45. A la suite du Salon, Fantin fut nommé Chevalier de la légion d'honneur. Au Musée de Bruxelles.

> Deux jeunes femmes dans un atelier fermé, à droite, par un paravent. Au milieu, l'une, presque de face, les cheveux noirs, est debout devant une toile posée sur un chevalet, l'appuie-main dans la main gauche ; l'autre, assise à droite, dessine sur un carton appuyé sur ses genoux. A gauche, en avant, cachant le dos du chevalet, une table recouverte d'un tapis rayé, sur laquelle sont posés divers objets : un fragment de buste en plâtre de l'*Esclave*, de Michel-Ange, sur une boîte à couleurs et un pot de rhododendrons contre lequel est appuyé un in-folio ; à droite, sur la table, deux roses effeuillées.

921. — *Tête de jeune fille*. Toile. H. 0ᵐ46. L. 0ᵐ36. Signé en haut, à gauche : Fantin. Exposition Fantin, nᵒ 55. A M. Lerolle.

922. — *Femme au bord de l'eau*. Toile.

923. — *Baigneuse en rouge*. Toile.

924. — *Après le Bain*. Toile.

925. — *La Toilette*. Toile.

926. — *Diane au repos*. Toile.

927. — *Baigneuse*. Toile.

928. — *L'Attente*. Toile.

929. — *L'Entrée au Bain*. Toile.

930. — *Le Bain*. Toile.

931. — *Après le Bain*. Toile.

932. — *La Lecture*. Toile.

933. — *Petit bouquet*. Toile.

934. — *Petit bouquet de printemps*. Toile.

935. — *Fleurs des champs*. Toile.

936. — *Fleurs de printemps, pot vert*. Toile.

937. — *Fleurs*. Toile.
Hortensias, giroflées, deux pots de pensées.

938. — *Pensées*. Toile.

939. — *Petit bouquet des champs*. Toile.

940. — *Gros bouquet des champs*. Toile.

941. — *Fleurs diverses*. Toile. H. 0m40. L. 0m32.

942. — *Pivoines, gros bouquet*. Toile.

943. — *Roses sur la table*. Toile. H. 0m30. L. 0m39.

944. — *Fruits*. Toile. H. 0m24. L. 0m19.
Trois pêches.

945. — *Fleurs*. Toile. H. 0m26. L. 0m23. Signé en haut, à droite,
et daté : 79. Vente à Paris, avril 1904 : 710 francs.
Fleurs des champs sans vase.

946. — *Glaïeuls*. Toile. H. 0m355. L. 0m33.

947. — *Roses sans vase*. Toile. H. 0m27. L. 0m345. Signé en bas
à gauche : Fantin 79. Vente Buckler, mars 1906 : 160 guinées.

948. — *Roses dans un verre long*. Toile. H. 1m40. L. 0m325.

949. — *Fleurs de printemps*. Toile.

950. — *Roses*. Toile. H. 0m48. L. 0m43. Signé et daté.
Roses dans un gros vase, Gloire de Dijon et Céline Forestier.

951. — *Roses*. Toile. H. 0m417. L. 0m355. Même sujet que la
lithographie n° 28 du catalogue Hédiard. Signé et daté à gauche,
en haut : Fantin 79.
Bouquet de roses dans une flûte à champagne, sur la table un gros
bouton avec sa branche, deux petits boutons et quelques feuilles.

952. — *Petites roses*. Toile.

953. — *Chrysanthèmes jaunes*. Toile.

954. — *Fruits*. Toile.
Raisins dans un panier.

955. — *Fleurs*. Toile. H. 0m34. L. 0m29. Vente Galloway,
juin 1905 : 88 guinées.
Dahlias dans un verre vert.

956. — **Roses**. Toile. H. 0ᵐ17. L. 0ᵐ295. A Mᵐᵉ de Basily-Callimaki.

957. — **Prunes**. Toile. H. 0ᵐ225. L. 0ᵐ165. A Mme de Basily-Callimaki.

958. — **Fleurs**. Toile. H. 0ᵐ26. L. 0ᵐ365. Daté et signé en haut. à gauche : Fantin 79. Vente Buckler. Londres, 12 mars 1906 : 105 guinées.

>    Chrysanthèmes, lupins. etc.

959. — **Fleurs**. Toile. H. 0ᵐ265. L. 0ᵐ345. Signé et daté : Fantin 79. Vente Buckler, Londres, 12 mars 1906 : 80 guinées.

>    Dahlias, glaïeuls, etc.

960. — **Fleurs**. Toile. H. 0ᵐ45. L. 0ᵐ30. Signé en haut, à droite. A M. Guillaume Charlier. Collection H. Van Cutsem, à Bruxelles.

>    Pois de senteurs. giroflée. etc.

961. — **Paysage**. Toile. H. 0ᵐ24. L. 0ᵐ32. A M. Moreau-Nélaton.

>    Paysage fait à Fontainebleau.

962. — **Trois paysages de Fontainebleau**, dans un même cadre, chaque panneau : H. 0ᵐ16. L. 0ᵐ08. Exposition Fantin, n° 133. A Mᵐᵉ Fantin-Latour.

963. — **Un petit paysage de Fontainebleau**. A M. Léonce Bénédite.

>    En hauteur.

964. — **Un petit paysage de Fontainebleau**. H. 0ᵐ77. L. 0ᵐ143. A Mᵐᵉ Fantin-Latour.

965. — **Un petit paysage fait à Buré**. H. 0ᵐ78. L. 0ᵐ127. A Mᵐᵉ Ch. Dubourg.


## DESSINS

966. — **Portraits**. Crayon noir sur papier vergé blanc. H. 0ᵐ43. L. 0ᵐ45. D'après le tableau du Salon de 1879, exposé sous le titre : *Portraits*. Fait en 1879 pour *Les Beaux-Arts illustrés* : Duranty, directeur, où il a paru comme supplément du n° 21. La *Gazette des Beaux-Arts* l'a une seconde fois reproduit en format réduit. Ce dessin. après avoir appartenu à Duranty a figuré à sa vente en 1881 (vendu : 200 francs), avec *La Bacchante* de Riesener ; puis à la vente Clapisson, en 1894 :

235 francs. Vente Diot, mars 1897 : 160 francs. A M. Roger Marx.

967. — *Riesener* (D'après). *Bacchante*. Crayon noir sur papier vergé blanc. H. o<sup>m</sup>3o. L. o<sup>m</sup>34. Dessin exécuté dans les mêmes conditions que le précédent et reproduit dans *Les Beaux-Arts illustrés*, n° 10, 3° année. Vente Duranty : 75 francs.

968. — *Première idée pour le tableau : Portraits*. Fusain H. o<sup>m</sup>295. L. o<sup>m</sup>355. Salon de 1879. Au Musée du Luxembourg.

969. — *Etude*. H. o<sup>m</sup>35. L o<sup>m</sup>41. Dessin très sommaire, mis au carreau, pour le tableau : *Portraits*. Au Musée du Luxembourg.

970. — *Portraits*. Mine de plomb, précisée par un trait à la plume. H. o<sup>m</sup>20. L. o<sup>m</sup>234. Dessin fait pour le tableau du Salon de 1879. Au Musée de Grenoble.

971. — *M<sup>lle</sup> Riesener*. Crayon noir sur papier vergé blanc. Fragment du tableau : *Portraits*. Signé en bas, à gauche. Reproduction dans *La Revue des Jeux, des Arts et du Sport*, du 19 juin 1880.

   M<sup>lle</sup> Riesener est à mi-corps.

972. — *Edwin Edwards*. Crayon noir sur papier vergé blanc. H. o<sup>m</sup>27. L. o<sup>m</sup>28. Fragment du tableau exposé au Salon de 1875, n° 784, sous ce titre : *Portraits de M. et M<sup>me</sup> E. Edwards*. En haut, à gauche : A son ami Ed. Edwards, h. Fantin 1875. Reproductions parues dans *Les Beaux-Arts illustrés*, n° 36 de la 3° année et dans le n° du 11 octobre 1879 de *La Vie moderne*. Vente Duranty, janvier 1881 : 280 francs. A M. Jacques Beurdeley.

   Edwards est assis de trois quarts à gauche, le bras appuyé sur un carton et regardant une estampe.

973. — *M<sup>lle</sup> Riesener*. Crayon noir sur vergé blanc. Reproduction dans la *Gazette des Beaux-Arts*, n° (?), 1879.

   Fragment du tableau *Portraits*. La tête seulement.

974. — *Paris-Murcie*. Crayon noir sur papier vergé. Reproduction parue dans le n° *Paris-Murcie*, décembre 1879.

   Même composition que le Frontispice : *Immortalité*, lithographie n° 61 du catalogue Hédiard, et que le pastel du Salon de 1880, n° 4689 : *La Musique*.

975. — *Jugement de Páris*. Dessin. H. o<sup>m</sup>215. L. o<sup>m</sup>205. On lit dans la marge de droite et en haut : Fév. 79, plus bas, à côté de Minerve : Casque. Il y a quelques touches d'aquarelles

bleuâtres. Fait pour un pastel du Salon de 1880, transformé en peinture à l'huile. Musée de Grenoble.

Au premier plan, Pâris assis, une draperie sur les jambes, donne une pomme à l'Amour qui s'avance vers lui. Derrière l'Amour, Vénus, nue, dont on ne voit que le haut du corps ; au milieu, Junon, étonnée, regarde la scène. Dans l'angle de droite et tout à fait au premier plan, Minerve, vue de dos et complètement drapée, tient une lance et un bouclier.

976. — *La Prise de Troie*. Apparition d'Hector ! H. Berlioz. 1re pensée pour la lithographie nᵒ 30 du catalogue Hédiard. H. 0ᵐ34. L. 0ᵐ40. Dessin au fusain, à la sanguine, avec rehauts blancs sur papier teinté. Signé en bas, à droite : Fantin, et plus bas : 8 Xbre 79. Exposition chez Tempelaere, nᵒ 16. Au Musée de Lille, nᵒ 2622.

977. — *Frontispice : La Musique*. Dessin sur papier Ingres. H. 0ᵐ278. L. 0ᵐ202. Signé en bas, à droite : Fantin. A Mᵐᵉ Albert Vanloo.

Même composition que le dessin fait pour *Paris-Murcie* en 1879 et que le pastel exposé au Salon de 1880 sous le titre : *La Musique* et que le *Frontispice*, lithographie nᵒ 61 du catalogue Hédiard où ne figure que le nom seul de R. Wagner.


## LITHOGRAPHIES

978. — *Manfred et Astarté*. 1re planche. H. 0ᵐ243. L. 0ᵐ31. Nᵒ 21 du catalogue Hédiard.

979. — *Duo des Troyens*. 2e planche. H. 0ᵐ30. L. 0ᵐ222. Nᵒ 22 du catalogue Hédiard.

980. — *Début de la Walkure*. H. 0ᵐ232. L. 0ᵐ31. Nᵒ 23 du catalogue Hédiard.

981. — *Finale de la Walkure*. H. 0ᵐ225. L. 0ᵐ275. Nᵒ 24 du catalogue Hédiard.

982. — *L'Étoile du soir*. 2e planche. H. 0ᵐ307. L. 0ᵐ22. Nᵒ 25 du catalogue Hédiard.

983. — *Bouquet de roses*. H. 0ᵐ417. L. 0ᵐ355. Nᵒ 26 du catalogue Hédiard.

984. — *Baigneuse debout*. 1re planche. H. 0ᵐ241. L. 0ᵐ165. Nᵒ 27 du catalogue Hédiard.

# ANNÉE 1880

## PEINTURES

985. — *Finale du Rheingold*. Toile. H. 0m98. L. 0m79. Même composition que la lithographie n° 18 du catalogue Hédiard. Salon de 1880, n° 1383. Exposé à l'Exposition universelle décennale de 1889. A l'Exposition d'Anvers, en 1884. Signé en bas, à droite.

Sur un coup frappé par Donner Dieu du tonnerre un arc-en-ciel brille dans les airs purifiés ; il sert de chemin triomphal aux dieux pour franchir le Rhin et entrer dans le Walhall, tandis que des eaux du fleuve s'élève le chant désolé des filles du Rhin.

Au milieu, vu de dos, debout sur un rocher entouré de nuages, le Vulcain germanique, son marteau à la main. A gauche, en bas, sous l'arc-en-ciel, les trois filles du Rhin, l'une vue de dos, à demi-couchée, l'autre assise sur la rive, la troisième debout, hors de l'eau jusqu'aux genoux, les bras levés, les yeux fixés sur le cortège des Dieux qui traverse la composition en diagonale, de droite à gauche et de bas en haut. Wotan, en grand manteau rouge et casque ailé, sa lance à la main, ouvre la marche et montre la route.

Fricka, de dos, une draperie jaune la vêtissant jusqu'aux hanches, s'avance à sa suite ; puis vient Freia qui écarte ses voiles, et se montre de face entièrement nue.

Derrière elle paraît Froh, et de face, le dernier à droite. Loge.

986. — *Portrait de M*lle *L. R.* Toile. H. 1m08. L. 0m82. Signé en bas, à gauche : Fantin 80. Exposé au Salon de 1880, n° 1384 ; à Gand la même année et à la Royal Academy de Londres, en 1881. Exposition Fantin, n° 46. Exposé à Bagatelle en 1909, aux Portraits de Femmes sous les trois Républiques. A M. Léouzon-Leduc.

Portrait de Mlle Riesener, fille du peintre Léon Riesener, cousin d'Eugène Delacroix. Elle est assise de face, en robe noire, chapeau noir, le col orné d'un nœud en tulle blanc. Coupé au-dessous des genoux.

987. — *La Musique*. Pastel. Signé en bas, à gauche : Fantin. Salon de 1880, n° 4689. A M. Sythoff. de Leyde.

Sur la marche d'un monument, dont la façade occupe tout le fond de la composition et, même, la dépasse en haut et des deux côtes, la Musique est assise, tout le corps détourné de manière à paraître presque de dos. Nue jusqu'aux hanches, une draperie blanche et rouge sombre

sur les jambes, d'une main elle tient une trompette, et de l'autre, appuyée
sur la pierre, un crayon ; elle vient d'écrire les noms de Robert Schumann, H. Berlioz, Richard Wagner et J. Brahms. Derrière elle, une lyre
et des branches de laurier. A ses pieds, deux couronnes.

988. — *L'Enfance du Christ*. Esquisse. Toile. H. 0<sup>m</sup>265.
L. 0<sup>m</sup>205. Au Musée Berlioz, à la Côte Saint-André (Isère).
> Même composition que la lithographie n° 28 du catalogue Hédiard.

989. — *L'Ondine*. Toile. H. 0<sup>m</sup>30. L. 0<sup>m</sup>44. Vente J. Héreau.
> A droite, un rocher sur lequel s'appuie l'Ondine, la tête tournée vers la
> gauche, le bras derrière la tête. A gauche, un rocher coupé par le cadre,
> en haut. Au milieu, l'eau éclairée.

990. — *Fleurs*. Toile. H. 0<sup>m</sup>38. L. 0<sup>m</sup>31.
> Coucous ; au pied du verre, anémones.

991. — *Renoncules et Narcisses*. Toile. H. 0<sup>m</sup>34. L. 0<sup>m</sup>305.

992. — *Pensées dans des pots*. Toile. H. 0<sup>m</sup>29. L. 0<sup>m</sup>37.

993. — *Fleurs*. Toile. H. 0<sup>m</sup>43. L. 0<sup>m</sup>39. Signé et daté, en haut,
à droite : Fantin 1880. Exposé à la Royal Academy de Londres,
en 1881. Exposition Fantin, n° 100.
> Lilas et fleurs d'arbres fruitiers dans une grosse boule de verre, fond
> clair.

994. — *Pêches dans une assiette*. Toile. H. 0<sup>m</sup>26. L. 0<sup>m</sup>34.

995. — *Fleurs*. Toile. H. 0<sup>m</sup>455. L. 0<sup>m</sup>51. Signé en haut, à
droite.
> Roses de janvier dans un gros pot gris, quelques roses sur la table.

996. — *Tulipes de toutes couleurs*. Toile. H. 0<sup>m</sup>59. L. 0<sup>m</sup>48.

997. — *Branche de lilas*. Toile.

998. — *Pluie d'or*. Toile. H. 0<sup>m</sup>72. L. 0<sup>m</sup>56. Signé et daté en
haut, à gauche : Fantin 1880. Exposé à la Royal Academy de
Londres, en 1881.
> Pluie d'or, branche d'aubépine sur la table.

999. — *Panier de roses*. Toile. 0<sup>m</sup>51. L. 0<sup>m</sup>63.
> Panier plein de roses ; derrière le panier, un verre avec des roses ; sur
> la table encore des roses. Fond gris clair.

1000. — *Roses*. Toile. H. 0<sup>m</sup>35. L. 0<sup>m</sup>28. Signé au fond, à
gauche : Fantin 80. A M. Heseltine.
> Roses dans un petit verre. Fond clair.

1001. — *Fleurs*. Toile. H. 0<sup>m</sup>505. L. 0<sup>m</sup>64.
> Dans un panier quatre branches de glaïeuls et d'autres fleurs qu'on
> aperçoit dans l'ombre du couvercle. De la pluie d'or tombe au coin du
> panier ; sur la table une quantité de roses de toutes couleurs.

1002. — ***Reines-Marguerites***. Toile. H. o^m40. L. o^m32. Signé en haut, à droite, daté 80. Vente à Londres, en 1908 : 3.800 francs.

> Reines-marguerites, roses, violettes, blanches, fond jaunâtre.

1003. — ***Roses sur fond sombre***. Toile. H. o^m42. L. o^m365.

> Sur la table un bouton, deux grosses gloire de Dijon.

1004. — ***Capucines***. Toile. H. o^m63. L. o^m42.

> Capucines grimpant après des bâtons, sans vase, coupées par le cadre.

## DESSINS

1005. — ***Liseuse***. Dessin au crayon noir. H. o^m36. L. o^m29. D'après un portrait de M^lle Marie Fantin, exposé au Salon de 1861, sous ce titre : *Etude d'après nature*. Exécuté en 1880, pour être reproduit dans la *Revue des Arts et du Sport*, où il a paru, n° du 19 juin 1880. Il a été donné au Musée du Luxembourg, par M. Charles Hayem, en 1899. Reproduction postérieure à celle de la *Revue des Arts et du Sport*, en 1884, dans la *Gazette des Beaux-Arts*. En 1900 dans les *Maîtres du dessin*. Imprimerie Chaix. En 1903, dans *Fantin-Latour*, par Léonce Bénédite. Exposition Fantin. n° 327. Au Musée du Luxembourg.

1006. — ***Gœtterdaemmerung : Siegfried et les Filles du Rhin***. Crayon lithographique, sur calque collé. H. o^m325. L. o^m26. Projet pour la lithographie n° 31 du catalogue Hédiard. Exposition des dessins chez Tempelaere. 1901. n° 40.

1007. — ***Siegfried et les Filles du Rhin***. Dessin très sommaire au crayon noir sur papier brun. H. o^m31. L. o^m245. Première idée pour la lithographie, n° 31 du catalogue Hédiard. Exposition Fantin. n° 289. Au Musée du Luxembourg.

> A droite, Siegfried s'avance armé de son bouclier. A gauche les trois filles du Rhin, nues; l'une, de face, assise sur la berge, lève le bras en parlant à Siegfried, sa sœur avance la tête derrière elle. La troisième, est vue de profil, à demi cachée par des roseaux.

1008. — ***Etude***. H. o^m148. L. o^m09. Etude pour la lithographie n° 31 du catalogue Hédiard. Au Musée du Luxembourg.

> Femme nue, assise, le bras droit levé.

1009. — ***Evocation d'Erda***. Crayon lithographique, sur calque collé. H. o^m28. L. o^m365. Même composition que la lithographie, n° 20 du catalogue Hédiard. Exécuté après la lithographie, vers 1880. Exposition chez Tempelaere, n° 48. A M. Alf. Beurdeley.

1010. — ***Evocation d'Erda***. Crayon lithographique sur calque collé. H. 0^m32. L. 0^m39. Signé en bas, à gauche. A M^me Fantin-Latour.

Au milieu, Wotan, de face, entouré d'un manteau flottant, le grand chapeau sur la tête, tient sa lance serrée contre lui. Derrière lui, à gauche, Erda, la tête levée vers le ciel, tenant une draperie d'une main, de l'autre montrant le ciel.

## LITHOGRAPHIES

1011. ***L'Enfance du Christ***. 1^re planche. H. 0^m474. L. 0^m356. N° 28 du catalogue Hédiard.

1012. — ***Poèmes d'Amour***. 1^re planche. H. 0^m44. L. 0^m355. N° 29 du catalogue Hédiard.

1013. — ***La Prise de Troie***. *Apparition d'Hector.* H. 0^m324. L. 0^m39. N° 30 du catalogue Hédiard.

1014. — ***Gœtterdæmmerung***. *Siegfried et les filles du Rhin,* 1^re planche. H. 0^m31. L. 0^m236. N° 31 du catalogue Hédiard.

---

# ANNÉE 1881

## PEINTURES

1015. *La Brodeuse*. Toile. H. 1<sup>m</sup>o3. L. o<sup>m</sup>82. Signé en haut, à gauche : Fantin 81. Salon de 1881, n° 862. A la Royal Academy de Londres, en 1882. Exposé à Anvers en 1885. Exposition centennale de 1900. Exposition Fantin, n° 47. A M<sup>me</sup> Esnault-Pelterie.

Elle est assise de trois quarts, à gauche, devant un métier de tapisserie, la main droite au-dessus, la main gauche au-dessous, poussant l'aiguille. Un flot de laines de couleurs sur un coin du métier. La toile est coupée à mi-jambe.

1016. — *Portrait de M<sup>lle</sup> E. C. C.* (M<sup>lle</sup> Callimaki Cartagi). Toile. H. 1<sup>m</sup>33. L. 1<sup>m</sup>. Signé en bas, à gauche : Fantin. Exposé au Salon de 1881, n° 863. A la Royal Academy de Londres, en 1882. Exposition Fantin, n° 48. Au Musée municipal d'Amsterdam.

Debout, de face, un peu tournée à droite, les cheveux en arrière, le front découvert. Elle est vêtue d'une robe blanche, échancrée en carré sur la gorge ; les deux mains sont croisées à hauteur de la taille, un éventail dans la main gauche. A droite une touffe de rhododendrons.

1017. — *Une Mélodie de Schumann*. Pastel. H. o<sup>m</sup>58. L. o<sup>m</sup>48. Même composition que la lithographie n° 32 du catalogue Hédiard. Salon de 1881, n° 2748. Exposition Fantin, n° 233. Vente Darrasse, décembre 1909 : 5.150 francs.

Une figure de jeune femme, environnée de voiles, s'élève, à gauche au-dessus de la surface obscure des eaux. A droite, au premier plan, un homme, un genou en terre, détourne la tête pour la voir. Arbres du même côté, découpant leurs masses de verdure sombre sur un ciel lumineux.

1018. — *Nymphe dans un bois*. Toile. H. o<sup>m</sup>43. L. o<sup>m</sup>35. Signé en bas, à gauche : Fantin. Vente Ch. Viguier, 4 mai 1906 : 2.600 francs.

Elle est près d'un ruisseau, debout, le torse nu, émergeant d'une draperie rouge et d'une écharpe blanche.

Elle est vue de dos, presque de profil à gauche. Son bras gauche est ployé, la main ramenée près de la poitrine. Dans le fond, à gauche, de grands arbres.

1019. — *Le Bain*. Toile.

1020. — *Soleil levant*. Toile.

1021. — *Manfred et Astarté*. Toile.

1022. — *Grand bouquet de fleurs roses, etc*. Toile. H. 0$^m$50. L. 0$^m$60. Signé dans le haut à droite. et daté : 81. A M. Guillaume Charlier. (Collection Van Cutsem).

1023. *Gros bouquet*. Toile.
   Phlox. roses. etc.

1024. — *Azalées et pensées*. Toile.

1025. — *Jonquilles et Capucines*. Toile.

1026. — *Fleurs*. Toile. H. 0$^m$40. L. 0$^m$30.
   Narcisses, giroflées. primevères.

1027. — *Primevères, deux ou trois violettes*. Toile.

1028. — *Pivoines*. Toile. Exposé à la Royal Academy, à Londres. en 1882.
   Gros bouquet de pivoines roses et lilas.

1029. — *Roses*. Toile.
   Bouquet de roses blanches et roses.

1030. — *Bouquet de fleurs diverses*. Toile.

1031. — *Bouquet de fleurs diverses*. Toile.
   Pendant au précédent.

1032. — *Glaïeuls et roses*. Toile.

1033. — *Pétunias*. Toile.

1034. — *Roses dans une coupe*. Toile.

1035. — *Zinnias*. Toile. H. 0$^m$25. L. 0$^m$35. Signé et daté,

1036. — *Fleurs*. Toile. H. 0$^m$34. L. 0$^m$27. Signé et daté en bas, à gauche. au-dessus de la table : Fantin, 81.
   Roses et fleurs bleues. Vénus dans le bois ou Nigelles.

1037. — *Quelques roses*. Toile.

1038. — *Roses*. Toile. H. 0$^m$21. L. 0$^m$24. Signé et daté en haut. à droite : Fantin, 81. A M$^{me}$ Amodru.
   Roses dans un pot en grès. quelques feuilles à terre.

1039. — *Capucines et fleurs diverses*. Toile.

1040. — *Roses*. Toile.
   Roses dans une boule verte : une rose à terre.

1041. — **Roses**. Toile. H. 0<sup>m</sup>18. L. 0<sup>m</sup>33. Signé en haut, à droite, daté : 81. Vente à Londres, 1908 : 3.400 francs.
> Roses dans un panier coupé par le bas.

1042. — **Zinnias**. Toile. Signé en haut, à droite.

1043. — **Roses**. Toile.

1044. — **Roses**. Toile.
> Roses dans une boule verte, une rose jaune à terre.

## DESSINS

1045. — **Portrait de Duranty**. Crayon noir sur papier blanc. Dessin exécuté aussitôt après la mort de Duranty, pour un journal qui devait le publier.
> D'après le portrait qui fait partie de l'*Hommage à Delacroix*. La tête seulement, de profil.

1046. — **Frontispice : Angers-Revue**. Projet pour le dessin définitif. N° 1047. A M. Roger Marx.

1047. — **Frontispice d'Angers-Revue**. Exécuté en 1880 ou 81, à la demande de M. Bordier qui était à la tête de cette publication. Paru dans le n° du 24 mars 1881.

1048. — **Manfred et Astarté**. Crayon lithographique sur calque. H. 0<sup>m</sup>26. L. 0<sup>m</sup>31. Signature à droite : Fantin. Exposition chez Tempelaere, n° 37. Projet pour la lithographie n° 34 du catalogue Hédiard.

## LITHOGRAPHIES

1049. — **Une Mélodie de Schumann**. H. 0<sup>m</sup>29. L. 0<sup>m</sup>232. N° 32 du catalogue Hédiard.

1050. — **Rinaldo**. 3° planche. H. 0<sup>m</sup>237. L. 0<sup>m</sup>29. N° 33 du catalogue Hédiard.

1051. — **Manfred et Astarté**. 2° planche. H. 0<sup>m</sup>24. L. 0<sup>m</sup>30. N° 34 du catalogue Hédiard.

1052. — **Frontispice : Le Génie de la Musique**. H. 0<sup>m</sup>315. L. 0<sup>m</sup>232. N° 35 du catalogue Hédiard.

1053. — **L'Enfance du Christ**. Repos de la Sainte Famille. 2° planche. H. 0<sup>m</sup>48. L. 0<sup>m</sup>355. N° 36 du catalogue Hédiard.

1054. — **Baigneuses**. 1<sup>re</sup> grande planche. H. 0<sup>m</sup>27. L. 0<sup>m</sup>41. N° 37 du catalogue Hédiard.

1055. — **Baigneuses**. 2° grande planche. H. 0<sup>m</sup>347. L. 0<sup>m</sup>362. N° 38 du catalogue Hédiard.

# ANNÉE 1882

## PEINTURES

1056. — ***Portrait de M<sup>me</sup> L.-M***. Toile. H. 1ᵐ24. L. 1ᵐ38. Signé en haut, à droite : Fantin. Salon de 1882, nᵒ 1008. Exposé à Munich, en 1883. Exposition Fantin, nᵒ 5o. A l'Art Institute, de Brooklyn, États-Unis.

> Portrait de Mᵐᵉ Léon Maître. Elle est assise, de face, en robe noire, décolletée en carré sur la poitrine, un bouquet de roses au corsage sur un divan de velours rouge. Éclairée de haut, elle regarde distraitement à gauche, un éventail dans les mains, l'une ornée, au poignet, d'un bracelet, l'autre gantée, un bracelet sur le gant.

1057. — ***Portrait de M<sup>me</sup> H. L. (Lerolle)***. Toile. H. 1ᵐ07. L. 0ᵐ78. Salon de 1882, nᵒ 1007. Exposition Fantin, nᵒ 49. A M. Henri Lerolle

> De face, un peu tournée vers la gauche, debout, en robe blanche, devant une table, mettant des fleurs à son corsage.

1058. — ***Portrait de M<sup>lle</sup> C. D.*** (Mˡˡᵉ Charlotte Dubourg). Toile. H. 1ᵐ17. L. 0ᵐ92. Signé, en haut, à gauche : Fantin 1882; Exposition d'Anvers, 1882; Exposition d'Amsterdam, 1883; Salon de 1887, nᵒ 889; Exposition de Munich, 1889; Exposition Fantin, nᵒ 52. A Mˡˡᵉ Ch. Dubourg.

> Elle est assise sur le coin d'un canapé rouge, le corps tourné à gauche la tête regardant à droite. Vêtue d'une robe gris bleuâtre, un petit ruché blanc ornant l'échancrure en pointe du corsage. Elle est coiffée d'un petit chapeau rond orné de fleurs, porté en arrière et laissant friser sur le front les boucles blondes de sa chevelure. Les deux mains reposent sur les genoux, la gauche tient un éventail fermé, un manteau jeté sur ce bras.

1059. — ***Étude***. Pastel. H. 0ᵐ56. L. 0ᵐ46. Signé en haut, à gauche : Fantin 82. Salon de 1882, nᵒ 3170. Exposition triennale de 1883; Exposition des Portraits à la Grafton Gallery, à Londres, 1893. Exposition Fantin, nᵒ 23o. A M. Roger Marx.

> C'est le portrait en robe blanche décolletée, une rose ouverte au corsage, un éventail rouge demi-ouvert sur la poitrine, de Mˡˡᵉ Charlotte Dubourg, la tête de trois quarts à droite, légèrement penchée dans la pénombre.

1060. — *Ariane abandonnée*. Toile. H. 0'''38. L. 0'''46. Signé en bas, à gauche : Fantin. Exposition des Arts décoratifs. Fantin fit une répétition de ce sujet, et un pastel qui figura au Salon de 1887, n° 2882.

Elle est couchée nue, sur une draperie blanche. Les deux bras sont relevés au-dessus de sa tête, tournée de profil. La jambe droite est ployée, la gauche étendue. Derrière elle, un bouquet d'arbres. Au fond on aperçoit la mer et une voile blanche.

1061. — *La Source dans les bois*. Toile. H. 0'''38. L. 0'''46. Signé, à gauche : Fantin. Exposition des Arts décoratifs. Vente Ricada, mars 1893 : 650 francs.

1062. — *La Reine de la Nuit*. Toile. H. 0'''39. L. 0'''47. Signé dans le bas. Exposition des Arts décoratifs. Vente Ricada, mars 1893 : 1.060 francs.

1063. — *La Mer ou l'Ondine*. Toile. H. 0'''38. L. 0'''46. Signé en bas, à gauche : Fantin. Exposition des Arts décoratifs. Vente Ricada, 1893 : 1.055 francs. Vente Eug. Lyon, de Bruxelles, mai 1903 : 4.200 francs.

Parmi les roches qui émergent du flot une femme apparaît, nue ; du bras gauche elle se repose contre une roche. Son bras droit, le coude levé, se ploie derrière la tête.

1064. — *Ariane abandonnée*. Toile. H. 0'''38. L. 0'''46. Répétition du n° 1046. Signé en bas, à gauche : Fantin. Vente Ricada, mars 1893 : 1.230 francs. Vente A. Tavernier, mars 1900 : 5.300 francs.

1065. — *Baigneuse en draperie orange*. Toile.

1066. — *Rêverie*. Toile.

1067. — *Ariane*. Toile.

1068. — *Baigneuse*. Toile. H. 0'''265. L. 0'''255. Souvenir du Corrège. Vente Louis Huth, Londres, mai 1905 : 170 guinées.

1069. — *Baigneuse*. Toile. Souvenir du Titien.

1070. — *Baigneuse et Seigneur*. Toile. Souvenir de Giorgione.

1071. — *Dormeuse*. Toile.

Femme étendue à terre, la tête à gauche, un bras le long du corps, l'autre reposant sur la hanche. Fond de paysage.

1072. — *Erigone*. Toile.

Femme étendue à terre, la tête à gauche, légèrement renversée, les deux bras au-dessus de la tête dans le feuillage. Fond de paysage.

1073. — *Dormeuse devant un rideau bleu*. Toile.

1074. — *Roses de Nice*. Toile.

1075. — *Une branche de cerises*. Toile.

1076. — *Fruits*. Toile. H. 0ᵐ32. L. 0ᵐ48. Signé et daté en haut, à droite : Fantin 82.

> Un panier de raisin blanc, du raisin blanc sur la table.

1077. — *Fleurs de poirier*. Toile.

1078. — *Pivoines*. Toile. Signé et daté en bas, à droite, sur la table : Fantin : 82.

> Pivoines dans un vase vert foncé.

1079. — *Pensées*. Toile. H. 0ᵐ29. L. 0ᵐ47.

1080. — *Narcisses et Fleurs diverses*. Toile.

1081. — *Pommes*. Toile. H. 0ᵐ25. L. 0ᵐ44. Signé en haut, à droite.

> Des pommes dans un plat en terre ; deux pommes avec leurs branches sur la table.

1082. — *Fleurs*. Toile. H. 0ᵐ47. L. 0ᵐ355. Vente Louis Huth, à Londres, mai 1905 : 150 guinées.

> Bouquet de Proserpine, fleurs de genevriers et feuillage de différentes couleurs.

1083. — *Fleurs*. Toile. H. 0ᵐ52. L. 0ᵐ61. Signé et daté en haut, à gauche : Fantin 82.

> Grand bouquet, fleurs diverses, capucines tombant sur la table.

1084. — *Roses trémières de différentes couleurs*. Toile. H. 0ᵐ39. L. 0ᵐ54. Signé et daté en haut, à droite : Fantin 82. Exposé à la Royal Academy, à Londres, en 1883.

1085. — *Pieds d'Alouette*. Toile. H. 0ᵐ45. L. 0ᵐ41.

1086. — *Roses, sur marbre blanc*. Toile. H. 0ᵐ35. L. 0ᵐ45.

1087. — *Roses*. Toile. H. 0ᵐ29. L. 0ᵐ47. Signé en bas, à droite : Fantin 82.

1088. — *Roses*. Toile. H. 0ᵐ25. L. 0ᵐ41. Signé en bas, à droite.

1089. — *Roses*. Toile. H. 0ᵐ41. L. 0ᵐ46. Signé en haut, à droite : Fantin ; au-dessous : Buré oct. 1882.

> Grande branche de roses : Gloire de Dijon, dans un verre ; d'autres roses sur la table, dans une corbeille.

1090. — *Roses dans un verre droit*. Toile. H. 0ᵐ255. L. 0ᵐ225. Signé en bas, à gauche : Fantin 82.

1091. — *Roses dans une coupe*. Toile. H. 0ᵐ305. L. 0ᵐ38. Signé en bas, à droite : Fantin 82. Vente Buckler, mars 1906 : 145 guinées.

1092. — ***Trois Roses***. Toile.

1093. — ***Raisins dans une coupe***. Toile.

1094. — ***Grand bouquet de Chrysanthèmes***. Toile.

## DESSIN

1095. — ***Étude***. Mine de plomb sur papier gris-bleu. H. 0$^m$222. L. 0$^m$14. Daté en haut : 28 mai 82. Exposition Fantin, n° 283. Au Musée du Luxembourg.

> Étude pour le portrait de M$^{lle}$ Charlotte Dubourg (Voir n° 1058). Elle est assise, à mi-corps, la tête coiffée d'une capote, légèrement tournée à droite, les mains sur les genoux.

## LITHOGRAPHIES

1096. — ***Prélude de Lohengrin***. 1$^{re}$ planche. H. 0$^m$494. L. 0$^m$344. N° 39 du catalogue Hédiard.

1097. — ***Solitude***. H. 0$^m$50. L. 0$^m$35. N° 40 du catalogue Hédiard.

1098. — ***Lohengrin : Duo d'amour***. H. 0$^m$408. L. 0$^m$28. N° 41 du catalogue Hédiard.

# ANNÉE 1883

## PEINTURES

**1099.** — ***Portrait de M<sup>me</sup> Fantin***. Toile. H. 1<sup>m</sup>. L. 0<sup>m</sup>80. Signé en haut, à gauche : Fantin 83. Salon de 1883, n° 909. Exposé à Bruxelles, en 1883 ; à la Royal Academy, à Londres, en 1884 ; à Copenhague, en 1888, puis à Stuttgart et enfin à Berlin, en 1896. Exposition Fantin, n° 53. A la Galerie nationale de Berlin.

Elle est assise, de trois quarts, à gauche, presque de face, sur le coin d'un canapé de velours rouge, vêtue d'une robe vert foncé, retenue par une broche près d'un petit col tuyauté. La tête est levée, le front dans la lumière, tandis que ses mains sont posées sur un livre ouvert sur ses genoux.

**1100.** — ***L'Étude***. Toile. H. 1<sup>m</sup>. L. 1<sup>m</sup>80. Exposé à la Royal Academy de Londres, en 1883, et à Paris, au Salon de 1884 ; à l'exposition de Bruxelles, en 1884. Exposition Fantin, n° 54. A M. Guillaume Charlier (Collection Henri Van Cutsem).

Une jeune femme, la robe recouverte d'un tablier de travail, est assise de profil, à droite, devant une toile neuve, fixée sur un chevalet, sur laquelle elle se prépare à peindre ; elle tient sa palette de la main gauche et une brosse dans la main droite, posée sur les genoux croisés. En avant du chevalet, un meuble à peindre sur lequel est posé un petit vase de fleurs.

**1101.** — ***Portrait de Fantin***. Toile. H. 0<sup>m</sup>54. L. 0<sup>m</sup>44. Exposé au Salon triennal de Paris en 1883, n° 275 ; à Copenhague en 1888. Au Musée des Offices, à Florence.

Il est de trois quarts vers la gauche, la droite éclairée.

**1102.** — ***Baigneuses***. Toile. H. 0<sup>m</sup>27. L. 0<sup>m</sup>41. Même composition que la lithographie n° 37 du catalogue Hédiard.

Sur un massif de verdure sombre, s'enlèvent deux figures de jeunes femmes. Celle de droite, vue de face, s'essuie le sein avec le bout de la draperie sur laquelle elle est assise. A gauche, auprès d'elle, sa compagne est vue de dos, enveloppée de draperies à partir des hanches. Éclaircie et massif de verdure à droite.

**1103.** — ***Baigneuses***. Toile. H. 0<sup>m</sup>347. L. 0<sup>m</sup>362 ?. Même composition que la lithographie n° 38 du catalogue Hédiard.

1104. — *L'Aurore*. Toile. H. 0<sup>m</sup>41. L. 0<sup>m</sup>33. Esquisse du pastel exposé au Salon de 1883, n° 2787, qui a été transformé en peinture à l'huile et exposé au Salon de 1894.

1105. — *Fleurs*. Toile. H. 0<sup>m</sup>26. L. 0<sup>m</sup>28. Signé en haut, à gauche : Fantin 83. Vente Buckler, mars 1906 : 85 guinées.
    Pensées et autres fleurs sans vase.

1106. — *Roses*. Toile. H. 0<sup>m</sup>29. L. 0<sup>m</sup>37. Signé et daté en bas, à droite : Fantin 83. A M<sup>me</sup> de Nikanoff.

1107. — *Pensées*. Toile. H. 0<sup>m</sup>23. L. 0<sup>m</sup>30. Signé et daté en bas, à gauche : Fantin 83. A M<sup>me</sup> de Nikanoff.

1108. — *Fleurs de printemps*. Toile. H. 0<sup>m</sup>33. L. 0<sup>m</sup>31. Signé et daté en bas, à gauche : Fantin 83. Vente Buckler, mars 1906 : 110 guinées.
    Jacinthes, primevères, coucous, etc.

1109. — *Jonquilles, Narcisses, Iris*. Toile. H. 0<sup>m</sup>53. L. 0<sup>m</sup>28. Signé en rouge en haut, à droite : Fantin, au-dessous 1883.

1110. — *Fleurs de pommier*. Toile.

1111. — *Lilas blancs*. Toile.

1112. — *Renoncules*. Toile.

1113. — *Roses*. Toile. H. 0<sup>m</sup>20. L. 0<sup>m</sup>30. Signé en haut, à droite : Fantin 83.

1114. — *Pensées sans vase*. Toile. Signé et daté, en haut, à gauche : Fantin 83.

1115. — *Roses jaunes, Maréchal Niel*. Toile.

1116. — *Bouquet*. Toile. H. 0<sup>m</sup>60. L. 0<sup>m</sup>43. Signé en haut, à gauche : Fantin 1883.
    Pivoines, iris, narcisses doubles, sorte de lys jaune.

1117. — *Bouquet mêlé*. Toile.

1118. — *Branche de lis sans vase*. Toile. H. 0<sup>m</sup>45. L. 0<sup>m</sup>39.

1119. — *Fleurs*. Toile. Signé en bas, à gauche : Fantin 83.
    Grandes branches de roses dans une carafe forme boule.

1120. — *Œillets blancs*. Toile. H. 0<sup>m</sup>37. L. 0<sup>m</sup>34. Signé à droite, au-dessus de la table : Fantin 83.
    Œillets blancs dans un verre allongé posé sur le coin d'une table.

1121. — *Fruits*. Toile. Signé en bas, à droite : Fantin 83.
    Branche de cerisier avec des cerises, coupée par le cadre.

1122. — *Fleurs*. Toile. Signé et daté en haut, à gauche : Fantin : 83.

> Grand bouquet de roses dans un vase rond en verre et des clématites bleues retombant par devant.

1123. — *Roses*. Toile. Signé à gauche, au-dessus de la table : Fantin 83.

> Cinq roses de la Malmaison, sur fond clair, dans une carafe de verre; un bouton avec feuilles sur la table.

1124. — *Pavots*. Toile. Signé et daté, au-dessus de la table : Fantin 83.

> Pavots de différentes couleurs dans un gros pichet brun.

1125. — *Fleurs*. Toile.

> Deux roses Céline Forestier et quelques nigelles dans un petit verre.

1126. — *Roses*. Toile. Signé en bas, à gauche : Fantin 83.

> Roses dans une coupe bleue avec des anses dorées.

1127. — *Roses*. Toile. Signé en haut, à droite : Fantin 83.

> Roses dans un pot de grès, une rose très épanouie, à droite, sur la table.

1128. — *Roses*. Toile. H. 0<sup>m</sup>41. L. 0<sup>m</sup>53. Signé et daté en haut, à droite : Fantin 83. Exposé à la Royal Academy de Londres, en 1897. A M. Gorjeu.

> Bouquet de roses en largeur, quelques feuilles sur la table.

1129. — *Panier de roses*. Toile. Signé en haut, à droite : Fantin.

> Grand panier plein de roses; beaucoup de roses sur la table, à droite, et sur le coin de la table, à gauche.

1130. — *Fruits*. Toile. H. 0<sup>m</sup>38. L. 0<sup>m</sup>51. Signé en haut, à droite : Fantin 83. Exposition Fantin n° 107.

> Raisin blanc dans un panier et à terre.

1131. — *Fleurs*. Toile. H. 0<sup>m</sup>535. L. 0<sup>m</sup>63. Signé en bas, à droite, daté 83. Exposé à la Royal Académie de Londres, en 1884.

> Grand bouquet de fleurs diverses : roses, zinnias, dahlias, etc.; une rose sur la table.

## DESSINS

1132 — *Etude*. Sanguine. H. 0<sup>m</sup>16. L. 0<sup>m</sup>14. Il y a écrit : 14 février 1883. Au Musée du Luxembourg.

> Pour le portrait de M<sup>me</sup> Fantin. Voir n° 1099. Elle est assise, de face, sur un canapé, un livre ouvert sur les genoux.

1133. — ***Torse de l'Aurore***. Crayon lithographique sur papier calque. H. environ 0ᵐ30. L. 0ᵐ25. A M. Heseltine.

> Etude d'après nature pour le pastel exposé au Salon de 1883. Voir Nᵒˢ 1104, 1134 et 1524.

1134. — ***L'Aurore***. — Crayon lithographique sur papier calque. H. 0ᵐ425. L. 0ᵐ335. Dessin mis au carreau. Au Musée de Grenoble.

> (Voir le nᵒ précédent).

1135. — ***Edouard Manet***. Crayon noir sur papier vergé blanc. Exécuté en 1883, après la mort de Manet, pour la *Vie Moderne* où il a été reproduit.

> D'après le portrait exposé au Salon de 1867, nᵒ 571 : Manet, debout, le chapeau haut-de-forme sur la tête, tient sa canne en travers à deux mains.

1136. — ***Portrait de Manet***. Calque mis au carreau H. 0ᵐ247. L. 0ᵐ185. Au Musée du Luxembourg.

> (Voir le nᵒ précédent).

1137. — ***Frontispice : La Vérité***. Crayon lithographique sur calque. H. 0ᵐ46. L. 0ᵐ32. A Mᵐᵉ Esnault-Pelterie.

> Même composition que la lithographie nᵒ 56 du catalogue Hédiard : Dans le haut de la composition, la Renommée vole en soufflant dans sa trompette qu'elle tient de la main droite ; de la main gauche elle soutient le bord d'une tablette dont l'autre bout est supporté par un petit génie enfant. La Vérité, nue, vue de dos, sort du puits ; son genou gauche est posé sur la margelle qui occupe le bas de la composition. Du bras gauche elle retient une longue draperie, de l'autre main, avec un stylet, elle achève de graver sur la tablette les noms de R. Schumann, H. Berlioz, R. Wagner, J. Brahms. Au loin paysage.

1138. — ***Musique et Poésie***. Crayon lithographique sur calque. H. 0ᵐ37. L. 0ᵐ47. Signature en bas, à droite : Fantin. Exposition chez Tempelaere, nᵒ 11.

> Variante de la lithographie nᵒ 46 du catalogue Hédiard et du pastel du Salon de 1894, nᵒ 2162. Dessin fait après la lithographie, qui est de 1883, mais avant le pastel qui est de 1894.

1139. — ***Paris-Ischia***. Crayon noir sur vergé. H. 0ᵐ192. L. 0ᵐ127. Signature en bas, à gauche : Fantin. Reproduit dans *Paris-Ischia*, en 1883 (août ou septembre).

> Même composition que la lithographie nᵒ 105 du catalogue Hédiard : *A Stendhal*. Mais le tombeau porte le nom de *Léopardi*.

1140. — ***Parsifal : Evocation de Kundry***. H. 0ᵐ235. L. 0ᵐ15. Projet pour la lithographie nᵒ 43 du catalogue Hédiard. A M. Ad. Jullien.

1141. — ***Frontispice pour le Journal de Bayreuth***. H. 0ᵐ39.

L. 0ᵐ266. En marge, et dans le haut, on lit : Xᵇʳᵉ 83. Première idée pour un dessin exécuté en 1884 pour le *Journal de Bayreuth* et paru sous ce titre : *En mort*, Munich 1884. Au Musée de Grenoble.

Figure volante, de face, une palme dans une main, de l'autre laissant tomber des fleurs sur une pierre tombale.

## LITHOGRAPHIES

1142. — ***Evocation de Kundry***. 1ʳᵉ planche. H. 0ᵐ365. L. 0ᵐ475. N° 42 du catalogue Hédiard.

1143. — ***Evocation de Kundry***. 2ᵉ planche. H. 0ᵐ482. L. 0ᵐ346. N° 43 du catalogue Hédiard.

1144. — ***Sara la Baigneuse***. 1ʳᵉ planche. H. 0ᵐ345. L. 0ᵐ241. N° 44 du catalogue Hédiard.

1145. — ***Le Poète et la Muse***. H. 0ᵐ315. L. 0ᵐ185. N° 45 du catalogue Hédiard.

1146. — ***Musique et Poésie***. H. 0ᵐ373. L. 0ᵐ475. N° 46 du catalogue Hédiard.

1147. — ***Nuit de Printemps***. H. 0ᵐ37. L. 0ᵐ475. N° 47 du catalogue Hédiard.

# ANNÉE 1884

## PEINTURES

1148. — **Nuit de Printemps**. Toile. H. 0<sup>m</sup>58. L. 0<sup>m</sup>72. Exposé au Salon de 1884, n° 909. A l'Exposition décennale de 1889, puis à l'Exposition de Pau, en 1892, sous le titre : *Le Rêve du Poète*. Exposition Fantin, n° 144. Au Musée de Pau.

Même composition que la lithographie n° 47 du catalogue Hédiard. Dans un paysage où des eaux immobiles réfléchissent les rayons de la lune et l'ombre des grands arbres ; le poète est étendu sur le gazon de la rive, à gauche, au premier plan. Une figure de femme, qui semble sortir des eaux, l'enlace de ses deux bras. Une autre, à droite, se joue dans des draperies voltigeantes.

1149. — **Portrait de M<sup>me</sup> Léon Maitre (Rêverie)**. Toile. H. 0<sup>m</sup>85. L. 0<sup>m</sup>70. Signé et daté en haut, à gauche, sur le fond gris : Fantin 84. Exposition d'Anvers 1885, sous le titre : *Rêverie*. Exposition Fantin, n° 51.

Elle est assise de profil, vers la droite, en tenue de soirée, un ruché de dentelle noire encadrant la gorge nue. Le coussin de velours rouge du canapé cache le bras droit ; le bras gauche, déganté, est paré d'un bracelet d'or et la main tient une rose ouverte. Derrière elle, sur le dos du siège, est jeté un châle sur lequel est posé un écran japonais.

1150. — **Portrait de M<sup>lle</sup> S. Budgett**. Toile. H. 1<sup>m</sup>14. H. 0<sup>m</sup>87. Exposé à la Royal Academy de Londres, en 1884.

Elle est en robe de soie de Chine, jaune, décolletée, un collier de perles autour du cou, assise les mains sur les genoux.

1151. — **L'Anniversaire**. Pastel. H. 0<sup>m</sup>623. H. 0<sup>m</sup>503. Exposé au Salon de 1884, n° 2765. A l'Exposition rétrospective de 1889. Exposition centennale de 1900. A M<sup>me</sup> Esnault-Pelterie.

Même composition que la lithographie n° 7 du catalogue Hédiard et que le tableau exposé au Salon de 1876, du Musée de Grenoble, n° 772.

1152. — **Baigneuse sous bois**. Toile. H. 0<sup>m</sup>46. L. 0<sup>m</sup>32. Vente Ricada, 1893 : 1.260 francs.

Jeune femme assise sous des arbres, de trois quarts à droite, tournée vers la gauche, le haut du corps nu, sur les jambes une draperie dont elle retient un bout sur la poitrine. La tête de profil perdu, vers le fond gauche.

1153. — ***Nymphe et Amour***. Toile. H. 0<sup>m</sup>27. L. 0<sup>m</sup>32. Signé à gauche. Vente Ricada, 1893 : 610 francs.

1154. — ***Les Baigneuses***. Toile. H. 0<sup>m</sup>21. L. 0<sup>m</sup>21. Signé à droite. Vente Ricada, 1893 : 240 francs.

1155. — ***Petite Baigneuse brune***. Toile. Signé en bas, à droite.

Elle est assise, de trois quarts vers la gauche, sur un tertre au bord de l'eau, le corps entièrement nu, sur une draperie blanche, à droite. La tête, de profil perdu, est tournée vers le fond, à gauche.

1156. — ***Nymphe***. Toile. H. 0<sup>m</sup>12. L. 0<sup>m</sup>09. Signé à droite. Vente Ricada, 1893 : 310 francs.

1157. — ***Solitude***. Toile. H. 0<sup>m</sup>23. L. 0<sup>m</sup>435. Signé en bas, à droite. Vente Buckler, mars 1906 : 150 guinées.

Au soleil couchant, près d'un lac entouré de grands arbres, une femme vêtue de blanc debout dans l'ombre.

1158. — ***Diane au bain***. Toile. H. 0<sup>m</sup>38. L. 0<sup>m</sup>455. Il existe une répétition de cette composition faite en 1895.

Au premier plan, à gauche, une jeune femme (Diane) est étendue nue, la tête tournée vers le fond. Elle s'appuie d'un bras sur le terrain, l'autre repose sur la hanche. Derrière elle de grands arbres sombres. Au milieu, la rivière et dans le fond des arbres éclairés.

1159. — ***Harold dans les montagnes***. Toile. H. 0<sup>m</sup>35. L. 0<sup>m</sup>25. Étude pour la lithographie, n° 49 du catalogue Hédiard. Signé dans le bas, à droite, en rouge : Fantin. A M<sup>me</sup> Hédiard.

Harold est assis sur une cime de montagne au bord d'un abime. Il est nu tête, vêtu d'un grand manteau. Il maintient sa harpe de barde entre son corps et son bras gauche.

1160. — ***Roses dans une coupe***. Toile. H. 0<sup>m</sup>37. L. 0<sup>m</sup>46. Signé en haut, à droite. Vente à Londres, en mai 1906 : 280 guinées.

1161. — ***Gros bouquet de roses***. Toile. H. 0<sup>m</sup>53. L. 0<sup>m</sup>445.

1162. — ***Roses***. Toile. H. 0<sup>m</sup>43. L. 0<sup>m</sup>39. Signé et daté en bas, à droite : Fantin 84. Exposition Fantin, n° 91.

Petit bouquet de roses dans une carafe en boule.

1163. — ***Roses trémières sans vase***. Toile. H. 0<sup>m</sup>57. L. 0<sup>m</sup>50. Signé et daté, en haut, à gauche : Fantin 84.

1164. — ***Fleurs***. Toile. H. 0<sup>m</sup>44. L. 0<sup>m</sup>53. Signé en haut, à droite.

Dahlias et fleurs diverses dans une bassine. Au milieu du bouquet un dahlia simple, rouge.

1165. — ***Roses***. Toile. H. 0<sup>m</sup>39. L. 0<sup>m</sup>33. Signé et daté en haut, à droite : Fantin 84.

Roses Gloire de Dijon dans une carafe genre boule.

1166. — ***Anémones***. Toile. H. 0<sup>m</sup>57. L. 0<sup>m</sup>37. Signé et daté, en bas, à gauche, au-dessus de la table : Fantin 84.
> Anémones blanches du Japon dans un vase en verre.

1167. — ***Roses***. Toile. H. 0<sup>m</sup>65. L. 0<sup>m</sup>56. Signé en haut, à gauche : Fantin 84.
> Toutes les roses du jardin, dans un vase de cristal, dans une bassine et sur la table.

1168. — ***Chrysanthèmes***. Toile. Signé en haut, à droite : Fantin 84.
> Chrysanthèmes dans un pot brun, quelques branches sur la table à gauche.

1169. — ***Roses***. Toile. H. 0<sup>m</sup>41. L. 0<sup>m</sup>36. Signé en haut, à droite : Fantin 84.
> Cinq roses dans un verre droit, deux roses sur la table, à gauche.

1170. — ***Roses***. Toile. H. 0<sup>m</sup>38. L. 0<sup>m</sup>32. Signé et daté en bas. à gauche : Fantin 84.
> En haut, à gauche, des roses très foncées dans une boule de verre.

1171. — ***Fruits***. Toile. Signé et daté à droite. entre la nappe et le haut : Fantin 84.
> Raisins blancs et noirs dans un compotier et sur la nappe blanche, ainsi qu'un œillet rose.

1172. — ***Fruits***. Toile. Signé en haut, à gauche.
> Abricots dans un panier, à droite ; à gauche, une assiette blanche avec des figues, poire, raisins blancs et noirs ; sur la table des amandes vertes.

1173. — ***Fruits***. Toile. H. 0<sup>m</sup>21. L. 0<sup>m</sup>26. Signé à droite, en haut : Fantin 84. Vente Ricada, mars 1893 : 220 francs. Vente Tavernier, mars 1900 : 930 francs.
> Dans une assiette creuse cinq pêches : sur la table, près de l'assiette, deux prunes rouges.


## DESSINS

1174. — ***L'Etude***. Dessin au crayon noir d'après le tableau du Salon de 1884 : *L'Etude* (V. n° 1100). Signature et date en bas, à gauche : H. Fantin 84. Exécuté en 1884. pour *La Gazette des Beaux-Arts*, où il a paru reproduit en héliogravure, comme illustration d'un article de L. de Fourcaud. sur le Salon.

1175. — ***Sara la Baigneuse***. Reproduction du Pastel exposé au Salon de 1884. n° 2766. qui a été transformé en peinture à l'huile. Même composition que les lithographies n°<sup>s</sup> 44 et 99 du catalogue Hédiard. (V. n° 1144, 1491). Ce dessin fut exécuté dans les mêmes conditions que l'*Etude* et paru en reproduction dans le texte du même article.

1176. — *Sara la Baigneuse*. H. 0^m35. L. 0^m24. Même composition que le n° ci-dessus. A M^me de Basily-Callimaki.

1177. — *Le Paradis et la Péri, Début*. Crayon noir. H. 0^m37. L. 0^m42. Dessin pour la lithographie n° 5o du catalogue Hédiard. A M. Jules Bernard.

L'ange debout, ailé, l'étoile au front, montre du geste le ciel à la Péri à demi-agenouillée à ses pieds.

1178. — *Le Paradis et la Péri, Début*. Crayon lithographique. H. 0^m37. L. 0^m41. Variante très sommaire, sur calque collé du numéro précédent. Signé en bas, à gauche. A M^me Fantin-Latour.

1179. — *Immortalité*. Exposition chez Tempelaere, n° 5o. A M. Roger Marx.

Projet pour le dessin reproduit dans le *Journal de Bayreuth*, publié à l'occasion de la mort de R. Wagner.

1180. — *Gœtterdæmmerung (Le Crépuscule des Dieux)*. Crayon lithographique sur calque collé. Environ H. 0^m465. L. 0^m375. Même composition que la lithographie. n° 51 du catalogue Hédiard et que le pastel exposé au Salon de 1886, sous le n° 2816. transformé en peinture à l'huile, exposé à l'Exposition décennale en 1889. sous le titre : *Siegfried et les Filles du Rhin*. (V. n° 1363., Exposition centennale de 1900, n° 931. Exposition Fantin, n° 343. A M. Georges Viau.

1181. — *Siegfried et les Filles du Rhin*. Crayon lithographique sur calque collé. H. 0^m465. L. 0^m375. Même composition que le n° ci-dessus. A M^me Fantin-Latour.

1182. — *Italie*. Crayon lithographique sur calque collé. Composition presque semblable à la lithographie n° 52 du catalogue Hédiard. Exécuté après la lithographie. Exposition chez Tempelaere. n° 49. A M. Roger Marx.

Au second plan. Didon et Enée passent embrassés. Mercure parait subitement dans un rayon de lune. non loin d'une colonne à laquelle est appuyée la lance d'Enée supportant son bouclier, en répétant par trois fois : Italie !

1183. — *Frontispice*. Frontispice pour le *Journal de Bayreuth*. Exécuté en 1884. Paru dans le *Journal de Bayreuth*. sous ce titre : *En Mort*, Munich. 1884.

Figure volante se rapprochant de celle qui a paru dans l'*Estampe Moderne* 2^e publication et de même dimension.

1184. — ***Finale du Vaisseau-Fantôme***. Crayon lithographique
sur calque collé. H. 0$^m$41. L. 0$^m$31. Variante de la composition
des lithographies, n$^{os}$ 53 et 60 du catalogue Hédiard. Vente
Darrasse, décembre 1909 : 810 francs.

1185. — ***Nuit de Printemps***. Crayon lithographique sur papier
bulle. H. 0$^m$226. L. 0$^m$28. Projet de tableau sur la même donnée
que la lithographie n° 47 du catalogue Hédiard et que le tableau
de 1884, au Musée de Pau, sous le titre : *Rêve de Poète*.
Exposition chez Tempelaere, n° 41. A M. Roger Marx.

1186. — ***Autour du Piano***. Crayon noir sur papier gris, dessin
très sommaire. H. 0$^m$21. L. 0$^m$23. Projet pour le tableau :
*Autour du Piano*. Salon de 1885. (V. n° 1194.), daté 26 décembre 1884, marge gauche. A M. Ad. Jullien.

   Dans ce dessin, il y a à droite deux personnages assis et deux debout
   derrière eux et le piano; à gauche seulement deux figures debout.

1187. — ***Autour du Piano***. Crayon noir sur papier blanc.
H. 0$^m$40. L. 0$^m$54. Autre projet pour le tableau : *Autour du
Piano*. A M. Ad. Jullien.


## LITHOGRAPHIES

1188. — ***L'Étoile du Soir***. (3$^e$ planche.) H. 0$^m$397. L. 0$^m$297.
N° 48 du catalogue Hédiard.

1189. — ***Harold : Dans les Montagnes***. H. 0$^m$43. L. 0$^m$295.
N° 49 du catalogue Hédiard.

1190. — ***Le Paradis et la Péri, Début***. (1$^{re}$ planche.) H. 0$^m$37.
L. 0$^m$40. N° 50 du catalogue Hédiard.

1191. — ***Gœtterdæmmerung : Siegfried et les filles du Rhin***.
(2$^e$ planche.) H. 0$^m$465. L. 0$^m$375. N° 51 du catalogue Hédiard.

1192. — ***Italie!*** H. 0$^m$378. L. 0$^m$28. N° 52 du catalogue Hédiard.

1193. — ***Finale du Vaisseau-Fantôme***. (1$^{re}$ planche.) H. 0$^m$41.
L. 0$^m$317. N° 53 du catalogue Hédiard.

# ANNÉE 1885

## PEINTURES

1194. — ***Autour du Piano***. Toile. H. 1ᵐ57. L. 2ᵐ225. Signé et daté en haut. à droite : Fantin 1885. Salon de 1885, n° 950. Exposé à la Royal Academy, à Londres, en 1886. Au Salon triennal de Bruxelles. en 1887. A Munich en 1888. Exposition Fantin. n° 56. A M. Adolphe Jullien.

Une réunion de huit personnages autour d'un piano à queue ouvert qui les divise en deux groupes. A gauche, assis devant l'instrument, les mains sur les touches. le compositeur Chabrier ; derrière lui, au second plan. M. Camille Benoit. debout. de face, se prépare à tourner les feuillets de la partition. A sa droite, contre le cadre, de face, Adolphe Jullien, appuyé sur sa canne, le chapeau de soie sur la tête. Entre ces deux personnages, la tête de face du violoniste Boisseau.

A droite, le premier personnage, à cheval, sur sa chaise, de profil, tourné vers le compositeur, un cigare à la main, est Edmond Maître; derrière lui. Vincent d'Indy, presque de profil à gauche, une cigarette à la main, semblant causer avec M. Lascoux. Derrière ce groupe, assis, la tête appuyée sur la main droite, Amédée Pigeon.

1195. — ***La Tentation de Saint Antoine***. Toile. H. 0ᵐ65. L. 0ᵐ81. Signé dans le bas. à gauche : Fantin, 81. Ce tableau a été exposé au Salon de 1881, n° 2749, comme pastel, puis transformé en peinture à l'huile et exposé comme tel au Salon des XX. de Bruxelles. A l'Exposition Universelle de Paris, en 1889, sous le n° 556. A l'Exposition de Grenoble, en 1890. Exposition Fantin. n° 189. Au Musée de Grenoble.

A gauche, au second plan, saint Antoine est à genoux devant une croix en bois. au milieu des rochers. Au milieu, au premier plan, apparaît une figure de femme nue, de dos se dirigeant vers la droite; la tête renversée, elle regarde saint Antoine. Ses deux bras élevés tiennent une légère draperie flottante.

1196. — ***Portrait de Madame X***... Toile. H. 1ᵐ. L. 0ᵐ82. Signé et daté en haut, à gauche : Fantin, 85. Exposition Fantin, n° 59.

Portrait de femme. de face, les mains sur les genoux. Elle est vêtue d'une robe noire. brodée de jais, un bracelet à un bras. Coupé au-dessous des genoux.

1197. — *Le Printemps*. Toile. H. 0<sup>m</sup>37. L. 0<sup>m</sup>205. Signé au bas, à gauche. Composition reprise sur une ancienne peinture.

Une jeune fille est assise à droite sur un terrain, vêtue d'une robe blanche et draperie rose, tournée vers la gauche et faisant une guirlande de fleurs. Paysage printanier.

1198. — *L'Eté*. Toile. H. 0<sup>m</sup>37. L. 0<sup>m</sup>205. Composition reprise sur une ancienne peinture.

Une jeune femme est assise sur un tertre, à gauche, tournée vers la droite, s'appuyant d'une main sur le tertre et tenant une draperie contre elle de l'autre.

1199. — *l'Automne*. Toile. H. 0<sup>m</sup>37. L. 0<sup>m</sup>205. Signé en bas, à gauche. Composition reprise sur une ancienne peinture. Vente Buckler, mars 1906 : 160 guinées.

Une jeune femme est assise sous un arbre, songeuse, la tête appuyée sur sa main.

1200. — *L'Hiver*. Toile. H. 0<sup>m</sup>37. L. 0<sup>m</sup>205. Pour les quatre numéros ci-dessus, voir le n° 1225. Composition reprise sur une ancienne peinture.

Une folie, tenant un tambourin, s'apprête à monter les degrés conduisant à une salle éclairée. Paysage d'hiver, clair de lune froid.

1201. — *La Rêverie*. Toile. Signé en bas, à gauche : Fantin.

Petite figure se promenant au bord de l'eau, allant vers la gauche, de dos, nue jusqu'aux hanches.

1202. — *Jugement de Pâris*. Toile. H. 0<sup>m</sup>24. L. 0<sup>m</sup>19. Exposition Fantin, n° 217. A M. Raoul Pugno.

A droite, est assis Pâris sur un tertre, tenant une pomme qu'il offre à Vénus, assise en avant sur des nuages et entraînée vers lui par l'Amour. Derrière Pâris, à droite, Minerve casquée, tenant une lance ; en haut, dans le ciel, Junon se dirigeant vers la gauche.

1203. — *Petite Baigneuse*. Toile.

Jeune femme, assise au bord de l'eau, près de grands arbres sombres.

1204. — *Baigneuse*. Toile. H. 0<sup>m</sup>45. L. 0<sup>m</sup>31.

Femme assise sur un tertre, à droite, tournée vers la gauche. Éclairée à droite, elle tient le bout d'une draperie légèrement lilas sur un sein. La draperie couvre la jambe. Fond de ciel et d'arbres.

1205. — *Baigneuse*. Toile. H. 0<sup>m</sup>45. L. 0<sup>m</sup>31. Répétition du numéro ci-dessus. A M<sup>me</sup> de Nikanoff.

1206. — *Deux baigneuses*. Toile. H. 0<sup>m</sup>24. L. 0<sup>m</sup>33. Signé en bas, à gauche. Vente Buckler, mars 1906 : 145 guinées.

L'une d'elles, de face, tournée vers la droite, tient ses cheveux d'une main ; draperie sur les jambes, coup de soleil sur une jambe. A droite, sa compagne mi-nue, tourne la tête vers elle.

1207. — ***Baigneuse debout***. Toile.

Elle est debout, entièrement nue, d'un bras, elle s'appuie sur un tertre sur lequel est posée une draperie blanche et rouge; l'autre bras est levé sur la tête légèrement tournée vers la droite. Un ruisseau coule vers la gauche, bordé de terrains et de grands arbres.

1208. — ***Œillets***. Toile. H. 0$^m$435. L. 0$^m$365. Signé et daté en bas, à droite, au dessus de la table : Fantin 85.

Œillets de diverses couleurs dans un vase en verre.

1209. — ***Roses blanches***. Toile. H. 0$^m$365. L. 0$^m$445. Signé et daté en bas, à gauche : Fantin 85.

Roses blanches (M$^{me}$ Pauvert), dans un verre droit, sur le coin d'une table.

1210. — ***Roses***. Toile. H. 0$^m$47. L. 0$^m$42. Signé et daté en bas, à droite : Fantin 85.

Roses dans un verre droit, une grosse rose jaunâtre sur la table, à gauche.

1211. — ***Roses***. Toile. H. 0$^m$35. L. 0$^m$52. Signé en bas, à droite.

Roses dans une coupe, sur fond clair; table de marbre blanc; à gauche, une rose sur la table.

1212. — ***Pieds d'alouette***. Toile. H. 0$^m$59. L. 0$^m$485. Signé en bas, à gauche : Fantin 85. Exposé à la Royal Academy de Londres, en 1886.

Pieds d'alouettes dans un vase sombre, en avant, sur la table, une coupe en verre pleine de roses.

1213. — ***Roses***. — Toile. H. 0$^m$55. L. 0$^m$55. Signé en haut, à droite : Fantin 1885. Exposé à la Royal Academy. de Londres en 1886.

Grand bouquet de roses dans une boule de verre; sur la table de marbre blanc, quelques roses.

1214. — ***Roses***. Toile. H. 0$^m$58. L. 0$^m$73. Signé et daté, en bas, à gauche : Fantin 85. Exposition Fantin, n° 97.

Grand panier plein de roses, quelques roses sur la table à droite.

1215. — ***Roses***. Toile. H. 0$^m$46. L. 0$^m$63. Signé en haut, à droite et daté : 85. Exposition Fantin, n° 122. Vente Ricada 1893 : 1.350 francs. A M. Chouanard.

1216. — ***Roses***. Toile. Signé et daté, en haut, à gauche : Fantin 85.

Roses sur fond clair, le vase coupé par le cadre.

1217. — ***Roses***. Toile. Signé et daté, en haut, à gauche : Fantin 85.

Roses dans un pot de grès.

1218. — **Roses**. Toile. Signé et daté en haut, à droite : Fantin 85.
Bouquet de petites roses roses.

1219. — **Roses**. Toile. H. 0ᵐ43. L. 0ᵐ53. Signé et daté en bas, à
gauche, au-dessus de la table : Fantin 85. Exposé à la Royal
Academy de Londres, en 1889.

## DESSINS

1220. — **Autour du Piano**. Crayon noir sur papier gris. H. 0ᵐ32.
L. 0ᵐ445. Dessin sommaire pour le tableau *Autour du Piano,*
couvert de chiffres pour les proportions à donner. V. nᵒ 1194. A
M. Adolphe Jullien.

1221. — **Autour du Piano**. Crayon noir sur papier gris. H. 0ᵐ342.
L. 0ᵐ445. Dessin pour le tableau *Autour du Piano*. Les bords
du dessin sont couverts de chiffres pour les proportions à
donner. Daté : 19 Janvier 85. A M. Ad. Jullien.

1222. — **Autour du Piano**. H. 0ᵐ183. L. 0ᵐ20. Décalque à la
mine de plomb renforcé de plume de la composition *Autour du
piano*. Au Musée de Grenoble.

1223. — **Autour du Piano**. Dessin à l'encre de Chine. H. 0ᵐ17.
L. 0ᵐ24. Croquis très léger, peu ombré. Signé en haut, à droite :
Fantin. Au musée Carnavalet.

1224. — **Rienzi**. Crayon noir sur papier du Marais. H. 0ᵐ225.
L. 0ᵐ145. Projet pour la lithographie nᵒ 63 du catalogue
Hédiard. Exposition chez Tempelaere, nᵒ 3. Au Musée du
Luxembourg.

1225. — **Les quatre Saisons :**
1. *Le Printemps*. H. 0ᵐ248. L. 0ᵐ132.
2. *L'Été*. H. 0ᵐ248. L. 0ᵐ132.
3. *L'Automne*. H. 0ᵐ248. L. 0ᵐ132.
4. *L'Hiver*. H. 0ᵐ248. L. 0ᵐ132.

Les quatre dessins ci-dessus sont des calques au carreau faits sur
des anciennes esquisses pour être exécuté en plus grande
dimension. Voir les nᵒˢ 1197, 1198, 1199, 1200.

1226. — **Inspiration**. H. 0ᵐ23. L. 0ᵐ15. Dessin pour la lithographie nᵒ 62 du catalogue Hédiard : *la Muse*. Exposition Fantin :
nᵒ 291. Au Musée du Luxembourg.
Wagner, de profil, tourné vers la droite, est assis à sa table de travail.
Un livre est devant lui, sa main qui tient une plume est posée dessus.

Derrière lui, le torse nu, en pleine lumière, se dresse la Muse, une palme
à la main ; son autre main est posée sur l'épaule du Maître. Fond de
paysage.

ᴣ11227. — *Jugement de Pâris*. Mine de plomb. H. 0^m239.
L. 0^m185. Mis au carreau pour un tableau. Au Musée de Grenoble.

> Pâris offre la pomme à Vénus que désigne un Amour. Derrière Paris
> se trouve Minerve armée de sa lance et de son bouclier ; Junon entre
> Minerve et Vénus.

ᴣ11228. — *Poèmes d'amour*. Crayon noir sur papier bulle.
H. 0^m425. L. 0^m305. Dessin très sommaire pour la lithographie
n° 58 du catalogue Hédiard. Au Musée de Grenoble.

ᴣ11229. — *Même sujet*. Crayon lithographique sur papier calque.
H. 0^m43. L. 0^m335. A M. Alfred Pacquement.

ᴣ11230. — *Immortalité*. Crayon lithographique sur calque. H. 0^m23.
L. 0^m15. Projet pour la lithographie n° 61 du catalogue Hédiard.
Même composition que le pastel du Salon de 1880 sous le titre :
*La Musique*. (Voir n° 987). Exposition chez Tempelaere, n° 1.
A M. Marmontel.

> Sur la marche d'un monument, la Musique est assise, tout le corps
> détourné, de manière à paraître presque de dos. Nue jusqu'aux hanches ;
> d'une main, elle tient une trompette, de l'autre elle écrit sur la pierre,
> avec un burin, une date : 18... au-dessous du nom de R. Wagner.
> Derrière elle, à droite, posés sur la marche, une lyre et un faisceau de
> feuillages. A terre, deux couronnes.

ᴣ11231. — *La Muse*. Crayon noir sur papier du Marais. H. 0^m23.
L. 0^m15. Projet pour la lithographie n° 62 du catalogue Hédiard,
en sens inverse. Exposition chez Tempelaere, n° 2. A
M. Roger-Marx.

ᴣ11232. *La Toilette*. Crayon lithographique sur calque. H. 0^m35.
L. 0^m445. Exécuté vers 1885. Projet d'une lithographie. Exposition chez Tempelaere, n° 57. Vente Darrasse, décembre 1909 :
370 francs.

> Composition de dix figures féminines en un seul groupe ; quatre
> d'entre elles sont assises au premier plan : les autres debout derrière
> elles.

ᴣ11233. — *Toilette*. Crayon lithographique sur papier à autogra-
phie encollé de colle jaune. H. 0^m30. L. 0^m415. Même composition que le n° précédent. Exposition des dessins chez Tempelaere, en 1901, n° 58. A M^me Esnault-Pelterie.

ᴣ11234. — *Le Vaisseau Fantôme*. — Crayon lithographique sur
papier calque. H. 0^m215. L. 0^m145. Projet pour la lithographie

n° 64 du catalogue Hédiard. En bas : A. G. Hédiard, h. Fantin. Exposition des dessins chez Tempelaere, en 1901, n° 4. A M<sup>me</sup> G. Hédiard.

1235. — *Le Vaisseau-Fantôme.* Crayon noir sur papier brun. H. 0<sup>m</sup>215. L. 0<sup>m</sup>15. Première idée pour la lithographie n° 64 du catalogue Hédiard. A M. Adolphe Jullien.

1236. — *L'Or du Rhin.* Crayon noir. H. 0<sup>m</sup>23. L. 0<sup>m</sup>15. A M. Heseltine.

1237. — *Hommage à Victor Hugo.* Fusain sur papier blanc. H. 0<sup>m</sup>445. L. 0<sup>m</sup>302. Même composition que la lithographie n° 92 du catalogue Hédiard. Exécuté en 1885 pour *le Monde Illustré* où la reproduction a parue dans le n° du 30 mai 1885. Vente Darrasse, décembre 1909 : 550 francs.

Il a été fait, d'après la reproduction du *Monde Illustré*, une gravure à l'eau-forte, par M. Jules Piel, pour la couverture du programme du festival artistique de la Sorbonne, 27 février 1902, centenaire de Victor Hugo.

Cette couverture a été reproduite dans la *Revue Universelle* du 15 mars 1902. Le nom de Victor Hugo est en lettres sombres, au lieu d'apparaître en lettres lumineuses.

Le dessin pour *le Monde Illustré* a précédé la lithographie.

La Poésie, le buste nu, sa lyre à terre auprès d'elle, pleure, assise devant le cercueil du poète. La Renommée se dresse en arrière ; d'une main elle tient une trompette, de l'autre elle élève une palme au-dessus de sa tête. Dans un rayonnement le nom de Victor Hugo.

1238. — *L'Etoile du Soir (Tannhæuser).* Crayon lithographique sur calque. H. 0<sup>m</sup>22. L. 0<sup>m</sup>15. Projet pour la lithographie n° 65 du catalogue Hédiard, en sens inverse et avec des différences nombreuses. Exposition chez Tempelaere, n° 5. A M. Clément Janin.

1239. — *Lohengrin (Scène d'amour).* Crayon lithographique sur papier calque. H. 0<sup>m</sup>22. L. 0<sup>m</sup>15. Projet pour la lithographie n° 66 du catalogue Hédiard. Exposition chez Tempelaere, n° 6. A M<sup>me</sup> Lascoux.

1240. — *Evocation d'Erda.* Crayon lithographique sur calque collé. H. 0<sup>m</sup>32. L. 0<sup>m</sup>38. Signé en bas, à gauche. A M<sup>me</sup> Fantin-Latour.

Au premier plan, Wotan, de face, enveloppé de son manteau ; derrière lui, à gauche, au second plan, s'élevant du gouffre, Erda, enveloppée de draperies qu'elle tient d'une main, de l'autre elle indique le ciel. Très esquissé.

1241. — *Tannhæüser-Vénusberg*. Crayon noir sur papier vergé blanc. En bas, à droite : Fantin 63. Cette date est une erreur, ce dessin est de 1885 ou 1886. Exposition chez Tempelaere, n° 60.

> Dessin pour le tableau du Salon de 1886. Voir n° 1254. Composition analogue à celle des lithographies n°° 1 et 9 du catalogue Hédiard avec des différences nombreuses, notamment dans la figure de Vénus. En outre, elle est en sens inverse.

1242. — *La Fée des Alpes*. Crayon noir sur papier gris. H. 0m48. L. 0m33. Signé en haut, à droite : Fantin. Exposition chez Tempelaere, n° 12. A Mme Esnault-Pelterie.

> La lithographie n° 55 du catalogue Hédiard présente des différences sensibles : ainsi, dans le dessin, la fée a la tête penchée sur l'épaule gauche, au lieu de l'avoir à droite.

1243. — *La Fée des Alpes*. H. 0m485. L. 0m35. Signé en bas, à droite : Fantin. Au Musée de Lille. n° 2623.

> Même sujet que le n° ci-dessus.

1244. — *Le Vaisseau-Fantôme*. H. 0m385. L. 0m30. Composition très sommairement indiquée au fusain, avec quelques rehauts de blanc. Au Musée de Grenoble.


## LITHOGRAPHIES


1245. — *Evocation d'Erda*. (2e planche). H. 0m43. L. 0m309. N° 54 du catalogue Hédiard.

1246. — *La Fée des Alpes*. 2e planche). H. 0m481. L. 0m35. N° 55 du catalogue Hédiard.

1247. — *Frontispice : Vérité*. H. 0m46. L. 0m325. N° 56 du catalogue Hédiard.

1248. — *Evocation d'Erda*. (3e planche). H. 0m209. L. 0m127. N° 57 du catalogue Hédiard.

1249. — *Poèmes d'amour*. (2e planche). H. 0m442. L. 0m314. N° 58 du catalogue Hédiard.

1250. — *Parsifal et les Filles-Fleurs*. H. 0m45. L. 0m307. N° 59 du catalogue Hédiard.

1251. — *Finale du Vaisseau-Fantôme*. (2e planche). H. 0m42. L. 0m30. N° 60 du catalogue Hédiard.

# ANNÉE 1886

## PEINTURES

1252. — ***Portrait de M. Léon Maître.*** Toile. H. 1ᵐ34. L. 0ᵐ98. Signé en bas, à gauche : Fantin 86. Salon de 1886, n° 912. Exposition de Bruxelles, 1886. A la Royal Academy de Londres, 1887. Exposition Fantin, n° 57. A M. Henri Lerolle.

Debout, de profil vers la droite, se retournant vers le spectateur, le bras droit pendant et la main tenant une canne à pomme d'argent et des gants jaunes, la main gauche gantée, derrière le dos, tenant son chapeau soie.

1253. — ***Portrait de M. X.*** Toile. H. 1ᵐ. L. 0ᵐ82. Signé en haut, à gauche. Exposition Fantin. n° 58. Vente Darrasse, décembre 1909 : 8.000 francs.

Portrait d'un Américain, teint coloré, visage rasé, assis de face, en redingote brune, la main droite dans l'ouverture de la redingote. Coupé au-dessous des genoux.

1254. — ***Tannhæuser.*** Toile. H. 0ᵐ85. L. 1ᵐ. Même composition que les lithographies n° 1 et n° 9 du catalogue Hédiard (sauf quelques variantes) et que le tableau exposé au Salon de 1864 (voir n° 233). Signé et daté, en bas, à droite : Fantin 86. Exposé au Salon de 1886, n° 911. Exposition décennale de 1889.

Ce tableau est en Amérique.

A gauche, au premier plan, Tannhæuser assis sur un tertre de gazon, vers la droite, et tournant le dos au lac. Près de lui, Vénus, nue, à demi-couchée sur l'herbe, se lève et s'appuie sur ses genoux. A droite, trois nymphes ; la plus voisine de Tannhæuser joue de la flûte, le buste nu, une draperie sur les genoux ; l'autre, debout, tient une draperie en se tournant vers sa compagne qui prend l'autre bout de la draperie d'une main et de l'autre agite un tambourin.

1255. — ***Jugement de Pâris.*** Pastel. H. 1ᵐ. L. 0ᵐ82. Exposé au Salon de 1886, n° 2817. Signé en bas, à droite. Vente Coudray, juin 1908 : 7.300 francs.

En bas, à droite, Pâris est assis de dos, offrant d'une main la pomme à Vénus et tenant, de l'autre, le bâton de berger. Devant lui, Vénus,

assise sur des nuages, un petit Amour à ses pieds qui a l'air de vouloir
l'entraîner vers Pâris. Au milieu Junon, tournée vers la droite, va monter dans son char. A droite, derrière Pâris, Minerve tenant son bouclier
d'une main et une lance de l'autre.

1256. — *Fleurs*. Toile. Signé et daté en bas, à droite, au-dessus
de la table : Fantin 86.

Pois de senteur et nigelles dans un petit verre.

1257. — *Roses*. Toile. H. 0^m40. L. 0^m35. Signé en haut, à
gauche : Fantin 86. Vente Louis Huth, Londres, mai 1905 :
300 guinées.

Roses roses dans un verre droit ; fond clair.

1258. — *Petit bouquet de roses*. Toile. Signé à gauche, au-
dessus de la table : Fantin 86.

1259. — *Fruits*. Toile. Signé et daté en haut, à gauche : Fantin 86.

Prunes dans une soucoupe, d'autres prunes sur la table.

1260. — *Dahlias*. Toile. Donné pour la loterie Claude Lorrain.

Bouquet de dahlias sur fond très sombre.

1261. — *Roses*. Toile. Diamètre 0^m435.

Grand bouquet de roses fond clair dans un rond.

1262. — *Zinnias dans une coupe*. Toile. Signé et daté en bas, à
gauche, sur la table : Fantin 86. Reproduit dans le catalogue
de l'exposition des lithographies au Luxembourg, par Léonce
Bénédite.

1263. — *Fleurs*. Toile. H. 0^m48. L. 0^m61. Signé et daté en haut,
à droite : Fantin 86.

Fleurs variées dans une bassine.

1264. — *Fleurs*. Toile. Exposé à la Royal Academy de Londres,
en 1898. A la National Gallery.

Grand bouquet de fleurs variées dans un gros vase en verre avec des
pieds cabochons.

1265. *Roses*. Toile.

Grand tableau de roses, fond clair : à droite feuilles sur la table.

1266. — *Roses*. Toile.

Roses roses, rose jaune et rose blanche sur fond sombre.

1267. — *Roses*. Toile. Signé et daté en haut, à droite : Fantin 86.

Roses dans un gros verre : fond clair.

1268. — *Roses*. Toile.

Quatre roses, dont une de couleur sombre, dans un verre à pied.

1269. — *Fruits*. Toile. H. 0<sup>m</sup>54. L. 0<sup>m</sup>64. Exposé à la Royal Academy de Londres, en 1887. Exposition Fantin, n° 110. Vente à Londres : 280 guinées.

> Raisin dans un grand panier dont le couvercle est soulevé ; sur un buffet encore du raisin et des fougères.

1270. — *Nature morte*. Toile. H. 0<sup>m</sup>24. L. 0<sup>m</sup>305. Signé en haut, à droite : Fantin. Vente Buckler, mars 1906 : 150 guinées.

> Des pêches dans une coupe de verre, une rose rouge foncée avec des feuilles à droite.

1271. — *Fruits*. Toile. H. 0<sup>m</sup>39. L. 0<sup>m</sup>52. Signé et daté en haut, à droite. Exposé à la Royal Academy de Londres, en 1889. Vente Coquelin cadet, mai 1909 : 4.700 francs.

> Raisins blancs et noirs dans un plat ; une grappe sur la table et une pomme rouge.

## DESSINS

1272. — *Tristan et Iseult*. Crayon lithographique sur papier calque. H. 0<sup>m</sup>22. L. 0<sup>m</sup>145. Projet pour la lithographie n° 67 du catalogue Hédiard, en sens inverse. Signature en bas, à droite : Fantin. Exposition chez Tempelaere, n° 7. Au Musée du Luxembourg.

> En marge, dans le haut : *Iseult* et des croquis représentant, en beaucoup plus grandes dimensions, des fragments du sujet : La tête d'Iseult, sa main appuyée sur la torche. Dans la marge de droite, le bras droit levé d'Iseult.

1273. — *Tristan et Iseult*. Crayon noir sur papier jaunâtre. H. 0<sup>m</sup>218. L. 0<sup>m</sup>15. Première idée pour la lithographie n° 67 du catalogue Hédiard, en sens inverse. A M. Ad. Jullien.

1274. — *Parsifal : Évocation de Kundry*. Crayon lithographique sur papier calque. Projet pour la lithographie n° 73 du catalogue Hédiard. Exposition chez Tempelaere, n° 13. A M<sup>me</sup> Camus-Haviland.

1275. — *L'Or du Rhin : Les Filles du Rhin*. Crayon lithographique sur papier calque. H. 0<sup>m</sup>228. L. 0<sup>m</sup>15. Projet pour la lithographie n° 69 du catalogue Hédiard. Le dessin est fait des deux côtés du calque. Exposition chez Tempelaere. n° 8.

1276 — *Scène première du Rheingold : Filles du Rhin*. Crayon lithographique sur calque collé. H. 0<sup>m</sup>34. L. 0<sup>m</sup>25. Même

composition. dans de plus grandes proportions, que la lithographie n° 69 du catalogue Hédiard. Signature en bas, à
gauche : Fantin. Exposition chez Tempelaere, n° 14. A
M. Roger Marx.

1277. — *L'Anniversaire*. H. 0<sup>m</sup>62. L. 0<sup>m</sup>50. Même composition
que la lithographie n° 7 du catalogue Hédiard. Dessin fait, en
1886, pour le *Monde Illustré* où il a été reproduit dans le n° du
16 octobre 1886. Vente Darrasse, décembre 1909 : 1.200 francs.

1278. — *Évocation d'Erda*. Crayon noir. H. 0<sup>m</sup>195. L. 0<sup>m</sup>125.
Première idée pour la lithographie n° 57 catalogue Hédiard. A
M. Ad. Jullien.

1279. — *Évocation d'Erda*. H. 0<sup>m</sup>24. L. 0<sup>m</sup>16. Même sujet que
le numéro précédent. A M. Freund Deschamps.

1280. — *Tannhæuser-Vénusberg*. Crayon lithographique sur
calque. H. 0<sup>m</sup>454. L. 0<sup>m</sup>505. Signature en bas, à droite : Fantin. Dessin mis au carreau pour le tableau de 1886. Exposition
chez Tempelaere. n° 15.

1281. — *La Valkyrie : Sieglinde et Siegmund*. Crayon lithographique sur calque frotté de sanguine au dos. H. 0<sup>m</sup>23.
L. 0<sup>m</sup>15. Projet pour la lithographie n° 70 du catalogue
Hédiard. Exposition chez Tempelaere, n° 9. A M. Maurice Dreyfous.

1282. — *Le Crépuscule des Dieux*. Siegfried et les Filles du
Rhin. Fusain, crayon et sanguine sur papier bulle gris clair.
Exposition chez Tempelaere, n° 10. A M. Hamilton Field.

1283. — *Les Maîtres Chanteurs*. Crayon lithographique sur
papier bulle. H. 0<sup>m</sup>23. L. 0<sup>m</sup>15. Projet pour la lithographie n° 68
du catalogue Hédiard. Exposition chez Tempelaere, n° 11. A
M. Léon Tual.

1284. — *Les Maîtres Chanteurs*. Crayon lithographique sur
calque. H. 0<sup>m</sup>215. L. 0<sup>m</sup>145. Exposition chez Tempelaere, n° 12.
A M<sup>me</sup> Lascoux.

> A gauche, Walter, vu de dos ; à droite la perspective de l'église et, dan•
> le lointain, Eva avec d'autres femmes.

1285. — *Les Maîtres Chanteurs*. Mine de plomb et crayon noir
sur papier vergé. H. 0<sup>m</sup>235. L. 0<sup>m</sup>155. Projet très sommaire en
sens inverse pour la lithographie n° 68 du catalogue Hédiard.
A M. Ad. Jullien.

# LITHOGRAPHIES

1286. — *Immortalité*. H. 0<sup>m</sup>229. L. 0<sup>m</sup>15. N° 61 du catalogue Hédiard.

1287. — *Le Vaisseau-Fantôme*. Ravissement de Senta et du Hollandais. H. 0<sup>m</sup>218. L. 0<sup>m</sup>148. N° 64 du catalogue Hédiard.

1288. — *Lohengrin*. Scène d'amour. H. 0<sup>m</sup>23. L. 0<sup>m</sup>152. N° 66 du catalogue Hédiard.

1289. — *Tristan et Iseult*. Le signal dans la nuit. H. 0<sup>m</sup>222. L. 0<sup>m</sup>147. N° 67 du catalogue Hédiard.

1290. — *L'Or du Rhin : Les Filles du Rhin*. H. 0<sup>m</sup>22. L. 0<sup>m</sup>15. N° 69 du catalogue Hédiard.

1291. — *Le Réveil*. H. 0<sup>m</sup>205. L. 0<sup>m</sup>15. N° 74 du catalogue Hédiard.

Ces lithographies ont été faites pour le *R. Wagner*, d'Ad. Jullien.

# ANNÉE 1887

***

## PEINTURES

1292. — **Portrait de M. Adolphe Jullien**. Toile. H. 1m60.
L. 1m5o. Signé dans le bas, à gauche : Salon de 1887, n° 89o.
Exposition de Bruxelles en 1890. Exposition Fantin, n° 6o. A
M. Ad. Jullien.

> Assis, de trois quarts vers la gauche, devant une table recouverte d'un
> tapis chargé de livres. Il regarde de face, la tête éclairée à droite ; la main
> gauche est appuyée sur la cuisse, la droite posée sur un buvard, s'arrête
> dans le geste d'écrire ; un bout du mouchoir sort de la poche du veston.

1293. — **Ariane abandonnée**. Pastel. Même sujet que l'esquisse
de l'exposition des Arts décoratifs et de la collection Ricada.
V. n°ˢ 106o et 1064. Exposé au salon de 1887, n° 2882. Signé en
bas, à gauche : Fantin, 87.

> Ariane est étendue, au premier plan, sur une draperie blanche, de
> gauche à droite, la tête tournée vers la gauche, les deux bras repliés au-
> dessus de la tête. Derrière elle descend un terrain ; vers l'éclaircie du
> milieu, l'on aperçoit la mer.

1294. — **L'Aurore et la Nuit**. Pastel. H. 0m48. L. 0m6o. Exposé
au salon de 1887, n° 2883. Exposition décennale 1889, n° 1537.
Ce pastel est en Amérique.

> La Nuit s'enfuit à droite, un petit génie l'accompagne. A gauche,
> l'Aurore paraît, précédée d'un autre petit génie qui court, un flambeau à
> la main.

1295. — **Sara la Baigneuse**. Ancien pastel exposé au salon de
1884. N° 2766, transformé en peinture à l'huile. H. 0m81.
L. 0m6o. Même composition que la lithographie n° 44 du catalogue Hédiard. Exposition Fantin, n° 200.

> Sous les arbres, Sara se balance tenant de chaque main une des cordes
> de la balançoire ; elle effleure l'eau du bout de son pied. Ses cheveux
> blonds sont dénoués ; la draperie blanche, sur laquelle elle est assise, flotte
> autour d'elle et, retenue en haut par sa main, s'enfle à droite derrière
> elle.

## FLEURS

1296. — **Chrysanthèmes**. Toile. Signé et daté, en bas, à droite : Fantin 87.
Chrysanthèmes d'été dans un petit verre à champagne.

1297. — **Verveine**. Toile. H. 0m39. L. 0m32. Signé et daté : Fantin, 87. Exposé à la Royal Academy de Londres en 1889. A Mme Gorjeu.

1298. — **Delphiniums.** Toile. H. 0m53. L. 0m43. Signé et daté, en bas, à gauche : Fantin, 1887. Exposition Fantin, n° 105.
Delphiniums sur un coin de table.

1299. — **Pensées**. Toile. Signé et daté, en haut, à gauche : Fantin 87.
Pensées dans un vase en grès.

1300. — **Reine des Prés**. Toile. H. 0m545. L. 0m455. Signé et daté, en bas, à gauche.
Marguerites (Reine des Prés).

1301. — **Œillets**. Toile.
Œillets dans un verre allongé.

1302. — **Capucines**. Toile. H. 0m39. L. 0m47. Signé et daté en bas, à gauche : Fantin, 87.
Capucines dans un vase en verre.

1303. — **Zinnias.** Toile. Signé et daté en bas, à gauche : Fantin, 87. Exposé à la Royal Academy de Londres, en 1899. Au Musée de Melbourne (Australie).
Zinnias dans un verre allongé.

1304. — **Pieds d'Alouette**. Toile. H. 0m56. L. 0m47. Signé et daté en bas, à gauche : Fantin, 87.
Pieds d'Alouette dans une carafe genre boule, un brin sur la table, à gauche.

1305. — **Grand tableau de roses**. Toile. H. 0m56. L. 0m70. Signé et daté en haut, à droite : Fantin, 87.
Quatre roses dans un vase haut en verre ; des roses dans une coupe, à droite ; d'autres roses par derrière ; deux roses sur la table, à gauche.

1306. — **Fleurs de Normandie**. Toile. H. 0m71. L. 0m59. Signé et daté en bas, à droite : Fantin, 87. Exposé à la Royal Academy, à Londres, en 1888. Exposition Fantin, n° 99.
Toutes sortes de fleurs dans un grand vase droit en cristal ; une rose jaune sur la table, à droite.

1307. — **Œillets.** Toile. Signé et daté en bas, à gauche :
Fantin, 87. Exposé à la Royal Academy, à Londres, en 1891.
> Œillets dans un verre droit.

1308. — **Roses.** Toile. H. 0m36. L. 0m41. Signé et daté en haut,
à gauche : Fantin 87.
> Roses dans un gros verre au coin d'une table.

1309. — **Roses.** Toile. Signé en haut, à droite : Fantin 87.
> Roses dans un vase bleu en hauteur ; une rose sur la table, à droite.

1310. — **Roses.** Toile. H. 0m385. L. 0m545. Donné pour la vente
Bonvin. Exposé à la Royal Academy de Londres en 1900.

## DESSINS

1311. — **L'Aurore et la Nuit.** Crayon lithographique sur calque
collé. Première idée du Pastel n° 1294. H. 0m29. L. 0m335.
Signature en bas, à droite. Exposition chez Tempelaere, nᵛ 20
A M. Roger Marx.

1312. — **L'Aurore et la Nuit.** Crayon noir. H. 0m48. L. 0m60. Ce
dessin a été fait d'après le pastel n° 1294. Il a paru dans *l'Artiste*
en héliogravure. Vente Alboize : 800 francs.

1313. — **Portrait de M. Ad. Jullien.** Deux croquis sur une
même feuille, pour le portrait n° 1292. N° 1 à droite : H. 0m245.
L. 0m205.
> Il est assis sur une chaise, de trois quarts vers la gauche, un bras appuyé
> sur le dossier de la chaise, l'autre sur la table et sur un papier.

N° 2. — Crayon noir sur papier gris. H. 0m24. L. 0m21.
> Il a, ici, un bras sur la table, tenant une plume, l'autre main appuyée
> sur la jambe. Celui-ci est très près du portrait définitif.

1314. — **Portrait de M. Ad. Jullien.** Mine de plomb sur papier
calque. H. 0m25. L. 0m22. Dessin avec des indications de proportions pour le portrait n° 1292.

1315. — **Portrait de M. Ad. Jullien.** Crayon noir sur papier
vergé. H. 0m31. L. 0m27. Dessin d'après le tableau (n° 1292).
Exécuté en 1887 ; reproduction dans *l'Art*, 1ᵉʳ décembre 1888
et dans la *Musique populaire* du 15 février 1890. Ces trois derniers nᵒˢ appartiennent à M. Ad. Jullien.
> M. A. Jullien est vu presque de face, assis à sa table de travail, la plume
> à la main.

1316. — ***Portrait de M. Ad. Jullien.*** Dessin sur papier calque de la grandeur du dessin ci-dessus. Signé en bas à gauche, par un F. Au Musée Carnavalet.

> La tête est poussée, le reste seulement indiqué.

1317. — ***La Lithographie.*** Crayon lithog. sur calque. H. 0$^m$18. L. 0$^m$112. Projet pour la lithographie n° 75 du catalogue Hédiard. Pour les *Graveurs du XIX$^e$ Siècle*, de M. H. Béraldi. Signé en bas, à droite. A M. Loys Delteil.

> Une figure de jeune femme debout, vue de profil, est en train de lithographier. La pierre est soutenue en pente sur une sorte de gros dé.

## LITHOGRAPHIES

1318. — ***La Muse.*** H. 0$^m$228. L. 0$^m$15. N° 62 du catalogue Hédiard.

1319. — ***Rienzi : Prière de Rienzi.*** H. 0$^m$227. L. 0$^m$15. N° 63 du catalogue Hédiard.

1320. — ***Tannhæuser : L'Etoile du Soir.*** H. 0$^m$228. L. 0$^m$149. N° 65 du catalogue Hédiard.

1321. — ***Les Maîtres Chanteurs de Nuremberg.*** Rencontre de Walther et d'Eva. H. 0$^m$23. L. 0$^m$15. N° 68 du catalogue Hédiard.

1322. — ***La Valkyrie.*** Sieglinde et Siegmunde. H. 0$^m$226. L. 0$^m$152. N° 70 du catalogue Hédiard.

1323. — ***Siegfried : Evocation d'Erda.*** H. 0$^m$23. L. 0$^m$149. N° 71 du catalogue Hédiard.

1324. — ***Le Crépuscule des Dieux.*** Siegfried et les Filles du Rhin. H. 0$^m$224. L. 0$^m$148. N° 72 du catalogue Hédiard.

1325. — ***Parsifal : Evocation de Kundry.*** H. 0$^m$228. L. 0$^m$15. N° 73 du catalogue Hédiard.

Ces huit lithographies ont été faites pour le *R. Wagner*, d'Ad. Jullien.

1326. — ***La Lithographie.*** H. 0$^m$18. L. 0$^m$11. N° 75 du catalogue Hédiard. Pour les *Graveurs du XIX$^e$ Siècle*, de H. Béraldi.

# ANNÉE 1888

## PEINTURES

1327. — *L'Or du Rhin.* Toile. H. 1ᵐ15. L. 0ᵐ77. Signé en bas, à gauche. Exposé au Salon de 1888, n° 962. A Anvers, en 1888. A la Royal Academy de Londres, en 1890. A Mme Esnault-Pelterie.

> Même composition que la lithographie n° 8 du catalogue Hédiard et que le pastel : *Souvenir de Bayreuth, les Filles du Rhin,* du Musée du Luxembourg, avec la différence que dans le tableau la troisième fille du Rhin qui passe horizontalement dans la composition a une draperie légère rose.

1328. — *La Damnation de Faust.* Toile. H. 0ᵐ98. L. 0ᵐ64. Signé en bas, à gauche : Fantin. Exposé au Salon de 1888, n° 961 et la même année à Anvers. Exposition Fantin, n° 148.

> Au premier plan, Marguerite, assise, la figure détournée vers le fond est invisible. Sa main gauche retient contre son sein, la draperie qui a glissé de son épaule et laisse voir sa gorge. Au-dessus d'elle, deux génies adolescents : l'un ailé, nu, est assis sur les nuées et tient une lyre dont il joue ; l'autre, à peu près de face, est vêtu de draperies voltigeantes et touche aussi les cordes de l'instrument. A droite, dans la nuit, Faust et Méphistophélès.

1329. — *Béatrice et Bénédict.* Pastel. H. 0ᵐ95. L. 0ᵐ75. Même composition que la lithographie n° 86 du catalogue Hédiard. Exposé au Salon de 1888, n° 2993. A l'exposition des lithographies au Musée du Luxembourg, en 1899. Exposition Fantin, n° 235. A M. S. Teutsch.

> Héro et Ursule se promènent, enlacés, au clair de lune, dans un jardin, au murmure d'un jet d'eau qui jaillit à gauche.

1330. — *Roses.* Toile. H. 0ᵐ29. L. 0ᵐ33. Signé et daté en haut, à gauche : Fantin 88. Vente Buckler, mars 1906 : 260 guinées.

> Roses maréchal Niel.

1331. — *Pois de senteur.* Toile. H. 0ᵐ61. L. 0ᵐ44. Signé et daté en haut, à gauche : Fantin 88. Exposé à la Royal Academy de Londres, en 1894. A M. Heseltine.

> Pois de senteur dans un verre ; des pois de senteur sur la table, à gauche.

1332. · *Lis*. Toile. H. o^m61. L. o^m44. Signé en haut, à droite :
Fantin 88. A M. Heseltine.
   Branches de lys dans un verre droit en cristal ; sur la table, une coupe
remplie de roses.

1333. · *Roses dans un panier*. Toile. Signé en haut, à droite :
Fantin 88. A M. Littleton. Londres.
   Sur la table, à droite, un gros paquet de roses ; à gauche, coupant le
bord de la table, une rose avec des feuilles.

1334. *Pieds d'Alouette*. Toile. Signé et daté en bas, à
gauche, au-dessus de la table : Fantin 88. A M. Littleton,
Londres.
   Pieds d'alouettes de différentes couleurs.

1335. *Phlox*. Toile. Signé en haut, à droite : Fantin 88.
   Phlox blanc dans un verre haut ; quelques brins sur la table.

1336. · *Capucines*. Toile. Signé en bas, à gauche, au-dessus de
la table : Fantin 88.
   Capucines de toutes nuances dont une carafe forme boule.

1337. --- *Pétunias doubles*. Toile. Signé et daté en haut, à
droite : Fantin 88.

1338. -- *Géraniums*. Toile. Signé et daté en haut, à gauche :
Fantin 88.
   Géraniums dans un verre droit.

1339. — *Fleurs*. Toile. H. o^m45. L. o^m57. Signé et daté en bas,
à gauche : Fantin 88. Exposé à la Royal Academy de Londres,
en 1889. Exposition Fantin, n° 79.
   Grand bouquet de fleurs variées.

1340. — *Fruits*. Toile. H. o^m44. L. o^m56. Signé et daté en haut,
à droite : Fantin 88. Exposition Fantin, n° 109.
   Pommes dans un panier et sur la table.

1341. *Roses*. Toile. H. o^m48. L. o^m45. Signé en bas, à gauche :
Fantin. Exposé à la Royal Academy de Londres, en 1894.
   Roses dans un grand vase sur pied, fond clair.

1342. *Roses*. Toile. Signé et daté en bas, à gauche, au-dessus
de la table : Fantin 88.
   Roses dans le même vase que le numéro précédent, fond plus clair.

1343. *Roses*. Toile. Signé et daté en bas, au-dessus de la
table : Fantin 88.
   Roses dans un vase bleu vénitien, une rose sur la table, à gauche.

1344. — *Roses blanches dans un verre vert à panse*. Toile.
H. 0ᵐ38. L. 0ᵐ33. Signé et daté en haut, à droite : Fantin 88.
Vente Buckler. mars 1906 : 170 guinées.

## DESSINS

1345. — *Sara la Baigneuse*. Crayon lithographique sur calque.
H. 0ᵐ23. L. 0ᵐ155. Projet pour la lithographie n° 84 du catalogue Hédiard. Exposition chez Tempelaere, n° 15.
> Sur la monture en bristol gris, Fantin a écrit : A M. Robichon, H. Fan-
> tin, et il a dessiné une petite tête de femme comme les remarques des
> graveurs sur les estampes.

1346. — *Tuba mirum spargens sonum*. Crayon lithographique
sur calque. H. 0ᵐ23. L. 0ᵐ155. Projet pour la lithographie
n° 77 du catalogue Hédiard. Exposition chez Tempelaere, n° 14.

1347. — *Duo des Troyens*. Crayon lithographique sur calque.
H. 0ᵐ19. L. 0ᵐ23. Variante en largeur de la lithographie n° 88
du catalogue Hédiard. Exposition chez Tempelaere, n° 16. A
Mᵐᵉ Camus-Haviland.

1348. -- *Béatrice et Bénédict : Nocturne.* Crayon lithographique sur calque. Projet pour la lithographie n° 86 du catalogue Hédiard. Exposition chez Tempelaere, n° 17. A Mᵐᵉ Camus-
Haviland.

1349. · *Ballet des Troyens*. Dessin au fusain sur papier brun.
H. 0ᵐ425. L. 0ᵐ52. Première idée pour la lithographie n° 114 du
catalogue Hédiard.

1350. — *Ballet des Troyens*. Dessin au crayon lithographique
sur papier calque, mis au carreau. H. 0ᵐ425. L. 0ᵐ52. Projet
pour le pastel du Salon de 1888 : *Danses*, n° 2994, devenu
peinture à l'huile, exposé au Salon de 1891, avec des différences. Même composition que le n° ci-dessus. (V. n° 1433).
Exposition chez Tempelaere, n° 63. A M. Cesson.

1351. · *Religions et Religion*. Crayon noir. H. 0ᵐ30. L. 0ᵐ425.
Même composition que la lithographie n° 91 du catalogue
Hédiard. Dessin pour l'Edition Nationale des Œuvres de
Victor Hugo, gravé par A. Mongin. Emile Testard. éditeur,
rue de Condé. A précédé la lithographie. n° 91.

## LITHOGRAPHIES

1352. — *Vérité*. H. 0ᵐ231. L. 0ᵐ15. Nᵒ 76 du catalogue Hédiard.

1353. — *Symphonie Fantastique : Un Bal.* H. 0ᵐ233. L. 0ᵐ154. Nᵒ 78 du catalogue Hédiard.

1354. — *Lélio : La Harpe éolienne.* H. 0ᵐ231. L. 0ᵐ154. Nᵒ 79 du catalogue Hédiard.

1355. — *Harold en Italie.* Dans les montagnes. H. 0ᵐ232. L. 0ᵐ153. Nᵒ 80 du catalogue Hédiard.

1356. — *Benvenuto Cellini.* La Fonte du Persée. Acte III. H. 0ᵐ229. L. 0ᵐ154. Nᵒ 81 du catalogue Hédiard.

1357. — *La Damnation de Faust.* Apparition de Marguerite. H. 0ᵐ232 L. 0ᵐ153. Nᵒ 83 du catalogue Hédiard.

1358. — *Sara la Baigneuse.* H. 0ᵐ235. L. 0ᵐ15. Nᵒ 84 du catalogue Hédiard.

1359. — *La Prise de Troie.* Apparition d'Hector. H. 0ᵐ233. L. 0ᵐ155. Nᵒ 87 du catalogue Hédiard.

1360. — *Apothéose*. H. 0ᵐ226. L. 0ᵐ154. Nᵒ 89 du catalogue Hédiard.

Ces lithographies ont été faites pour l'*Hector Berlioz*, d'Ad. Jullien.

1361. — *Religions et Religion*. H. 0ᵐ43. L. 0ᵐ305. Nᵒ 91 du catalogue Hédiard.

# ANNÉE 1889

## PEINTURES

1362. — *Immortalité*. Toile. H. 1<sup>m</sup>10. L. 0<sup>m</sup>84. Même composition que la lithographie : *A Eugène Delacroix*, n° 93 du catalogue Hédiard. Signé en bas, à droite : Fantin 89. Exposé au
Salon de 1889. n° 987. Exposition Fantin, n° 89. A M. Andrew
Reid, de Glasgow.

Une figure de femme. ailée et vêtue. descend. dans un rayonnement,
sur le tombeau de Delacroix. De la main gauche elle tient une palme, de
l'autre elle laisse tomber des fleurs. A droite. on aperçoit l'horizon de
Paris. tel qu'il est visible du Père-Lachaise.

1363. — *Siegfried et les Filles du Rhin*. Toile. H. 0<sup>m</sup>95. L. 0<sup>m</sup>75.
Même composition que la lithographie n° 51 du catalogue
Hédiard et que le dessin exposé à la décennale de 1900. Exposition Universelle de 1889, n° 557. Exposé au Salon de 1886,
n° 2816, comme pastel ; transformé en peinture à l'huile et
exposé à l'Exposition décennale de 1889. à Bruxelles, en 1900.
Exposition Fantin. n° 152. Vente Darrasse. décembre 1909 :
22.100 francs. A M<sup>me</sup> Darrasse.

La scène est vue du fleuve. A droite, au premier plan. une des ondines
vue de dos, nue, émerge au-dessus des eaux. Une autre, vêtue, est assise
sur la rive, un peu dans l'ombre. La troisième, en pleine lumière. appuyée
contre un rocher, nue, sauf une draperie qui lui couvre les genoux, les
cheveux épars, la tête détournée et de profil perdu. jette des paroles de
raillerie à Siegfried. Lui, vu de dos, son bouclier au bras droit, s'éloigne
à gauche, en sonnant du cor. Dans le fond des arbres, un ciel orageux.

1364. — *Portrait de M<sup>me</sup> Léopold Gravier*. Toile. H. 1<sup>m</sup>30.
L. 0<sup>m</sup>98. Signé en haut, à gauche : Fantin 89. Salon de 1890,
n° 891. Exposition de Bruxelles en 1890. Exposition Fantin,
n° 61. Exposé à Bagatelle, aux : *Portraits de femmes sous les
trois Républiques*. A M<sup>me</sup> Léopold Gravier.

Elle est assise dans un fauteuil carré de style Louis XIII à dossier de
velours. en robe de soirée. décolletée en pointe. en velours noir, coupé
par grandes échancrures laissant passer le dessous de tulle et de mousseline qui garnit toute la poitrine. Elle regarde à droite, les bras nus ornés
de bracelets, dont l'un, le droit posé sur le bras du fauteuil, l'autre
appuyé sur un éventail fermé.

1365. — *Portrait de M. Ricada*. Toile. 1<sup>m</sup>10. L. o<sup>m</sup>96. Signé en bas, à gauche. Salon de 1889, n° 988. Exposition Fantin, n° 62. A M<sup>me</sup> Ricada.

Il est tourné de trois quarts vers la droite; assis près d'une table sur laquelle il est appuyé. Coupé à mi-jambes.

1366. — *La Vérité*. Toile. H. o<sup>m</sup>33. L. o<sup>m</sup>23. Même composition que le pastel. Salon de 1891. (V. n° 1435.)

La Vérité est assise au bord du puits, de trois quarts. D'une main elle tient une draperie et un miroir; l'autre est passée derrière la tête et tient un bout de la draperie. Arbres sombres derrière elle.

1367. — *La Vérité*. Panneau. H. o<sup>m</sup>33. L. o<sup>m</sup>23. Même sujet que le n° précédent.

1368. — *Jugement de Pâris*. Toile. H. o<sup>m</sup>31. L. o<sup>m</sup>22. Exposition Fantin, n° 68. Au Musée de Reims (don Kaspareck.)

Pâris est au premier plan, à droite. Devant lui, Vénus assise; à gauche, Minerve casquée, la lance à la main; en haut, à droite, Junon, prête à monter dans son char.

1369. — *Toilette*. Au Musée de Reims (don Kaspareck).

1370. — *L'Enfance du Christ*. Pastel. H. o<sup>m</sup>47. L. o<sup>m</sup>36. Même composition que la lithographie n° 28 du catalogue Hédiard. Exposition Fantin, n° 236. A M<sup>me</sup> Ricada.

Le repos de la Sainte Famille.

1371. — *Roses*. Toile. H. o<sup>m</sup>47. L. o<sup>m</sup>475. Signé et daté en haut, à droite : Fantin 89.

Petites roses Aimé Vibert.

1372. — *Roses*. Toile. H. o<sup>m</sup>425. L. o<sup>m</sup>545. Signé et daté en haut, à droite : Fantin 89. Exposition Fantin, n° 115. Vente Tavernier, avril 1907 : 12.200 francs. Au Musée de Lyon.

Carafe bleue sur marbre blanc; un paquet de roses sur le marbre, à droite; à gauche, une rose avec feuillage.

1373. — *Chrysanthèmes*. Toile. H. o<sup>m</sup>67. L. o<sup>m</sup>615. Signé et daté en haut, à droite : Fantin 89. Exposé à la Royal Academy de Londres, en 1890.

Chrysanthèmes d'été, dans un grand verre à pied.

1374. — *Bouquet de fleurs*. Toile. H. o<sup>m</sup>495. L. o<sup>m</sup>605. Signé et daté en haut, à droite : Fantin 89.

Bouquet de fleurs variées, roses mauves, roses trémières dans une bassine.

1375. — *Roses Trémières*. Toile. H. o<sup>m</sup>72. L. o<sup>m</sup>585. Signé en haut, à gauche : Fantin 89. Exposé à la Royal Academy de Londres, en 1890. Vendu, à Londres, en juin 1909 : 430 livres.

Roses trémières dans un vase, une branche sur la table.

1376. — ***Roses***. Toile. H. 0ᵐ50. L. 0ᵐ62. Exposé à la Royal
Academy de Londres, en 1890.

> Roses de toutes sortes dans une bassine et, sur la table, deux roses
> avec feuillage et boutons en avant, à droite.

1377. — ***Bouquet de roses***. Toile. Vente Rousseau : 900 francs.


## DESSINS


1378. — ***A Eugène Delacroix***. Crayon lithographique sur calque
collé, avec un peu d'aquarelle. H. 0ᵐ40. L. 0ᵐ285. Dessin pour
le tableau : *Immortalité* (n° 1362). Signé en bas, à droite : Fantin.
Exposition chez Tempelaere, 1901, n° 10. Exposition Fantin.

1379. — ***A Eugène Delacroix***. Dessin fait pour : *L'Artiste*, sur
la lithographie n° 93 du catalogue Hédiard.

1380. — ***A Eugène Delacroix***. Crayon lithographique. H. 0ᵐ42.
L. 0ᵐ30. Même composition que la lithographie n° 93 du
catalogue Hédiard, mais retournée. Au Musée de Grenoble.

1381. — ***Le Songe***. H. 0ᵐ475. L. 0ᵐ555. Calque fait sur la peinture faite en 1854, n° 25, et mis au carreau pour le pastel
exposé au Salon de 1889 et transformé en peinture à l'huile en
1893. Exposition chez Tempelaere, 1901, n° 64. Au Musée de
Grenoble.

1382. — ***Etude pour le portrait de M. Ricada***. Crayon noir sur
papier bulle. H. 0ᵐ183. L. 0ᵐ153. Au Musée du Luxembourg.
(V. n° 1365.)

1383. — ***Etude***. Crayon noir sur papier jaune. H. 0ᵐ244. L. 0ᵐ22.
Autre étude pour le portrait ci-dessus. Signé au bas, à droite :
Fantin. Annotations de chiffres au crayon noir et sanguine.
Au Musée de Lille, n° 2595.


## LITHOGRAPHIES


1384. — ***" Tuba mirum spargens sonum "***. H. 0ᵐ225. L. 0ᵐ157.
N° 77 du catalogue Hédiard

1385. — ***Roméo et Juliette : Confidence à la Nuit***. H. 0ᵐ225.
L. 0ᵐ151. N° 82 du catalogue Hédiard.

1386. — *L'Enfance du Christ : Le Repos de la Sainte Famille*.
H. 0$^m$23. L. 0$^m$152. N° 85 du catalogue Hédiard.

1387. — *Béatrice et Bénédict : Nocturne*. H. 0$^m$227. L. 0$^m$155.
N° 86 du catalogue Hédiard.

1388. — *Les Troyens à Carthage : Duo d'amour*. H. 0$^m$229.
L. 0$^m$153. N° 88 du catalogue  Hédiard.
Ces lithographies ont été faites pour le *Berlioz*, d'Ad. Jullien.

1389. — *Les Troyens à Carthage : Duo d'amour* H. 0$^m$227.
L. 0$^m$15. N° 90 du catalogue Hédiard.

1390. — *A Victor Hugo*. H. 0$^m$445. L. 0$^m$302. N° 92  du catalogue
Hédiard.

# ANNÉE 1890

## PEINTURES

1391. — ***Portrait de M<sup>lle</sup> S. J.*** (Depuis M<sup>me</sup> de Nikanoff.) Toile. H. 1<sup>m</sup>09. L. 0<sup>m</sup>81. Signé en haut : A ma chère nièce Sonia, Fantin 90. Salon de 1890, n° 890. Exposition de Bruxelles, 1890. Exposition Fantin, n° 63. A M<sup>me</sup> de Nikanoff.

C'est le portrait de la nièce de Fantin. De face, le corps tourné vers la droite, les cheveux coupés sur le front, un chapeau de feutre à plumes noire et blanche, porté en arrière. Elle est vêtue d'une robe blanche à garnitures roses, un boa de fourrures descendant sur sa poitrine et tenu sur ses genoux par ses mains réunies.

1392. — ***Paysages avec figures.*** Toile.

Paysage avec deux figures dans un coin, soleil couchant jaune, en largeur.

1393. — ***Ariane abandonnée.*** Toile. H. 0<sup>m</sup>27. L. 0<sup>m</sup>22. Signé en bas, à droite : Fantin.

Ariane, entièrement nue, est assise sur des rochers, regardant au loin la mer.

1394. — ***Figure de femme.*** Toile. H. 0<sup>m</sup>20. L. 0<sup>m</sup>222. Signé en haut, à droite. Vente Clapisson : 620 francs. A M. Picard.

Figure de femme, mi-corps, assise, couverte d'une draperie rose.

1395. — ***L'Amour désarmé.*** Toile. H. 0<sup>m</sup>27. L. 0<sup>m</sup>21.

Une jeune femme tient un amour sur ses genoux et cherche à lui couper les ailes.

1396. — ***Madeleine.*** Toile. H. 0<sup>m</sup>17. L. 0<sup>m</sup>29.

Elle est assise, de profil à droite, le haut du corps nu, une draperie sur les jambes, la figure presque cachée par ses cheveux, tenant une tête de mort dans la main.

1397. — ***Paysage avec figure.*** Panneau. H. 0<sup>m</sup>23. L. 0<sup>m</sup>34. Vente Buckler, mars 1906 : 120 guinées.

A gauche une jeune femme, assise de dos, à demi-nue, la tête légèrement tournée vers la gauche, s'appuyant d'une main sur le terrain ; on ne voit pas l'autre bras. Grands arbres bordant un cours d'eau.

1398. — *Petit paysage en largeur.* Toile. H. 0<sup>m</sup>21. L. 0<sup>m</sup>32.
A droite une petite figure rêvant.

1399. — *Odalisque.* Toile. H. 0<sup>m</sup>17. L. 0<sup>m</sup>34.
Une Odalisque, couchée devant un rideau jaune, dans un intérieur, la tête appuyée sur sa main ; de l'autre elle tient un écran.

1400. — *Baigneuse.* Toile. H. 0<sup>m</sup>21. L. 0<sup>m</sup>24. Exposition Fantin, n° 224. A M. Henri Rouart.
Elle est assise sur un linge blanc, par terre, à gauche ; elle est de profil, la tête tournée vers le fond. Paysage clair, ensoleillé.

1401. — *Deux Baigneuses.* Toile. H. 0<sup>m</sup>21. L. 0<sup>m</sup>28.
L'une, à gauche, presque de dos, entièrement nue ; l'autre, au second plan, accroupie. Fond de paysage.

1402. — *Baigneuse.* Toile.
Elle est assise, à droite, sur un terrain, de trois quarts vers la gauche, la tête retournée vers la droite ; arbres dans le fond.

1403. *Fleurs.* Toile. H. 0<sup>m</sup>44. L. 0<sup>m</sup>36. Signé et daté en haut, à gauche : Fantin 90.
Anémones et renoncules dans un verre.

1404. — *Pêches.* Toile. Vente Rapin, mai 1890.
Pêches.

1405. — *Gerbe de Narcisses sans vase.* Toile. H. 0<sup>m</sup>36. L. 0<sup>m</sup>31. Signé en bas, à gauche : Fantin 90.

1406. -- *Pâquerettes et oreilles d'ours.* Toile.

1407. — *Roses.* Toile.
Roses, sans vase, coupées par le cadre

1408. — *Raisin.* Toile. Signé en haut, à droite : Fantin 90.
Raisin dans une assiette.

1409. — *Fleurs.* Toile. H. 0<sup>m</sup>37. L. 0<sup>m</sup>32. Signé en haut, à gauche : Fantin 90. Exposition Fantin, 85. A M. Oscar Fanyau.
Roses dans un vase bleu, une rose devant le vase, sur la table.

1410. — *Roses.* Toile. H. 0<sup>m</sup>39. L. 0<sup>m</sup>35. Signé en bas, à droite : Fantin. Exposition Fantin, n° 82. A M. Ferdinand Dreyfus.
Roses dans un verre à pied, une rose sur la table. Fond clair.

1411. — *Roses rouge foncé.* Toile. H. 0<sup>m</sup>39. L. 0<sup>m</sup>34. Signé en haut, à droite : Fantin 90. Exposé à la Royal Academy de Londres, en 1896.
Roses rouge foncé sur fond clair.

1412. — ***Roses***. Toile. H. 0ᵐ47. L. 0ᵐ43. Signé et daté en bas, à gauche : Fantin 90.

> Roses Aimé Vibert dans une boule de verre et sur la table.

1413. — ***Œillets***. Toile. H. 0ᵐ44. L. 0ᵐ49. Signé et daté en haut, à droite : Fantin 90.

1414. — ***Dahlias***. Toile. H. 0ᵐ59. L. 0ᵐ74. Signé et daté en haut, à gauche : Fantin 90. Exposition Fantin, n° 81.

> Dahlias dans une carafe ; petit panier de roses, glaïeuls sur la table.

1415. — ***Pavots***. Toile. H. 0ᵐ58. L. 0ᵐ71. Signé et daté en haut, à gauche : Fantin 90. Exposition Fantin, n° 89. Vente à Londres, 15 juillet 1905 : 380 guinées.

> Pavots dans un gros vase de cristal ; panier de roses.

1416. — ***Roses trémières***. Toile. H. 0ᵐ81. L. 0ᵐ61. Signé et daté en haut, à gauche : Fantin 90.

> Roses trémières dans un vase et sur une table.

1417. — ***Dahlias***. Toile. H. 0ᵐ65. L. 0ᵐ81. Signé et daté en haut, à gauche : Fantin 90. Exposé à la Royal Academy de Londres, en 1891. A M. Sabourdin.

> Grand bouquet de dahlias, roses trémières, capucines et roses dans une coupe ; sur la table des glaïeuls.

1418. — ***Fleurs***. Toile. H. 0ᵐ405. L. 0ᵐ31. Signé et daté en haut : Fantin, 90. Exposé à la Royal Academy de Londres, en 1891.

> Roses dans un broc en verre ; sur la table beaucoup de capucines.

1419. — ***Fruits***. Toile. Signé et daté en haut, à droite : Fantin, 90. Exposé à la Royal Academy de Londres, en 1891.

> Raisins dans un panier bas, deux pommes et un peu de raisin sur la table.

1420. — ***Roses***. Toile. Signé et daté en haut, à gauche : Fantin, 90.

> Petit bouquet de roses forme boule.

1421. — ***Roses***. Toile. Signé et daté en haut, à droite : Fantin, 90.

> Roses dans un panier plat : quelques roses sur la table, à gauche.


## DESSINS

1422. — ***Hélène***. Dessin au fusain sur papier blanc. H. 0ᵐ46. L. 0ᵐ575. Première idée pour la lithographie n° 95 du catalogue Hédiard et pour le tableau du salon de 1892. (V. n° 1460). Au musée de la Ville de Paris.

1423. — *Hélène*. H. o^m 46. L. o^m 575. Calque fait sur la lithographie n° 95 du catalogue Hédiard, puis retravaillé et mis au carreau pour le tableau du salon de 1892. (V. n° 1460). Au musée de Grenoble.

1424. — *Liberté*. Crayon lithographique sur calque volant. H. o^m 22. L. o^m 155. Première idée pour la lithographie n° 96 pour *Les Serfs du Jura*, de Ch. Grandmougin. Exposition chez Tempelaere, n° 19. A M. Ch. Lebeau.

1425. — *Liberté*. Crayon noir sur papier calque. H. o^m 22. L. o^m 155. Projet pour la lithographie n° 96 du catalogue Hédiard. Au musée du Luxembourg.

1426. — *Etude pour un portrait*. Crayon noir et sanguine, rehaussé de gouache, mis au carreau. H. o^m 19. L. o^m 13. Exposition Fantin, n° 285. Au musée du Luxembourg.

Esquisse pour le portrait de sa nièce. Elle est assise de trois quarts vers la droite, à mi-jambes. Chapeau et boa de fourrures. (V. n° 1391.)

1427. — *Jugement de Pâris*. Crayon lithographique sur calque. H. o^m 22. L. o^m 265. Au musée du Luxembourg.

Dessin au carreau pour le pastel, exposé au salon de 1890, transformé en peinture à l'huile en 1903 avec des modifications. Au premier plan, Pâris, assis, le haut du corps nu, de trois quarts, donne une pomme à un Amour, pour qu'il la porte à Vénus, qui est derrière l'Amour à gauche. A droite, près de Pâris, Minerve casquée ; en haut, au fond, Junon.

1428. — *Ariane*. Crayon lithographique sur calque. H. o^m 20. L. o^m 15. Dessin fait sur une peinture. Exposition Fantin, n° 309. Au musée du Luxembourg.


## LITHOGRAPHIES

1429. — *A Eugène Delacroix*. H. o^m 39. L. o^m 285. N° 93 du catalogue Hédiard.

1430. — *La Gloire*. H. o^m 40. L. o^m 31. N° 94 du catalogue Hédiard.

1431. — *Hélène*. H. o^m 442. L. o^m 57. N° 95 du catalogue Hédiard.

1432. — *La Liberté*. H. o^m 222. L. o^m 155. N° 96 du catalogue Hédiard pour *Les Serfs du Jura*, de Grandmougin.

# ANNÉE 1891

## PEINTURES

1433. — ***Danses***. Toile. H. 0ᵐ8o. L. 1ᵐ3o. Ancien pastel exposé
au salon de 1888, n° 2994, transformé en peinture à l'huile et
exposé comme tel au salon de 1891, n° 596. Même composition
que la lithographie n° 114 du catalogue Hédiard, avec de légers
changements. Exposition Fantin, n° 143. Au musée de Pau.

> Composition de six figures de femmes. Celle du milieu, vue de face,
> blonde, vêtue de draperies claires, se hausse sur la pointe des pieds en
> faisant voler un voile rose au-dessus de sa tête. Quatre de ses compagnes
> prennent part à la danse. A gauche, l'une d'elles, au second plan, est vue
> de dos, l'autre, au premier plan, en robe bleue, est vue de profil et suit la
> ronde en courant. A droite, celle du premier plan, nue jusqu'aux hanches
> élève un thyrse ; celle du second plan, la poitrine nue, les bras écartés, se
> renverse en dansant. Du même côté, la sixième, assise à terre, se repose
> et les regarde. Les jardins de Didon, grands arbres sombres, à droite,
> cachent à demi un temple rond.

1434. — ***Tentation de saint Antoine***. Toile. H. 0ᵐ74. L. 0ᵐ92.
Signé en bas à gauche : Fantin 91. Salon de 1891, n° 597.
Exposition Fantin, n° 190. A M. Abel Jay, de Bordeaux.

> Au milieu de la composition, saint Antoine, de dos, à genoux, tourné
> vers la droite, tenant un livre dans ses mains. A droite, à demi-couchée,
> presque de face, une femme accoudée, nue jusqu'aux hanches, une dra-
> perie bleue sur les jambes, le regarde. A gauche, une femme brune
> entièrement nue, de face, agite d'une main une draperie orange, de l'autre
> elle offre une coupe de vin au saint. Fond de paysage.

1435. — ***La Vérité***. Pastel. H. 0ᵐ94. L. 0ᵐ69. Exposé au salon de
1891, n° 1901. Exposition Fantin, n° 237.

> La Vérité, nue, est assise de trois quarts sur la margelle d'un puits rond.
> D'une main elle tient une draperie et un miroir, l'autre est passée derrière
> sa tête et tient un coin de la draperie. Arbre sombre derrière elle.

1436. — ***Toilette de Vénus***. Toile. H. 0ᵐ4o. L. 0ᵐ23.

> Au milieu de la toile, Vénus, debout, de trois quarts, arrangeant ses
> cheveux en se regardant dans la glace que lui tient un Amour.

1437. — *L'Amour désarmé*. Toile. H. 0ᵐ23. L. 0ᵐ31. Même composition que l'esquisse n° 2279.

Une jeune femme (Vénus) assise, presque couchée, à terre, à droite, le haut du corps nu, les jambes couvertes d'une draperie bleue, tient, au dessus de sa tête, un arc que l'Amour cherche à ressaisir. Elle l'éloigne du pied.

1438. — *Femme nue dans un bois*. Toile. A M. L. Guyotin.

Elle est debout, de face, nue, tenant une draperie d'une main, l'autre bras étendu. Fond d'arbres.

1439. — *Deux Baigneuses*. Toile. H. 0ᵐ37. L. 0ᵐ30.

Elles sont sous des arbres, l'une assise sur un tertre de profil, le haut du corps nu, l'autre debout devant elle, fond de paysage jaunâtre.

1440. — *La Toilette*. Toile. H. 0ᵐ25. L. 0ᵐ31.

Des femmes, dans un intérieur, occupées à la toilette d'une dame ; on apporte des rafraîchissements sur un plateau.

1441. — *Tentation de saint Antoine*. H. 0ᵐ23. L. 0ᵐ31. Esquisse pour le tableau exposé au Salon de 1891. (V. n° 1434.)

1442. — *Pieds d'Alouette*. Toile. H. 0ᵐ72. L. 0ᵐ585. Signé et daté en haut, à gauche : Fantin, 91. Exposé à la Royal Academy de Londres, en 1892.

Pieds d'alouettes dans un gros vase en cristal, d'autres sur la table.

1443. — *Fleurs*. Toile. H. 0ᵐ73. L. 0ᵐ595. Signé et daté en haut, à droite : Fantin 91. Vente à Londres, 15 juillet 1905 : 380 guinées.

Pieds d'alouette dans un gros vase et roses trémières sur la table.

1444. — *Pavots blancs*. Toile. H. 0ᵐ59. L. 0ᵐ52. Signé et daté en bas, à gauche au-dessus de la table : Fantin 91.

Pavots blancs, dans un vase, sur une table.

1445. — *Œillets d'Inde*. Toile. H. 0ᵐ49. L. 0ᵐ37. Signé et daté en haut, à droite : Fantin 91.

Œillets d'Inde, dans un verre vert à cabochons.

1446. — *Zinnias*. Toile. H. 0ᵐ32. L. 0ᵐ43. Signé et daté, en haut, à droite.

Zinnias dans une coupe en verre ; un zinnia sur la table.

1447. — *Zinnias*. Toile. H. 0ᵐ47. L. 0ᵐ57.

Zinnias dans un panier ; un zinnia, de dos, sur la table, à gauche.

1448. — *Roses foncées sur fond clair*. Toile. H. 0ᵐ315. L. 0ᵐ36. Signé et daté en haut, à droite : Fantin 91.

1449. — ***Petit bouquet***. Toile. H. 0^m40. L. 0^m30. Signé et daté en bas, à gauche, au-dessus de la table : Fantin 91.

> Petit bouquet de fleurs mêlées, dans un vase en verre haut.

1450. — ***Panier de roses***. Toile. H. 0^m60. L. 0^m54. Signé et daté en haut, à droite : Fantin 91. Vente Darrasse déc. 1909 : 13.360 francs.

> Un panier de roses, au premier plan, derrière un vase plein de roses.

1451. — ***Roses***. Toile. Signé en bas, à gauche : Fantin 91. Exposé à la Royal Academy de Londres, en 1892.

> Roses coquettes des Blanches dans une jardinière en verre.

1452. — ***Pivoines***. Toile. Exposé à la Royal Academy de Londres, en 1892.

> Gros bouquet de pivoines de différentes couleurs, dans un vase opalin.

1453. — ***Roses Coquette des Blanches***. Toile. H. 0^m38. L. 0^m32. Signé et daté en bas, à gauche : Fantin 91. A Mme Gorjeu.

1454. — ***Roses jaunes Belle Lyonnaise***. Toile. Signé et daté en haut, à gauche : Fantin 91.

1455. — ***Panier de roses***. Toile. H. 0^m435. L. 0^m595. Signé et daté en haut, à droite : Fantin 91.

1456. — ***Roses***. Toile. H. 0^m30. L. 0^m40. Signé en haut, à droite, et daté 1891. A. M. Picard.


## DESSINS

1457. — ***Vérité***. Crayon lithographique sur calque collé. H. 0^m305. L. 0^m23. Première idée pour le pastel du Salon de 1891. (V. n° 1435.) Dessin mis au carreau. Exposition des dessins chez Tempelaere, 1901, n° 34.


## LITHOGRAPHIE

1458. — ***Le Mage Balthazar et Fatime***. H. 0^m209. L. 0^m145. N° 97 du catalogue Hédiard. Pour *l'Enfant Jésus, mystère en 5 tableaux*, par Ch. Grandmougin.

# ANNÉE 1892

## PEINTURES

1459. — ***Prélude de Lohengrin***. Toile. H. 1ᵐ. L. 0ᵐ71. Même composition que la lithographie n° 39 du catalogue Hédiard. Signé en bas, à gauche : Fantin. Exposé au Salon de 1892, n° 656. Exposition Fantin, n° 153. A M. Ch. E. Haviland.

> Au milieu, vu de face, un ange ailé s'avance, élevant à deux mains le saint Graal qu'il apporte du ciel à un chevalier. Celui-ci, vu de dos, vêtu de son armure et l'épée au côté, à genoux, mains jointes et tête nue, s'apprête à le recevoir avec recueillement. A droite et à gauche, cortège d'anges avec des trompettes. A droite, un d'eux à genoux, élève un encensoir; à gauche, un autre, à genoux également, laisse le sien fermé.

1460. — ***Hélène***. Toile. H. 0ᵐ765. L. 0ᵐ985. Même composition que la lithographie n° 95 du catalogue Hédiard. Exposé au Salon de 1892, n° 655. Exposition Fantin, n° 160. Au Musée de la Ville de Paris.

> Au centre, Hélène, nue, couchée sur une draperie blanche, la tête soulevée et légèrement appuyée sur le doigt de sa main gauche, le visage de face, le regard perdu et plein de rêve. Autour d'elle se pressent la foule des hommes qu'a subjugués sa beauté, tous les génies et tous les âges, un guerrier coiffé du casque, un poète à la tête laurée, un philosophe, au front chauve, un savant qui médite, un peintre qui dessine, un vieillard qui se prosterne; debout, à gauche, Faust, et à côté de lui, au premier plan, Méphistophélès. Un Amour enfant s'envole, un ange adolescent, dont la tête seule est visible, arrive de la gauche. Paysage fantastique : la scène se passe en un lieu élevé; un rideau d'arbres lui sert de fond, le disque pâle de la lune brille au-dessus, à droite les eaux d'un fleuve. Sujet librement emprunté au second Faust de Gœthe.

1461. — ***Hélène***. Papier marouflé. H. 0ᵐ45. L. 0ᵐ57. Même composition que la lithographie n° 95 du catalogue Hédiard et que le n° ci-dessus. Exposition Fantin. A M. Raoul Pugno.

1462. — ***Le Bain***. Pastel. H. 0ᵐ66. L. 0ᵐ79. Signé en bas, à droite. Salon de 1892, n° 1867. Exposition Fantin, n° 238. A M. Ch. Ed. Haviland.

> Debout, dans un intérieur oriental, devant un bassin, une femme nue, tenant une draperie de son bras droit, est entourée de ses femmes qui aident à sa toilette.

L'une, à gauche, tire un rideau, une autre, près d'elle, à genoux, tient sa draperie. En avant, assise sur des coussins, en robe orange, une autre la regarde. Dans le fond, ouvert sur un paysage, deux musiciennes.

1463. — *Le Bain*. Panneau. H. 0$^m$195. L. 0$^m$24. Esquisse du pastel précédent, sur papier qui a été maroufié sur un panneau. A Mme Fantin-Latour.

1464. — *Evocation*. Pastel. H. 0$^m$75. L. 0$^m$99. Même composition que la lithographie n° 42 du catalogue Hédiard. Signé en bas, à gauche : Fantin. Salon de 1892, n° 1866. Exposition Fantin, n° 234. A M. Ferdinand Dreyfus.

A gauche, Klingsor, une main sur son livre et prêt à se lever; à droite, à demi-couchée sur des vapeurs, Kundry, les cheveux épars, se cache le front et les yeux de son bras replié; de son autre bras, elle soulève un voile qui flotte derrière elle; une autre draperie lui cache la jambe droite.

1465. — *Baigneuse*. Toile. H. 0$^m$22. L. 0$^m$22.

Coup de soleil sur la robe blanche.

1466. — *Tentation de saint Antoine*. Toile. H. 0$^m$24. L. 0$^m$30.

1467. — *Femme de dos, sous bois*. Toile. H. 0$^m$19. L. 0$^m$29.

1468. — *Baigneuses*. Toile. H. 0$^m$17. L. 0$^m$30.

Deux femmes sous des arbres, au bord de l'eau. L'une, à droite, est de dos, à moité nue, l'autre de face, la tête tournée vers sa compagne, tient un éventail rouge, la tête de trois quart à droite.

1469. — *Liseuse*. Toile. H. 0$^m$22. L. 0$^m$27. Au Musée de Saint-Etienne.

Elle est vue à mi-corps, assise, devant un terrain sur lequel repose son livre, de trois quarts, la tête baissée et soutenue par le bras droit; le bras gauche tient le livre. Elle a le haut du corps nu, les jambes couvertes d'une draperie bleue.

1470. — *Diane et ses suivantes*. Toile.

Diane est assise au bord de l'eau entourée de ses suivantes; l'une lui tient les cheveux, une autre est dans l'eau, etc. Paysage clair dans le fond.

1471. — *Femme nue*. Toile. H. 0$^m$25. L. 0$^m$33.

Figure de femme nue, de face, tête de profil tournée vers la droite, coup de soleil sur la cuisse. Fond d'arbres.

1472. — *Féerie*. Toile. H. 0$^m$25. L. 0$^m$33. Esquisse d'après le tableau : *Féerie*, refusé au Salon de 1863, et exposé au Salon des refusés en 1863, n° 158. A l'Exposition centennale de 1900, n° 279. Esquisse faite au moment où ce tableau est revenu chez Fantin après avoir été chez Whistler. A M. Labbey.

1473. — *Fleurs*. Toile.
> Bouquet de roses, fond sombre.

1474. — *Reines-Marguerites*. Toile. H. 0<sup>m</sup>49. L. 0<sup>m</sup>425. Signé en bas, à droite : Fantin. Exposé à la Royal Academie de Londres, en 1893.
> Reines Marguerites dans un verre droit, au coin d'une table.

1475. — *Phlox*. Toile. H. 0<sup>m</sup>54. L. 0<sup>m</sup>485. Signé en bas, à gauche : Fantin. Exposé à la Royal Academy de Londres, en 1893.
> Phlox blancs dans une carafe ; un brin sur la table, à gauche.

1476. — *Œillets d'Inde*. Toile. H. 0<sup>m</sup>45. L. 0<sup>m</sup>44. Signé et daté, en haut, à gauche : Fantin 92.
> Œillets d'Inde dans une boule en verre ; fond clair.

1477. — *Zinnias*. Toile. H. 0<sup>m</sup>45. L. 0<sup>m</sup>60. Signé et daté en bas, à droite : Fantin 93.
> Zinnias dans une bassine, un zinnia en avant de dos.

1478. — *Pieds d'Alouette*. Toile. H. 0<sup>m</sup>68. L. 0<sup>m</sup>57. Signé et daté en bas, à droite. Exposé à la Royal Academy de Londres en 1900.
> Pieds d'alouette dans un vase très évasé et haut, un brin en avant à gauche.

1479. — *Roses Trémières*. Toile. H. 0<sup>m</sup>725. L. 0<sup>m</sup>58. Vente à Londres, 15 juillet 1905 : 330 guinées.
> Roses trémières dans un vase, une grande branche sur la table, traversant le tableau.

1480. — *Bouquet de fleurs*. Toile. H. 0<sup>m</sup>45. L. 0<sup>m</sup>66. Signé et daté en bas, à gauche : Fantin 92. Exposé à la Royal Academy de Londres, en 1893. Vente à Londres, 15 juillet 1905 : 210 guinées. Vente Coudray, juin 1908 : 4.700 francs. A M<sup>me</sup> la comtesse de Miranda.
> Bouquet de fleurs variées, vase indistinct.

1481. — *Panier de fleurs*. Toile. H. 0<sup>m</sup>62. L. 0<sup>m</sup>80. Signé et daté en haut, à gauche : Fantin 92. Exposition Fantin, n° 90.
> Grand panier plein de fleurs diverses, des roses, à gauche, sur la table ; à droite une carafe pleine d'eau.

## DESSINS

1482. — *Muse inscrivant*. Crayon lithographique sur calque. H. 0<sup>m</sup>30. L. 0<sup>m</sup>30. Exposition chez Tempelaere, n° 52. A M. Robert Ellissen.
> Elle est assise auprès d'un monument, vue de profil à gauche.

1483. — ***Chasseresse***. Crayon lithographique sur calque collé.
H. 0^m227. L. 0^m285. Même composition que la lithographie
n° 103 du catalogue Hédiard. A M. Rouart.

1484. — ***Finale de la Goetterdaemmerung***. Crayon lithographique sur calque collé. Variante de la lithographie n° 100 du
catalogue Hédiard.

1485. — ***M. Fantin père à son chevalet***. Crayon lithographique
sur calque. H. 0^m435. L. 0^m31. Calqué sur le dessin au crayon
noir sur papier gris brun, qui est au Musée du Luxembourg, en
vue d'en faire une lithographie qui ne fut pas exécutée. Cette
répétition est au Musée de Grenoble.

1486. — ***Prélude à Lohengrin***. Crayon lithographique sur calque
collé. H. 0^m495. L. 0^m36. Projet pour le tableau du Salon de 1892.
Composition analogue à celle de la lithographie n° 39 du catalogue Hédiard. Dessin sommaire mis au carreau. Exposition
des dessins chez Tempelaere 1901. n° 56. Au Musée de Grenoble.

1487. — ***Le Bain***. Crayon lithographique sur papier calque.
H. 0^m185. L. 0^m235. Dessin mis au carreau pour le pastel *Le
Bain*, n° 1462. Au Musée du Luxembourg.

1488. — ***L'Amour désarmé***. Crayon lithographique sur calque.
H. 0^m21. L. 0^m135. Signé en bas, à droite. Exposition Fantin,
n° 302. Au Musée du Luxembourg. Dessin pour la lithographie
n° 101 du catalogue Hédiard, titre : *Vénus et l'Amour*.

   Au milieu, Vénus, presque de face, est assise sur un tertre, le bras droit
relevé, l'avant-bras replié de manière que sa main disparaît derrière sa
tête. De l'autre elle tient la draperie qui couvre ses genoux. A gauche et
plus bas, près d'elle, assis, l'enfant Amour entièrement nu, joue avec son
arc ; fond de paysage.

1489. — ***L'Amour désarmé***. Crayon lithographique sur calque.
H. 0^m21. L. 0^m145. Même composition que le n° précédent en
sens inverse, mis au carreau pour le pastel du Salon de 1893.
(V. n° 1502). Au Musée du Luxembourg.


## LITHOGRAPHIES

1490. — ***L'Amour désarmé***. 2^e planche. H. 0^m303. L. 0^m207.
N° 98 du catalogue Hédiard.

1491. — ***Sara la Baigneuse***. 2^e planche. H. 0^m346. L. 0^m263.
N° 99 du catalogue Hédiard.

1492. — *Finale de la Göetterdaemmerung*. H. 0ᵐ438. L. 0ᵐ297.
Nº 100 du catalogue Hédiard.

1493. — *Vénus et l'Amour*. Petite planche. H. 0ᵐ211. L. 0ᵐ131.
Nº 101 du catalogue Hédiard.

1494. — *Portrait d'Ed. Edwards*. H. 0ᵐ16. L. 0ᵐ141. Nº 102 du
catalogue Hédiard.

1495. — *Chasseresse*. H. 0ᵐ227. L. 0ᵐ285. Nº 103 du catalogue
Hédiard.

1496. — *Portrait de Fantin a dix-sept ans*. H. 0ᵐ151. L. 0ᵐ124.
Nº 104 du catalogue Hédiard.

1497. — *A Stendhal*. H. 0ᵐ306. L. 0ᵐ194. Nº 105 du catalogue
Hédiard.

1498. — *Inspiration*. H. 0ᵐ165. L. 0ᵐ121. Nº 106 du catalogue
Hédiard.

1499. — *Manfred et Astarté*. 3ᵉ planche. H. 0ᵐ305. L. 0ᵐ309
Nº 107 du catalogue Hédiard.

# ANNÉE 1893

## PEINTURES

1500. — **Songe**. Toile. H. 0^m78. L. 0^m99. Signé en bas, à droite.
A l'Exposition triennale de Bruxelles, en 1893. Exposition
Fantin, n° 141.

> Même composition que le *Songe*, de 1854, avec des modifications ;
> exemple : le jeune homme, au premier plan, à droite, qui était nu, est
> vêtu d'un vêtement sombre.
> Cette peinture avait d'abord été un pastel et comme tel exposé au Salon
> de 1889, n° 3782.

1501. — **Parsifal**. Toile. H. 0^m92. L. 0^m64. Même composition
que la lithographie n° 59 du catalogue Hédiard. Salon de 1893,
n° 682. Exposition Fantin, n° 154. A M. Ch.-Ed. Haviland.

> Sous les ombrages enchantés des jardins de Klingser ; Parsifal, tête nue,
> vêtu d'une courte tunique, avance d'un pas rapide.
> Les filles fleurs l'entourent et marchent avec lui, cherchant à le retenir.
> L'une, à droite, va lui dire des paroles persuasives, une autre, à gauche,
> a porté la main sur les plis de draperie qui croisent devant sa gorge ;
> elle-même est retenue par une troisième dont la main est posée sur son
> bras. Derrière, apparaissent plusieurs jeunes visages de leurs autres
> compagnes.

1502. — **L'Amour désarmé**. Pastel. Même composition que la
lithographie n° 101 du catalogue Hédiard, avec quelques changements et que les dessins n° 1488 et 1489. Signé en bas, à
droite : Fantin. Salon de 1893, n° 2065. Exposition triennale
de Bruxelles, 1893.

1503. — **Baigneuses**. Pastel. Même composition que la lithographie n° 38 du catalogue Hédiard. Salon de 1893. Exposition
triennale de 1893.

> L'une des deux baigneuses est assise sur un terrain, au bord de l'eau.
> Elle est de face et vêtue. Sa compagne, à droite, vue de dos, debout, est
> complètement nue. Massif de verdure derrière les deux figures.

1504. — **Portrait de M^me Charles Haviland**. Pastel. H. 0^m52.
L. 0^m45. Exposition Fantin, n° 231. A M^me Philippe Burty.

> En buste, de face, en robe bleue.

1505. — *L'Amour désarmé*. Toile. H. o^m46. L. o^m31.

1506. — *A Robert Schumann*. Toile. H. o^m35. L. o^m41. Même composition que les n^os 108 et 109 du catalogue Hédiard. Signé en bas, à droite, en noir : Fantin. A M^me Hédiard.

1507. — *Roses*. Toile. H. o^m40. L. o^m425. Signé en bas et à gauche, daté : 1893. A M. Picard.

> Roses dans un vase en verre.

1508. — *Zinnias*. Toile. H. o^m49. L. o^m44. Signé en haut, à droite : Fantin. Exposition Fantin, n° 103. A M. Ch. Lebeau.

> Zinnias dans un pot en cristal, genre jardinière.

1509. — *Œillets*. Toile. H. o^m50. L. o^m46. Signé, en bas, à gauche et daté : Fantin 93.

> Œillets d'Inde dans le même vase que le précédent.

1510. — *Panier de Dahlias*. Toile. H. o^m45. L. o^m57. Signé en haut, à droite : Fantin. Exposition Fantin, n° 88.

> Panier de dahlias, sur la table d'autres dahlias.

1511. — *Capucines*. Toile. H. o^m61. L. o^m55. Signé en bas, à gauche.

> Capucines dans un vase de verre, fond clair.

1512. — *Panier de raisins*. Toile. H. o^m62. L. o^m56. Signé en haut, à droite.

> Panier de raisins, pêches dans une coupe de verre, des roses rouges et roses par derrière dans un vase de verre.

## DESSINS

1513. — *Les Troyens à Carthage*. Crayon noir sur papier bulle, o^m305. L. o^m375. Dessin très sommaire pour le tableau du Salon de 1894. Premier projet, daté 1^er décembre 1893. (V. n° 1526.) A M^me Fantin-Latour.

1514. — *Les Troyens à Carthage*. Calque collé. H. o^m295. L. o^m385. Dessin plus poussé que le numéro précédent.

1515. — *Le Paradis et la Péri*. Crayon noir sur papier teinté. Première idée de la lithographie n° 115 du catalogue Hédiard. dessin très sommaire.

1516. — *Tentation de saint Antoine*. Crayon lithographique sur calque. H. o^m32. L. o^m395. Première idée de la lithographie, n° 110 du catalogue Hédiard et d'un tableau fait en 1897. Signé en bas, à gauche. Exposition Tempelaere, n° 24.

## LITHOGRAPHIES

1517. — *A Robert Schumann*. 1^re planche. H. o^m352. L. o^m403. N° 108 du catologue Hédiard.

1518. — *A Robert Schumann*. 2^e planche. H. o^m35. L. o^m404. N° 109 du catologue Hédiard.

1519. — *La Tentation de saint Antoine*. H. o^m327. L. o^m403. N° 110 du catalogue Hédiard.

1520. — *Le Paradis et la Péri, finale*. H. o^m41. L. o^m312. N° 111 du catalogue Hédiard.

1521. — *Poèmes d'amour*. 3^e planche. H. o^m436. L. o^m357. N° 112 du catalogue Hédiard.

1522. — *Déposition de Croix*. H. o^m311. L. o^m454. N° 113 du catalogue Hédiard.

1523. — *Ballet des Troyens*. H. o^m425. L. o^m52. N° 114 du catalogue Hédiard.

# ANNÉE 1894

## PEINTURES

1524. — *L'Aurore*. Toile. H. 0ᵐ86. L. 0ᵐ62. Ancien pastel du
Salon de 1883, n° 2787, transformé en peinture à l'huile. Signé.
Salon de 1894, n° 713. Exposition Fantin, n° 193.

L'Aurore, presque de face, tournée vers la droite, nue jusqu'aux
hanches, une draperie blanche sur les jambes, prend son essor pour
s'élever au-dessus d'un paysage encore dans la brume. Elle a un bras
relevé derrière la tête, maintenant une draperie aurore qui flotte autour
d'elle, et qu'elle retient de l'autre main.

1525. — *L'Aurore*. Toile. H. 0ᵐ41. L. 0ᵐ33. Esquisse pour le
tableau ci-dessus.

1526. — *Les Troyens à Carthage*. Toile. H. 0ᵐ89. L. 1ᵐ15.
Signé. Salon de 1894, n° 714. Exposition Fantin, n° 149.
A M. Ch. E. Haviland.

Didon est assise sur un trône, à droite devant un palais, entourée de sa
cour. Elle a la tête appuyée sur sa main droite, et l'autre main autour
du cou de sa sœur. Devant elle, Ascagne lui offrant des présents. Derrière lui Enée avec son bouclier.

1527. — *Les Troyens à Carthage*. Toile. H. 0ᵐ31. L. 0ᵐ41.
Esquisse pour le tableau ci-dessus.

1528. — *Musique et Poésie*. Pastel. H. 0ᵐ64. L. 0ᵐ80. Même
composition que la lithographie n° 46 du catalogue Hédiard.
Salon de 1894, n° 2162. A Mᵐᵉ Camus Haviland.

A droite, au premier plan, le poëte est assis au pied d'un bouquet
d'arbres. Il est tourné vers le fond et plongé dans sa rêverie. Ses Songes
sont exprimés par deux figures allégoriques, assises sur les nuées. La
Musique, de profil, tenant une lyre; derrière elle la Poésie, de face, un
livre ouvert sur les genoux.

1529. — *Sara la Baigneuse*. Toile. H. 0ᵐ46. L. 0ᵐ35.

Elle est étendue dans un hamac, le haut du corps dans l'ombre, la
tête, tournée à droite, appuyée sur son bras; l'autre main tenant une
branche d'arbre, les jambes et une draperie blanche très éclairées.

1530. — *Jugement de Pâris*. Toile. H. 0^m33. L. 0^m41.
A M. Maddocks (Angleterre).

1531. — *Femme assise au bord de la mer*. Toile. H. 0^m435.
L. 0^m287. Signé en bas, à gauche. A M. Maddocks (Angleterre).

1532. — *Baigneuse*. Toile. H. 0^m28. L. 0^m35. A M. Cabrol.

1533. — *Odalisque*. Toile. H. 0^m40. L. 0^m47.

Elle est étendue de gauche à droite, de trois quarts, de dos, s'appuyant
sur un bras, l'autre replié devant elle; au second plan, une suivante en
bleu jouant de la guitare.

1534. — *Baigneuses*. Toile. H. 0^m41. L. 0^m325.

Quatre femmes dans un paysage.

1535. — *Deux Baigneuses*. Toile. H. 0^m39. L. 0^m31.

L'une, au premier plan, à droite debout, draperie blanche; l'autre,
assise au bord de l'eau, derrière elle, en robe bleue.
fond de paysage.

1536. — *L'Aurore et la Nuit*. Toile. H. 0^m38. L. 0^m46. Même
composition que le pastel du Salon de 1887, n° 2883 et que le
dessin fait pour l'Artiste. Signé en bas, à gauche.

1537. — *Baigneuses*. Toile. H. 0^m39. L. 0^m31. Même composition que la lithographie n° 12 du catalogue Hédiard. Signé
en bas, à gauche.

Sur un fond de feuillages se détachent deux figures de jeunes femmes.
L'une, debout, descend vers l'eau qui occupe le premier plan. L'autre
baigneuse, à droite, au second plan, est vue de dos, assise sur un talus
de gazon.

1538. — *A la Fontaine*. Toile. H. 0^m50. L. 0^m605.

Trois baigneuses dans un paysage. A droite, l'une est étendue par
terre, au premier plan, les deux bras relevés au dessus de la tête, à demi
vétue. Au milieu, au second plan, une autre, de dos, nue, se penche vers
sa compagne, assise et appuyée à la fontaine.

1539. — *Vénus embrassée par l'Amour*. Toile. H. 0^m205.
L. 0^m27. Même sujet que le n° 481.

Vénus est assise à gauche, l'Amour, derrière elle, cherche à l'embrasser;
à droite, au second plan, une figure assise.

1540. — *Le Réveil*. Toile. H. 0^m255. L. 0^m33. Signé à droite.
Exposition Fantin, n° 223. A M. Hollmann.

Une jeune femme, entièrement nue, est étendue sur un lit. Elle s'appuie
d'un bras sur l'oreiller, de l'autre elle écarte un rideau, sur un paysage
du matin.

1541. — *Vénus endormie et les Amours*. Toile. H. 0^m32.
L. 0^m425. Signé en haut, à gauche.

Au premier plan, Vénus, couchée, est endormie, autour d'elle des
Amours voltigent.

1542. — *Toilette*. Toile. H. 0^m25. L. 0^m35.

A gauche, une femme qu'une suivante est en train de coiffer, à genoux ; à gauche une autre suivante tient un miroir. Debout, une femme porte un plateau, une autre dans le fond, assise, fait de la musique.

1543. — *Vénus et l'Amour*. Toile. H. 0^m12. L. 0^m14.

Jeune femme (Vénus) assise, à gauche, de trois quarts, à l'air de gronder l'Amour qui est devant elle.

1544. — *Femme vue de dos*. Toile. H. 0^m33. L. 0^m25.

Femme de dos, nue jusqu'à la ceinture, se promenant dans les bois.

1545. — *La Toilette des Nymphes*. Toile. H. 0^m55. L. 0^m65. Signé à droite : Fantin. Vente C. de Hèle de Bruxelles, Galerie G. Petit, 10 mai 1901 : 9.000 francs.

Au fond d'un bois ; trois femmes se livrent à leur toilette. L'une d'elles est assise au milieu, nue, avec une gaze blanche sur la cuisse gauche ; elle tient ses cheveux des deux mains. A droite, sa compagne est à demi couchée sur le sol, vue de dos, le torse nu, le reste du corps pris dans une draperie lilas. A gauche, dans l'ombre, une tenture rouge est accrochée à des branches. La troisième baigneuse est vue de profil à droite, à demi vêtue d'une draperie bleue.

1546. — *Sémiramide*. Toile. H. 0^m38. L. 0^m28. Esquisse pour la lithographie n° 118 du catalogue Hédiard. A M. L. Méley à Alger.

Au milieu de la toile Sémiramis debout, vue de face, le bras droit pendant, le gauche replié. Deux de ses femmes, à genoux sur les degrés, viennent l'aider à sa toilette. Celle de droite, qui est vieille, lui présente le diadème. Ciel coloré, un arbre à gauche.

1547. — *Roses*. Toile. H. 0^m33. L. 0^m38. Signé en bas, à gauche : Fantin.

Roses sur fond sombre.

1548. — *Roses*. Toile. H. 0^m41. L. 0^m43. Signé en haut à droite : Fantin.

Roses dans un vase à pans sur fond clair.

1549. — *Roses*. Toile. H. 0^m60. L. 0^m52. Signé et daté en haut, à gauche : Fantin 94. Exposé à la Royal Academy de Londres en 1894.

Roses dans un vase en cristal, en avant, à droite, une coupe avec des pêches ; à gauche du raisin sur la table.

1550. — *Bouquet de fleurs*. Toile. Signé en bas, à droite. Exposé à la Royal Academy de Londres en 1895.

Bouquet de fleurs mêlées dans une bassine.

1551. — *Roses jaunes et foncées*. H. 0^m38. L. 0^m45. Signé en bas, à gauche : Fantin.

1552. — ***Roses***. Toile. Signé en bas, à gauche : Fantin.
Roses de toutes couleurs dans un gros verre.

1553. — ***Raisins***. Toile.
Raisins blancs et noirs dans un plat.

1554. — ***Pivoines***. Toile.

1555. - - ***Un bouquet de roses***. Toile.

1556. — ***Roses***. Toile, H. 0m37. L. 0m38.
Premières, faites à Buré en 1894.

1557. — ***Pêches***. Toile. H. 0m26. L. 0m33. Exposition Fantin,
n° 118. Collection H. Rouart.
Pêches dans un petit panier.

1558. ***Fruits***. Toile. H. 0m26. L. 0m35. Signé en bas, à gauche
Vente Doria, mai 1899-1550 francs.
Pêches dans une assiette avec du raisin noir.

1559. — ***Pêches dans une soucoupe***. Toile. H. 0m23. L. 0m32.

1560. — ***Pêches et raisins***. Toile. H. 0m27. L. 0m36.

1561. — ***Prunes de toutes sortes***. Toile. H. 0m25. L. 0m34.

1562. — ***Roses***. Toile. H. 0m38. L. 0m51.

1563. — ***Roses dans une jardinière***. Toile. H. 0m40. L. 0m42.

## DESSINS

1564. — ***Croquis de jeune Femme***. Dessin sur calque. H. 0m435.
L. 0m285. Signé en bas, à gauche. Calque pris sur une peinture
exécutée en 1894, n° 1531. Au Musée de Grenoble.
Une jeune femme vue de profil est assise au bord de la mer dans l'attitude de l'attente ; le bras droit tombant, la main gauche sur l'épaule retenant une draperie.

## LITHOGRAPHIES

1565. — ***Le Paradis et la Péri. Début***. 2e planche. H. 0m356.
L. 0m403. N° 115 du catologue Hédiard.

1566. — ***Duo des Troyens***. 5e planche. H. 0m292. L. 0m224.
N° 116 du catalogue Hédiard.

1567. — ***Duo des Troyens***. 6e planche. H. 0m294. L. 0m223.
N° 117 du catalogue Hédiard.

1568. — ***Sémiramide***. H. 0m37. L. 0m27. N° 118 du catalogue
Hédiard.

# ANNÉE 1895

## PEINTURES

1569. — **Baigneuses**. Toile. H. 0<sup>m</sup>70. L. 0<sup>m</sup>90. Signé en bas, à droite : Fantin 1895. Salon de 1895, n° 711. Exposé à Berlin, en 1897. Exposition Fantin, n° 205. Vente Olivera de Castro 1896. Galerie G. Petit : 4000 francs. Reproduction dans le catalogue.

Composition de six figures. L'eau occupe le premier plan. Au-delà, au milieu, une des baigneuses, nue, debout ; deux autres sont accroupies derrière elle, à gauche, près d'elle une figure de dos, debout, habillée. Au bord de la toile, à gauche, sur la berge, une femme assise, une autre dans l'eau, à droite, au premier plan.

1570. — **Vision**. Toile. H. 0<sup>m</sup>99. L. 0<sup>m</sup>745. Signé en bas, à droite : Fantin. Salon de 1895, n° 782. Exposé à Bruxelles en 1897. Exposition Fantin, n° 156. A M. Kraushaar de New-York. Il y a une esquisse, faite le 7 janvier 1869, n° 318.

A gauche, au premier plan, s'avance le Chevalier. Il est vu de dos, tête nue, une écharpe par dessus son armure ; il tient son bouclier et sa lance de la main gauche. Au milieu, la Vision, une jeune femme, vue de face, assise sur les nuées, la tête posée sur sa main droite. Derrière elle à droite, deux génies, figures volantes, dont l'un joue de la mandoline.

1571. — **La Nuit**. Pastel. H. 0<sup>m</sup>635. L. 0<sup>m</sup>82. Exposé au Salon de 1895, n° 2272. A M. Fanien.

1572. — **Toilette**. Toile. H. 0<sup>m</sup>45. L. 0<sup>m</sup>545.

Réunion de sept femmes dans un intérieur. L'une d'elles est assise et trois de ses suivantes la coiffent et l'habillent ; une autre femme apporte des rafraîchissements, tandis qu'une derrière, relève une tenture.

1573. — **Après le Bain ou Baigneuse effrayée**. Toile. H. 0<sup>m</sup>41. L. 0<sup>m</sup>33. Signé en bas, à droite : Fantin. Vente Doria. Mai 1899. 2.800 francs. Reproduit dans le catalogue.

Au fond d'un bois une baigneuse est assise sur un banc de gazon. Elle est vu de trois quarts à droite, la tête tournée vers l'épaule gauche ; sur les genoux une draperie rouge et un voile blanc.

1574. — *Le Sommeil de Diane*. Toile. H. 0ᵐ31. L. 0ᵐ40. Signé, à droite : Fantin. Vente Kerchner, mars 1902. 4.350 francs.

Dans une clairière, au fond d'un bois, Diane dort, étendue sur la terre, les jambes recouvertes d'un léger voile mauve. La tête est inclinée et repose sur le bras droit recourbé. Un rayon de lumière projette sur tout le corps, sauf la poitrine, l'ombre du feuillage.

1575. — *Baigneuse*. Toile. H. 0ᵐ41. L. 0ᵐ325. Signé en bas, à droite.

Elle est assise sur un banc de gazon près d'un ruisseau, nue, tenant une jambe croisée sur l'autre. Éclaircie dans le fond.

1576. — *Deux Baigneuses*. Toile. H. 0ᵐ42. L. 0.34.

Deux baigneuses au clair de lune. L'une, à droite, assise de dos, l'autre debout devant elle, tenant une draperie.

1577. — *Trois Baigneuses*. Toile. H. 0ᵐ62. L. 0ᵐ75.

Une baigneuse, à gauche, assise sur un tertre, une, au milieu, de dos et une, à droite, au second plan, étendue, s'appuyant sur le terrain.

1578. — *Vénus et l'Amour*. Toile. H. 0ᵐ27. L. 0ᵐ35. Signé en bas, à gauche : Fantin.

Vénus couchée sur des nuages, de gauche à droite, d'une main tenant ses cheveux, l'autre main étendue ; l'Amour, dans le ciel, s'avance vers elle, son arc et une flèche dans les mains.

1579. — *La Source dans les bois*. Toile. H. 0ᵐ27. L. 0ᵐ30. Signé, à droite.

Elle est assise au bord d'un ruisseau les cheveux flottant sur le dos, nue, le bras gauche allongé sur la jambe gauche.

1580. — *Baigneuses*. Toile. H. 0ᵐ50. L. 0ᵐ61. Signé en bas, à droite : Fantin.

Grand paysage avec un cours d'eau au milieu, une femme mi-nue, de trois quarts, assise à terre, sur un voile blanc. L'autre, plus à gauche, dans l'eau jusqu'à mi-corps.

1581 — *A Stendhal*. (*L'Ange du Souvenir*). Toile. H. 0ᵐ32. L. 0ᵐ21. Signé en bas, à droite : Fantin. Même composition que la lithographie n° 105 du catalogue Hédiard. Vente Tavernier, mars 1900 : 680 francs. Vente Buckler, mars 1906. 115 guinées.

A gauche, la tombe de Stendhal ; à droite, une figure de femme ailée, le corps pris dans une draperie rose, laisse tomber des guirlandes sur le tombeau Stendhal.

1582. — *Danses*. Toile. H. 0ᵐ425. L. 0ᵐ52. Même composition que la lithographie n° 114 du catalogue Hédiard : Ballet des Troyens, et que le tableau exposé au Salon de 1894, n° 596 du Musée de Pau et qui était autrefois un pastel exposé au Salon de 1888, n° 2994. A Mme Esnault-Pelterie.

1583. — ***Pastorale***. Toile. H. 0^m335. L. 0^m42.

Ancienne esquisse de Tannhæüser. A droite sous un arbre, Tannhæüser tenant Vénus embrassée. A leur gauche, une femme assise, de dos, joue de la flûte. En arrière, au second plan, deux femmes dansant, l'une tenant un tambourin.

1584. — ***Tentation de saint Antoine***. Toile. H. 0^m18. L. 0^m25.

A droite, le saint en prières ; derrière lui à gauche, une femme nue, mi-assise.

1585. — ***L'Homme entre le Vice et la Vertu***. Toile. H. 0^m21. L. 0^m29.

Dans un paysage, à droite, une femme debout, nue, tenant de son bras gauche un voile qui retombe sur les jambes, le bras droit étendu tient une coupe. Au centre, une femme assise, vue de dos, nue jusqu'à la ceinture, la tête, de profil, tournée vers l'homme assis dans l'ombre, un livre dans la main ; plus à gauche, une femme habillée, le bras droit levé comme pour montrer le ciel.

1586. — ***Baigneuse***. Toile. H. 0^m38. L. 0^m455. Même composition qu'un tableau fait en 1884 : *Diane allant se baigner*. Voir n° 1158. Signé en bas, à gauche ; daté : 1895. A M. Picard.

1587. — ***Baigneuse au soleil couchant***. Toile. Signé en bas, à droite.

Elle est assise, de profil à droite, entièrement nue, sur un tertre, au bord de l'eau ; elle tient l'extrémité d'une draperie blanche sur laquelle elle est assise. Derrière elle, fond d'arbres.

1588. — ***Fantaisie***. Toile. H. 0^m245. L. 0^m325. Signé en bas, à gauche.

Deux femmes devant un palais. L'une, à droite, entièrement nue, est agenouillée de profil et tournée vers sa compagne, assise et vétue.

1589. — ***Le Repos***. Toile. H. 0^m325. L. 0^m245. Signé en bas, à gauche. Vente Lacroix. Hôtel Drouot, avril 1902 : 3.310 francs. Reproduit dans le catalogue sous le titre : *Le Repos*.

Une femme mi-nue, debout, le haut du corps dans l'ombre, retient une draperie devant elle et d'un bras est accoudée sur un piédestal. Assise devant elle une autre femme vétue, qui semble une suivante. Fond d'arbres sombres.

1590. — ***Roses***. Toile. H. 0^m38. L. 0^m40.

Quelques roses Gloire de Dijon.

1591. — ***Fruits***. Toile. H. 0^m29. L. 0^m40. Signé en haut, à droite : Fantin.

Raisins blancs et noirs et une pêche dans une assiette en terre.

1592. — ***Roses " la France "***. Toile. H. 0^m40. L. 0^m46.

1593. — ***Zinnias***. Toile. H. 0^m39. L. 0^m51.

1594. — ***Fleurs et fruits***. Toile. 0^m^45. L. 0^m^60. Signé et daté en haut, à droite : Fantin 95.

> Panier plein de raisins ; par devant, sur la table, des pêches avec du raisin blanc et noir.

1595. — ***Mauves blanches et Mauves dans un vase***. Signé en bas, à droite : Fantin. A M. Heseltine.

1596. — ***Roses Trémières***. Toile. H. 0^m^68. L. 0^m^58. Signé et daté en bas, à droite : Fantin 95.

> Gerbe de roses trémières, sans vase.

1597. — ***Roses***. Toile. H. 0^m^32. L. 0^m^30. Signé en haut, à droite : Fantin 95. A M. Camille Benoit.

> Bouquet de roses blanches, thés et roses dans un verre.

## DESSINS

1598. — ***Le Découragement de l'Artiste***. Crayon lithographique sur papier calque. H. 0^m^23. L. 0^m^225. Signé en bas, à droite. Exposition chez Tempelaere, n° 35.

> Projet de tableau : Le peintre est assis à son chevalet, il se détourne de sa toile ; à droite, une figure ailée lui apporte une palme ; à gauche, une autre figure ailée planant.

1599. — ***Trois Baigneuses***. Crayon lithographique sur papier calque. H. 0^m^23. L. 0^m^29. Exposition chez Tempelaere, n° 36.

> Trois baigneuses, dont une de dos, et une au loin.

1600. — ***Quatre Baigneuses***. Crayon lithographique sur papier calque. H. 0^m^285. L. 0^m^38. Exécuté vers 1895. Exposition chez Tempelaere, n° 55. A M. Alb. Pra.

> Projet de lithographie. Au-dessous d'une tenture, une baigneuse, à droite, au premier plan, est à demi couchée ; deux autres, au second plan, font groupe, l'une assise, l'autre debout. A gauche, la quatrième est dans l'eau jusqu'aux genoux.

1601. — ***Le Jugement de Pâris***. Crayon lithographique sur calque. Exposition chez Tempelaere, n° 54. A M. Roger Marx.

> Projet de tableau.

1602. — ***Baigneuses***. Crayon lithographique sur calque collé. Même composition que le tableau exposé au Salon de 1895. (V. n° 1589.)

1603. — ***Brodeuses***. Crayon lithographique. H. 0^m^22. L. 0^m^315. Dessin exécuté probablement en 1895, d'après une peinture

pour la lithographie n° 123 du catalogue Hédiard. Exposition
Fantin, n° 261. Au Musée du Luxembourg.

Deux femmes assises, à mi-corps. On ne voit pas le visage de celle de
gauche ; celle de droite a la main droite posée sur le métier. Rideaux
ouverts.

1604. — ***Nuit de Printemps.*** Crayon lithographique sur papier
bulle. H. 0<sup>m</sup>226. L. 0<sup>m</sup>28. Projet de tableau sur la même donnée
que la lithographie n° 47 du catalogue Hédiard, et que le
tableau du Musée de Pau, exposé au Salon de 1884, sous le
titre : *Rêve de Poète.* A M. Roger Marx.

1605. — ***Composition allégorique.*** Crayon lithographique sur
papier calque. H. 0<sup>m</sup>22. L. 0<sup>m</sup>262. Composition de quatre figures :
*L'homme entre le Vice et la Vertu.* Exposition Fantin,
n° 292. Au Musée du Luxembourg.


## LITHOGRAPHIES

1606. — ***Dernier Thème de R. Schumann.*** H. 0<sup>m</sup>45. L. 0<sup>m</sup>327.
N° 119 du catalogue Hédiard.

1607. — ***A Berlioz.*** Petite planche. H. 0<sup>m</sup>214. L. 0<sup>m</sup>142. N° 120
du catalogue Hédiard.

1608. — ***Inspiration.*** 2° planche. H. 0<sup>m</sup>267. L. 0<sup>m</sup>23. N° 121 du
catalogue Hédiard.

1609. — ***Vision.*** H. 0<sup>m</sup>188. L. 0<sup>m</sup>142. N° 122 du catalogue Hédiard.

1610. — ***Les Brodeuses.*** H. 0<sup>m</sup>211. L. 0<sup>m</sup>321. N° 123 du catalogue Hédiard.

1611. — ***Vénus et l'Amour.*** 2° planche. H. 0<sup>m</sup>179. L. 0<sup>m</sup>229.
N° 124 du catalogue Hédiard.

# ANNÉE 1896

## PEINTURES

1612. — **La Toilette**. Toile. H. 0ᵐ645. L. 0ᵐ535. Signé et daté en bas, à droite : Fantin 96. Salon de 1896, n° 782.

Au bord d'un palais, une femme est assise presque de face, le haut du corps nu, sur les genoux une draperie blanche qu'elle retient d'une main à la taille ; de l'autre main elle tient ses cheveux. Devant elle, une suivante à genoux, lui présente une glace dans laquelle elle se regarde. D'autres suivantes apportent des rafraichissements, des robes, etc. A droite, une femme, assise, de dos, nue, pince de la guitare et se tourne à droite vers une compagne.

1613. — **Vénus et les Amours**. Toile. H. 0ᵐ475. L. 0ᵐ645. Signé en bas, à droite. Salon de 1896, n° 783. Exposition Fantin, n° 171. A Mᵐᵉ Dubois.

Vénus est étendue vers la droite, sur des draperies blanches, vêtue d'une légère mousseline. Derrière elle, vers la droite, une femme, assise de profil, parle avec un petit Amour. En haut, à droite, un Amour, armé de son arc, arrive en courant ; en bas, un autre Amour est aux écoutes.

1614. — **Ondine**. Pastel. H. 0ᵐ50. L. 0ᵐ75. Signé et daté, à gauche, en bas : Fantin 1896. Salon de 1896, n° 2249. Vente Ch. Guasco, juin 1900 : 2.850 francs. A M. de Saint-Albin.

Portée sur la vague, elle nage, éclaboussée par l'écume du flot. Elle sort son bras gauche de l'eau, ses cheveux blond ardent, voltigent autour d'elle.

1615. — **Andromède**. Toile. H. 0ᵐ47. L. 0ᵐ29. Signé en bas, à droite : Fantin. Exposition Fantin, n° 162. Vente Bernard, mai 1901 : 3.900 francs. Vente Darrasse, décembre 1909 : 6.100 francs.

Elle est vue de face, attachée au rocher, les cheveux dénoués tombant sur le dos. Son corps nu se détache avec vigueur sur le fond gris de la roche. Les rayons du soleil couchant éclairent la hanche droite, pendant que le reste du corps se trouve dans l'ombre.

1616. — **Deux Baigneuses**. Toile.

L'une est assise, à droite, de dos, à demi-vêtue, et l'autre, à gauche, de face, une draperie blanche sur la moitié du corps, s'apprête à entrer dans l'eau.

1617. — *Rêverie*. Toile.

Jeune femme assise, de dos, à demi-nue, sur un terrain, au bord de l'eau, la tête légèrement tournée vers la droite. Effet du soir.

1618. — *Sara la Baigneuse*. Toile. H. 0ᵐ55. L. 0ᵐ40. Signé en bas, à droite.

Sara se balance, la tête penchée sur le bras gauche qui retient une draperie lui couvrant les jambes. L'autre bras maintient la corde de la balançoire. Le corps incliné à droite, les jambes croisées effleurent l'eau. Arbres dans le fond.

1619. — *Ondine*. Toile. H. 0ᵐ157. L. 0ᵐ235. Première idée du pastel *l'Ondine*, exposé au Salon de 1896. (Voir n° 1614). Signé en bas, à gauche.

1620. — *Baigneuses*. Toile. H. 0ᵐ48. L. 0ᵐ60.

Une femme assise sur un tertre, au bord de l'eau, habillée, se penche vers sa compagne, à genoux près d'elle, nue, comme sortant de l'eau.

1621. — *La Captive*. Toile. H. 0ᵐ137. L. 0ᵐ26. Signé en haut, à droite. Vente Kerchner, mars 1902 : 1.210 francs.

Accoudée au mur d'une terrasse, d'où l'on aperçoit la mer et le ciel, une jeune femme, vêtue de blanc, regarde au loin, la tête appuyée sur sa main droite. Près d'elle, un coussin d'étoffe rouge.

1622. — *Apparition*. Toile. H. 0ᵐ32. L. 0ᵐ25. Signé en bas, à gauche.

Au premier plan, à droite, adossée à un arbre, une figure vêtue de de rouge, la tête tournée à gauche, regarde une femme dans la lumière, étendue sur des nuages. Au-dessous et à gauche, une autre figure.

1623. — *Femme à sa toilette*. Toile. H. 0ᵐ31. L. 0ᵐ225.

Une femme, à demi-nue, assise à droite, retient ses cheveux d'une main et tend l'autre à une suivante.

1624. — *Tentation de saint Antoine*. Toile. H. 0ᵐ31. L. 0ᵐ24.

saint Antoine, à droite, en prière, à genoux, de face, les mains jointes; au second plan, dans la lumière, une femme nue, debout, retient un léger voile voltigeant autour d'elle; à ses pieds, une autre femme lui présente une coupe. Derrière le saint, une autre figure assise.

1625. — *Madeleine*. Toile. H. 0ᵐ25. L. 0ᵐ21 (?).

Elle est couchée au premier plan, à droite, la tête appuyée sur sa main tournée vers la gauche. Derrière elle, un fond de paysage avec de grands arbres.

1626. — *Le Printemps*. Toile. H. 0ᵐ33. L. 0ᵐ23.

Une jeune fille debout, le cou, les bras et les jambes nues, de face, la tête légèrement détournée à gauche, dans un paysage printanier, s'avance vers le spectateur.

1627. — *Tannhæuser*. Toile. H. 0ᵐ405. L. 0ᵐ50. Même composition que la lithographie n° 9 du catalogue Hédiard et que le tableau du Salon de 1886, n° 911 et de l'Exposition Universelle décennale, 1889.

1628. — *Femme nue couchée au soleil*. Toile. H. 0ᵐ27. L. 0ᵐ38.

Elle est étendue tout de long dans la largeur de la toile, le corps nu, de face, la tête appuyée sur un banc de gazon ; fond de paysage.

1629. — *Ondine*. Toile. H. 0ᵐ41. L. 0ᵐ56. Signé en bas, à droite. Vente Kerchner, mars 1902 : 5.600 francs.

Au pied d'une haute falaise, une Ondine, vue de face, se baigne dans la mer, le bras droit tendu, le gauche recourbé et retenant ses longs cheveux blonds qui flottent derrière sa tête.

1630. — *Le Hamac*. Toile. H. 0ᵐ43. L. 0ᵐ35.

Jeune femme, étendue dans un hamac, sur une draperie blanche, dont un coin revient sur sa jambe, un bras sous la tête, l'autre étendu, les pieds croisés.

1631. — *La Toilette*. Toile. H. 0ᵐ67. L. 0ᵐ56.

Une jeune femme, assise de trois quarts à gauche et à moitié couverte d'une draperie blanche, détourne la tête à droite, vers deux femmes dans l'ombre. Devant elle, une suivante à genoux, lui tient le pied. Une autre suivante entre en soulevant une tenture d'une main, un plateau dans l'autre. Au tout premier plan, à droite, une femme accroupie tient un miroir.

1632. — *Diane couchée au clair de lune*. Toile. Signé en bas, à droite.

Elle est étendue dans l'ombre, vêtue d'une légère robe blanche, sous des arbres ; une éclaircie, au milieu, laisse passer des rayons de lune qui éclairent le milieu du corps.

1633. — *Repos de la Sainte Famille*. Toile. H. 0ᵐ33. L. 0ᵐ33. Signé en bas, à gauche. Vente à Paris, mai 1909 : 4.050 francs.

La Vierge, assise, à gauche, tient l'Enfant sur ses genoux ; un ange, agenouillé devant elle, lui présente une corbeille. Derrière la Vierge, saint Joseph près d'un arbre.

1634. — *Stabat Mater*. Toile. H. 0ᵐ47. L. 0ᵐ66. Signé en bas, à gauche. Même composition que la lithographie n° 113 du catalogue Hédiard. Exposition Fantin, n° 159. Exposition de Bruxelles, en 1900. A M. F. Tempelaere.

A gauche, au pied de la croix, la Vierge, coiffée d'un voile, soutient de sa main droite et presse contre sa joue, la tête de son Fils, noyée dans l'ombre. Au milieu, Madeleine, les cheveux dénoués, soulève la main du Christ. A droite, deux anges, figures volantes ; le plus proche se voile les yeux avec sa main droite, l'autre, tout étant consommé, remonte vers le ciel.

1635. — *La Reine de la Nuit*. Toile. H. 0ᵐ455. L. 0ᵐ54. Signé en bas, à droite.

Elle apparaît dans un paysage fantastique, assise sur des nuages, la tête appuyée sur sa main, tenant un sceptre de l'autre main.

1636. — ***Eve***. Toile. H. 0<sup>m</sup>45. L. 0<sup>m</sup>38. Esquisse faite pour la lithographie n° 126 du catalogue Hédiard. Même composition que la toile laissée inachevée, au musée Municipal de Venise.

> Elle est debout, au pied de l'arbre qui se dresse derrière elle, un peu plus à gauche, juste au milieu de la composition. On la voit de face, le visage et le haut du corps seulement, se détournant vers la gauche, suivant le mouvement des bras qui abaissent légèrement une branche de feuillage. A droite au premier plan, un jeune arbre, à l'arrière plan, pente de gazon et ombrages.

1637. — ***Pêches***. Toile.

> Cinq pêches dans un panier ; devant le panier, à droite, une autre pêche.

1638. — ***Nature morte***. Toile. Signé et daté, en haut, à gauche : Fantin, 96. Exposé à la Royal Academy, à Londres, en 1898.

> Raisins sortant d'un panier renversé sur la table et une pêche, par derrière une coupe en verre avec des pêches.

1639. — ***Pêches***. Toile. H. 0<sup>m</sup>39. L. 0<sup>m</sup>30.

1640. — ***Raisins***. Toile. 0<sup>m</sup>32. L. 0<sup>m</sup>44.

1641. — ***Pêches et raisins***. Toile. H. 0<sup>m</sup>29. L. 0<sup>m</sup>42.


## DESSINS


1642. — ***Inspiration***. Crayon lithographique sur calque. H. 0<sup>m</sup>283. L. 0<sup>m</sup>24. Même composition que la lithographie n° 121 du catalogue Hédiard (procédé sur zinc). Dessin exécuté après la lithographie n° 13 et avant celle n° 121. Exposition chez Tempelaere, n° 51. A M. Roger Marx.

1643. — ***Inspiration***. Crayon lithographique sur calque. H. 0<sup>m</sup>61. L. 0<sup>m</sup>75. Salon de 1896, n° 2448. Exposition Fantin, n° 329. A M. Abel Jay, de Bordeaux.

> Composition de deux figures assises, tournées à droite, entièrement différentes des lithographies du même titre.

1644. — ***Inspiration***. Crayon noir sur papier Ingres coloré avec rehauts de blanc. H. 0<sup>m</sup>143. L. 0<sup>m</sup>185. Projet pour le dessin ci-dessus. Par derrière il y a écrit : Le Poète et la Muse. Musique et Poésie. Au musée du Luxembourg.

> A gauche, une femme est assise de profil, mi-vêtue, tenant une lyre. Plus bas qu'elle est assis un homme tenant un feuillet sur lequel il semble écrire. Paysage montagneux ; il y a écrit : Alpes, dans le fond.

## LITHOGRAPHIES

1645. — ***Baigneuses***. Moyenne planche. H. $0^m228$. L. $0^m284$.
N° 125 du catalogue Hédiard.

1646. — ***Eve***. H. $0^m463$. L. $0^m38$. N° 126 du catalague Hédiard.

1647. — ***Pastorale***. H. $0^m323$. L. $0^m419$. N° 127 du catalogue
Hédiard.

1648. — ***Baigneuses***. 3ᵉ grande planche. H. $0^m282$. L. $0^m434$.
N° 128 du catalogue Hédiard.

1649. — ***Ondine***. H. $0^m159$. L. $0^m234$. N° 129 du catalogue
Hédiard.

1650. — ***Baigneuse debout***. 2ᵉ planche. H. $0^m29$. L. $0^m212$.
N° 130 du catalogue Hédiard.

1651. — ***Vénus et l'Amour***. H. $0^m325$. L. $0^m416$. N° 131 du catalogue Hédiard.

# ANNÉE 1897

## PEINTURES

1652. — *La Nuit.* Toile. H. 0ᵐ61. L. 0ᵐ75. Salon de 1897, n° 626. Exposition Fantin, n° 196. Au musée du Luxembourg.

La Nuit est étendue presque de face sur des nuages, entourée de draperies bleues. Un bras est appuyé sur un nuage et de la main elle tient un bout de la draperie qui lui couvre légèrement les jambes ; de l'autre main elle ramène le voile bleu qui est derrière elle comme pour ne pas être éblouie par les lueurs de l'Aurore, qui s'élève en haut du tableau, à gauche. A droite, un petit Amour semble fuir devant la lumière.

1653. — *La Tentation de saint Antoine.* Toile. H. 0ᵐ74. L. 0ᵐ92. Signé. Salon de 1897, n° 627. Exposition Fantin, n° 188. Au musée de la Ville de Paris.

Saint Antoine est au premier plan à droite, à genoux, la tête penchée sur un livre. Derrière et autour de lui, des figures de femmes cherchant à le séduire. Paysage crépusculaire.

1654. — *Apothéose.* Toile. H. 0ᵐ46. L. 0ᵐ38. Même composition que la lithographie, n° 132 du catalogue Hédiard : A. Berlioz. Vente de M. B., à Paris, décembre 1904 : 3.800 francs.

Au milieu, drapé dans un grand manteau, Berlioz est assis, la main droite au menton, l'autre sur ses genoux. Trois figures de femmes sont disposées autour de lui. Celle de gauche, vue de profil, tient une palme et de l'autre main une couronne de lauriers, prête à l'en couronner. Celle du milieu, volante, souffle dans une trompette. Celle qui est à droite, debout et de profil perdu, tient une lyre.

1655. — *Etude de Femme.* Toile. H. 0ᵐ39. L. 0ᵐ30. Collection Heseltine.

Femme assise à droite, tournée vers la gauche, de profil, le bras tendu sur son genoux couvert d'une draperie rouge foncé. Effet sombre.

1656. *Le Lever.* Toile. H. 0ᵐ425. L. 0ᵐ265. Signé en bas, à gauche.

Jeune femme assise sur un lit, le haut du corps nu, une draperie blanche sur les genoux ; elle soulève un rideau foncé.

1657. — *Tentation de saint Antoine.* Toile. H. 0ᵐ41. L. 0ᵐ45. Première esquisse du tableau n° 1673.

1658. — ***Ondine***. Toile. H. 0<sup>m</sup>30. L. 0<sup>m</sup>44. Signé en bas, à droite.

Tableau très esquissé, l'Ondine est dans l'eau, entourée de rochers et s'appuyant sur l'un d'eux ; l'un des bras sur la tête tournée vers la gauche.

1659. — ***Les Rêves et le Cauchemar***. Toile. H. 0<sup>m</sup>45. L. 0<sup>m</sup>375. A M. Fanyau.

Au premier plan, un homme couché, appuyé sur un bras, dort. Autour de lui, des figures de rêve. Dans le haut, très éclairée, une figure de femme étendue sur des nuages ; près d'elle à droite, un ange, des femmes dansant derrière lui : à gauche, une grande figure vêtue de noir, sans doute le cauchemar.

1660. — ***Andromède***. Toile. H. 0<sup>m</sup>47. L. 0<sup>m</sup>32. Signé en bas, à gauche. Première idée du tableau. Salon de 1898, n° 190.

Au milieu de la toile : Andromède, nue, attachée au rocher, une main retenue dans un anneau se cache le visage de son autre main tandis que l'eau vient baigner ses pieds.

1661. — ***Baigneuses au soir***. Toile. H. 0<sup>m</sup>34. L. 0<sup>m</sup>38.

Dans un grand paysage, au soleil couchant, deux baigneuses. L'une à droite, demi-nue, à l'air de se diriger vers le lac ; l'autre est assise à terre, une draperie recouvrant ses jambes, la tête tournée vers le fond.

1662. — ***Ophélie***. Toile. H. 0<sup>m</sup>265. L. 0<sup>m</sup>185.

1663. — ***Petit Tannhæuser***. Toile. H. 0<sup>m</sup>21. L. 0<sup>m</sup>27. Signé en bas, à droite. Vente Buckler, mars 1906, 100 guinées.

Ancienne esquisse. Vénus assise sur un tertre ombragé, est nue jusqu'à la ceinture. Tannhæuser est assis à son côté. Au fond, trois figures dansent.

1664. — ***Réunion de personnages***. Toile. H. 0<sup>m</sup>25. L. 0<sup>m</sup>35.

Réunion de figures assises dans un paysage ; au premier plan, au milieu, un petit enfant nu, maintenu par une femme, s'essaie à marcher.

1665. — ***Femme à sa toilette***. Toile. 0<sup>m</sup>32. L. 0<sup>m</sup>22.

Femme en train de se coiffer.

1666. — ***La Danse de l'Almée***. Toile. 0<sup>m</sup>63. L. 0<sup>m</sup>75. Signé en bas, à droite : Fantin. Vente de M<sup>me</sup> S., mai 1903 : 19.500 francs. Vente Pasquier, mai 1905 : 21.300 francs.

Sous un portique donnant sur un parc, cinq femmes sont réunies autour d'une sixième qui danse vêtue d'une robe blanche et draperie jaune. Une d'elle est accoudée sur une balustrade, une autre assise à terre, à gauche; au milieu, une autre à moitié nue ; dans le fond, la quatrième tient un éventail et la dernière pince de la guitare.

1667. — ***Dans les bois***. Toile.

Au tout premier plan, une jeune femme est assise à terre, à moitié nue, les jambes couvertes d'une draperie. Fond de bois.

1668. — ***Baigneuse***. Toile. H. 0ᵐ40. L. 0ᵐ33. Signé en bas, à droite.

> Femme nue, assise sur un talus, de trois quarts à droite, tenant d'une main un bout de draperie blanche sur la poitrine ; l'autre main tient un autre bout et repose sur la jambe, couverte d'une étoffe rouge.

1669. — ***Source dans les bois***. Papier marouflé. H. 0ᵐ34. L. 0ᵐ52. Signé en bas, à droite.

> Figure de femme nue, couchée sur une draperie blanche dont un bout couvre la jambe. Elle s'appuie sur une urne d'où coule de l'eau qui produit le ruisseau. La tête est tournée vers le fond à droite.

1670. — ***Tentation de saint Antoine***. Toile. H. 0ᵐ62. L. 0ᵐ75. Même composition que la lithographie n° 110 du catalogue Hédiard. Signé en bas, à gauche : Fantin.

> Au premier plan, saint Antoine, à genoux, devant une petite croix de bois plantée dans le sol, son livre ouvert, à terre, devant lui, les mains croisées. Derrière lui, deux figures de femmes nues s'enlèvent en lumière sur le fond. Celle de gauche se renverse à demi sur une draperie qu'elle fait flotter derrière elle ; l'autre présente une coupe d'une main et de l'autre ramène des voiles sur son sein.

## DESSINS

1671. — ***La Nuit***. Crayon noir. H. 0ᵐ10. L. 0ᵐ122. Fait d'après le tableau *La Nuit*, n° 1652, pour une reproduction. Au Musée de Grenoble.

1672. — ***La Nuit***. Crayon noir sur papier calque. H. 0ᵐ11. L. 0ᵐ134. Autre dessin fait d'après le tableau *La Nuit*, pour une reproduction. Au Musée de Grenoble.

1673. — ***La Nuit***. H. 137. L. 0ᵐ166. Dessin d'après le tableau *La Nuit*, fait pour une reproduction. Au Musée du Luxembourg.

1674. — ***La Lecture***. Crayon lithographique sur calque. H. 0ᵐ16. L. 0ᵐ122. Dessin fait d'après le tableau refusé au Salon de 1859, pour la lithographie n° 136 du catalogue Hédiard. Exposition Fantin, n° 268. Au Musée du Luxembourg.

1675. — ***Promeneuse***. Crayon lithographique sur calque. H. 0ᵐ265. L. 0ᵐ195.

> Elle est de profil, à droite, nue jusqu'aux hanches, passant dans l'allée d'un bois.

1676. — *La Romanesca*. Crayon lithographique sur calque. H. 0ᵐ19. L. 0ᵐ12. Première idée sur la lithographie n° 137. A Mᵐᵉ Fantin-Latour.

La figure de femme est nue.

1677. — *La Nuit*. Crayon noir sur papier blanc fort. H. 0ᵐ137. L. 0ᵐ165. Dessin d'après le tableau n° 1672. Exécuté pour la gravure de Clément Bellenger.

## LITHOGRAPHIES

1678. — *A. Berlioz*. H. 0ᵐ464. L. 0ᵐ384. N° 132 du catalogue Hédiard.

1679. — *Etude de Femme assise, vue de dos*. H. 0ᵐ131. L. 0ᵐ081. N° 133 du catalogue Hédiard.

1680. — *Etude de Femme couchée au devant d'un rideau*. H. 0ᵐ201. L. 0ᵐ288. N° 134 du catalogue Hédiard.

1681. — *Etude de Femme couchée, au bord d'un bassin*. H. 0ᵐ22. L. 0ᵐ305. N° 135 du catalogue Hédiard.

1682. — *La Lecture*. H. 0ᵐ161. L. 0ᵐ127. N° 136 du catalogue Hédiard.

1683. — *La Romanesca*. H. 0ᵐ194. L. 0ᵐ13. N° 137 du catalogue Hédiard.

1684. — *La Source dans les bois*. H. 0ᵐ30. L. 0ᵐ415. N° 139 du catalogue Hédiard.

1685. — *Gœtterdaemmerung* : *Siegfried et les Filles du Rhin*. H. 0ᵐ48. L. 0ᵐ378. N° 141 du catalogue Hédiard.

1686. — *Evocation de Kundry*. 4ᵉ planche. H. 0ᵐ412. L. 0ᵐ483. N° 142 du catalogue Hédiard.

*Ces trois dernières lithos ont été faites en 1897, mais publiées seulement en 1898.*

# ANNÉE 1898

## PEINTURES

1687. — ***Andromède***. Toile. H. 0<sup>m</sup>81. L. 0<sup>m</sup>58. Signé en bas, à gauche : Fantin. Salon de 1898, n° 790. A Mme Gorjeu.

> Andromède est attachée par le poignet à un rocher, à droite. Le corps de face, la tête cachée par son autre bras, les cheveux dénoués. L'eau vient baigner ses pieds. A gauche encore des rochers sur lesquels on voit un château fort.

1688. — ***Le Lever***. Toile. H. 0<sup>m</sup>475. L. 0<sup>m</sup>64. Signé en bas, à gauche. Salon de 1898, n° 789. Exposition Fantin, n° 185. Au Musée de Reims (legs Vasnier).

> Une jeune femme est étendue, à gauche, moitié assise, le haut du corps dans l'ombre, les jambes très éclairées. Elle fait le geste, avec les deux bras, de soulever un voile qui la couvrait. Devant elle, à genoux, une suivante a une main posée sur son pied qui est chaussé d'une pantoufle. Au fond, à droite, une colonne, à gauche un rideau relevé qui laisse voir le paysage.

1689. — ***Baigneuses au bord de la mer***. Toile. H. 0<sup>m</sup>53. L. 0<sup>m</sup>63. Signé en bas, à droite : Fantin. Exposition Fantin, n° 210. A M. F. Tempelaere.

> Au bord de la mer, une baigneuse a demi étendue, de dos, les cheveux flottants, nue, regarde sa compagne assise au second plan, et qui retient un voile léger flottant derrière elle.

1690. — ***Le Repos dans le Parc***. Toile H. 0<sup>m</sup>57. L. 0<sup>m</sup>47. Exposition Fantin, n° 216, 3° vente Tavernier, avril 1907, 9.500 francs.

> Au pied d'un perron à colonnes, une femme nue est assise, la jambe gauche repliée sous la jambe droite et cache à demi son visage entre ses bras. A droite, une vasque avec jet d'eau et bosquet.

1691. — ***Femme à sa toilette***. Toile. H. 0<sup>m</sup>46. L. 0<sup>m</sup>33. Signé en bas, à droite.

> Une femme, nue jusqu'à la ceinture, est assise dans un jardin, tenant un miroir; sa suivante, au premier plan, de dos, lui apporte une corbeille de fleurs.

1692. — *Femme couchée*. Toile. H. 0<sup>m</sup>25. L. 0<sup>m</sup>18. Signé en
bas, à droite.

> Elle est étendue de face, la tête légèrement renversée, tournée vers la
> droite, un bras sur le sein, l'autre derrière la tête; au loin, vers la gauche,
> un Amour lui lance une flèche.

1693. — *Le Repos*. Toile. H. 0<sup>m</sup>17. L. 0<sup>m</sup>26. Signé en bas, à
droite.

> Femme étendue, au trois quarts, dans un paysage boisé. Un bras sur la
> tête, l'autre appuyé sur le terrain. Toute la figure dans l'ombre, sauf un
> coup de lumière sur le milieu du corps.

1694. — *Vénus et l'Amour*. Toile. H. 0<sup>m</sup>12. L. 0<sup>m</sup>25.

> Femme couchée sur un lit, la tête appuyée contre ses mains, jointes sur
> l'oreiller; derrière elle un petit Amour assis.

1695. — *L'Education de l'Amour*. Toile. H. 0<sup>m</sup>28. L. 0<sup>m</sup>22. Signé en haut, à gauche. A M<sup>me</sup> de Basily-Callimaki.

> Jeune femme tenant un Amour sur ses genoux; il prend des flèches
> dans un carquois qu'une femme lui présente; dans le fond, à droite une
> autre femme.

1696. — *Au Clair de lune*. Toile. H. 0<sup>m</sup>25. L. 0<sup>m</sup>21.

> Femme assise, de trois quarts, de face, la tête tournée vers la gauche;
> d'un bras elle retient une draperie blanche, l'autre bras appuyé sur le
> talus. Eclairé comme par un clair de lune.

1697. — *Diane*. Toile. H. 0<sup>m</sup>47. L. 0<sup>m</sup>59. Exposition Fantin. A
M. Henri Rouart.

> Elle est étendue, nue, de gauche à droite sur un terrain incliné, de trois
> quarts, la tête de profil tournée vers le fond; elle est entourée de nuées;
> effet de clair de lune.

1698. — *La Danse*. Toile. H. 0<sup>m</sup>64. L. 0<sup>m</sup>80. Signé en bas, à
droite.

> Devant un palais, une femme, qui semble une reine, est à demi-cou-
> chée, entourée de six femmes; l'une pince de la guitare, une autre apporte
> des rafraîchissements, deux sont accroupies près d'elle à droite, enfin une
> dernière devant elle, nue, un voile rose flottant autour d'elle et qu'elle
> retient d'une main en levant de l'autre un tambourin, danse avec une
> compagne vêtue d'une robe bleue. Arbres dans le fond.

1699. — *L'Enfance du Christ*. Toile. H. 0<sup>m</sup>55. L. 0<sup>m</sup>46. Composition analogue à la lithographie n° 28 du catalogue Hédiard,
avec quelques différences.

> La Vierge est assise à l'ombre de deux palmiers, tenant l'Enfant Jésus
> sur ses genoux; derrière elle saint Joseph, debout. Devant elle, un ange
> ailé, de dos, à genoux, en adoration. A gauche, dans le haut, deux anges:
> l'un porte une corbeille de fleurs, l'autre cueille des branches dans l'arbre.

1700. — *Cléopâtre*. Toile.

> Femme étendue sur un terrain, au bord de la mer, presque de face, les
> bras au-dessus de la tête, renversée en arrière; soleil couchant.

1701. — ***Petite Baigneuse***. Toile. H. 0<sup>m</sup>30. L. 0<sup>m</sup>47.

1702. — ***Baigneuses***. Toile. H. 0<sup>m</sup>44. L. 0<sup>m</sup>66. Même composition que la lithographie n° 128 du catalogue Hédiard.

> Composition de cinq figures, trois au milieu sont assises formant
> groupe : la plus proche est vue de dos; elles sont vêtues. Séparément
> d'elles, à droite, une quatrième vêtue aussi, est assise dans l'ombre, la
> tête appuyée sur sa main. Tout à fait à gauche, de l'autre côté du ruis-
> seau, la cinquième s'avance, entièrement nue. Ombrages touffus, avec
> une éclaircie au milieu.

1703. — ***Baigneuses effet de soir.*** Toile. H. 0<sup>m</sup>53. L. 0<sup>m</sup>64.
Signé en bas, à droite.

> Sous de grands arbres, une femme est étendue, à droite, vêtue d'une
> draperie, de face, la tête tournée, de trois quarts, vers la gauche. Devant
> elle, habillée, une femme debout, de face, la tête de profil, parlant avec
> une compagne, assise à gauche, demi-nue. Derrière celle-ci, une autre
> femme, de dos. Effet du soir.

1704. — ***Petite Baigneuse***. Toile.

> Elle est debout de face, nue, tenant une grande draperie blanche, près
> d'un cours d'eau, au fond des arbres.

1705. ***Danaé***. Toile.

> Elle est couchée, à gauche, de trois quarts, le bras appuyé sur une dra-
> perie blanche qui lui couvre les jambes. Ciel très brillant, d'où partent
> des rayons dorés.

1706. — ***La Petite Famille***. Toile. 0<sup>m</sup>24. L. 0<sup>m</sup>325. A M. Wil-
liam Wright, à Brooklyn.

> A droite, une jeune femme assise tenant un enfant sur ses genoux. En
> face d'elle, un homme, assis de profil. Paysage. Signé.

1707. — ***Femme presque couchée, nue, de dos.*** Toile. H. 0<sup>m</sup>38.
L. 0<sup>m</sup>46.

1708. — ***Ondine***. Toile. 0<sup>m</sup>43. L. 0<sup>m</sup>565.

> Ondine, les cheveux flottants, nageant vers la droite, la tête de profil,
> s'appuyant d'un bras sur un rocher, à droite, l'autre bras étendu comme
> pour nager.

1709. — ***L'Aurore***. Toile. H. 0<sup>m</sup>46. L. 0<sup>m</sup>39.

> Elle est assise, au milieu de la toile, sur des nuages éclairés. Dans le
> haut, à gauche, un Amour portant une torche.

1710. — ***Nymphe lutinée par des Amours***. Toile. H. 0<sup>m</sup>38.
L. 0<sup>m</sup>46.

> Elle est assise, à terre, à droite, la tête penchée sur une main qui la
> soutient, l'autre bras replié sur son sein.
> Autour de sa tête deux petits Amours voltigent. Au fond, un autre
> Amour arrive, se détachant sur le ciel.

1711. — *La Toilette*. Toile. H. 0<sup>m</sup>65. L. 0<sup>m</sup>815. Signé en bas, à gauche : Fantin. Vente Tavernier. Mars 1900. 13.000 francs.

Au milieu, sous un portique dont les dalles de marbre descendent à un bassin, une femme est assise, presque entièrement nue, à peine couverte par un coin d'une draperie blanche qu'une suivante étend derrière elle. Elle regarde deux compagnes, placées à gauche, l'une agenouillée et vue de dos, en robe bleu turquoise, tenant un vase de métal, l'autre légèrement inclinée en avant et remuant des étoffes rouges. A droite, soulevant un rideau, une jeune femme vue de dos, vêtue d'une robe rosée, porte un plateau. Au fond un ciel et des arbres.

1712. — *La Toilette*. Toile. H. 0<sup>m</sup>45. L. 0<sup>m</sup>54. Signé à gauche, en bas : Fantin. Première idée de la composition ci-dessus. A M. J. Tempelaere.

1713. — *Jeune Femme assise*. Toile. Donné pour la Vente Bellenger.

Jeune femme accroupie, à gauche, dans un paysage.

1714. — *Andromède*. Toile. Donnée pour la vente Sisley. 2.950 francs.

Jeune femme, nue, assise devant des rochers, au bord de la mer, le haut du corps tourné vers la droite, les jambes vers la gauche, l'une étendue, l'autre pliée. Peut-être une Andromède.

1715. — *Œillets*. Toile. H. 0<sup>m</sup>27. L. 0<sup>m</sup>35. Signé en haut à droite. Vente Tavernier. Mars 1900 : 1150 francs.

## DESSINS

1716. — *Ariane abandonnée*. H. 0<sup>m</sup>26. L. 0<sup>m</sup>37. Crayon lithographique sur calque. Dessin exécuté à Buré en 1898. Exposition chez Tempelaere, n° 5. A M. Alf. Beurdeley.

Elle est couchée à terre, nue ; elle se soulève sur sa main gauche et regarde au loin, la mer. Paysage boisé.

1717. — *Le Lever*. Crayon lithographique, sur calque. H. 0<sup>m</sup>23. L. 0<sup>m</sup>315. Première idée d'un tableau n° 1708. Exposition chez Tempelaere, n° 22.

Une femme, nue, de profil, est étendue à demie sur une draperie. A droite, une servante lui attache une sandale. Colonne cannelée, par derrière, soutenant une draperie.

1718. — *Baigneuse descendant à l'eau*. Crayon lithographique, sur calque. H. 0<sup>m</sup>36. L. 0<sup>m</sup>19. Exposition chez Tempelaere, n° 38. A M<sup>me</sup> Esnault-Pelterie.

Première idée d'un tableau. La baigneuse est de profil, nue jusqu'aux hanches.

1719. — **Andromède**. D'après le tableau n° 1707. Exécuté pour être reproduit dans la *Gazette des Beaux-Arts* en héliogravure. A M. Roger Marx.

1720. — **Andromède, d'après le même tableau**. Crayon noir. Exécuté pour M. Marc Legrand.

1721. — **Immortalité**. Crayon lithographique sur calque. H. 0m41. L. 0m31. Signé en bas, à gauche : Fantin. Exécuté en 1898, pour l'Estampe Moderne, MM. Masson et Piazza, directeurs. Paru en 1898.

> Figure volante, de face, une étoile au front, une palme dans la main droite ; de l'autre main laissant tomber des roses.

1722. — **Immortalité**. H. 0m41. L. 0m31. Croquis préparatoire, mis au carreau, pour le dessin du numéro précédent, en sens inverse. A Mme Fantin-Latour.

1723. — **La Fortune et le jeune Enfant**. Crayon lithographique, sur calque. H. 0m19. L. 0m145. Etude pour le dessin de la Tombola Clément Bellanger.

> Figures entièrement nues. La Fortune est à droite, vue de profil, assise sur une sorte de nuée. L'enfant, couché à gauche, sur la margelle.

1724. — **La Fortune et le jeune Enfant**. Même composition que le numéro précédent achevé.

1725. — **Enfant endormi**. En tête de chapitre.

1726. — **Petite Fortune de dos**. Cul-de-lampe.

> *Ces trois dessins, à la mine de plomb, sur papier blanc, ont été fait pour la Tombola Clément Bellenger.*

1727. — **A. J. Brahms**. H. 0m247. L. 0m163. Dessin fait pour la lithographie n° 145 du catalogue Hédiard. En haut, on lit : J. Brahms. Au Musée de Grenoble.

1728. — **Vénus Anadyomène**. H. 0m41. L. 0m30. Dessin fait pour la lithographie n° 144 du catalogue Hédiard, sur papier calque. Ce dessin a été collé et a été très abimé par le collage. A Mme Fantin-Latour.

1729. — **Andromède**. Crayon lithographique sur papier calque. H. 0m245. L. 0m18. Fait sans doute pour une reproduction. Exposition Fantin, n° 290. Au Musée du Luxembourg.

## LITHOGRAPHIES

1730. — ***Baigneuses***. 4ᵉ grande planche. H. 0ᵐ31. L. 0ᵐ39. Nᵒ 138 du catalogue Hédiard.

1731. — ***Danses***. H. 0ᵐ44. L. 0ᵐ326. Nᵒ 140 du catalogue Hédiard.

1732. — ***Les Brodeuses***. 3ᵉ planche. H. 0ᵐ165. L. 0ᵐ211. Nᵒ 143 du catalogue Hédiard.

1733. — ***Vénus Anadyomène***. H. 0ᵐ38. L. 0ᵐ285. Nᵒ 144 du catalogue Hédiard.

1734. — ***A J. Brahms***. H. 0ᵐ245. L. 0ᵐ161. Nᵒ 145 du catalogue Hédiard.

1735. — ***Prélude de Lohengrin***. 2ᵉ planche. H. 0ᵐ49. L. 0ᵐ346. Nᵒ 146 du catalogue Hédiard.

1736. — ***Etude pour l'Eve***. H. 0ᵐ179. L. 0ᵐ123. Nᵒ 147 du catalogue Hédiard.

# ANNÉE 1899

## PEINTURES

1737. — **Baigneuses**. Toile. H. 1<sup>m</sup>. L. 0<sup>m</sup>81. Signé en bas, à droite. Salon de 1899, n° 760. Exposition Fantin, n° 203. A M. G. Lesieur.

> Ancien pastel, exposé au Salon de 1894, sous le titre de *Promenade*, avec changements. Au milieu de la composition, une femme, de dos, à moitié nue, retenant d'un bras une draperie blanche contre elle, de l'autre bras montre une compagne assise, au loin, sur un tertre. Au second plan, derrière la femme éclairée, deux figures, couchées et assises, dans l'ombre.

1738. — **Ondine**. Toile. H. 0<sup>m</sup>50. L. 0<sup>m</sup>61. Salon de 1899, n° 759.

> L'ondine nue est étendue sur les eaux, se retenant des deux bras à des branches d'arbres. Elle est presque entièrement dans l'ombre. A gauche, une éclaircie, sur les eaux et les arbres du fond.

1739. — **Léda**. Toile. H. 0<sup>m</sup>61. L. 0<sup>m</sup>50.

> Elle est assise sur un rocher, au bord de la mer, presque de face, la tête tournée vers la droite, nue, sauf un bout de draperie qu'elle retient sur son sein et qui flotte autour d'elle. Au loin, très vague, on voit un cygne.

1740. — **Vénus et l'Amour**. Toile. H. 0<sup>m</sup>325. L. 0<sup>m</sup>416. Même composition que la lithographie n° 131 du catalogue Hédiard. Signé en bas, à gauche.

> La déesse, aux trois quarts, de dos, est tournée vers la droite. Assise à terre, le haut du corps nu, elle indique à l'Amour, qui s'envole, armé de son arc, la direction qu'il doit prendre. Derrière elle, de grands arbres et de l'eau.

1741. — **Ariane abandonnée (ou le Désespoir d'Ariane)**. Toile. H. 0<sup>m</sup>42. L. 0<sup>m</sup>33. Signé à droite, en bas : Fantin. Vente Tavernier, mars 1900 : 2.600 francs. Vente H. Darrasse, décembre 1909 : 3.500 francs.

> Elle est assise sur une roche, vue de dos ; des draperies grenat et vieil or font valoir le velouté des chairs. A gauche, une voile s'éloigne.

1742. — **Baigneuse de dos**. Toile. H. 0<sup>m</sup>42. L. 0<sup>m</sup>34.

> Elle est assise, presque de dos, sur un bout de draperie blanche, au bord de l'eau, une jambe repliée dont le pied est dans l'eau.

1743. — ***Nymphes couchées***. Toile. H. 0^m38. L. 0^m46. Signé en bas, à gauche : Fantin. Vente L. Bernard, mai 1901 : 4.250 francs.

Deux figures dans un paysage ensoleillé. L'une, à demi-couchée, de gauche à droite, un bras étendu, l'autre relevé et arrangeant ses cheveux, le haut du corps nu : coup de soleil. L'autre, au second plan, de profil, se tourne vers elle.

1744. — ***Andromède***. Toile. H. 0^m56. L. 0^m46. Exposition Fantin, n° 163. A M. Edmond Paix.

C'est une ancienne peinture reprise en 1899. Andromède est assise, un bras passé dans un anneau scellé au rocher, la tête cachée dans l'autre main. Dans la déchirure du rocher, on aperçoit le ciel.

1745. — ***Manfred et la Fée des Alpes***. Toile.

1746. — ***Ariane***. Toile. H. 0^m55. L. 0^m45. Signé en bas, à droite. Vente composée, mai 1903 : 3.950 francs. Au Musée de Lyon.

Grande figure demi-nue, agitant un voile jaune, mi-vêtue d'une draperie rouge. À droite, un navire.

1747. — ***Figures sous bois***. Toile. H. 0^m61. L. 0^m51. Exposition Fantin, n° 201. Au Musée d'Amiens. Musée de Picardie.

Au premier plan, à gauche, une femme dans la pénombre, assise à terre, de dos, les épaules et les bras nus, tout au bord de l'eau. Devant elle, une autre femme debout, nue jusqu'à la ceinture, le haut du corps très éclairé. Grands arbres, éclaircie dans le fond, effet lunaire.

1748. — ***La Source***. Toile. H. 0^m73. L. 0^m60. Signé à droite, en bas. Vente Arsène Alexandre, mai 1903 : 6.950 francs.

La Source, debout, sous des ombrages épais, avec de légers voiles de gaze qui s'agitent autour de sa tête brune, s'appuie sur son urne, d'où s'échappe une nappe d'eau bleuissante.

1749. — ***La Gloire***. Toile. H. 0^m44. L. 0^m27. Signé à droite, en bas. Vente Arsène Alexandre, mai 1903 : 2.850 francs.

Allégorie de figures apportant, l'une la lumière, l'autre un étendard, à un personnage qui, au premier plan, se prosterne.

1750. — ***Vénus et l'Amour***. Toile. Signé en bas, à gauche.

Vénus est étendue, à gauche, sous des arbres, entourée de nuages, nue jusqu'à mi-corps, la tête légèrement relevée, de trois quarts, appuyée sur une main, l'autre bras étendu. Elle regarde un Amour, dans le ciel, qui vient à elle. Paysage plat, dans le fond, à droite.

1751. — ***La Toilette (Baigneuses effrayées)***. Toile. H. 0^m53. L. 0^m62. Signé en bas, à gauche : Fantin. Vente du baron Blanquet de Fulde, hôtel Drouot, 27 mai 1905 : 6.100 francs.

Dans une clairière, au plus profond du bois, une femme nue est assise et dénoue ses cheveux. Devant elle, à droite, sa compagne, vue de dos, agenouillée. Au loin, du même côté, une éclaircie sur le ciel.

1752. — ***Repos de la Sainte Famille***. Toile. H. 0<sup>m</sup>56. L. 0<sup>m</sup>46.

> A gauche, la Vierge, assise, tenant l'Enfant Jésus sur ses genoux; devant elle, un ange prosterné, à côté de lui, au second plan, un ange debout tenant des deux mains le coin du voile blanc sur lequel est assis l'Enfant. Derrière la Vierge, saint Joseph debout.

1753. — ***La Toilette***. Toile. H. 0<sup>m</sup>54. L. 0<sup>m</sup>65. Signé en bas, à gauche. Exposition Fantin, n° 186. A M. Henri Selosse, de Roubaix.

> Dans un intérieur fantaisiste, une femme, presque nue, est assise, à gauche, sur un espèce de lit et se regarde dans un miroir que tient devant elle une suivante agenouillée. Au premier plan, à droite, également agenouillée, une autre suivante porte un vase; derrière elle, debout, une femme tient une robe orange. Au fond, dans l'embrasure de la porte, une autre femme, debout, soulève un rideau.

1754. — ***Chasseresse***. Toile. H. 0<sup>m</sup>39. L. 0<sup>m</sup>47. Signé en bas, à gauche. Vente Coudray, juin 1908 : 4.100 francs.

> Elle est assise. A droite, au bord de l'eau, s'apprêtant à se baigner. Le corps est un peu penché, la tête, dans l'ombre, de trois quarts à droite, est inclinée vers la gauche. Grand paysage.

1755. — ***La Source***. Toile. H. 0<sup>m</sup>50. L. 0<sup>m</sup>61.

> Elle est étendue, à droite, nue, un bras tenant une urne d'où coule l'eau, l'autre bras levé sur la tête qui est inclinée vers la gauche. Le ruisseau et des arbustes, à gauche.

1756. — ***Petite Baigneuse***. Toile. H. 0<sup>m</sup>28. L. 0<sup>m</sup>21.

> Effet de nuit.

1757. — ***Vénus et l'Amour***. Toile. H. 0<sup>m</sup>37. L. 0<sup>m</sup>272. Signé en bas, à droite. Vente à Paris, mai 1909 : 3.600 francs.

1758. — ***Baigneuse***. Toile. H. 0<sup>m</sup>37. L. 0<sup>m</sup>27.

> Assise sur un tertre, à gauche, nue, sauf une jambe couverte d'une draperie; d'un bras elle s'appuie sur le terrain, tandis que l'autre est ramené sur la poitrine.

1759. — ***Baigneuse***. Toile.

> Jeune femme nue, accroupie sur un terrain, au bord de l'eau, vue de profil, tournée vers la gauche; fond boisé.

1760. — ***La Nuit***. Toile. H. 0<sup>m</sup>34. L. 0<sup>m</sup>26. Signé à gauche, en bas, avec cette dédicace : « A F. Tempelaere : Fantin ». A M. Ferdinand Tempelaere.

> Elle est étendue de gauche à droite, sur des nuages, un bras étendu à côté d'elle, l'autre main tenant ses cheveux au-dessus de sa tête.

1761. — ***Trois Baigneuses, au soleil levant***. Toile. H. 0<sup>m</sup>55. L. 0<sup>m</sup>66. Signé en bas, à droite : Fantin.

> A droite, une femme debout, habillée; au centre du tableau, une femme assise de dos, nue, la tête tournée à gauche; plus loin, assise sur un banc de gazon, au bord de l'eau, une femme, les épaules et les bras nus de face, tourne la tête vers la gauche.

1762. — **Diane**. Toile. H. o^m34. L. o^m43.

Assise de profil, tournée vers la gauche, la tête ornée d'un croissant, appuyée sur la main. La lune, dans le ciel, à droite.

1763. — **Le Sommeil de Vénus**. Toile. H. o^m67. L. o^m83. Signé à droite : Fantin. Exposition Fantin, n° 172. Vente Huybrechts d'Anvers, nov. 1902 : 12.000 francs. A M. Paul Wittouck, de Bruxelles.

A droite, sous un bosquet de grands arbres, Vénus repose dans l'abandon du sommeil. Au milieu de la composition l'Amour, la flèche, à la main s'envole sur un nuage. Plus haut, dans le ciel lointain, un autre Amour s'enfonce dans les nues.

1764. — **Orientale**. Toile. H. o^m41. L. o^m33. Ancienne peinture reprise.

Sous un portique, une femme, nue jusqu'à la ceinture, danse, tenant des voiles ; des femmes, dans le fond, font de la musique.

1765. — **Roses dans un verre long**. Toile H. o^m41. L. o^m39. Signé en haut, à gauche : Fantin. Vente du D^r Paulin, nov. 1901 : 1.420 francs (reproduit dans le catalogue).

1766. — **Roses blanches**. Toile. H. o^m26. L. o^m36.

1767. — **Narcisses et giroflées**. Toile. H. o^m36. L. o^m30. Signé en bas. à gauche : Fantin. Vente du D^r Paulin, nov. 1901 : 980 francs.

1768. — **Dahlias**. Toile. H. o^m29. L. o^m39.

1769. — **Anémones et renoncules**. Toile. H. o^m27. L. o^m33.

1770. — **Deux roses Gloire de Dijon**. Toile. H. o^m27. L. o^m28.

1771. — **Raisins**. Toile. H. o^m33. L. o^m34.

1772. — **Roses sur fond gris clair**. Toile. H. o^m41. L. o^m33.

1773. — **Roses**. Toile. H. o^m26. L. o^m39. Signé en haut, à gauche : Fantin. Vente du D^r Paulin, nov. 1901 : 1150 francs.

1774. — **Œillets**. Toile. H. o^m32. L. o^m28. Signé en haut, à droite : Fantin. Vente du D^r Paulin, nov. 1901 : 980 francs.

1775. — **Roses**. Toile. H. o^m23. L. o^m29. Vente Coudray, juin 1908 : 2.720 francs.

Roses roses entourées de roses jaunes.

1776. — **Roses Gloire de Dijon**. Toile. H. o^m23. L. o^m29. Signé en haut, à gauche.

1777. — **Œillets sans vase**. Toile. H. o^m24. L. o^m31. Signé en bas, à droite.

1778. — *Œillets dans un verre droit*. Toile.

1779. — *Capucines*. Toile. H. 0ᵐ34. L. 0ᵐ25. Signé en haut, à gauche.

1780. — *Pensées dans une coupe*. — Toile. H. 0ᵐ30. L. 0ᵐ38.

1781. — *Quelques roses*. Toile. H. 0ᵐ22. L. 0ᵐ32. Vente collection de Mᵐᵉ S., mai 1903 : 1.810 francs.

1782. — *Chrysanthèmes blancs sans vase*. Toile. H. 0ᵐ31. L. 0ᵐ36. Signé en haut, à gauche.

1783. — *Pieds d'Alouette sans vase*. Toile. H. 0ᵐ335. L. 0ᵐ41. Signé en haut.

1784. — *Fleurs diverses sans vase*. Toile. H. 0ᵐ32. L. 0ᵐ40. Exposition Fantin, nᵒ 126. A Mᵐᵉ Vian.

1785. — *Deux pêches et deux prunes*. Toile. H. 0ᵐ155. L. 0ᵐ205. Signé en haut, à droite.

1786. — *Œillets*. Toile.
     Œillets dans un vase en verre, en hauteur.

1787. — *Œillets dans un verre droit*. Toile. H. 0ᵐ34. L. 0ᵐ41.

1788. — *Petits œillets*. Toile.

## DESSINS

1789. — *Ondine*. Crayon noir. H. 0ᵐ24. L. 0ᵐ30. Signé en bas, à droite. Même composition que le tableau nᵒ 1758 exécuté pour le *Figaro*. Vente Arsène Alexandre, mai 1903 : 420 francs.

1790. — *Ondine*. H. 0ᵐ11. L. 0ᵐ139. Crayon noir sur calque. Dessin fait pour le tableau nᵒ 1738, mis au carreau. Au Musée de Grenoble.

1791. — *Femme nue*. Crayon noir sur papier bulle. H. 0ᵐ316. L. 0ᵐ19. Etude faite pour l'*Andromède* (V. nᵒ 1744). Exposition Fantin, nᵒ 312. Au Musée du Luxembourg.
     Assise, de trois quarts, à droite, le bras droit levé, le visage caché dans la main gauche.

1792. — *Etude*. Crayon noir sur papier Ingres gris verdâtre. H. 0ᵐ316. L. 0ᵐ19. Même sujet que le nᵒ ci-dessus. A Mᵐᵉ Fantin-Latour.

1793. — *Femme nue*. Crayon noir sur papier bulle. H. 0ᵐ26. L. 0ᵐ18. Dessin semblable aux deux numéros précédents, mais le modèle est présenté plus de face. A Mᵐᵉ Fantin-Latour.

1794. -- *La Nuit*. H. 0ᵐ348. L. 0ᵐ273. Dessin mis au carreau pour *La Nuit*, nᵒ 1760. Composition reprise en 1904 et laissée inachevée. Au Musée du Luxembourg.

1795. -- *Baigneuses*. Crayon lithographique sur calque. H. 0ᵐ192. L. 0ᵐ25. Dessin pour la lithographie nᵒ 149 du catalogue Hédiard. Exposition Fantin, nᵒ 303. Au Musée du Luxembourg.

> Deux femmes nues, assises dans un bois; celle de droite, vue de dos, l'autre ramenant une draperie sur elle, dans un geste de surprise.

1796. *Etude de Femme couchée dans un paysage*. Crayon lithographique. H. 0ᵐ075. L. 0ᵐ15. Reproduction textuelle, mais retournée de la lithographie nᵒ 148 du catalogue Hédiard. Au Musée de Grenoble.

> Dans un paysage boisé, une jeune femme est couchée, le haut du torse renversé et s'appuie sur le bras gauche, le bras droit relevé.


## LITHOGRAPHIES

1797. -- *Etude de Femme couchée dans un paysage*. H. 0ᵐ075. L. 0ᵐ15. Nᵒ 148 du catalogue Hédiard.

1798. -- *Baigneuses*. 2ᵉ moyenne planche. H. 0ᵐ19. L. 0ᵐ227. Nᵒ 149 du catalogue Hédiard.

1799. -- *Pleureuse*. (Etude de femme assise de profil à droite). H. 0ᵐ111. L. 0ᵐ75. Nᵒ 150 catalogue Hédiard.

1800. -- *Le Maléfice*. H. 0ᵐ297. L. 0ᵐ38. Nᵒ 151 du catalogue Hédiard.

1801. -- *Baigneuse debout*. H. 0ᵐ197. L. 0ᵐ14. Nᵒ 152 du catalogue Hédiard.

# ANNÉE 1900

## PEINTURES

1802. — ***Diane et un Amour***. Toile. H. 0<sup>m</sup>37. L. 0<sup>m</sup>27. Signé en bas, à gauche.

Diane, assise, à gauche, tournée en sens inverse, nue jusqu'à la ceinture, le bras gauche étendu, le bras droit appuyé sur le tertre. Un Amour arrive en volant de droite, fond de nuages.

1803. — ***Réunion de trois Femmes***. Toile. H. 0<sup>m</sup>37. L. 0<sup>m</sup>27.

Elles sont groupées à droite, sous des arbres ; celle qui est en avant, de dos, les épaules nues ; devant elle, à gauche, la seconde, presque de face, la tête, penchée vers la gauche et appuyée sur sa main ; dans le coin de droite on aperçoit la tête de la troisième.

Fond clair, à gauche.

1804. — ***Le Repos (Soleil couchant)***. Toile. H. 0<sup>m</sup>27. L. 0<sup>m</sup>37. Signé en bas, à droite.

Figure de femme de face, la tête, de trois quarts, tournée vers la gauche. Un bras replié sur son épaule s'appuyant sur l'autre. Un arbre sombre derrière elle.

1805. — ***Coup de soleil***. Toile. H. 0<sup>m</sup>27. L. 0<sup>m</sup>37.

Femme assise, de dos, à gauche, au bord d'une allée très ensoleillée.

1806. — ***Femme lisant***. Panneau. H. 0<sup>m</sup>18. L. 0<sup>m</sup>17.

Elle est assise, de face, tenant un livre ouvert des deux mains, la tête baissée. Derrière elle, deux suivantes.

1807. — ***L'Amour grondé***. Toile. H. 0<sup>m</sup>30. L. 0<sup>m</sup>38.

Au premier plan, une femme, assise de profil, le buste nu, menace du doigt un petit enfant, tenu par une femme, assise, de profil, à gauche.

1808. — ***La Toilette***. Toile. H. 0<sup>m</sup>64. L. 0<sup>m</sup>53.

A gauche, une femme, de profil, de dos, entièrement nue, penchée vers le fond ; au premier plan, devant elle, une femme habillée, de dos se penche vers la gauche d'où arrive une suivante, portant un plateau.

1809. — ***Danaë***. Toile. H. 0<sup>m</sup>57. L. 0<sup>m</sup>48.

Danaë, à moitié couchée sur un lit, presque de face, une jambe repliée sous l'autre, est vivement éclairée par des rayons d'or, sortant des nuages.

1810. — *Vénus et l'Amour*. Toile. H. 0^m56. L. 0^m415. Même sujet inversé que la lithographie n° 101 du catalogue Hédiard et que le pastel du Salon de 1883. (V. n° 1502). Signé en bas, à droite.

Au milieu, Vénus presque de face, est assise sur un tertre, le bras relevé derrière sa tête. De son autre main elle tient légèrement la draperie qui couvre ses genoux. A droite, et plus bas qu'elle, l'Amour, entièrement nu, joue avec son arc.

1811. — *Nymphe endormie*. Toile. H. 0^m37. L. 0^m45. Signé en bas, à gauche. Exposition Fantin, n° 181. Au Musée de Reims (legs Vasnier).

Elle est étendue dormant, de gauche à droite, moitié à terre moitié sur une draperie blanche, la tête renversée, les cheveux défaits, un bras sur la tête; dans le ciel un amour s'envole.

1812. — *Hommage*. Toile. H. 0^m235. L. 0^m31. Signé en bas, à gauche : Fantin. Vente Clapisson, 1894 (M. X...).

Ancien projet pour l'*Hommage à Delacroix*, repris en 1900. Une réunion de jeunes hommes, à gauche; à droite, une femme vient déposer des fleurs devant un portrait de Delacroix. A côté d'elle, un jeune homme porte une corbeille de fleurs.

1813. — *Femme de dos*. Toile. H. 0^m28. L. 0^m17.

Elle est debout, demi-nue, presque de dos et se promène dans un bois.

1814. — *Fantaisie*. Toile. H. 0^m38. L. 0^m46.

Trois baigneuses; au premier plan, à droite; l'une, habillée, s'appuie sur le socle d'une colonne; à gauche, la seconde, nue, assise sur une draperie blanche, derrière elle, la troisième, debout, passant sa chemise.

1815. — *Inspiration*. Toile. H. 0^m44. L. 0^m29.

Une femme, nue jusqu'à la ceinture, assise, à gauche, sur un terrain, de trois quarts, tient une lyre des deux mains. La tête est tournée à gauche, vers le ciel.

1816. — *Baigneuse*. Toile. H. 0^m42. L. 0^m34.

Elle est debout, le corps presque de face, la tête de profil tournée vers la droite, nue jusqu'à mi-corps, retenant une draperie foncée des deux mains. Grands arbres dans le fond.

1817. — *Baigneuse de dos*. Toile. H. 0^m46. L. 0^m38.

Elle est nue jusqu'aux genoux, de dos, penchée en avant, une jambe debout, l'autre agenouillée sur un terrain, retenant d'une main une draperie blanche; fond boisé.

1818. — *Baigneuse effrayée*. Toile. H. 0^m42. L. 0^m33. Signé en bas, à gauche.

Assise à gauche, le corps nu, de face, la tête de profil, le bras gauche étendu et s'appuie sur l'autre bras.

13

1819. — **Danseuses**. Toile. H. 0ᵐ75. L. 0ᵐ94. Signé en bas, à gauche.

> A droite, près d'un arbre, deux femmes, l'une assise de face, la tête penchée vers sa compagne, de profil, nue jusqu'à mi-corps; l'autre, entièrement nue, étendue de dos, la tête tournée vers la droite. A gauche, trois danseuses, l'une tenant un tambourin. Au bord de la composition, une femme accroupie, tient une flûte.

1820. — **La Source**. Toile. H. 0ᵐ315. L. 0ᵐ236. Signé en bas, à gauche.

> Figure nue, assise, tournée de profil à droite, la tête appuyée sur une urne, d'où coule de l'eau.

1821. — **Baigneuses**. Toile. H. 0ᵐ175. L. 0ᵐ295.

> Deux baigneuses, l'une vêtue, assise, de face, près d'un arbre à droite, la tête appuyée sur la main; l'autre baigneuse derrière, est assise, de dos, nue. Cours d'eau.

1822. — **Dans la Clairière**. Toile. H. 0ᵐ24. L. 0ᵐ39. Signé en bas, à gauche : Fantin. Vente du Dʳ Paulin, nov. 1901 (reproduit dans le catalogue). 1950 francs.

> Trois femmes sont assises dans l'herbe. A droite, le miroitement d'un ruisseau.

1823. — **Deux Femmes dans un site montagneux**. Toile. H. 0ᵐ19. L. 0ᵐ36.

1824. — **Baigneuse effrayée**. Toile. H. 0ᵐ32. L. 0ᵐ41.

> Près d'un cours d'eau, bordé par de grands arbres, une femme nue est assise de face, la tête tournée vers la droite. D'une main elle s'appuie sur une draperie blanche, posée sur le gazon, l'autre main fait un geste d'effroi. Cours d'eau et éclaircie dans le fond.

1825. — **Sara la Baigneuse**. Toile. H. 0ᵐ35. L. 0ᵐ25. Même composition que les lithographies nᵒˢ 44 et 99 du catalogue Hédiard.

1826. — **Trois Baigneuses**. Toile. H. 0ᵐ48. L. 0ᵐ57.

> Au milieu, un peu à gauche, une jeune femme, de face, nue jusqu'à la ceinture, tient une draperie des deux mains et se promène; derrière elle, vers la droite, deux autres baigneuses; l'une, le haut du corps nu, se penche vers l'eau, l'autre est drapée et debout. Arbres à gauche, à droite l'eau et, au fond, des arbres dans le lointain.

1827. — **Réveil**. Toile. H. 0ᵐ385. L. 0ᵐ465. Signé en bas, à droite.

> Femme étendue de droite à gauche, entourée de nuages, tenant une draperie relevée au-dessus de sa tête et semblant s'éveiller; à gauche, au fond, un rideau près d'une colonne.

1828. — ***Toilette***. Toile. H. 0ᵐ75. L. 0ᵐ62. Signé en bas, à gauche.

Une jeune femme est assise, demi-nue, sur une sorte de lit de repos, un bras appuyé sur un coussin, l'autre étendue, une légère draperie blanche sur les genoux, un pied près d'un bassin. A genoux, une suivante, lève la tête vers elle ; près d'elle un flacon. A droite, dans les airs, un Amour s'enfuit, avec son arc, vers une lisière de bois. A gauche, derrière la femme assise, un grand rideau.

1829. — ***Ondine*** ou ***Dans la Vague***. Toile. H. 0ᵐ56. L. 0ᵐ67. Signé à droite, en haut : Fantin. Vente Stumpf. 1906 : 12.000 francs.

Elle est couchée sur le flot, son corps est caressé par les vagues. Elle tient ses cheveux, de sa main droite, relevés et rejetés en arrière.

1830. — ***La Reine de la Nuit***. Toile. H. 0ᵐ62. L. 0ᵐ72. Signé en bas, à gauche. Exposition Fantin, nᵒ 183. Vente Rosemberg, mai 1909 : 5.100 francs.

Elle est assise sur des nuages, planant au-dessus du paysage, de trois quarts tournée vers la droite ; d'une main elle retient des voiles autour d'elle, de l'autre, un sceptre. Dans le ciel, on voit la lune.

1831. — ***Petite Toilette***. Toile. H. 0ᵐ225. L. 0ᵐ15. Signé en bas, à droite. A. M. Julien Tempelaere.

Femme assise à mi-corps de face, coiffée par sa suivante.

1832. — ***Diane***. Toile. H. 0ᵐ73. L. 0ᵐ60. Signé en bas, à droite. Exposé à l'Institute à Londres. Est en Australie.

Composition ressemblant à une esquisse faite vers 1871.

Elle est vue de dos, s'apprêtant à monter sur son char, à droite, la tête légèrement baissée, tournée vers la gauche ; un grand ciel ; on aperçoit la lune à travers les nuages.

1833. — ***La Muse du Passé***. Toile. H. 0ᵐ23. L. 0ᵐ30. Signé en bas, à droite.

Une figure ailée est assise sur des terrains, près de ruines, elle tient une lyre dont elle touche les cordes. A gauche, de l'eau, et des arbres au fond.

1834. — ***Ophélie***. Toile. H. 0ᵐ435. L. 0ᵐ31. Signé à gauche. Exposition Fantin. Nᵒ 161. Vente H. Darrasse, décembre 1909 : 6.500 francs.

Jeune fille, debout, de trois quarts, allant de gauche à droite, une main sur sa poitrine, l'autre étendue ; paysage clair.

1835. — ***Un petit Dos***. Toile. H. 0ᵐ19. L. 0ᵐ16.

1836. — ***L'Amour désarmé***. Toile. H. 0ᵐ295. L. 0ᵐ27. Signé en bas, à gauche.

A droite, une jeune femme, assise, une main sur sa poitrine, l'autre pendante et tenant l'arc de l'Amour qui est devant elle, et a l'air de la supplier de le lui rendre. Paysage.

1837. — ***Nymphe et Enfants***. Toile. H. 0^m19. L. 0^m27.

    Une jeune femme, à mi-corps, de face, embrasse un amour enfant qui est debout sur ses genoux ; elle tient une flèche dans la main ; derrière elle un autre petit Amour.

1838. — ***Promenade***. Toile. H. 0^m275. L. 0^m135.

    Petite figure de femme, de dos, nue, tenant une draperie blanche devant elle ; elle se promène dans les bois.

1839. — ***Toilette***. H. 0^m19. L. 0^m185. Signé en bas, à gauche.

    Femme à sa toilette, entourée de trois suivantes.

1840. — ***Baigneuse effrayée***. Toile. H. 0^m23. L. 0^m125.

    Elle est assise, à gauche, de trois quarts, vers la droite, penchée en avant et détournant la tête.

1841. — ***Petit buste***. Toile. H. 0^m20. L. 0^m125.

1842. — ***Baigneuse***. Toile. H. 0^m56. L. 0^m36. Vente Lépine. Mai 1900 : 3.090 francs.

1843. — ***Bouquet de Jardin***. Toile. H. 0^m52. L. 0^m63. Signé en bas, à droite : Fantin. Vente Tavernier. Avril 1907 : 8.900 francs.

    Dans un vase de cristal à panse ronde, sur fond gris cendré, une rose jaune, des verveines, des dahlias, etc.

1844. — ***Bouquet de Fleurs***. Toile. H. 0^m42. L. 0^m38.

    Dans un vase en verre sur fond clair, des roses, etc.

1845. — ***Bouquet de Fleurs***. Toile. H. 0^m50. L. 0^m61. Signé en haut, à droite. Exposition Fantin n° 108.

    Grand bouquet de fleurs mêlées dans une bassine, glaïeuls, zinnias, Dahlias, etc.

1846. — ***Pensées***. Toile. H. 0^m30. L. 0^m37.

1847. — ***Roses***. Toile. H. 0^m37. L. 0^m43.

1848. — ***Fleurs mêlées***. Toile. H. 0^m30. L. 0^m37.

## DESSINS

1849. — ***Baigneuse de dos***. Crayon lithographique sur calque. H. 0^m195. L. 0^m285. Exécuté à Buré vers 1900. Exposition chez Tempelaere, n° 31. A M. Alf. Beurdeley.

    Elle est à demi-assise, le visage de profil à droite, couchée sous bois.

1850. — ***Nymphe***. Crayon lithographique sur calque. H. 0^m115. L. 0^m275. Signature en bas, à gauche. Fantin. Héliogravure dans la *Gazette des Beaux-Arts* du 1^er décembre 1901. A M. Roger Marx.

    Figure nue, couchée de face, la tête à droite.

1851. — ***Repos de la Sainte Famille***. Crayon lithographique
sur calque. H. 0ᵐ265. L. 0ᵐ203. Calqué sur une esquisse peinte
en grisaille; fait en 1900 environ. Au bas, dans la marge, cette
dédicace : A. G. Hédiard, H. Fantin Juin 1901.

> Sous un bouquet de palmiers, la Vierge est assise, l'enfant Jésus sur
> ses genoux. Au premier plan, à gauche, un ange, de profil, à genoux,
> en adoration. Derrière eux, St-Joseph, debout, dans l'ombre.

1852. — ***La Toilette***. Crayon lithographique sur calque. H. 0ᵐ29.
L. 0ᵐ235. Signature en bas, au milieu : H. Fantin. Ces deux
derniers nᵒˢ appartiennent à Mᵐᵉ G. Hédiard.

> La jeune femme, qui fait sa toilette, est vue de face, assise à terre:
> A droite un personnage, vu de dos, lui présente le miroir. Ombrages et
> architectures de colonnes cannelées.

1853. — ***Vérité***. H. 0ᵐ189. L. 0ᵐ139. Dessin pour la lithographie
nᵒ 156 du catalogue Hédiard. Même composition que le pastel
du Salon de 1891. Au Musée du Luxembourg.

> De sa main gauche la Vérité soutient, derrière sa tête, l'extrémité de
> l'ample draperie sur laquelle elle est assise et qui se répand sur la mar-
> gelle du puits ; de sa main droite étendue elle tient, à la fois, une autre
> partie de la même draperie et un miroir. Fond de verdure à gauche.

1854. — ***Etude de Femme***. Crayon noir sur calque. H. 0ᵐ138.
L. 0ᵐ088. Dessin fait pour la lithographie nᵒ 115 du catalogue
Hédiard. Signé en bas, à droite : H. Fantin. Au Musée du
Luxembourg.

> Elle s'avance entièrement nue, se voilant les yeux du bras droit.


## LITHOGRAPHIES


1855. — ***A Johannes Brahms***. H. 0ᵐ422. L. 0ᵐ284. Nᵒ 153 du
catalogue Hédiard.

1856. — ***Ariane***. H. 0ᵐ157. L. 0ᵐ118. Nᵒ 154 du catalogue
Hédiard.

1857. — ***Etude de Femme debout, vue de face***. H. 0ᵐ14.
L. 0ᵐ083. Nᵒ 155 du catalogue Hédiard.

1858. — ***Vérité***. H. 0ᵐ189. L. 0ᵐ139. Nᵒ 156 du catalogue
Hédiard.

# ANNÉE 1901

## PEINTURES

1859. — *L'Aurore*. Toile. H. 0ᵐ57. L. 0ᵐ48. Vente Rosenberg. 1909 : 4.900 francs.

> Femme assise sur des nuages, de trois quarts, de gauche à droite, la tête penchée vers la droite. Un bras levé derrière la tête, l'autre tenant les cheveux sur le sein ; légère draperie rose sur le milieu du corps. Fond de nuages.

1860. — *Jugement de Pâris*. Toile. H. 0ᵐ66. L. 0ᵐ55.

> En bas, à droite, Pâris à genoux, présente la pomme à Vénus, debout devant lui, nue, les bras levés tenant un voile qui l'environne. A droite, au-dessus de Pâris, Junon, un bras levé, de profil, le corps couvert en biais par une draperie. Debout, à gauche, Minerve de dos, nue, couverte de ses cheveux, un bras étendu et une lance dans l'autre main. Dans le ciel, à gauche, un Amour au-dessus de Vénus.

1861. — *L'Aurore*. Toile. H. 0ᵐ73. L. 0ᵐ60. Signé en bas, à droite. Exposition Fantin. Nᵒ 192. A M. Rondet-Saint.

> Jeune femme assise, presque de face, le haut du corps nu, tourné vers la gauche, tandis que les jambes couvertes d'une draperie rose sont tournées vers la droite, la tête inclinée vers la gauche, tenant d'une main un arc et regardant un Amour qui tire sa draperie. Fond de nuages.

1862. — *La Nuit*. Toile.

> Une femme est étendue de face sur des nuages, de gauche à droite, la tête tournée vers le fond, les deux bras tenant des voiles bleus autour de sa tête. Devant elle, à gauche, un petit Amour vole en descendant.

1863. — *Femme entrant dans l'Eau*. Toile. H. 0ᵐ44. L. 0ᵐ28. Exposition Fantin. Nᵒ 206. A M. S. Teutsch.

1864. — *Immortalité ou la Gloire*. Toile. H. 0ᵐ35. L. 0ᵐ25. Signé en bas, à gauche. Exposition Fantin, nᵒ 198. A M. O. Fanyau.

> Figure ailée tenant d'une main une palme, de l'autre main jetant des fleurs. Robe rose.

1865. — *Le Poète et la Muse*. Toile. Signé en bas, à gauche.

> Le poète est assis, à gauche, devant lui, la Muse, nue, entourant d'un bras la tête du poète, l'autre bras, relevé, passe derrière ses cheveux.

1866. — *Le Printemps*. Toile. H. o^m56. L. o^m47.

Jeune fille se promenant dans un paysage printanier, au bord de l'eau, tenant, d'une main, une corbeille de fleurs, de l'autre main, laissant tomber des fleurs.

1867. — *Trois Baigneuses à la Mer*. Toile. H. o^m62. L. o^m75.

Une baigneuse est assise au bord de l'eau, de dos, nue, les jambes dans l'eau ; une autre, à gauche, nage, la troisième est assise sur un petit monticule au fond.

1868. — *Grande Toilette*. Toile. H. o^m75. L. o^m95. Composition de sept figures.

Au milieu, nue jusqu'à la ceinture, la dame dont on fait la toilette est assise, tenant d'une main ses cheveux qu'une suivante est en train d'arranger, l'autre main reposant sur le siège. A genoux devant elle, une de ses femmes lui tend une cassette et, à droite, derrière celle-ci, une autre, debout, apporte une robe. A gauche, au premier plan, le haut du corps nu, presque de dos, est assise une femme qui tourne la tête vers le spectateur. En arrière, une domestique avec un plateau et la dernière figure, tout près du bord du tableau. A gauche, des colonnes et, à droite, les arbres d'un jardin.

1869. — *Vénus et l'Amour à l'aurore*. Toile. H. o^m595. L. o^m565. Signé en bas, à gauche.

Vénus est assise, à gauche, de trois quarts, de dos, la tête, un peu baissée, tournée vers la droite. Elle s'appuie d'un bras sur des nuages, l'autre est étendu le long de son corps. Derrière elle un massif d'arbres. L'Amour, armée d'une torche, s'envole vers la droite.

1870. — *Terpsichore*. La toile. H. o^m55. L. o^m38. La vue. H. o^m51. L. o^m27. Signé en bas, à droite. Vente de T*** 1909 : 4.900 francs.

Petite danseuse touchant à peine la terre d'un pied, l'autre en l'air, un bras tenant un coin de voile au-dessus de sa tête et l'autre bras plié, un autre bout. Le haut du corps légèrement incliné, une draperie sur les jambes. Dans le haut, un petit Amour agite un tambourin.

1871. — *Deux Baigneuses*. Toile.

A gauche, au premier plan, une baigneuse, debout, vêtue, retient d'une main une draperie, de l'autre un léger voile. A droite une figure assise, nue, de profil, tenant devant elle une draperie blanche.

1872. — *Baigneuses effrayées*. Toile.

A gauche, une femme, de dos, nue jusqu'aux hanches, à genoux, la tête légèrement baissée vers la gauche. A droite, sa compagne, assise, de face vêtue, une jambe étendue, l'autre repliée sous elle, s'appuie d'une main sur le terrain l'autre main sur son sein. Fond d'arbres.

1873. — *Deux Femmes couchées sous des arbres*. Toile. H. o^m27. L. o^m37. Signé en bas, à gauche.

A gauche, une femme vêtue presque étendue, de profil, sous un arbre. Au second plan, moitié nue, une autre femme couchée de trois quarts de dos, la tête tournée vers sa compagne, le haut du corps très éclairé.

1874. — *Trois Baigneuses au soleil couchant.* Toile.

Au milieu, l'une est assise, de profil, presque nue, la tête appuyée sur la main ; derrière elle, à droite, une autre, assise, de face, les épaules nues, la tête tournée, de profil, vers le haut, à gauche ; la troisième, à gauche, nue, de dos. Soleil couchant.

1875. — *Repos de la Sainte Famille.* Toile. H. 0$^m$39. L. 0$^m$48.

La Vierge assise, tenant l'Enfant sur ses genoux ; deux anges, à droite l'un à genoux, les mains jointes, l'autre debout. A gauche saint Joseph, debout, tenant un bâton. A droite, des arbres ; à gauche un grand ciel.

1876. — *La Source, effet de nuit.* Toile. H. 0$^m$50. L. 0$^m$60. Signé en bas, à gauche.

Elle est couchée sous un grand arbre, à gauche, de trois quarts, la tête penchée, un bras replié sous la tête, l'autre appuyé sur une urne d'où coule l'eau. Le haut du corps est nu. Paysage sombre ; on voit la lune dans le ciel.

1877. — *Ariane.* Toile. H. 0$^m$39. L. 0$^m$35.

Elle est assise sur un terrain élevé, au bord de la mer, à droite, une main appuyée sur le terrain, de l'autre retenant un voile sur son sein. Elle regarde une voile au loin.

1878. — *Baigneuse.* Toile. H. 0$^m$49. L. 0$^m$545. Signé en bas, à droite.

Elle est assise au bord de l'eau, presque nue, le corps de trois quarts, la tête, de profil, tournée vers la gauche, une jambe étendue, l'autre couverte de draperies blanches et roses qu'elle tient des deux mains. Grands arbres formant une allée à gauche.

1879. — *Nymphe ou Aurore.* Toile. H 0$^m$215. L. 0$^m$145. Signé à gauche, en bas : Fantin. Vente de M$^{me}$ S. mai 1903 : 3.250 francs. Au comte de St-Germain.

Une jeune femme, enveloppée de voiles gris et rouge, semble se hâter vers la lumière.

1880. — *Nymphe lutinée par un Amour.* Toile. H. 0$^m$59. L. 0$^m$535.

Elle est assise, à droite, sur un terrain, le corps de trois quarts, presque nue, la tête de profil, un bras étendu vers la droite, l'autre retenant une draperie sur une jambe pliée, l'autre jambe étendue. La tête, de profil, vers la gauche. Derrière sa tête et son épaule on voit un Amour qui la lutine.

1881. — *Petite Figure couchée.* Toile. H. 0$^m$13 L. 0$^m$205.

1882. — *Amour désarmé.* Toile. H. 0$^m$15. L. 0$^m$125.

1883. — *Petite Figure.* Toile. H. 0$^m$22 L. 0$^m$19.

1884. — *Le Réveil.* Toile. H. 0$^m$255. L. 0$^m$325. Même composition que le n° 1540.

1885. — ***Fruits***. Toile. H. 0ᵐ22. L. 0ᵐ28. Signé en haut, à droite.

Assiette avec une grappe de raisin noir, une pêche et un couteau.

1886. — ***Une Pêche et un peu de Raisin***. Toile.

## DESSINS

1887. — ***Nymphe lutinée par un Amour***. Crayon lithographique sur calque. H. 0ᵐ155. L. 0ᵐ14. Dessin pour le n° 1880. Au Musée du Luxembourg.

Elle est assise de trois quarts, la tête tournée vers la gauche, de profil perdu ; une main retient une draperie sur une jambe, de l'autre bras elle semble écarter l'Amour qui la lutine. Paysage.

1888. — ***Idylle***. Crayon lithographique sur papier encollé jaune. H. 0ᵐ205. L. 0ᵐ255. Exécuté à Buré, en 1901.

Figure de femme nue, assise sous bois. Eaux sombres à droite.

1889. — ***Idylle***. Crayon lithographique sur papier encollé jaune. H. 0ᵐ195. L. 0ᵐ26.

Figure de femme nue, couchée sur une draperie, au bord d'un bassin de marbre, le visage de face.

1890. — ***Idylle***. Crayon lithographique sur papier encollé jaune. H. 0ᵐ26. L. 0ᵐ20.

Chasseresse, debout, sous bois. Figure entièrement vêtue, un arc à la main.

1891. — ***Idylle***. Crayon lithographique sur papier encollé jaune. H. 0ᵐ195. L. 0ᵐ275.

Figure de femme nue, couchée sur une draperie ; elle élève le bord d'un voile dans sa main droite. Visage de profil perdu.

1892. — ***Idylle***. *La jeune fille et l'Amour enfant*. Crayon lithographique sur papier encollé jaune. H. 0ᵐ23. L. 0ᵐ20.

Elle est à genoux, sous bois, vue de face ; l'enfant Amour s'approche d'elle et lui réclame son arc qu'elle tient dans ses mains.

1893. — ***Idylle***. Crayon lithographique sur papier encollé jaune. H. 0ᵐ21. L. 0ᵐ265.

Nymphe, demi couchée, vue de dos, sous bois. Figure entièrement vêtue.

1894. — ***Idylle***. *La Jeune sorcière*. Crayon lithographique sur papier encollé jaune. H. 0ᵐ202. L. 0ᵐ165.

Figure, nue jusqu'aux hanches, assise, sous bois, vue de profil perdu, à droite. A gauche, autre figure de jeune garçon, vue de profil perdu.

1895. — *Idylle*. Crayon lithographique sur papier encollé jaune. H. 0<sup>m</sup>235. L. 0175. A M<sup>me</sup> Fantin-Latour.

> Jeune femme, debout, de dos, entièrement nue, le corps tourné vers la droite, la tête vers la gauche, les bras levés et tenant une draperie.

1896. — *Le Repos*. Crayon lithographique sur calque. H. 0<sup>m</sup>32. L. 0<sup>m</sup>255. Signé en bas, à droite. Le tableau a été exécuté en 1898 et ce dessin repris en 1901. Exposition chez Tempelaere, 1901. n° 4. Reproduit dans *La Gazette des Beaux-Arts*, 1<sup>er</sup> décembre 1901. A M. Armand Cellot.

> Projet de tableau. Figure de femme, vue de dos, assise sur un banc de marbre, au pied d'une colonne cannelée. A droite, un jet d'eau retombant dans une vasque ronde, et des ombrages.

1897. — *Baigneuse*. Crayon lithographique sur papier pelure. H. 0<sup>m</sup>235. L. 0<sup>m</sup>15.

> Elle est presque de face, le visage de profil, à droite, la jambe droite couverte d'une draperie jusqu'au pied qui effleure l'eau.

1898. — *Deux Baigneuses, dont une effrayée*. Crayon lithographique sur calque. H. 0<sup>m</sup>27. L. 0<sup>m</sup>24. Exposition chez Tempelaere. 1901, n° 39. A M. Jean Flammang.

> Celle qui est effrayée s'enfuit toute nue, l'autre est assise, à droite, au premier plan, sur la berge, un pied dans l'eau. Elle est vêtue.


## LITHOGRAPHIES

1899. — *Le Paradis et la Péri*. 3<sup>e</sup> planche. H. 0<sup>m</sup>264. L. 0<sup>m</sup>191. N° 157 du catalogue Hédiard.

1900. — *Andromède*. H. 0<sup>m</sup>437. L. 0<sup>m</sup>315. N° 158 du catalogue Hédiard.

# ANNÉE 1902

## PEINTURES

1901. — *La Tentation de saint Antoine*. Toile. H. 0$^m$60.
L. 0$^m$735. Signé en bas, à gauche. Exposition Fantin, n° 155.
A M. Carnaud.

   Au milieu de la toile, une femme assise, de face, presque nue, entourée
de légères draperies. Devant elle, une femme, de dos, nue, assise, s'appuie
sur ses genoux. A gauche, une autre femme assise est lutinée par un
Amour ; dans le haut, au milieu de branches d'arbres, une figure nue se
dirige vers saint Antoine, qui est à genoux, au premier plan, de profil, en
prière et tourné vers la droite.

1902. — *Rêverie*. Toile. H. 0$^m$595. L. 0$^m$725. Signé en bas, à
droite. Exposition Fantin, n° 218.

   Une jeune femme est assise, de face, sur un banc de marbre, au bord
de la mer, un coude, appuyé sur le marbre, soutient la tête, l'autre bras
est allongé sur sa robe blanche, corsage rose.

1903. — *Souvenir de Monticelli*. Panneau. H. 0$^m$31. L. 0$^m$29.
   Esquisse.

1904. — *Naissance de Vénus*. Toile. 0$^m$655. L. 0$^m$81.

   Vénus est debout, elle sort de l'onde. Devant elle, deux jeunes filles lui
offrent des produits de la mer, perles, coraux, etc. A droite, un petit
Amour, tenant un arc, s'enfuit. A gauche, deux femmes, dont l'une présente un miroir à Vénus ; un Amour dans le ciel la couronne de roses. En
bas, dans l'eau, une naïade dont on ne voit que le haut du corps.

1905. — *Vénus s'élevant au-dessus de la Mer*. Toile. H. 0$^m$43.
L. 0$^m$34.

   Elle s'élance, de face, le corps tourné vers la droite ; la tête vers la
gauche, un bras levé tout droit, l'autre replié au-dessus de la tête.

1906. — *Trois Baigneuses inquiètes*. Toile. H. 0$^m$75. L. 0$^m$94.
Signé en bas, à droite. Exposition Fantin, n° 204. Vente R. D.
(Reginald Davis). 1909 : 24.500 francs.

   A gauche, au premier plan, l'une d'elles est étendue à terre sur des
draperies blanches et autres, le corps de profil, la tête de dos tournée
vers la gauche. Au second plan, les deux autres baigneuses sont assises
sur un terrain plus élevé, appuyées l'une contre l'autre. Grands arbres
dans le fond, à gauche.

1907. — *Le Palais de l'Aurore*. Toile. Signé en bas, à gauche.

La déesse, nue, est assise dans un palais plein de nuages éclairés de tons aurores ; une femme, devant elle, vient de lui enlever un voile. En bas, à gauche, un petit Amour, couché, de dos.

1908. — *Le Rêve du poète*. Toile. H. 0<sup>m</sup>40. L. 0<sup>m</sup>33. Signé en bas, à gauche. Exposition Fantin, n° 145. A M. Adrien Kempf.

Ancienne esquisse, reprise à cette date. Le poète voit en songe : la Fortune, la Volupté, la Gloire, la Renommée.

1909. — *Andromède*. Toile. H. 0<sup>m</sup>59. L. 0<sup>m</sup>49. Signé en bas, à droite. Vente Loriot-Lecaudey, juin 1906 : 6.200 francs.

Elle est debout et nue, sur une roche que baignent des eaux écumeuses. Les deux bras et son visage sont levés dans un geste d'imploration. Les cheveux dénoués glissent sur son épaule droite : la gauche est couverte d'une légère écharpe rose. Au fond, un paysage tourmenté avec de hauts rochers.

1910.     *Toilette antique*. Toile. H. 0<sup>m</sup>65. L. 0<sup>m</sup>54.

Une femme entourée de trois suivantes : l'une la coiffe, une autre écarte un rideau, la troisième lui tend un plateau. Intérieur antique.

1911. — *Dans la Mer*. Toile. H. 0<sup>m</sup>29. L. 0<sup>m</sup>32.

A gauche, une femme nue, de dos, en pleine mer.

1912.     *Quatre Baigneuses*. Toile. H. 0<sup>m</sup>54. L. 0<sup>m</sup>645. Signé en bas, à droite. A M. Guyotin.

A droite, une femme debout, nue jusqu'à la ceinture, de dos, la tête baissée et tournée vers la gauche. Au milieu, une femme nue, de face, assise et appuyée contre un arbre ; devant celle-ci une autre femme nue, assise, de profil vers la gauche. Dans le fond, à gauche, on aperçoit une dernière baigneuse, debout dans l'eau.

1913. — *Vénus et l'Amour*. Toile. H. 0<sup>m</sup>60. L. 0<sup>m</sup>49. Signé en bas, à gauche.

Vénus est debout, nue, de face, relevant des deux bras un voile qui flotte derrière elle ; à ses pieds, un petit Amour, assis de profil, sur un terrain, près de l'eau, tient une torche et souffle le feu.

1914. — *Jeune fille descendant au Bain*. Toile. H. 0<sup>m</sup>74. L. 0<sup>m</sup>49. Exposition Fantin. n° 213. A M. Sabourdin.

Elle est assise sur un terrain élevé, au bord de l'eau, à gauche, de trois quarts, nue, sauf une jambe couverte d'une draperie, et s'apprête à descendre à l'eau.

1915. — *Sortie de bain*. Toile. H. 0<sup>m</sup>57. L. 0<sup>m</sup>47. Signé en bas, à droite. Exposition Fantin, n° 209.

A gauche, une femme, vue de dos, couverte à moitié d'une légère draperie blanche, sort de l'eau ; elle est penchée vers la droite ; une suivante, devant elle, lui tend un vêtement ; à ses pieds, au premier plan, une autre femme assise.

1916. — ***Rêverie*** Toile. H. 0ᵐ33. L. 0ᵐ48.

Jeune femme assise aux pieds de grands arbres. Elle est vêtue de draperies bleu clair.

1917. — ***Ondine***. Toile. H. 0ᵐ51. L. 0ᵐ62. Signé en bas, à droite. Exposition Fantin, n° 179. A M. Emile Chouanard.

Elle est couchée, baignée par les vagues, de droite à gauche, un bras plié et jouant avec ses cheveux, la tête penchée vers la droite.

1918. — ***Toilette***. Toile. H. 0ᵐ52. L. 0ᵐ62.

Au milieu d'un paysage est assise une femme vêtue de blanc; derrière elle, une autre femme lui met des fleurs dans les cheveux; à côté d'elle, une suivante tient une étoffe. De la gauche arrive une autre suivante.

1919. — ***Andromède***. Toile. H. 0ᵐ57. L. 0ᵐ48. Signé en bas, à gauche. A M. Coudray.

Elle est attachée par le poignet au rocher, à gauche, le corps de face, la tête, de profil, légèrement baissée; des vagues l'entourent.

1920. — ***Danaë***. Toile. H. 0ᵐ545. L. 0ᵐ65. Signé à droite, en bas : Fantin. Exposition Fantin, n° 164. Vente Zygomalas, de Marseille, Galerie G. Petit, 8 juin 1903 : 7.700 francs. A M. Henri Selosse, de Roubaix.

Une jeune femme nue, couchée, lève la main vers le ciel, que déchire une vive clarté. Un Amour ailé écarte d'elle des draperies rosées. A gauche, sur un fond de ciel, on aperçoit des colonnes.

1921. — ***Vénus et l'Amour au Flambeau***. Toile. H. 0ᵐ66. L. 0ᵐ56. Signé en bas, à droite.

Vénus est assise à droite, nue, de trois quarts, de dos, un bras accoudé sur le terrain, l'autre étendu le long de son corps. Devant elle, sur des nuages, l'Amour tenant un flambeau.

1922. — ***Trois Baigneuses***. Toile. H. 0ᵐ39. L. 0ᵐ59.

Deux baigneuses sont debout, l'une, au milieu, tournée vers la gauche, l'autre tournée à droite. Devant elles la troisième, assise de dos, le haut du corps nu, grand paysage.

1923. — ***Lohengrin***. Toile. H. 0ᵐ54. L. 0ᵐ37. Même composition que le tableau du Salon de 1892 et que la lithographie n° 39 du catalogue Hédiard. A M. Ad. Jullien.

1924. — ***Femme entrant au Bain***. Toile. H. 0ᵐ28. L. 0ᵐ17. Signé en bas, à droite.

Petite esquisse. Elle est à droite, tournée en sens inverse, de trois quarts, la tête en profil perdu.

1925. — ***Fleurs***. Toile. H. 0ᵐ29. L. 0ᵐ39. Zinnias. Signé en haut, à gauche. Vente Loriot-Lecaudy, 1906 : 3.550 francs.

1926. — ***Œillets***. Toile. H. 0ᵐ24. L. 0ᵐ33.

1927. — *Roses*. Toile. H. 0<sup>m</sup>24. L. 0<sup>m</sup>33.

1928. — *Bouquet de fleurs mêlées*. Toile. H. 0<sup>m</sup>34. L. 0<sup>m</sup>39.

1929. — *Pensées*. Toile. H. 0<sup>m</sup>20. L. 0<sup>m</sup>32.

1930. — *Œillets blancs*. Toile. H. 0<sup>m</sup>31. L. 0<sup>m</sup>28.

1931. — *Œillets divers*. H. 0<sup>m</sup>40. L. 0<sup>m</sup>36. Signé en haut, à droite : Fantin. Vente Buckler. mars 1906 : 180 guinées.

1932. — *Fleurs mêlées*. Toile. H. 0<sup>m</sup>31. L. 0<sup>m</sup>37. Signé en haut. à gauche.

1933. — *Bouquet*. Toile. H. 0<sup>m</sup>32. L. 0<sup>m</sup>42. Signé en haut, à gauche.
   Fleurs mêlées avec zinnias et dalhias.

1934. — *Petites roses*. Toile. H. 0<sup>m</sup>32. L. 0<sup>m</sup>34.

1935. — *Roses*. Toile. H. 0<sup>m</sup>37. L. 0<sup>m</sup>39.

1936. — *Grandes roses*. Toile. H. 0<sup>m</sup>42. L. 0<sup>m</sup>45.

1937. — *Pivoines*. Toile. H. 0<sup>m</sup>42. L. 0<sup>m</sup>37.

1938. — *Grand bouquet de Chrysanthèmes*. Toile. H. 0<sup>m</sup>35. L. 0<sup>m</sup>43.

1939. — *Pêches et Raisins*. Toile. H. 0<sup>m</sup>34. L. 0<sup>m</sup>47.

1940. — *Fleurs mêlées*. Toile. H. 0<sup>m</sup>33. L. 0<sup>m</sup>41.

1941. — *Bouquet mêlé*. Toile. H. 0<sup>m</sup>26. L. 0<sup>m</sup>35.
   Phlox, chrysanthèmes et pieds d'alouette sans vase.

1942. — *Roses*. Toile. H. 0<sup>m</sup>30. L. 0<sup>m</sup>34.

1943. — *Pieds-d'alouette*. Toile. H. 0<sup>m</sup>36. L. 0<sup>m</sup>32.

1944. — *Œillets*. Toile. H. 0<sup>m</sup>32. L. 0<sup>m</sup>31.

1945. — *Bourriche de Pensées*. Toile. H. 0<sup>m</sup>21. L. 0<sup>m</sup>37. Vente Diaz, mai 1902 : 500 francs.


## DESSINS

1946. — *A Rossini*. Crayon lithographique sur papier blanc. H. 0<sup>m</sup>126. L. 0<sup>m</sup>12. Exposition Fantin, n° 287. Au Musée du Luxembourg.
   Première idée pour la lithographie n° 160 du catalogue Hédiard : *A Rossini*. Au milieu le buste de Rossini, entouré de cinq figures féminines. La Renommée est assise au pied du monument, à droite, une trompette à la main; une figure ailée, derrière elle, apporte une palme; à gauche, une Muse le couronne et deux autres viennent rendre hommage à l'image du maître.

1947. — **A Rossini**. Crayon lithographique sur calque. H. 0ᵐ124. L. 0ᵐ124. Même composition que le numéro précédent, plus achevée. Exposition Fantin, n° 288. Au Musée du Luxembourg.

1948. — **Croquis pour le même sujet** que les numéros ci-dessus. Papier calque. N° 1. H. 0ᵐ092. L. 0ᵐ075. N° 2. H. 0ᵐ10. L. 0ᵐ122. A Mᵐᵉ Fantin-Latour.

1949. — **A Rossini**. Crayon lithographique sur calque. H. 0ᵐ12. L. 0ᵐ92. Composition à l'intention de la lithographie n° 160. A Rossini. En bas est écrit : 1ᵉʳ sept. Au Musée du Luxembourg.

Le buste de Rossini sur une colonne reposant sur des marches. A droite, une femme nue, de face, fait le geste de couronner le buste. A gauche, au premier plan, une autre femme monte les marches et offre une palme. Fond sombre, comme des arbres.

1950. — **A Rossini**. Crayon noir sur papier blanc. H. 0ᵐ13. L. 0ᵐ98. Composition analogue à la précédente. En bas 2 sept. Au Musée du Luxembourg.

Le fond est clair, la figure qui couronne, tient un miroir dans l'autre main, celle qui apporte une palme tient de l'autre main une lyre.

1951. — **A Rossini**. Crayon lithographique sur calque. H. 0ᵐ12. L. 0ᵐ95. Même composition que les précédentes, mais plus sommaire. En haut, à droite : 3 sept. 1902. Au Musée du Luxembourg.

1952. — **Jugement de Pâris**. Crayon lithographique sur calque. H. 0ᵐ297. L. 0ᵐ22. Même composition que la peinture du Musée de Reims. Signé en bas, à gauche.

Pâris, à genoux, vu de dos, offre la pomme à Vénus, assise, l'enfant Amour à ses pieds. A gauche, Minerve, avec son bouclier, à droite, en haut, au second plan, Junon et son char.

1953. — **Hommage à Rossini**. Crayon lithographique sur calque fort. H. 0ᵐ39. L. 0ᵐ37. Dessin pour la lithographie n° 160 du catalogue Hédiard avec des différences. Exécuté à Buré en 1902. Reporté sur pierre par Clot mais assez légèrement pour que le dessin subsiste, atténué, sur le papier. A Mᵐᵉ Fantin-Latour.

La figure assise au lieu d'avoir le visage de profil, l'a de trois quarts.

1954. — **Eau dormante**. Crayon lithographique sur calque. H. 0ᵐ145. L. 0ᵐ23. Composition sensiblement semblable à la

lithographie n° 173 du catalogue Hédiard. A gauche en marge :
Eau dormante. Vente Darrasse, 1909 : 410 francs.

Figure de femme nue, vue de face, couchée sur une draperie, au bord de l'eau qui occupe le premier plan. La tête s'appuie sur la main gauche, l'autre main, dont le bras n'est pas visible, est posée sur le flanc.

1955. — *Baigneuse*. Crayon lithographique sur calque. H. 0$^m$17. L. 0$^m$23. Exécuté à Buré en 1902.

Figure accroupie, de trois quarts, à gauche. Elle est entièrement nue, le bras gauche allongé, le dos de la main posant à terre, l'autre bras étendu horizontalement.

1956. — *Rêverie*. Crayon lithographique sur calque. H. 0$^m$195. L. 0$^m$315. Exécuté à Buré en 1902. Reporté sur pierre par Clot assez légèrement pour que le dessin subsiste. atténué, sur le papier. A M$^{me}$ Fantin-Latour.

Dessin pour la lithographie n° 159 du catalogue Hédiard, avec des différences : ainsi, le visage de la femme couchée n'y est pas absolument de profil et les plis de la draperie ont été modifiés sur la pierre.

1957. — *Rêverie*. Crayon noir sur papier vergé. H. 0$^m$245. L. 0$^m$37. Au Musée du Luxembourg.

Projet pour la lithographie n° 159 du catalogue Hédiard. Figure de femme couchée, au bord d'un ruisseau sous bois. Elle est nue, sauf qu'un pan de la draperie, sur laquelle s'appuient ses deux coudes, revient sur ses jambes. La tête est légèrement baissée et dans l'ombre.

1958. — *Deux Baigneuses*. Crayon lithographique sur calque. H. 0$^m$234. L. 0$^m$17. A M. Jean Flammang.

L'une, au premier plan, à gauche, entièrement nue, est assise à terre sur une draperie ; elle est vue de profil à droite. L'autre, au second plan, à droite, presque de profil, est debout et ramène sur son sein l'extrémité de la draperie dont elle est vêtue à partir des hanches. Fond de paysage boisé avec tertre à droite et une échappée au milieu.

1959. — *Deux Baigneuses*. Crayon lithographique sur calque. H. 0$^m$203. L. 0$^m$15.

L'une de face, est assise à terre, au premier plan ; les deux bras relevés, elle arrange sa chevelure, L'autre, au second plan, vue de profil perdu à droite, semble observer avec inquiétude le lointain. Dans le fond arbres avec une éclaircie au milieu.

# ANNÉE 1903

---

## PEINTURES

1960. — ***Grande Toilette***. Toile. H. 0ᵐ76. L. 0ᵐ94. Composition de neuf figures. Signé en bas, à droite. Exposition Fantin, n° 187.

Près d'un palais, une femme est assise le haut du corps nu, les jambes couvertes de voiles blancs. D'une main elle tient ses cheveux, de l'autre elle puise dans une cassette que lui tend une servante qui tourne la tête vers une compagne, occupée à coiffer sa maîtresse. Deux femmes debout causent. Devant la femme du milieu, une femme assise, de profil, le dos nu ; une autre à genoux, tient un vase en cuivre. A gauche, contre les colonnes, deux femmes debout.

1961. — ***Deux Baigneuses et un Amour***. Toile. H. 0ᵐ56. L. 0ᵐ66. Signé en bas, à droite.

Au milieu de la toile, au bord de l'eau, est assise une femme presque nue, de face, une main sur son sein, l'autre retenant une draperie sur sa jambe. A gauche, devant elle, une autre femme, de dos, assise à terre, nue jusqu'aux hanches, la jambe couverte d'une draperie. Derrière le terrain sur lequel est assise la femme du milieu, un petit Amour se penche pour les voir. Arbres dans le fond.

1962. — ***L'Amour grondé***. Toile. H. 0ᵐ66. L. 0ᵐ56. Signé en bas. à gauche.

Sur un terrain, devant un arbre, une femme est assise, nue, sauf une jambe couverte d'une draperie. Elle à une main appuyée sur la jambe, de l'autre main elle menace l'Amour qui est debout devant elle, appuyé sur son arc.

1963. — ***Madeleine***. Toile. H. 0ᵐ39. L. 0ᵐ47.

Dans un paysage sombre, elle est agenouillée, nue, une main reposant sur une draperie couvrant ses jambes, l'autre tenant une tête de mort.

1964. — ***Baigneuse***. Toile. H. 0ᵐ35. L. 0ᵐ25. Vente Jules Cronier, mai 1908 : 4.000 francs.

Baigneuse, de dos, se promenant dans une clairière, au clair de lune.

1965. — **Baigneuse**. Toile. H. 0ᵐ34. L. 0ᵐ26. Signé en bas, à gauche.

Ancienne esquisse faite en 1885. Elle était alors assise, de dos, dans un paysage ; effet de soir. En 1903, la baigneuse a été reprise et assise de trois quarts, au bord de l'eau, à gauche, la tête de profil perdu, vers la droite.

1966. — **Trois Baigneuses**. Toile. H. 0ᵐ33. L. 0ᵐ29. Signé en bas, à gauche.

Au premier plan, à droite, une baigneuse de profil, nue, tournée vers le fond, à genoux, parle à une compagne qui est à moitié dans l'eau. Au second plan, à droite, une autre femme s'avance vers elles.

1967. — **Diane et Endymion**. Toile. H. 0ᵐ42. L. 0ᵐ34.

Au premier plan, à droite, Endymion est couché, de dos, regardant Diane qui lui apparaît sur des nuages, la tête appuyée sur sa main, l'autre bras étendu.

1968. — **A Victor Hugo**. Toile. H. 0ᵐ45. L. 0ᵐ31. A Mᵐᵉ Esnault-Peltrie.

Même composition qu'un dessin fait au moment de la mort de Victor Hugo et reproduit dans le *Monde Illustré* du 30 mai 1885, et de la lithographie nᵒ 92 du catalogue Hédiard.

1969. — **Baigneuses**. Toile. H. 0ᵐ38. L. 0ᵐ45.

L'une est assise au premier plan, nue, de trois quarts de dos. Derrière elle, sa compagne est debout, vêtue, tenant une draperie sur les bras. Cours d'eau et grands arbres.

1970. — **Deux Baigneuses**. Toile. H. 0ᵐ24. L. 0ᵐ40. Vente Lazerges.

Au premier plan, une femme est étendue de dos, à demi-nue, la tête tournée à droite vers une autre femme, assise, le haut du corps nu, penché en avant ; fond de paysage.

1971. — **Bethsabée**. Toile. H. 0ᵐ55. L. 0ᵐ45. Signé en bas, à gauche. Exposition Fantin, nᵘ 167. Vente Pasquier. Galerie G. Petit, mai 1905 : 7.100 francs.

Elle est assise près d'un bassin, sur un banc de pierre. Elle tient d'une main des draperies blanches et jaunes, l'autre main est appuyée sur la balustrade. Derrière des bouquets d'arbres on voit une tour blanche et la petite figure du roi David.

1972. — **Deux Ondines**. Toile. H. 0ᵐ56. L. 0ᵐ66. Signé en bas, à gauche. A. M. L. Guyotin.

L'une est assise à droite, le dos nu, le bras droit étendu, la tête tournée vers la droite. L'autre est assise, à moitié renversée, agitant un voile des deux bras au-dessus de sa tête. Paysage fantastique.

1973. — ***Trois Baigneuses au bord de la mer***. Toile. H. 0ᵐ62.
L. 0ᵐ75. Signé en bas, à droite. Exposition Fantin, nᵒ 215. A
M. H. Selosse.

A gauche, au premier plan, une femme est étendue, nue, baignée
par les vagues, une main sur son sein, un bras derrière la tête. Derrière
elle, au loin, une autre femme, de dos, nue, assise sur un rocher. A
droite, debout, presque de face, le corps tourné à gauche, la tête vers la
droite, la dernière est étendue tenant un linge dans une main.

1974. — ***Trois Baigneuses au bord de l'eau***. Toile. H. 0ᵐ38.
L. 0ᵐ55.

1975. — ***Femme nue, vue de dos, couchée sous bois***. Toile.
H. 0ᵐ21. L. 0ᵐ30.

1976. — ***Trois Baigneuses***. Toile. H. 0ᵐ26. L. 0ᵐ37.

1977. — ***L'Amour désarmé***. Toile. H. 0ᵐ32. L. 0ᵐ26.

1978. — ***Le Jugement de Pâris***. Toile. H. 0ᵐ83. L. 1ᵐ. Signé
en bas, à droite. Exposition Fantin, nᵒ 169.

Ancien pastel du salon de 1890. Nᵒ 2839, transformé en peinture à
l'huile. Au premier plan, Pâris, assis, de dos, la pomme dans une main,
dans l'autre le bâton de berger ; derrière lui, à droite, Minerve, en draperie bleue. A gauche, devant lui, Vénus, étendue sur des nuages, des draperies roses volant autour d'elle. Un Amour s'avance vers Pâris. En haut,
Junon, demi-nue, une draperie jaune sur les jambes ; elle a l'air cour-
roucée.

1979. — ***Ondine***. Toile. H. 0ᵐ52. L. 0ᵐ62. Signé en bas, à
droite.

Elle est presque couchée dans l'onde, de face, de droite à gauche, la
tête un peu renversée en arrière, les cheveux flottants, un bras au-
dessus de sa tête, l'autre replié dans les cheveux.

1980. — ***Danses***. Toile. H. 0ᵐ52. L. 0ᵐ63. Signé en bas, à gauche. Vente à Paris, mai 1910. Collection Franz Goerg, de Reims :
20.100 francs.

Réunion de huit femmes sous un portique donnant sur des jardins.
Au milieu, une danseuse, dansant au son d'un tambourin ; autour d'elle
des femmes debout et assises.

1981. — ***Baigneuse***. Toile. H. 0ᵐ47. L. 0ᵐ39. Signé en bas, à
gauche.

Elle est debout, devant un arbre, presque de face, entièrement nue,
un bras replié sur sa tête qui est, de profil, penchée vers la droite,
l'autre bras est caché et tient une draperie blanche derrière elle. A droite,
un cours d'eau.

1982. — ***Deux Baigneuses.*** Toile. H. 0^m51. L. 0^m62. Signé en bas, à gauche.

Au milieu d'un paysage, une des baigneuses est assise, de trois quart, presque de face, entièrement nue, un bras appuyé sur le terrain et sur un linge, l'autre étendu vers la gauche, la tête est tournée vers la droite et vers sa compagne. Celle-ci est debout, nue jusqu'à la ceinture, de dos la tête tournée vers la gauche et le corps vers la droite.

1983. — ***Madeleine.*** Toile. H. 0^m27. L. 0^m32. Signé en bas, à droite.

Elle est à mi-corps, la tête appuyée sur sa main, à droite, l'autre bras replié Bsur la poitrine. out de draperie sur le corps.

1984. — ***Le Lever.*** Toile. H. 0^m45. L. 0^m56. Signé en bas, à droite.

Une femme est assise sur son lit, presque de dos, la tête tournée de face, retenant d'un bras une draperie contre son sein, de l'autre bras touchant un rideau qui est ouvert sur un paysage.

1985. — ***Le Satyre.*** Toile. H. 0^m86. L. 0^m655. Au Musée Victor Hugo.

Au premier plan, le satyre, assis, de dos, regardant l'assemblée des dieux. Devant lui, Vénus, assise sur des nuages, tenant d'une main ses cheveux ; un petit Amour est derrière sa tête et semble lui parler. En haut, Jupiter et son aigle, accompagné de quatre déesses. A gauche, au bord du cadre, une Heure qui s'en va.

1986. — ***Odalisque.*** Toile. H. 0^m52. L. 0^m62. Signé en bas, à droite.

Une femme nue est étendue de droite à gauche presque de face, les bras relevés derrière la tête, le haut du corps appuyé sur des coussins. Grands arbres et cours d'eau dans le fond. A droite, une colonne avec un pan de rideau.

1987. — ***Vénus embrassant l'Amour.*** Toile. H. 0^m24. L. 0^m33. Signé en bas, à droite.

Vénus est assise à droite, de trois quarts, le dos contre un banc en marbre sur lequel elle appuie un bras ; de l'autre, elle tient un Amour qu'elle embrasse. Arbres dans le fond.

1988. — ***Femme assise.*** Toile.

Femme assise, de trois quart, tournée vers la gauche, le haut du corps nu, une draperie blanche sur les jambes ; elle la retient du bras droit, le bras gauche un peu en arrière.

1989. — ***Quatre Baigneuses.*** Toile. H. 0^m283. L. 0^m392. Même composition que le dessin exposé chez Tempelaere, en 1901.

Une d'elles, à droite, est assise au bord d'un bassin en marbre. Une autre, au milieu, debout, drapée. La troisième, à gauche, se fait rattacher son bracelet par la dernière qui est à genoux.

1990. — ***Deux Nymphes et une Source.*** Toile. H. 0^m285. L. 0^m405. Même composition que le dessin exposé chez Tempelaere en 1901.

La Source est à demi-couchée, au milieu, nue, le coude appuyé sur son urne d'où l'eau ruisselle. Une des deux nymphes est assise à gauche, l'autre, accroupie, lui montre une fleur.

1991. — ***Baigneuses.*** Toile. H. 0^m65. L. 0^m55. Signé en bas, à gauche.

Elles entourent un bassin. Au milieu, est assise l'une d'elles qui semble sortir de l'eau, et se couvre de linges blancs. Au premier plan, à droite, est assise de dos, une femme ; derrière celle-ci, une autre baigneuse arrive, le haut du corps nu, portant des étoffes qu'elle présente à celle du milieu. A gauche, un peu plus loin et plus haut, la quatrième baigneuse est assise.

1992. — ***La Toilette.*** Toile. H. 0^m39. L. 0^m44. Vente Vignon, juin 1903 : 4.000 francs.

1993. — ***Vénus et sa Cour.*** Toile. H. 0^m645. L. 0^m81. Signé en bas, à gauche.

Un peu à gauche du milieu de la toile, Vénus est assise, presque nue ; un Amour cherche à l'approcher. Derrière l'Amour, une femme tient son arc. A droite, un groupe de trois figures, dans l'eau, tenant des coquilles, des fleurs, etc. Au-dessus d'elles, dans les airs, un Amour s'envole. A gauche, derrière Vénus, debout, trois femmes portant des étoffes.

1994. — ***Centenaire de Berlioz.*** Toile. H. 0^m40. L. 0^m325. Au Musée Berlioz, à la côte St-André (Isère).

Première idée pour la lithographie n° 175 du catalogue Hédiard, faite pour le centenaire de Berlioz.

1995. — ***L'Abandonnée.*** Toile. H. 0^m32. L. 0^m33.

A gauche, est assise une femme, de trois quarts, nue jusqu'à la ceinture, les jambes couverte d'une draperie. La tête est de profil, elle tient un voile au-dessus de sa tête. Fond de paysage.

1996. — ***Fleurs de Printemps.*** Toile. H. 0^m29, L. 0^m30.

1997. — ***Pivoines.*** Toile. H. 0^m32. L. 0^m40.

1998. — ***Pensées.*** Toile. H. 0^m23. L. 0^m28. Signé à droite, en bas.

1999. — ***Giroflée blanche et Iris.*** Signé en haut, à gauche. Vente Buckler. mars 1906 : 150 guinées.

2000. — ***Roses.*** Toile. H. 0^m24. L. 0^m342. Signé en haut, à droite : Fantin. Vente Buckler. mars 1906 : 115 guinées.

2001. — ***Bottes d'œillets de toutes nuances.*** Toile. H. 0^m24. L. 0^m36.

2002. — ***Sept Roses dans un vase en verre***. Toile. H. 0^m33. L. 0^m32. A M. Alb. Pra.

2003. — ***Roses***. Toile. H. 0^m34. L. 0^m42. A M. L. Guyotin.
Neuf roses dans un vase en cristal taillé.

2004. — ***Quatre Roses***. Toile. H. 0^m35. L. 0^m33.
Quatre roses jaunes et trois roses roses dans un gobelet en verre.

2005. — ***Six Roses***. Toile H. 0^m33. L. 0^m37.
Six roses jaunes dans un vase.

2006. — ***Fruits***. Toile.
Deux petits tableaux de pêches.

## DESSINS

2007. — ***Baigneuse sous bois***. H. 0^m20. L. 0^m145.
Une jeune femme, debout, entièrement nue, le corps de face, la tête de profil vers la gauche, les bras étendus, s'avance au milieu d'un paysage boisé.

2008. — ***Le Malade***. H. 0^m20. L. 0^m145. (Page 49. André Chénier).
Deux figures, l'une étendue à terre, l'autre assise sur un terrain, de profil vers la gauche. Arbres dans le fond.

2009. — ***Diane***. H. 0^m20. L. 0^m145. (Page 131. André Chénier).
Elle est assise, entièrement nue, presque de face, sur un terrain, au milieu d'un bois.

2010. — ***Hylas***. H. 0^m20. L. 0^m145. (Page 73. André Chénier). A M^me Fantin-Latour.
" De leurs roseaux touffus les trois nymphes soudain
Volent, fendent leurs eaux, l'entraînent par la main ", etc.

2011. — ***Néère*** H. 0^m20. L. 0^m142. (Page 74. André Chénier).
" Tel jusqu'à sa mort " etc.

(Ces dessins ont été faits en même temps que les lithographies pour l'édition des *Poésies* de André Chénier. Crayon lithographique sur calque).

## LITHOGRAPHIES

2012. — ***Rêverie***. H. 0^m193. L. 0^m315. N^o 159 du catalogue Hédiard.

2013 — ***A. Rossini***. H. 0^m384. L. 0^m377. N^o 160 du catalogue Hédiard.

2014. — ***André Chénier.*** Frontispice : l'Aveugle. H. 0ᵐ201. L. 0ᵐ142. Nᵒ 161 du catalogue Hédiard.

2015. — ***Le jeune Malade.*** H. 0ᵐ202. L. 0ᵐ142. Nᵒ 162 du catalogue Hédiard.

2016. — ***Le jeune Malade.*** H. 0ᵐ202. L. 0ᵐ141. Nᵒ 163 du catalogue Hédiard.

2017. — ***Le Mendiant.*** H. 0ᵐ198. L. 014. Nᵒ 164 du catalogue Hédiard.

2018. — ***Lydé.*** H. 0ᵐ20. L. 0ᵐ14. Nᵒ 165 du catalogue Hédiard.

2019. — ***Bacchus.*** H. 0ᵐ20. L. 0ᵐ14. Nᵒ 166 du catalogue Hédiard.

2020. — ***Néère.*** H. 0ᵐ20. L. 0ᵐ14. Nᵒ 167 du catalogue Hédiard.

2021. — ***La jeune Tarentine.*** H. 0ᵐ20. L. 0ᵐ14. Nᵒ 168 du catalogue Hédiard.

2022. — ***XXI.*** H. 0ᵐ20. L. 0ᵐ142. Nᵒ 169 du catalogue Hédiard.

2023. — ***XXVII.*** H. 0ᵐ202. L. 0ᵐ144. Nᵒ 170 du catalogue Hédiard.

2024. — ***XXIV.*** H. 0ᵐ201. L. 0ᵐ141. Nᵒ 171 du catalogue Hédiard.

2025. — ***Diane.*** H. 0ᵐ201. L. 0ᵐ142. Nᵒ 172 du catalogue Hédiard. Ces douze derniers numéros pour les poésies d'André Chénier.

2026. — ***Eau dormante.*** H. 0ᵐ138. L. 0ᵐ222. Nᵒ 173 du catalogue Hédiard.

2027. — ***Titre pour la Revue Musicale.*** Hauteur totale 0ᵐ22. L. 0ᵐ155. Nᵒ 174 du catalogue Hédiard.

2028. — ***Centenaire H. Berlioz.*** H. 0ᵐ40. L. 0ᵐ325. Nᵒ 175 du catalogue Hédiard.

2029. — ***Roméo et Juliette.*** Confidence à la nuit. 2ᵉ planche. H. 0ᵐ267. L. 0ᵐ175. Nᵒ 176 du catalogue Hédiard.

2030. — ***Duo des Troyens.*** H. 0ᵐ256. L. 0ᵐ178. Nᵒ 177 du catalogue Hédiard.

# ANNÉE 1904

## PEINTURES

2031. — ***Vénus à sa toilette.*** Toile. H. 0ᵐ53. L. 0ᵐ63. Signé en bas, à gauche.

> Vénus est étendue, de face, sur une draperie blanche ; une de ses femmes, derrière elle, la coiffe, une autre est assise, au premier plan, de dos, nue jusqu'aux hanches. Dans le ciel un Amour.

2032. — ***Psyché.*** Toile. H. 0ᵐ63. L. 0ᵐ52. Signé en bas, à gauche.

> Jeune femme, à moitié couchée sur des nuages, la tête tournée à gauche appuyée sur une main, l'autre bras derrière la tête. Grands arbres dans le fond.

2033. — ***Andromède.*** Toile. H. 0ᵐ57. L. 0ᵐ46. Signé en bas, à droite.

> Elle est assise, à droite, appuyée contre un rocher, nue, une draperie blanche flottant derrière elle, les deux bras relevés, l'un attaché au rocher par le poignet, l'autre derrière la tête tenant un bout de la draperie ; rochers et eau dans le fond.

2034. — ***Tentation de saint Antoine.*** Toile. H. 0ᵐ64. L. 0ᵐ53. Signé en bas, à gauche : Fantin.

> A droite, saint Antoine, à genoux, absorbé dans la lecture d'un livre qu'il tient sur ses genoux. Derrière lui, une femme nue lui tend une coupe. A gauche, une femme debout et, derrière elle, une autre femme qui se penche pour le voir, tenant une draperie sur son sein.

2035. — ***Bacchanale.*** Toile. H. 0ᵐ67. L. 0ᵐ83. Signé en bas, à droite. Exposition Fantin, n° 170. A M. Sabourdin.

> Composition de neuf figures de femmes, les unes dansant, les autres faisant de la musique ; au milieu d'elles, assise, une femme tenant une coupe.

2036. — ***Femme de dos.*** Toile. H. 0ᵐ20. L. 0ᵐ13.

> Une femme assise au premier plan, presque de dos, nue jusqu'à la ceinture, un bras levé sur la tête. Effet du soir.

2037. — ***L'Aurore.*** Toile. H. 0ᵐ30. L. 0ᵐ15. Signé en bas, à gauche.

> Elle s'élance de la terre, nue, presque de face, le corps tourné vers la gauche, agitant de ses deux bras une draperie aurore.

2038. — ***Naïade poursuivie par un Triton.*** Toile. H. 0^m^17. L. 0^m^37. Signé en bas, à droite.

La naïade est à demi dans l'eau, nageant vers la droite, les bras étendus, la tête tournée vers la gauche, derrière elle, au second plan, on aperçoit la tête et le bras du triton.

2039. — ***Le Rêve et le Poète***. Apothéose de R. Schumann. Toile. H. 0^m^43. L. 0^m^31. Signé en bas, à droite : Fantin. A M^me^ Esnault-Pelterie.

Schumann est assis à gauche, sur un terrain en pente, la tête appuyée sur une main, tenant de l'autre un livre. A ses pieds, une femme nue est étendue de profil, vers la gauche. Derrière lui, une figure ailée le couronne, d'autres figures dans le fond.

2040. — ***Toilette de Vénus.*** Toile. H. 0^m^25. L. 0^m^29.

Au premier plan, à droite, Vénus couchée, de face, la tête de profil, une suivante devant elle, à genoux ; derrière elle, deux femmes debout et un Amour.

2041. — ***L'Homme entre le Vice et la Vertu.*** Toile. H. 0^m^27. L. 0^m^30.

Un homme est assis au milieu ; à droite deux femmes debout dont l'une lui offre une coupe ; à gauche un homme met sa main sur son épaule et a l'air de vouloir le persuader ; devant lui une femme est assise.

2042. — ***Allégorie.*** Toile. H. 0^m^26. L. 0^m^21. Cinq figures et un Amour. L'homme entre le Vice et la Vertu.

2043. — ***Allégorie***. Toile H. 0^m^23. L. 0^m^35. Composition de huit figures et d'un cheval.

2044. — ***Petite Orientale couchée***. Toile. H. 0^m^11. L. 0^m^16.

2045. — ***Trois Femmes dans la mer.*** Toile. H. 0^m^12. L. 0^m^20. Signé en bas, à droite.

L'une d'elle, au premier plan, est de dos, coupée par le cadre ; au milieu, une autre, le corps de face, la tête de profil, la moitié du corps dans l'eau, a un bras levé derrière elle ; on voit la tête de la troisième.

2046. — ***Femme assise***. Toile. H. 0^m^13. L. 0^m^17.

Elle est à mi-corps, assise dans un paysage.

2047. — ***Femme qui ôte sa chemise***. Toile. H. 0^m^18. L. 0^m^11.

2048. — ***Femme assise, en draperie bleuâtre***. Toile. H. 0^m^22. L. 0^m^13.

2049. — ***Amour désarmé***. Toile. H. 0^m^17. L. 0^m^13.

2050. — ***Etude de dos nu, d'après nature***. Toile. H. 0^m^24. L. 0^m^18.

2051. — *Jugement de Pâris*. Toile. H. 0m26. L. 0m20.

2052. — *Réveil*. Toile. H. 0m75. L. 0m60. Signé en bas, à droite. Exposition Fantin, n° 194. A M. H. Selosse.

> Une figure de femme, vue de face, est étendue sur des nuages, la tête reposant sur ses bras relevés derrière la tête.

2053. — *La Nuit*. Toile. H. 0m52. L. 0m63.

> Elle est étendue, de dos, planant au dessus de la terre, la tête tournée vers la gauche et appuyée sur une main, l'autre bras étendu. Elle est couverte à mi-corps d'une draperie lilas.

2054. — *Diane et Endymion*. Toile. H. 0m75. L. 0m62. Exposition Fantin, n° 180. A M. Chouanard.

> Endymion est étendu à droite, dans l'ombre, la tête tournée de profil vers Diane, qui lui apparaît sur des nuages, très éclairée, tenant d'une main un voile qui voltige autour d'elle.

2055. — *Fleurs diverses*. Toile. H. 0m42. L. 0m35.

2056. — *Œillets blancs*. Toile. H. 0m34. L. 0m32.

2057. — *Quatre Pêches dans une Assiette*. Toile. H. 0m20. L. 0m30.

2058. — *Quatre Pêches et deux Prunes noires*. Toile. H. 0m17. L. 0m24.

2059. — *Fleurs diverses dans un Gobelet*. Toile. H. 0m34. L. 0m30.

2060. — *Bouquet de Fleurs*. Toile. H. 0m32. L. 0m35. Signé en haut, à gauche.

> Roses, chrysanthèmes, etc., dans une jardinière en verre à trois pieds.

2061. — *Œillets*. Toile. H. 0m24. L. 0m30.


## DESSINS


2062. — *Bacchanale*. Crayon lithographique sur calque. H. 0m142. L. 0m178. Esquisse mise au carreau pour le tableau fait en 1904, voir n° 2035. En bas est écrit : La Danse. Au Musée du Luxembourg.

> Réunion de neuf figures de femmes. Au second plan, à gauche, une femme est assise à laquelle une autre, à genoux, offre des rafraichissements. Entre elles une danseuse et une joueuse de flûte. A droite, trois autres danseuses. Au premier plan, à gauche, une femme étendue se repose ; au-dessus d'elle une figure assise.

2063. — *" Il aime ce beau Marbre, image de Cypris "* Crayon lithographique sur calque. H. 0ᵐ255. L. 0ᵐ155. Une répétition est au Musée de Lille n° 2611. Au Musée du Luxembourg.

Etude pour un des douze dessins faits pour être mis dans les douze premiers exemplaires d'André Chénier. En mauvais état, probablement recommencé à cause de cela.

2064. — *Figures dans un Paysage.* Crayon noir sur papier végétal. H. 0ᵐ17. L. 0ᵐ22. Signé à gauche, dans la marge, à la mine de plomb : 1904 H. Fantin.

Groupe de sept femmes dans une clairière.

2065. — *Figures dans un paysage.* Crayon noir sur papier vergé. H. 0ᵐ195. L. 0ᵐ22. Déchirures en divers endroits. Signé en bas, à droite : 1904 Fantin. Au Musée de Lille, n° 2605.

2066. — *Renommée.* H. 0ᵐ265. L. 0ᵐ18. Signé dans le bas, à droite : Fantin. Petite déchirure dans le haut du papier près du coin à droite. Au Musée de Lille, n° 2611.

Elle tient une palme dans la main droite, une couronne dans la main gauche. En haut, vers la gauche, l'inscription : A André Chénier. Dans le bas, à gauche : Il aime ce beau marbre, image de Cypris. Dessin à la mine de plomb sur papier végétal, sans doute un projet pour un des douze dessins faits pour être mis dans les douze premiers exemplaires des Bucoliques d'André Chénier (page 130).

*Douze dessins pour être mis dans les douze premiers exemplaires.*

2067. — 1. *A André Chénier.*

2068. — 2. *" Il aime ce beau Marbre, image de Cypris ".*

2069. — 3. *Erato, poésie Anacréontique.*

2070. — 4. *Polymnie, poésie lyrique.*

2071. — 5. *Calliope, poésie héroïque.*

2072. — 6. *Danseuse.*

2073. — 7. *Bacchante* (page 142).

2074. — 8. *Baigneuse.*

2075. — 9. *Représente une jeune Fille qui soulève sa robe pour entrer dans l'eau* (page 147).

2076. — 10. *" Telle éclate Vénus au milieu des trois Sœurs "* (page 78).

2077. — 11. *Demi-figure de face.*

2078. — 12. *Demi-figure de dos.*

2079. — *A Rollinat*. H. 0<sup>m</sup>21. L. 0<sup>m</sup>148.

Une jeune femme est assise, songeuse, au pied d'un monument, la tête appuyée sur une main, l'autre main tenant une lyre. Une figure ailée vient, de gauche, offrir une palme et une couronne.

2080. — *Aux Victimes de la guerre Russo-Japonaise*. Crayon noir. H. 0<sup>m</sup>44. L. 0<sup>m</sup>30.

Une figure ailée descend du ciel dans une lueur, les deux bras étendus. En bas, à gauche, un soldat russe étendu mort; à droite, un soldat japonais relève la tête.

---

# OEUVRES POSTHUMES

## LITHOGRAPHIES

2081. — *Feuille d'études*. H. 0<sup>m</sup>26. L. 0<sup>m</sup>23. Hédiard, n° 178.

2082. — *Feuille d'études*. H. 0<sup>m</sup>174. L. 0<sup>m</sup>245. Hédiard, n° 179.

2083. — *Feuille composée de quatre Croquis de sujets de danses*. H. 0<sup>m</sup>088. L. 0<sup>m</sup>052. Hédiard, n° 181.

2084. — *Feuille d'études*. H. 0<sup>m</sup>242 L. 0<sup>m</sup>178. Hédiard, n° 180.

2085. — *Feuille d'études*. H. 0<sup>m</sup>24. L. 0<sup>m</sup>195. Hédiard, n° 182.

2086. — *La Toilette*. H. 0<sup>m</sup>135. L. 0<sup>m</sup>168. Hédiard, n° 183.

2087. — *Baigneuses*. H. 0<sup>m</sup>17. L. 0<sup>m</sup>188. Hédiard, n° 184.

2088. — *La Renommée*. H. 0<sup>m</sup>198. L. 0<sup>m</sup>118. Hédiard, n° 185.

2089. — *Feuille contenant deux Croquis*. H. 0<sup>m</sup>075. L. 0<sup>m</sup>155. Hédiard, n° 186.

2090. — *Femme demi-nue*. H. 0<sup>m</sup>154. L. 0<sup>m</sup>119. Hédiard, n° 187.

2091. — *Manfred et Astarté*. H. 0<sup>m</sup>154. L. 0<sup>m</sup>119. Hédiard, n° 188.

2092. — *Grand Paysage avec figures*. H. 0<sup>m</sup>18. L. 0<sup>m</sup>268. Hédiard, n° 189.

2093. — *Le Réveil.* — H. 0ᵐ178. L. 0ᵐ254. Hédiard, n° 190.

2094. — *Le Matin.* H. 0ᵐ128. L. 0ᵐ162. Hédiard, n° 191.

2095. — *Bacchante.* H. 147. L. 0ᵐ125. Hédiard, n° 192.

2096. — *Feuille d'Etudes.* H. 0ᵐ15. L. 0ᵐ266. Hédiard, n° 193.


## II


## PEINTURES INACHEVÉES


2097. — *Nuit de Printemps.* Toile. H. 0ᵐ65. L. 0ᵐ81. Signé en bas, à droite. A M. Dupuy d'Angeac.

Composition analogue à la lithographie n° 47 du catalogue Hédiard, avec des changements, et au tableau n° 1148 : Rêve du poète. Le poète est étendu à droite, au lieu d'être à gauche. Il y a une troisième figure de femme qu'on aperçoit à gauche, près du cadre.

2098. — *Baigneuse.* Toile. H. 0ᵐ61. L. 0ᵐ50. Souvenir du Corrège. Signé en bas, à droite.

Elle est assise, de face, sur un terrain boisé, une draperie sur les jambes, le bout du pied dans l'eau.

2099. — *Nymphe lutinée.* Toile. H. 0ᵐ61 L. 0ᵐ46.

Elle est assise de face, vêtue, un voile flottant autour d'elle ; un petit Amour vient lui chuchoter dans l'oreille.

2100. — *Baigneuse.* Toile. H. 0ᵐ38. L. 0ᵐ46. Signé en bas, à droite.

Elle est à moitié étendue de face, la tête de trois quarts, appuyée contre un arbre qu'elle entoure de ses bras. Dans le fond, de l'eau et des arbres au loin, effet de soleil couchant.

2101. — *L'Amour désarmé.* Toile. H. 0ᵐ38. L. 0ᵐ46. Signé en bas, à droite.

Une jeune femme assise, de face, presque nue, un coude appuyé sur le terrain, retient d'une main un voile qui flotte derrière elle, de l'autre main l'arc du petit Amour, qui est assis de dos, près d'elle.

2102. — *La Nuit.* Toile. H. 0ᵐ46. L. 0ᵐ55.

Elle est assise à terre, nue, dans un paysage bleuâtre, crépusculaire, tenant un voile, des deux bras, derrière la tête.

2103. — *Ariane.* Toile. H. 0ᵐ66. L. 0ᵐ55. Signé en bas, à gauche. Exposition Fantin, n° 165. A M. Wormser.

Elle est à moitié assise, à gauche, au bord de la mer, sur un rocher, un genou couvert d'une draperie lilas. D'une main elle retient la draperie sur son sein ; l'autre est étendue. La tête est de profil perdu, tournée vers le fond. Ciel et mer agités.

2104. — ***Deux Baigneuses ou la Surprise***. Toile. H. 0^m65. L. 0^m54. Vente X., novembre 1908 : 1.900 francs.

L'une, de trois quarts, de dos, à gauche, assise, une jambe repliée sous l'autre, retient d'un bras une draperie blanche qui couvre à moitié les jambes ; l'autre bras levé, tient une branche d'arbre. La seconde baigneuse, est assise au milieu, de face, vêtue.

2105. — ***Le Repos après le bain***. Toile. H. 0^m50. L. 0^m51. Vente X., novembre 1908 : 1.620 francs.

Trois femmes au bord de l'eau. L'une, nue, à genoux au milieu du tableau. Elle est de profil, tournée vers la gauche. Devant elle, une autre femme a moitié étendue, les bras accoudés sur un terrain, semble parler à la troisième qui est debout, à droite, de dos, nue jusqu'à la ceinture, le bras étendu vers sa compagne.

2106. — ***Toilette de Vénus***. Toile. H. 0^m59. L. 0^m73.

Au milieu de la composition, Vénus, entourée de beaucoup de femmes qui lui offrent des étoffes, des coupes, etc. Dans le ciel, des petits Amours.

2107. — ***Femme dans un Paysage***. Toile. H. 0^m56. L. 0^m67.

Elle est assise, de trois quarts à droite, presque de dos, au bord de l'eau entourée d'arbres dans un paysage vert. Elle a la tête baissée, un bras sur une jambe, recouverte d'une draperie blanche ; l'autre bras est appuyé sur le terrain.

2108. — ***Sortie de Bain***. Toile. H. 0^m54. L. 0^m65.

Quatre baigneuses dans un paysage très clair. A droite, près du cadre, une femme assise, vêtue ; à côté d'elle, une autre femme, nue, debout : devant elles, une espèce de suivante, de dos, habillée, tenant une draperie sur un bras et montrant de l'autre la quatrième baigneuse, qui est, au loin, dans l'eau.

2109. — ***Deux Femmes dans un Intérieur***. Toile. H. 0^m52. L. 0^m63.

A droite, assise sur des coussins, près d'une colonne, une femme, de dos, la tête de profil perdu, regarde sa compagne assise, à gauche au second plan, s'enlevant sur un paysage qu'on aperçoit entre une colonne et un rideau soulevé.

2110. — ***Allégorie***. Toile. H. 0^m54. L. 0^m65.

Au milieu de la composition, un homme est assis, de profil, regardant une femme étendue derrière lui, sur un terrain surélevé. Elle tient des deux mains, un voile flottant derrière elle. A gauche, plus bas que l'homme, une autre femme est agenouillée et tournée vers lui.

2111. — ***Trois Baigneuses***. Toile. H. 0^m73. L. 0^m60. Signé, en bas, à gauche.

A gauche, sur un terrain au bord de l'eau, au premier plan, une femme nue est assise, de dos, sur une draperie blanche, une jambe étendue. Au milieu, debout, de trois quarts, une baigneuse se penche, tenant un voile devant elle. Plus à droite, et plus loin, une troisième baigneuse est à genoux, de profil, tournée vers la gauche. Fond d'arbre et éclaircie.

2112. — **_L'Aurore_**. Toile. H. o^m66. L. o^m54. Signé en bas, à droite.

Elle est debout, nue, de face, entourée de draperies flottantes qu'elle soulève d'un bras, au-dessus de sa tête.

2113. — **_Baigneuse_**. Toile. H. o^m66. L. o^m56. Signé en bas, à gauche.

Femme assise, presque de face, la tête tournée vers la gauche, une main appuyée sur une draperie qui est jetée sur le terrain, tenant ses cheveux de l'autre main. Les jambes sont couvertes d'une draperie rouge.

2114. — **_L'Automne_**. Toile. H. o^m55. L. o^m46.

Dans un paysage automnal, une femme se dirige vers la droite, de profil, le haut du corps nu. Cette toile devait faire partie des quatre saisons.

2115. — **_L'Eté_**. Toile. H. o^m55. L. o^m46. Signé en bas, à gauche. A M^me Fantin-Latour.

Une jeune femme vêtue de rose, une gerbe de blé dans un bras, une faucille dans l'autre main, s'avance de face vers le spectateur ; derrière elle un ciel bleu d'été et des terrains peu élevés. Faisant suite au Printemps de 1901 et à l'Automne et l'Hiver, laissés inachevés.

2116. — **_Baigneuses_**. Toile. H. o^m60. L. o^m72.

A droite, l'une des baigneuses est debout, nue, presque de face, un bras levé et tenant une branche d'arbre, l'autre bras plié. La seconde baigneuse est assise à terre, à moitié nue, la tête appuyée sur la main gauche. Arbres dans le fond et cours d'eau.

2117. — **_Tentation de saint Antoine_**. Toile. H. o^m46. L. o^m55.

Composition presque semblable à la lithographie n° 110 du catalogue Hédiard. Au premier plan, saint Antoine est à genoux, les mains croisées sur la poitrine, devant un livre ouvert. Derrière lui, deux figures de femmes nues s'enlèvent en lumière sur le paysage sombre. Celle de gauche se renverse à demi, celle de droite, agenouillée, présente une coupe d'une main et de l'autre ramène des voiles sur son sein.

2118. — **_La Nuit_**. Toile. H. o^m72. L. o^m59. Composition ressemblant, en sens inverse, à l'esquisse faite en 1899. Signé en bas, à droite. (Voir n° 1760.)

Dans un paysage bleuâtre, éclairé par la lune, une femme est étendue nue, de face, un bras reposant le long du corps sur une draperie blanche, l'autre bras derrière la tête, qui est renversée en arrière, de profil.

2119. — **_L'Enfance du Christ_**. Toile. H. o^m66. L. o^m82. Exposition Fantin. n° 158. A M^me Thomson.

Au milieu d'un frais paysage, la Vierge est assise à l'ombre d'un grand arbre. L'enfant Jésus appuie sa tête en dormant sur les genoux de sa mère. Saint Joseph est assis à droite, tout près d'un tronc d'arbre. Devant eux, et dans le fond, trois anges apportent des offrandes.

2120. — *La Danse*. Toile. H. 0ᵐ81. L. 0ᵐ65. Signé en bas, à droite.

Sous un portique, une femme est assise et regarde une autre femme nue qui danse. Devant elle, à droite, deux femmes jouent de la guitare et du tambourin. D'autres figures dans le fond.

2121. — *La Toilette*. Toile. H. 0ᵐ73. L. 0ᵐ60. Signé en bas, à droite.

Dans un intérieur, une femme nue est debout, tandis qu'une autre femme, à genoux, lui tend une draperie; devant elle, à droite, deux suivantes sont occupées à la servir; l'une verse de l'eau avec une aiguière, l'autre lui apporte une robe. Dans le fond, une cinquième suivante relève un rideau.

2122. — *Le Matin (quatre Baigneuses)*. Toile. H. 0ᵐ54 L. 0ᵐ65. Signé en bas, à gauche.

A droite, une baigneuse, assise, de profil, sur un tertre au bord de l'eau, devant une compagne nue qui a l'air de vouloir entrer dans l'eau.

Au milieu, une femme demi-nue est assise, de dos; derrière elle, beaucoup plus élevée, une quatrième baigneuse est assise.

2123. — *Odalisque*. Toile. H. 0ᵐ50. L. 0ᵐ61.

Dans un intérieur oriental, une femme est couchée et tournée à gauche, presque de face, nue, sauf une jambe recouverte d'un voile blanc, la tête de profil, appuyée sur un bras, l'autre bras replié sur la poitrine.

A droite, au second plan, une suivante pince de la guitare. Dans le fond un rideau relevé laisse voir des colonnes.

2124. — *Ondine*. Toile. H. 0ᵐ46. L. 0ᵐ55. Signé, en bas, à gauche.

Elle est tout entourée d'eau, le haut du corps émergeant, de face, vers la gauche, la tête tournée à droite, les deux bras allongés sortant de l'eau.

2125. — *Le Triomphe de l'Amour*. Toile.

Esquisse très peu faite.

2126. — *L'Aurore chassant la Nuit*. Toile. H. 0ᵐ66. L. 0ᵐ81. Signé en bas, à gauche.

Au milieu de la composition, l'Aurore, dont on ne voit que le haut du corps, tient un voile aurore qui flotte derrière elle; elle s'avance vers la droite, et semble chasser la Nuit, qui est à gauche. A droite, une autre figure paraît aussi fuir devant elle; dans le ciel des petits Amours.

2127. — *Le Bain*. Toile. H. 0ᵐ73. L. 0ᵐ60.

A droite, une femme nue, assise de profil au bord de l'eau; devant elle, une femme vêtue de blanc, porte une draperie. Plus au fond, une troisième femme apporte des rafraîchissements. A droite, des arbres, à gauche, une colonne.

2128. — *Les Sirènes*. Toile. H. 0ᵐ61. L. 0ᵐ73. Signé, en bas, à gauche.

A gauche, trois femmes nues sous des arbres, au bord de la mer.

L'une d'elles, étendue au premier plan, la tête appuyée sur un bras, l'autre relevé derrière la tête. Plus loin une autre femme, assise sur un terrain, de trois quarts, les jambes pendantes, la tête de face. Derrière elles, une troisième, de dos, regarde une voile qui se silhouette au loin.

2129. — *Ève*. Toile. H. 0$^m$73. L. 0$^m$60. Au musée municipal de Venise.

Même composition que la lithographie n° 126 du catalogue Hédiard et que l'esquisse n° 1636 faite en 1896.

2130. — *Baigneuses*. Toile. H. 0$^m$66. L. 0$^m$81. Signé en bas, à droite.

Réunion de quatre femmes dans un paysage, au bord de l'eau. En avant, une femme nue, étendue de dos ; à sa droite, une autre femme, assise de trois quarts, le haut du corps nu ; à gauche, une autre femme debout, de face, la tête de profil, inclinée vers la gauche. Elle retient une draperie derrière elle. Plus loin enfin, la quatrième baigneuse est assise, nue, de trois quarts, tournée vers la droite.

2131. — *L'homme entre le Vice et la Vertu*. Toile. H. 0$^m$61. L. 0$^m$50. Signé en bas, à gauche, Exposition Fantin, n° 192.

Sur un terrain, une femme entièrement nue est assise, soulevant des deux bras un voile. A ses pieds, l'homme à genoux, semble l'implorer. Dans le fond, une figure ailée fuit, éplorée.

2132. — *Solitude*. Toile. H. 0$^m$555. L. 0$^m$415. Même composition que la lithographie n° 40 du catalogue Hédiard.

Au premier plan, à droite, une eau dormante ; à gauche, un sentier ombragé de grands arbres. Au second plan, une petite figure de femme, debout, dans une attitude de rêverie. A l'arrière plan, les colonnes d'un temple. Dans le ciel, le disque de la lune, la déesse de la nuit étendue sur les nuages.

2133. — *Andromède*. Toile. H. 0$^m$43. L. 0$^m$315

Elle est debout, au milieu de la toile, nue, de trois quarts vers la droite, les deux bras levés et attachés par les poignets à un rocher qui occupe presque tout le fond.

2134. — *Aurore*. Toile. H. 0$^m$34. L. 0$^m$215.

Une figure nue, de face, s'avance vers le spectateur, dans un paysage très coloré.

2135. — *Deux Baigneuses*. Toile. H. 0$^m$25. L. 0$^m$285.

L'une est étendue au premier plan, de trois quarts, de droite à gauche, vêtue, les deux bras levés ; l'autre assise à gauche, de dos.

2136. — *Une Baigneuse*. Toile. H. 0$^m$25. L. 0$^m$185.

Une femme assise se soulevant et penchée légèrement en avant, presque de face, la tête tournée vers la droite, retient une draperie devant elle de ses deux mains. Arbustes dans le fond.

2137. — *Deux Baigneuses*. Toile. H. 0$^m$345. L. 0$^m$285. Signé en bas, à gauche.

L'une est assise de dos, l'autre debout près d'elle, le corps de trois quarts, la tête de profil tournée vers la gauche.

2138. — *Quatre Baigneuses*. Toile. H. 0ᵐ32. L. 0ᵐ58.

Elles sont réunies dans un paysage très en largeur ; deux d'entre elles, debout, causent, à gauche, l'une près de l'autre ; la troisième, au milieu, debout, allant vers la droite, la dernière assise non loin d'elle.

2139. — *L'Hiver*. Toile. H. 0ᵐ55. L. 0ᵐ46. Composition analogue au Nᵒ 1200. (Voir nᵒ 1866).

Cette peinture devait faire partie des quatre saisons. Le printemps a été achevé en 1901. L'automne, l'hiver et l'été sont restés inachevés.

2140. — *Tentation de saint Antoine*. Toile. H. 0ᵐ50. L. 0ᵐ61. Signé en bas, à droite. Exposition Fantin, nᵒ 191 *bis*.

Saint Antoine est à genoux, à gauche, à l'ombre d'un arbre, devant un livre ouvert. On voit apparaître derrière l'arbre, dans un paysage très clair, quatre femmes : une, debout, de face, nue ; deux autres au bord du cadre, à droite ; la dernière enfin cachée à moitié par des branches d'arbre.

2141. — *Baigneuses*. Toile. H. 0ᵐ48. L. 0ᵐ63. Exposition Fantin, nᵒ 211.

Cinq baigneuses dans un paysage. Une, debout, de dos, à gauche, une autre, au milieu, assise, presque de dos, sur un terrain, au bord de l'eau ; sur l'autre rive, les trois autres, assises et dans l'eau.

2142. — *Rêverie*. Toile. H. 0ᵐ225. L. 0ᵐ35.

Une jeune femme est assise, de profil à gauche, à l'ombre d'un bouquet d'arbres, une draperie sur les jambes, regardant une grande étendue de ciel et d'eau devant elle.

2143. — *Andromède*. Toile. H. 0ᵐ81. L. 0ᵐ65.

Elle est debout, de face, attachée par un poignet au rocher, à droite, l'autre bras derrière la tête. A gauche, les flots viennent baigner ses pieds.

2144. — *Toilette*. Toile. H. 0ᵐ54. L. 0ᵐ65.

Devant un portique, une femme est assise, de trois quarts, le haut du corps nu, tenant ses cheveux d'un bras et se regardant dans un miroir qu'elle tient de l'autre main. A droite, une femme, assise, de trois quarts de dos, se tournant vers elle, lui tend un voile. Devant elle, une femme à genoux, lui lave les pieds ; derrière celle-ci, une autre servante apporte une robe. Entre les colonnes, à droite, une suivante tient une cassette.

2145. — *Le Jeu*. Toile. H. 0ᵐ60. L. 0ᵐ73. Signé en bas, à droite. Exposition Fantin, nᵒ 199. Vente J. Gerbeau, 1908 : 1520 francs.

Dans un intérieur genre mauresque, trois femmes sont assises et jouent. L'une, mi-nue, presque de face, a un coude appuyé sur la table de jeu ; de son autre bras elle s'appuie à terre. Derrière elle, plus vers la gauche, une femme, vêtue de jaune, a la main posée sur la table. A gauche, la troisième de profil prend part au jeu.

2146. — *La Danse*. Toile. H. 0<sup>m</sup>61. L. 0<sup>m</sup>71. Signé en bas, à droite.

Dans un intérieur oriental, une femme étendue sur un lit de repos, regarde une femme, devant elle, nue, dansant, en faisant flotter des draperies derrière elle. A gauche, des suivantes font de la musique et apportent des rafraichissements.

2147. — *Esquisse*. Toile.

Femme nue presque de face, la tête un peu penchée. Vente Mita.

2148. — *Vénus Anadyomène*. Toile. H. 0<sup>m</sup>90. L. 0<sup>m</sup>72. Signé à gauche, en bas : Fantin. Exposition Fantin, n° 176. A M. F. Tempelaere.

Vénus est debout, de face, sortant de l'onde, tenant ses cheveux des deux bras relevés au-dessus de la tête. Au-dessus d'elle, dans les nuages, trois Amours, dont l'un la couronne. Un autre Amour, à droite, à ses pieds, lui présente un miroir. A gauche, une jeune femme de profil, à genoux, lui offre une coquille avec des perles. Encore à gauche, d'autres figures de femmes dans l'eau.

2149. — *Baigneuses au soir*. Toile. H. 0<sup>m</sup>54. L. 0<sup>m</sup>65.

Une femme, à droite, debout, de profil, tenant ses cheveux et vêtue d'une draperie transparente, semble parler à une compagne, assise, nue, qui se tourne vers elle. Entre elles deux, une autre femme assise, presque de dos.

2150. — *Jeune fille et un Amour*. Toile. H. 0<sup>m</sup>62 L. 0<sup>m</sup>58. Signé en bas, à droite.

La jeune fille est assise à droite, de trois quarts, le haut du corps nu, une draperie sur les jambes, au bord de l'eau, dans un grand paysage ; au loin un petit Amour semble la guetter.

2151. — *L'Aurore*. Toile. H. 0<sup>m</sup>57. L. 0<sup>m</sup>48. Signé en bas, à gauche.

Une figure nue, de trois quarts, sur des nuées, s'avance vers la droite, la tête se détournant à gauche ; autour d'elle, des nuages et des draperies flottantes.

2152. — *Sirènes*. Toile. H. 0<sup>m</sup>54. L. 0<sup>m</sup>65. Signé en bas, à droite.

Trois femmes sous un arbre, au bord de l'eau ; au premier plan, une d'elles couchée, de dos, à moitié nue ; devant elle, une autre femme, nue, assise sur un talus. A gauche, la troisième, appuyée contre un arbre, également nue, un bras sur la tête, tournée vers le fond, regarde une voile.

2153. — *Danses*. Toile. H. 0<sup>m</sup>65. L. 0<sup>m</sup>81. Signé en bas, à gauche.

Réunion de femmes dansant et jouant de divers instruments, devant un portique de palais ouvert sur le paysage.

2154. — *Trois Baigneuses au soleil couchant*. Toile. H. 0<sup>m</sup>21. L. 0<sup>m</sup>41. Vente Coudray, juin 1908 : 3.000 francs.

Au milieu, l'une d'elles est assise, de profil, la tête de face ; devant elle, une autre sort de l'eau et remonte sur la rive. La troisième baigneuse se tient à l'ombre d'un massif d'arbres.

2155. — ***Vénus et l'Amour***. Toile H. 0<sup>m</sup>39. L. 0<sup>m</sup>56. Signé en bas, à gauche.

Vénus est à genoux, de face, le haut du corps nu, une main appuyée à terre, de l'autre main tenant l'arc et la tête tournée vers l'Amour, qui est derrière elle et semble l'implorer de lui rendre son arme.

2156. — ***Inspiration***. Toile. H. 0<sup>m</sup>61. L. 0<sup>m</sup>75. Esquisse très sommaire. Composition analogue au dessin du Salon de 1896, n° 1643.

2157. — ***Buste de femme***. Toile. H. 0<sup>m</sup>16. L. 0<sup>m</sup>13.

Une jeune femme assise, dont on ne voit que le buste, de trois quarts, tient ses cheveux d'une main, de l'autre un miroir.

2158. — ***Esquisse***. Toile. H. 0<sup>m</sup>61. L. 0<sup>m</sup>49. Signé en bas, à droite.

Des femmes assises dans un paysage très clair ; un enfant s'appuie sur l'une d'elles.

2159. — ***La Toilette de Vénus***. Toile. H. 0<sup>m</sup>79. L. 0<sup>m</sup>60. Cette composition a été répétée plusieurs fois. (Voir n<sup>os</sup> 1436 et 2209). Exposition Fantin, n° 174. A M. S. Wilmersdoerffer.

Vénus est debout, tournée vers la gauche, nue, de face, les deux bras relevés et tenant ses cheveux ; elle se regarde dans un miroir que tient un Amour, assis sur un terrain, devant elle. A droite, on voit un petit Amour qui arrive en courant tenant une corbeille de fleurs sur sa tête.

2160. — ***La Nuit et les Songes***. Toile. H. 0<sup>m</sup>75. L. 0<sup>m</sup>62. Même composition que le n° 1659 : *Les Rêves et le Cauchemar*.

2161. — ***Le Rêve du Poète***. Toile. H. 0<sup>m</sup>60. L. 0<sup>m</sup>73.

A droite, au premier plan, le poète, figure sombre, est assis, tenant une lyre. Autour de lui, les figures de la Renommée, la Gloire, etc.

2162. — ***Toilette***. Toile. H. 0<sup>m</sup>185. L. 0<sup>m</sup>19. Signé en bas, à droite. A M<sup>me</sup> Fantin-Latour.

Jeune femme assise, au milieu de ses suivantes ; l'une d'elles la coiffe, une autre lui présente un miroir et tient une draperie rose, la troisième apporte un plateau.

2163. — ***Le Bain***. Papier marouflé. H. 0<sup>m</sup>197. L. 0<sup>m</sup>24. Esquisse pour le pastel du Salon de 1892, n° 1867. A M<sup>me</sup> Fantin-Latour.

2164. — ***La Vérité***. Toile. H. 0<sup>m</sup>80. L. 1<sup>m</sup>. Signé en bas, à droite. A M<sup>me</sup> Fantin-Latour.

Au milieu de la toile, la Vérité, nue, émerge de l'onde, tenant d'une main un miroir qu'elle élève. Autour d'elle, des figures lui rendent hommage. *(Esquisse très sommaire.*

2165. — ***Danses au soir***. Toile. H. 0<sup>m</sup>92. L. 0<sup>m</sup>73. Signé en bas, à gauche. A M<sup>me</sup> Fantin-Latour.

Paysage crépusculaire. A gauche, trois femmes, deux assises, la troisième debout, tenant un tambourin. A droite, trois danseuses agitant des voiles.

2166. — ***Diane et sa Cour***. Toile. H. 0^m615. L. 0^m56. Signé en bas, à droite. A M^me Fantin-Latour.

Diane est assise sur la rive, au bord de l'eau, entourée de cinq compagnes, tirant de l'arc, tenant un chien, ou accourant.

2167. — ***Diane et Actéon***. Toile. H. 0^m655. L. 0^m555. Signé en bas, à gauche. A M^me Fantin-Latour.

Diane est assise sous un arbre, nue, sur une draperie étendue à terre; deux suivantes à ses côtés. Elle fait un geste de commandement vers une troisième figure, qu'on aperçoit derrière un arbre, — sans doute Actéon.

2168. — ***Allégorie***. Papier marouflé. H. 0^m355. L. 0^m255. Signé en bas, à droite.

Au milieu, une femme entre deux hommes, l'un, à droite, lui tient une main et cherche à l'entraîner; au dessus d'eux, un Amour. A gauche, un personnage en manteau et en toque, parle à la femme.

2169. — ***Pastorale***. Papier marouflé. H. 0^m22. L. 0^m295.

Figures dans un paysage, très esquissé.

2170. — ***Fantaisie***. Toile. H. 0^m61. L. 0^m74. Signé en bas, à droite. A M^me Fantin-Latour.

Paysage crépusculaire. Au premier plan, une figure sombre; à gauche des colonnes éclairées par la lune ainsi qu'une femme, assise, les épaules nues, une draperie bleue sur les jambes. A droite, une figure entourée de voiles blancs.

2171. — ***La Source***. Toile. H. 0^m81. L. 0^m65. Signé en bas, à droite.

Elle est de face, nue, légèrement assise sur un terrain à gauche, le bras droit appuyé sur une urne, d'où coule de l'eau, l'autre bras pendant. A gauche, grands terrains, un bout d'arbre derrière elle; à droite, ciel.

2172. — ***Le Voyageur***. Toile. H. 0^m60. L. 0^m73. Signé en bas, à gauche.

Le voyageur est assis au second plan, vu de profil, un Amour, devant lui, à ses pieds. Il se tourne vers une femme, debout, à gauche, nue, qui lui parle. Une autre femme se voit derrière lui. A droite, la Fortune sur sa roue et une Renommée.

2173. — ***Baigneuse***. Toile. H. 0^m51. L. 0^m62. Signé en bas, à gauche. A M^me Fantin-Latour.

Au bord de l'eau, dans un bois, une femme est assise au premier plan, de trois quarts, de dos, les bras tenant ses genoux. Au fond, on aperçoit un sentier à travers la forêt.

2174. — ***Apparition***. Toile. H. 0^m46. L. 0^m38. A M^me Fantin-Latour.

A droite, un homme, étendu au pied d'un arbre, voit paraître devant lui une figure de femme tenant d'une main une palme, de l'autre main retenant des voiles.

2175. -- *Tentation*. Toile. H. 0^m73. L. 0^m89. Signé en bas, à droite. A. M. L. Meley, à Alger.

> A gauche, saint Antoine, à genoux, de dos, et tourné de trois quarts vers la gauche, est en prières. A côté de lui, à gauche, une femme, accroupie, lui offre une coupe. A droite, trois autres femmes ; l'une de face, nue ; une autre de dos également nue, et une troisième entre les deux.

2176. --- *Esquisse*. Toile. H. 0^m55. L. 0^m46. Signé en bas, à droite.

> Devant une pierre tombale, la Musique à genoux, pleure, tenant une lyre appuyée sur la pierre. Derrière elle, une Renommée sonnant la trompette. A droite, une figure ailée tient une palme et une couronne qu'elle va déposer sur la tombe.

2177. -- *Tentation de saint Antoine*. Toile. H. 0^m625. L. 0^m83. Signé en bas, à droite. A M^me Fantin-Latour.

> Au milieu de la toile, saint Antoine, à genoux, devant un livre ouvert. Autour de lui, une ronde de femmes qui cherchent à le séduire. L'une lui présente une coupe, une autre secoue un tambourin pendant qu'une compagne s'appuie familièrement sur le livre ouvert devant le saint. Au premier plan, une femme est étendue.

2178. -- *Baigneuses*. Toile. H. 0^m59. L. 0^m72. Signé en bas, à gauche. A M^me Fantin-Latour.

> Quatre baigneuses au bord de l'eau. L'une, assise, nue, tient une draperie et parait causer avec une compagne étendue sur le terrain derrière elle. A droite, une femme, debout de dos, parle à une autre qui sort de l'eau.

2179. -- *Baigneuses*. Toile. H. 0^m72. L. 0^m93.

> Quatre baigneuses dans un paysage : l'une est assise, de face, à moitié couverte d'une draperie blanche ; à gauche une autre, vue de dos ; à droite, on voit le haut du corps de la troisième baigneuse qui parait être dans l'eau ; derrière elle, la quatrième, debout, de dos.

# APPENDICE

---

I

APPENDICE — PEINTURE

II

APPENDICE — DESSINS

III

ALBUMS

# I

# PEINTURES

## SANS DATE CERTAINE

—————

2180. — ***Othello et Desdemone***. Toile. H. 0ᵐ22. L. 0ᵐ27. Signé
en bas à gauche. Vente Jean Dolent, fév. 1910 : 950 francs.

> Accoudé à une colonne Othello, en costume jaune et rouge. Desde-
> mone robe rouge et manteau vert rejeté en arrière, est assise en face
> de lui.

2181. — ***Les Troyens*** (H. Berlioz). Toile. H. 0ᵐ25. L. 0ᵐ33.
Signé en bas, à droite. Vente Jean Dolent, fév. 1910 : 915 francs.

> Didon est assise, dans un parc, au bord d'un lac. Enée, habillé de
> rouge, est à ses pieds.

2182. — ***Lohengrin*** (Esquisse). Toile. H. 0ᵐ36. L. 0ᵐ40. Signé
en bas, à droite. Vente Jean Dolent, fév. 1910 : 900 francs.

2183. — ***La Table de Toilette***. Toile. H. 0ᵐ28. L. 0ᵐ37. Signé en
bas, à droite, daté : (?). Exposition Fantin. Vente Jean Dolent,
fév. 1910 : 2.150 francs.

2184. — ***Fleurs***. Toile. H. 0ᵐ46. L. 0ᵐ41. Signé en bas, à droite ;
daté : 54 au grattoir. Vente Jean Dolent, fév. 1910 : 650 francs.

> Sur un fond noir, des pivoines, des crêtes de coq, etc.

2185. — ***Avenue de Saint-Cloud***. Panneau. H. 0ᵐ35. L. 0ᵐ26.
Signé en bas, à droite ; daté : 55. Exposition Fantin n° 129.
Vente Jean Dolent, fév. 1910 : 550 francs.

> Une allée gazonnée, bordée de grands arbres aux feuilles jaunies.

2186. — ***Le Bain***. Toile. H. 0ᵐ24. L. 0ᵐ28. A M. F. Bracquemond.

> Une femme demi-nue, drapée de blanc, les jambes coupées par le bas
> de la toile, s'appuie sur la main gauche. Au milieu du tableau, une femme,
> vue de dos, les épaules nues, est sur le terrain du bord de l'eau. Cette
> figure est vêtue d'une draperie orange. Une troisième figure couchée
> derrière la femme de dos, a les jambes coupées par le bord du tableau,
> à droite.

2187. — *Intérieur*. Panneau. H. 0^m255. L. 0^m226. A M. F. Bracquemond.

Une porte du Musée de Cluny. Elle est entourée de cadres dorés et de
cadres noirs. Au milieu de la porte une fenêtre dont le rideau est baissé ;
ce rideau est jaune, il laisse passer un rayon de soleil qui accroche une
banquette de velours rouge et glisse sur le parquet. A gauche, indication
d'un vieux meuble coupé par le bord du panneau.

2188. — *Liseuse*. Toile. H. 0^m288. L. 0^m208. A M. F. Bracquemond.

Une jeune femme, en robe lilas, est assise dans un fauteuil rouge ; elle
lit une brochure.

2189. — *Petite Nature morte*. Parquetée. H. 0^m093. L. 0^m126.
(Vers 1866). A M. Julien Tempelaere.

Sur une table, un samovar, une théière, tasse avec soucoupe, boîte à
thé, fond rouge.

2190. — *Le Satyre*. (*La Légende des Siècles* ; Victor Hugo.)
Toile. H. 0^m57. L. 0^m57. A M. F. Bracquemond.

A gauche, Jupiter, assis sur des nuages ; à côté, Junon, faisant face à
Jupiter. A droite, sur la même ligne, Vénus, presque de face ; sur son
épaule, l'Amour drapé de jaune. Entre Junon et Vénus une petite figure,
vue de dos ; elle est drapée de violet clair. Au-dessous de Jupiter, une
figure d'homme (?) dans l'ombre couché sur le dos. Sous cette figure,
Neptune, de face, tenant le trident de la main gauche. Dans l'angle droit
du tableau, le satyre paraît parler à Jupiter. En face du satyre, Hercule,
en arrière du satyre, Apollon.

2191. — *Pietà*. Toile. H. 0^m26. L. 0^m165. A M. F. Bracquemond.

A gauche, le Christ sur la croix ; à droite, un ange, drapé de rouge-
laque. En bas, deux figures : celle qu'on distingue le mieux est la Vierge,
drapée de bleu et rouge.

2192. — *Le Lever*. Toile. H. 0^m19. L. 0^m133. A M. F. Bracquemond.

Jeune femme en chemise, assise sur le bord de son lit.

2193. — *Fruits*. Toile. H. 0^m325. L. 0^m245. A M. F. Bracquemond.

Une assiette contenant des fruits. A gauche, une grappe de raisin
blanc, au milieu une pêche, à droite une poire.

2194. — *Figure nue*. Toile. H. 0^m091. L. 0^m092. A M. F. Brac-
quemont.

Une femme nue, assise sur une draperie rose, placée sur un lit ou
canapé blanc.

2195. — *Persée (ou Saint Georges)*. Toile. H. 0<sup>m</sup>26. L. 0<sup>m</sup>34. Exposition Fantin. n° 150. Sous le titre : Saint Georges. A M. A. Guillemet.

Persée traverse la toile de droite à gauche armé de son épée, pour tuer le monstre. Derrière lui, à droite. Andromède au rocher.

2196. — *Pastorale*. Carton. H. 0<sup>m</sup>32. L. 0<sup>m</sup>52. Signé en bas, à gauche. Exposition Fantin. n° 219. A J. Tempelaere.

Ancienne esquisse : réunion de cinq personnages au bord de l'eau.

2197. — *Baigneuses*. Toile. H. 0<sup>m</sup>33. L. 0<sup>m</sup>20. A Mme Emile Zola.

A gauche, une femme de dos, nue, la tête tournée vers la droite. A droite une femme debout, en robe violette; derrière elle une autre femme en rouge. Fond de paysage : ciel bleu très foncé.

2198. — *Le Rêve*. Toile sur carton. H. 0<sup>m</sup>28. L. 0<sup>m</sup>228. Signé en bas, à gauche.

A droite, un homme, étendu dans l'ombre. au pied d'un arbre. Debout devant lui. un ange, de dos, en robe rouge clair; derrière lui, un autre ange, de face, le bras levé, montrant le ciel.

2199. — *Vénus et l'Amour*. H. 0<sup>m</sup>21. L. 0<sup>m</sup>20. A appartenu à Jules Jacquemart.

Vénus est assise à gauche, une jambe cachée par une draperie rose, l'autre jambe nue; un enfant près d'elle. Types plutôt gros, fond neutre.

2200. — *Toilette*. Même grandeur que le n° ci-dessus. A appartenu à Jules Jacquemart.

2201. — *Le Poète*. Toile. H. 0<sup>m</sup>256. L. 0<sup>m</sup>20. A Mme Ph. Burty.

Au premier plan, est assis un poète, tenant d'une main une plume et de l'autre un livre. Devant lui, à droite, un femme de dos, accroupie, joue de la lyre. A gauche, une autre femme. vêtue de rouge, tient une lampe antique et éclaire le poète; au-dessus de lui se dresse une figure ailée, tenant une palme et une couronne. D'autres figures dans le fond.

2202. — *Persée et Andromède*. Toile. H. 0<sup>m</sup>27. L. 0<sup>m</sup>33. Signé en travers, vers le haut, au grattoir.

Andromède, à droite. attachée au rocher, le haut du corps penché vers la gauche. Persée arrive du haut, à gauche, et fond sur le monstre.

2203. — *Sujet mythologique*. Toile. H. 0<sup>m</sup>235. L. 0<sup>m</sup>26. A M. V. Scholderer.

2204. — *Le Voyageur*. Toile. H. 0<sup>m</sup>427. L. 0<sup>m</sup>572. Signé en bas, à gauche. A Mme Fantin-Latour.

A gauche, le voyageur. un genou à terre, s'appuie sur un bâton qu'il tient d'une main. Il voit devant lui, la femme, presque étendue, le haut du corps nu tenant une coupe. Au dessus d'elle, l'Amour. Entre le

voyageur et la femme, la Fortune sur une roue. A droite, deux figures
debout : l'une tient une couronne, l'autre une trompette ; ce sont la Gloire
et la Renommée. Très ancienne esquisse.

**2205. — Les quatre Saisons.** Toile. H. 0<sup>m</sup>253. L. 0<sup>m</sup>54. A
Mme Fantin-Latour. Exposition Fantin, n° 228.

> Composition divisée en quatre parties. A droite, le *Printemps* : jeune
fille, le haut du corps nu, une draperie rose sur les genoux, tenant des
fleurs, paysage printanier.
> L'*Eté* : jeune femme, presque debout, appuyée d'une main sur une
draperie rouge, de l'autre retenant un voile blanc sur son sein ; ciel
d'été bleu.
> L'*Automne* : femme assise sous un arbre, dans l'ombre, vêtue d'étoffes
bleuâtres ; ciel et arbres colorés.
> L'*Hiver* : femme en costume de Folie, montant les marches qui con-
duisent à une salle éclairée ; ciel sombre, froid.
> Composition que Fantin à reprise plusieurs fois.

**2205 *bis*. — Rubens.** (copie d'après) Toile. H. 0<sup>m</sup>245. L. 0<sup>m</sup>32.
Signé au grattoir dans le bas, à gauche. A M. Hardy.

> Fragment du couronnement de Marie de Médicis. Très ancienne esquisse.

**2206. — Prélude de Lohengrin.** Toile. H. 0<sup>m</sup>45. L. 0<sup>m</sup>35. Première idée pour la lithographie n° 39 du catalogue Hédiard, et
pour le tableau du Salon de 1892, n° 1459, ainsi que d'une
réplique faite vers 1902, n° 1923. Signé dans le coin, à
gauche : Fantin. A M. Roger Marx.

> Au milieu, vu de face, un ange ailé s'avance, élevant à deux mains le
St Graal qu'il apporte du ciel à un chevalier, à genoux, au premier
plan. Dans le ciel et autour de la scène, des anges avec des trompettes.

**2207. — Déposition de Croix.** Toile. H. 0<sup>m</sup>31. L. 0<sup>m</sup>45. Première
idée de la lithographie n° 113 du catalogue Hédiard et du
tableau : *Stabat Mater* de 1896, n° 1634. Ancienne esquisse.

> A gauche, au pied de la croix, le groupe traditionnel : la Vierge, coiffée
d'un voile, soutient de sa main droite et presse contre sa joue la tête de son
fils, noyée dans l'ombre. Au milieu, la Madeleine, les cheveux dénoués,
s'approche et soulève la main inerte du Christ. A droite, deux anges,
figures volantes.

**2208. — La Gloire (apothéose).** Toile. H. 0<sup>m</sup>325. L. 0<sup>m</sup>21.

> Au premier plan, un poète, assis, lit dans un livre que tient un Amour.
Une figure, tenant une palme d'une main et une couronne de l'autre, descend du ciel et couronne le poète. Une autre figure, vêtue de bleu, dans
le ciel. En bas, dans le fond à gauche, d'autres personnages. Ancienne
peinture.

**2209. — Toilette de Vénus.** Toile. H. 0<sup>m</sup>32. L. 0<sup>m</sup>24. Même
sujet qu'une peinture faite en 1891 et qu'une toile laissée inachevée, n° 2159. A M. Alb. Caressa.

2210. — *Tannhæuser. Esquisse*. Toile. H. 0<sup>m</sup>26. L. 0<sup>m</sup>34.

A gauche, Tannhæuser, assis, Vénus, étendue, s'appuie sur ses genoux. Près d'eux, une danseuse de face et une autre tenant un tambourin.

2211. *Jugement de Pâris*. Toile. H. 0<sup>m</sup>22. L. 0<sup>m</sup>262.

Première idée du pastel exposé au Salon de 1890, qui fut transformé en peinture à l'huile, avec des modifications : Pâris, au lieu d'être de trois quarts de face, est de trois quarts de dos. Il tient la pomme de la main droite et le bâton de berger de la main gauche. V. le n° 1978.

2212. — *La Péri*. Papier marouflé. H. 0<sup>m</sup>19. L. 0<sup>m</sup>24. Signé en bas, à droite. A M<sup>me</sup> Fantin-Latour.

La Péri, en robe blanche, implore un Dieu drapé de rouge, qui a l'air de descendre du ciel. Grands arbres.

2213. — *Portrait*. Toile.

Etude. Tête de femme, tournée vers la gauche, de trois quarts; chemisette blanche, ruban de velours noir autour du cou.

2214. — *Esquisse*. Toile. H. 0<sup>m</sup>23. L. 0<sup>m</sup>31. Signé en bas, à droite. Collection A. G. Lucas.

Composition de trois figures dans un paysage.

2215. — *Nymphe assise*. Toile. H. 0<sup>m</sup>41. L. 0<sup>m</sup>32. Signé en bas, à droite : Fantin. Vente Ch. Viguier, galerie G. Petit, 4 mai 1906 : 3.200 francs.

Elle est assise sur un quartier de roc, de face, le torse nu, les jambes cachées par une draperie rose ; elle joue de la main droite avec ses tresses blondes, dénouées, et s'appuie de la main gauche sur la roche. Derrière elle, un grand pan de ciel sombre et un massif d'arbres.

2216. — *Bouquet de Roses*. Toile. H. 0<sup>m</sup>19. L. 0<sup>m</sup>215. Signé en haut, à gauche : Fantin. Vente Chéramy, 1908 : 2.700 francs.

2217. — *Œillets*. Toile. H. 0<sup>m</sup>22. L. 0<sup>m</sup>27. Don Charles Hayem, 1898. Au Musée du Luxembourg.

2218. — *Tentation de saint Antoine*. Toile. H. 0<sup>m</sup>19. L. 0<sup>m</sup>255. Signé à droite, en bas : Fantin. Vente Chéramy, 1908 : 3.800 francs. A M. Surrock.

A droite, saint Antoine en prières, tenant une tête de mort; derrière lui, dans un paysage, une femme nue apparaît, couchée sur des coussins de brocart.

2219. — *Trois Femmes dans un paysage*. Toile. H. 0<sup>m</sup>315. L. 0<sup>m</sup>245. A M. Alf. Beurdeley.

La première, debout, nue jusqu'à mi-corps, une draperie sur les jambes. A droite, une autre vêtue, assise au premier plan. La troisième, debout, par derrière, paraît sur un terrain plus élevé.

2220. — *Le Génie de la Musique*. Toile. H. 0<sup>m</sup>29. L. 0<sup>m</sup>31. A M. Hamilton Field.

2221. — ***Manfred et Astarté***. Toile. H. 0ᵐ17. L. 0ᵐ25.

Dans un paysage sombre, éclairé seulement, à gauche, par la lune, Manfred, un genou en terre, regarde Astarté, qui lui apparaît, à droite, vêtue de voiles, un bras étendu vers lui.

2222. — ***Manfred et Astarté***. Toile. H. 0ᵐ375. L. 0ᵐ45. Même sujet que le numéro précédent.

2223. — ***Le Lever***. Toile. H. 0ᵐ29. L. 0ᵐ22. Signé en bas, à droite. A M. L. de Launay.

Une jeune femme assise, à droite, sur un lit, de trois quarts à gauche, la tête de profil tournée vers le fond, s'appuie d'un bras sur le lit et de l'autre touche un rideau. Elle est coupée aux genoux.

2224. — ***Allégorie***. Toile. H. 0ᵐ23. L. 0ᵐ30. A M. L. de Launay.

Le voyageur rencontre sur son chemin la Volupté et d'autres tentations, tandis qu'une figure ailée lui montre le ciel.

2225. — ***Le Lever***. Toile. H. 0ᵐ25. L. 0ᵐ25. Ancienne esquisse. A M. Ch. Lebeau.

Au milieu de la composition, une femme debout, nue, de trois quarts, retient ses cheveux d'une main et de l'autre tient un miroir; derrière elle, une suivante paraît la coiffer.

2226. — ***Les Ondines***. Toile. H. 0ᵐ20. L. 0ᵐ23. Cette esquisse a été inspirée par la « Mer du Nord » de Henri Heine. A M. Paul Jamot.

Au premier plan, une figure d'homme, étendu sur un terrain entouré par la mer. Une ondine rampe à genoux jusqu'auprès de lui; derrière eux d'autres ondines, entourées de voiles agités par le vent.

2227. — ***Apparition***. Toile. H. 0ᵐ27. L. 0ᵐ20. A Mᵐᵉ Victor Klotz.

2228. — ***La Renommée***. Toile. H. 0ᵐ20. L. 0ᵐ27.

2229. — ***Tannhæuser Vénusberg***. Toile. H. 0ᵐ19. L. 0ᵐ22. Ancienne esquisse.

2230. — ***Deux Baigneuses sous bois***. Toile. H. 0ᵐ15. L. 0ᵐ25. A M. Victor Rollin.

2231. — ***Femme couchée, vue de dos***. Toile. H. 0ᵐ22. L. 0ᵐ29.

Elle est couchée sur un lit, de dos, de droite à gauche, la tête de profil, un bras appuyé sur des oreillers, l'autre étendu. Dans le fond, un rideau.

2232. — ***La Toilette***. Toile. H. 0ᵐ31. L. 0ᵐ16.

Une femme nue, debout devant une glace, tient ses cheveux d'une main au-dessus de sa tête. Dans le fond, on aperçoit un lit.

2233. — *Fruits*. Toile. H. 0^m315. L. 0^m393. Signé en haut, à droite : Fantin. Vente Tavernier. Mars 1900 : 1.420 francs. Vente Buckler. Mars 1906 : 160 guinées.

> Panier de raisin renversé; sur la table du raisin et une pomme.

2234. — *Groupe de Baigneuses*. Toile. H. 0^m22. L. 0^m34. Signé en bas, à droite.

> Cinq figures.

2235. — *Tentation de saint Antoine*. Toile. H. 0^m18. L. 0^m26. Exposition Fantin, n° 191. A M. Robert Ellissen.

> A droite, saint Antoine; au second plan, à gauche une femme étendue, très éclairée.

2236. — *Petit buste*. Toile.

2237. — *Petit buste*. Toile.

2238. — *Tannhæuser*. Toile.

> Tannhæuser et Vénus sont groupés à droite. Vénus, presque de dos, appuyée sur les genoux de Tannhæuser. A gauche, une joueuse de flûte, derrière elle, deux danseuses, l'une vétue, l'autre nue.

2239. — *A Robert Schumann*. Toile. H. 0^m21. L. 0^m29. Projet de tableau. Composition analogue aux lithographies n^os 108 et 109 du catalogue Hédiard. Signé en bas, à gauche.

2240. — *Ondine*. Toile. H. 0^m46. L. 0^m56.

2241. — *Femme à sa Toilette*. Toile. H. 0^m18. L. 0^m23.

> Elle est debout, devant une toilette, et se regarde dans une glace.

2242. — *Diane chasseresse*. Toile. H. 0^m28. L. 0^m16.

> Diane paraît à gauche, s'enlevant en sombre sur un ciel clair. A droite, un bouquet d'arbres.

2243. — *Baigneuse inquiète*. Toile. H. 0^m23. L. 0^m12.

2244. — *Manfred et le Génie de l'air*. — Toile. H. 0^m34. L. 0^m45. Composition presque semblable à la lithographie n° 17 du catalogue Hédiard.

> Manfred est assis, à gauche, sur un terrain élevé, un bras appuyé sur ce terrain, l'autre étendu ; à droite, le génie de l'air, de dos, nu, un bras replié devant sa figure, l'autre bras levé jusqu'au bord du cadre.

2245. — *Baigneuse debout*. Toile. H. 0^m255. L. 0^m153. Esquisse faite pour la lithographie n° 27, catalogue Hédiard. Signé en bas à gauche : Fantin. A M^me G. Hédiard.

> Figure de dos, tournée vers la gauche. Nue jusqu'aux hanches, elle s'approche de l'eau. Au second plan, à droite, le talus élevé de la rive. Elle retient une draperie rouge sur ses jambes.

**2246. — *Début de la Walkure*.** Toile. H. 0<sup>m</sup>25. L. 0<sup>m</sup>34.

Sieglinde offrant à boire à Siegmund, assis près du foyer ; au fond, à gauche, la porte ouverte laisse voir un paysage printanier.

**2247. — *Début de la Walkure*.** Toile. H. 0<sup>m</sup>225. L. 0<sup>m</sup>292. Signé en bas, à droite.

Sieglinde offre à boire à Siegmund étendu près de l'âtre. A droite la porte ouverte.

**2248. — *Le Coucher*.** Toile. H. 0<sup>m</sup>29. L. 0<sup>m</sup>22. A M. Personnaz.

Une femme, assise sur un lit, — figure coupée au-dessous des genoux, — fait le geste d'ôter sa chemise. Effet de lumière dans le fond.

**2249. — *Vanités*.** Toile. H. 0<sup>m</sup>185. L. 0<sup>m</sup>24.

Femme nue, de dos, à droite, entourée de beaucoup d'objets : glace, grand vase bleu, etc.

**2250. — *Femme embrassant un Amour*.** Toile. H. 0<sup>m</sup>55. L. 0<sup>m</sup>48. Signé en bas, à gauche.

Jeune femme assise, à gauche, presque de dos, tournée vers la droite, sur un terrain et tenant l'Amour sur ses genoux.

**2251. — *Deux Femmes lisant*.** Toile. H. 0<sup>m</sup>14. L. 0<sup>m</sup>15.

**2252. — *Rêverie*.** Toile. H. 0<sup>m</sup>25. L. 0<sup>m</sup>35. Signé en bas, à gauche. Exposition Fantin, n° 229. A M. J. Tempelaere.

Jeune femme, en jaune, assise près d'une cascade. Elle à l'air de songer. Esquisse ancienne.

**2253. — *Femme de dos*.** Toile. H. 0<sup>m</sup>27. L. 0<sup>m</sup>22. Presque un dessin. Signé, en haut, à droite. Exposition Fantin, n° 227. A M. J. Tempelaere.

**2254. — *Paysage*.** Toile. H. 0<sup>m</sup>23. L. 0<sup>m</sup>30. Fait à Buré entre 1896 et 99. Exposition Fantin, n° 130. A M. J. Strauss.

**2255. — *La Vierge et l'Enfant Jésus*.** Toile. H. 0<sup>m</sup>145. L. 0<sup>m</sup>17. Signé en rouge, en bas, à gauche. A M<sup>lle</sup> Ch. Dubourg.

La Vierge est assise à gauche, tenant l'Enfant sur ses genoux. On le voit de dos, la silhouette seulement éclairée par le soleil couchant entre les arbres.

**2256. — *Manfred et Astarté*.** Toile. H. 0<sup>m</sup>443. L. 0<sup>m</sup>585. Composition analogue à la lithographie n° 21 du catalogue Hédiard, exécutée en 1879. A M<sup>me</sup> Fantin-Latour.

Dans un site indéfini et sinistre, Manfred à gauche, tourné vers la droite, un genou en terre regarde le fantôme d'Astarté qui semble flotter dans l'air et va disparaître.

**2257. — *Manfred et le Génie de l'air*.** Toile. H. 0<sup>m</sup>23. L. 0<sup>m</sup>28. A M. Reid.

2258. — ***Tentation de saint Antoine***. Toile. H. o^m213. L. o^m47.
Signé en bas, à gauche : Fantin. A M^me Fantin-Latour.

Au milieu d'un site rocheux, saint-Antoine est à genoux, au premier
plan, tourné vers la droite, en prières devant une croix. A droite, au
second plan, une femme, à moitié nue, est étendue, le haut du corps
dans l'ombre, un peu de lumière sur la cuisse et la draperie rose qui
couvre les pieds.

2259. — ***Apparition***. Toile. H. o^m21 L. o^m45. Signé en bas, à
droite. A M^me Fantin-Latour.

Un penseur est assis dans un paysage aride, la tête dans sa main ;
devant lui apparaît une femme entourée de voiles flottant vers la gauche.

2260. — ***Vénus et l'Amour***. Carton. H. o^m255. L. o^m3o. A
M. Maurice Dreyfous.

Une jeune femme est étendue à gauche, tournée vers la droite, à
moitié nue, une draperie bleue sur les jambes. Elle tient au-dessus de sa
tête un arc qu'elle vient d'enlever à l'Amour agenouillé à ses pieds qui
cherche à le ravoir.

2261. — ***Danse d'Almée***. Toile. H. o^m31. L. o^m53. Signé en
bas, à droite : Fantin. Vente Lutz. Galerie G. Petit, 27 mai 1902 :
7.3oo francs.

Au sortir du bain, des femmes se sont arrêtées sous des portiques.
L'une d'entre elles, le torse nu, danse au son d'une guitare, dont l'ac-
compagne une femme, assise au fond ; devant elle, d'autres femmes la
contemplent, les unes couchées, demi-nues, les autres debout, drapées de
robes vertes ou rouges. A droite, une servante, vêtue de bleu s'empresse,
portant un plateau pour la collation, plus à droite, une autre femme se
désintéresse de la scène.

2262. — ***Fleurs***. Toile. H. o^m41. L. o^m32. A M. Ch.-Ed. Haviland.

Roses dans un verre et sur la table.

2263. — ***Bacchus et Bacchante***. Toile. H. o^m25. L. o^m165.
Vente Burty : 440 francs. A M. Ch.-Ed. Haviland.

2264. — ***Tannhæuser***. Toile o^m21. L. o^m26. Vente Burty :
440 francs. A M. Ch.-Ed. Haviland.

2264 *bis*. — ***Cléopâtre***. Toile. H. o^m29. L. o^m32. Signé en haut,
à droite. A M. Hardy.

Jeune femme assise à gauche, presque de face, la tête appuyée sur une
main, le coude sur une draperie rose, sur les jambes une draperie bleue,
Derrière elle, dans le fond, à gauche, une autre figure.

2265. — ***Trois esquisses***. N° 1. Toile.

Jeune femme, au bord de l'eau, nue, assise de trois quarts vers la
gauche, la tête de profil perdu regardant vers le fond :

N° 2. Toile.

Jeune femme étendue, nue, de face, un bras accoudé sur un coussin, de l'autre bras écartant un rideau ; soleil levant.

N° 3.

Jeune femme, à droite, à moitié étendue, de face, s'appuyant sur un bras pour se soulever. Paysage avec de grands arbres et cours d'eau, à gauche.

Ces trois esquisses ont été faites pour un marchand américain, qui a fait faillite. Les indications ci-dessus proviennent de dessins qui sont dans un album du Musée du Luxembourg.

2266. — *Fleurs*. Toile. H. 0<sup>m</sup>253. L. 0<sup>m</sup>152. Signé en bas, à gauche. A M<sup>lle</sup> Ch. Dubourg.

Des roses, une scabieuse, un œillet, etc. (fragment d'un tableau coupé.)

2267. — *Roses*. Toile. H. 0<sup>m</sup>27. L. 0<sup>m</sup>21. Signé en bas, à gauche, sur la table. A M<sup>lle</sup> Ch. Dubourg.

Deux roses blanches et trois petits boutons roses dans un verre droit.

2268. — *Marine*. Toile. H. 0<sup>m</sup>16. L. 0<sup>m</sup>227. Signé en bas, à gauche. A M<sup>lle</sup> Ch. Dubourg.

A gauche, un terrain. Ciel nuageux avec une éclaircie au milieu.

2269. — *Marine*. Toile. H. 0<sup>m</sup>20. L. 0<sup>m</sup>252. Signé en bas, à gauche. A M<sup>lle</sup> Ch. Dubourg.

Effet sombre, grands nuages en long, légère éclaircie au milieu, vers la droite.

2270. — *Ariane*. Panneau. H. 0<sup>m</sup>245. L. 0<sup>m</sup>215. Signé en haut, à gauche : Fantin. A M<sup>lle</sup> Ch. Dubourg.

Elle est assise sur un terrain, à gauche, tournée vers la droite, au bord de la mer ; une main s'appuie sur le terrain, l'autre main soutien le menton. Elle est vêtue d'une draperie blanche sur le haut du corps et d'une draperie rose sur les jambes. Au loin, on voit un voile.

2271. — *Rêverie*. Toile. H. 0<sup>m</sup>205. L. 0<sup>m</sup>15. Signé en bas, à gauche, en rouge. A M<sup>lle</sup> Ch. Dubourg.

Une jeune femme est assise au pied d'un arbre, à gauche, tournée vers la droite, la tête de profil perdu, une main sur le sein, l'autre main sur les genoux. Elle a le haut du corps nu, et une draperie violette sur les jambes.

2272. — *Le Lever*. Toile. H. 0<sup>m</sup>285. L. 0<sup>m</sup>175. Signé en noir, en bas, à gauche : Fantin. A. M. Jean Flammang.

Femme debout, entièrement nue, la tête à peine indiquée, tournée vers la droite, le bras gauche étendu, le bras droit retenant une draperie vert foncé. Reflets de lumière sur la cuisse droite et le genou gauche. Petite corbeille de fleurs, à gauche sur un meuble. Effet sombre.

2273. — **Romance**. Toile ou papier rentoilé ? H. 0^m233. L. 0^m315.
Signé en bas, à gauche, en rouge : Fantin. Exposition Fantin.
A M. Moreau-Nélaton.

A droite, deux femmes assises sur un banc de marbre; l'une vêtue de
sombre, pince de la guitare, l'autre, en robe rouge vermillon, éclairée par
un coup de soleil, tient un cahier de musique et est tournée vers sa compagne.

Plus vers la gauche, une autre femme est assise de profil, en robe
bleue, dans l'ombre. Tout-à-fait à gauche, au bord du cadre, un homme
âgé en caftan noir. En bas, devant lui, un enfant, en robe jaune, essaie de
grimper sur les marches du banc.

2274. — **Les Princesses au palanquin**. Toile. H. 0^m285.
L. 0^m38. Vente Duranty, fév. 1881 : 45 francs. A M. de Launay.

Extrait d'une lettre de Fantin du 12 juin 1896 : « Cette esquisse doit
dater de 1860 à 1863. C'est un projet de tableau que j'avais donné à mon
ami Duranty. Le sujet en est très vague. Autant que je me rappelle, c'est
un souvenir des choses japonaises qui nous hantaient alors. La porte
ronde, le palanquin avec lequel on vient chercher les deux princesses,
c'est de la fantaisie pure. »

2275. — **Dans les Bois**. Toile sur panneau. H. 0^m12. L. 0^m09.
Même sujet que le n° 1156.

Femme assise, presque de face, sous des arbres. Un voile blanc recouvrant les jambes jusqu'aux genoux, coupés par le cadre.

2276. — **Roses**. Toile. Vente Duranty, 1881 : 315 francs.

Petites roses.

2277. — **Fleurs**. Toile. Vente Duranty, février 1881 : 300 francs.

2278. — **Bouquet de Fleurs**. Toile. H. 0^m40. L. 0^m30. A appartenu à M. J. Jacquemart.

2279. — **Fruits**. Toile. H. 0^m21. L. 0^m20. A appartenu à M. J.
Jacquemart.

Deux pêches.

2280. — **Fleurs**. Toile. H. 0^m13. L. 0^m18. M^me Fantin a écrit
derrière la toile : Ces roses ont été données par Fantin à
M^me Edwards.

Deux roses et quelques boutons sur le bord d'une table.

2281. — **Esquisse**. Toile. H. 0^m705. L. 0^m48. A M^me Fantin-
Latour.

Une jeune femme, assise de face, nue jusqu'à mi-corps, les jambes
couvertes d'une draperie blanche. Elle a les deux bras levés, ils sou-
lèvent une draperie légèrement bleue qui flotte autour d'elle.

Cette toile est presque un dessin, la couleur est très légère et laisse
voir les traces du fusain.

2282. — *Immortalité*. Toile. H. 0<sup>m</sup>34. L. 0<sup>m</sup>22. Signé en bas, à gauche. A M<sup>me</sup> de Nikanoff.

Une femme vient jeter des fleurs sur un monument funéraire.

2283. — *Paysage avec Figures*. Toile. H. 0<sup>m</sup>51. L. 0<sup>m</sup>62. Signé en bas, à droite. Au Musée de Dieppe, n° 1679.

Au premier plan, vers la droite, deux figures assises ; l'une est vêtue de rouge ; au deuxième plan une autre figure debout, en blanc. Au centre, un vallon lumineux traversant une forêt laissant entrevoir un ciel bleu dans le fond.

2284. — *Figure de Femme*. Toile. H. 0<sup>m</sup>272. L. 0<sup>m</sup>362. Au Musée de Nancy.

2285. — *Nature morte. Raisins*. Toile. H. 0<sup>m</sup>304. L. 0<sup>m</sup>335. Signé à gauche : Fantin 84. Don de M. Tesse. Au Musée de Douai, n° 1658.

2286. — *Nature morte*. Toile. H. 0<sup>m</sup>25. L. 0<sup>m</sup>25. Don de M. Poulet-Malassis. Au Musée d'Alençon, n° 52.

Encrier et coupe-papier.

# II

# DESSINS

## SANS DATE CERTAINE

—————

2287. — ***D'après un tableau de Giorgione.*** H. 0^m315. L. 0^m605.
Au Musée de Grenoble.

> Décalque à la mine de plomb et à la plume du tableau : *Moïse présenté à la Fille de Pharaon.*
> Dans le bas on lit : Moïse présenté à la fille de Pharaon, tableau de Giorgione de Castel Franco, de la galerie de Milan. « Peint sur toile, haut de quatre pieds, large de neuf pieds, gravé par Pierre Aveline. »

2288. — ***Etudes d'après Delacroix.*** H. 0^m15. L. 0^m145. Au Musée de Grenoble.

> Deux décalques à la mine de plomb, précisés par des traits à la plume, d'après des gravures sur bois. Sous le premier on lit : Goetz de Berlichingen, Acte IV. Goetz écrivant ses mémoires, Elisabeth sa femme. Sous le second : Goetz de Berlichingen, drame par Gœthe, Acte 1^er Goetz et frère Martin.

2289. — ***Etudes d'après Delacroix.*** N° 1. H. 0^m22. L. 0^m15. N° 2. H. 0^m215. L. 0^m145. Au Musée de Grenoble.

> Deux décalques à la mine de plomb, précisés par des traits à la plume, d'après des gravures sur bois. Sous le premier on lit : Goetz blessé secouru par des Bohémiens. Goetz de Berlichingen, Acte V. Sous le second on lit : Mort de Goetz.

2290. — ***Croquis d'après des Dessins Japonais.*** Crayon noir. H. 0^m36. L. 0^m53. Au Musée de Grenoble.

> Une jeune femme accroupie tenant une cassolette ou théière. Au-dessous à droite : Toyo-Kouni.
> En sens inverse, une jeune femme debout, au milieu de roseaux, tient une banderolle qu'elle semble montrer à quelqu'un. Au-dessous, petit croquis de la même figure. En dessous et à droite : Toyo-Kouni.

2291. — ***Portrait de Fantin.*** Dessin. H. 0^m14. L. 0^m95. Fait probablement entre 1853 et 1854. A. M. le D^r Rondeau.

2292. — ***Portrait de Fantin***. Crayon noir. H. 0$^m$29. L. 0$^m$24. Date probable, entre 1854 et 1856. A appartenu à Guillaume Regamey.

Tête de trois quarts vers la droite.

2293. — ***Portrait de Fantin***. Crayon noir. H. 0$^m$295. L. 0$^m$238. Date probable entre 1854 et 1856. A appartenu à Guillaume Regamey.

Tête de face, légèrement penchée, très esquissé.

2294. — ***Etude***. Crayon noir sur papier bulle. H. 0$^m$315. L. 0$^m$445. Au Musée du Luxembourg.

Deux femmes dans un intérieur. L'une assise, à droite, près de la fenêtre, brode à un métier; l'autre, assise dans un fauteuil, près d'une table, vue de dos.

2295. — ***Brodeuse en buste***. Crayon noir sur papier Ingres. H. 0$^m$142. L. 0$^m$145. Exposition Fantin, n° 269. Au Musée du Luxembourg.

Buste de trois quarts à droite, la main droite sur le métier.

2296. — ***Portrait***. Mine de plomb. H. c$^m$205. L. 0$^m$19. Portrait de Théodore Fantin-Latour. Exposition Fantin, n° 254. Au Musée du Luxembourg.

Le père du peintre, assis à mi-corps, les mains croisées, de trois quarts à droite.

2297. — ***Tête d'Homme couché***. Dessin à la plume. H. 0$^m$15. L. 0$^m$215. Exposition Fantin, n° 276. Au Musée du Luxembourg.

C'est le père de l'artiste. Il est couché dans un lit, la tête de profil à droite, les yeux clos, un bonnet sur les cheveux.

2298. — ***Lecture***. Mine de plomb. H. 0$^m$165. L. 0$^m$245. Exposition Fantin, n° 270. Au Musée du Luxembourg.

Cinq jeunes gens, les amis de Fantin, assis autour d'une table; l'un d'eux, à gauche, lit.

2299. — ***Portrait de Théodore Fantin-Latour***. Mine de plomb. H. 0$^m$15. L. 0$^m$10. Au Musée de Grenoble.

Il est complètement de profil, la tête baissée.

2300. — ***Portrait de Théodore Fantin-Latour***. Mine de plomb. H. 0$^m$115. L. 0$^m$09. Au Musée de Grenoble.

Il est vu presque de profil, la tête baissée.

2301. — ***Etude d'Académie***. Crayon noir. H. 0$^m$47. L. 0$^m$31. Au Musée de Grenoble.

Figure d'homme debout, la main droite appuyée sur un support, la main gauche sur les yeux.

23o2. — *Etude d'Académie*. Crayon noir. H. 0^m207. L. 0^m28. Au Musée de Grenoble.

> Partie supérieure d'une figure d'homme, appuyé du côté droit.

23o3. — *Baigneuse debout, au pied d'un arbre*. Crayon lithographique sur calque. H. 0^m273. L. 0^m20. Exposition chez Tempelaere, n° 3o. A M. A. Beurdeley.

> Elle est vue de face, nue, les bras relevés, une draperie pendant de son bras droit jusqu'à terre.

23o4. — *Deux Baigneuses*. Crayon lithographique sur calque. H. 0^m335. L. 0^m365. Exposition chez Tempelaere, n° 22. A M. Ochsé.

> Variante de la lithographie n° 38 du catalogue Hédiard, avec des différences qui la transforment : la baigneuse, de dos dans la lithographie, est de face dans le dessin.

23o5. — *Trois Baigneuses*. Crayon lithographique sur calque. H. 0^m31. L. 0^m26. Signé en bas, à gauche. Exposition chez Tempelaere, n° 7.

> L'une d'elles, au premier plan, à gauche, est couchée à terre, sur une draperie. Elle est nue ; une seconde, nue aussi, est debout au milieu, un peu plus loin, près de l'eau. La troisième, au second plan à droite, est à genoux. Fond de paysage.

23o6. — *Deux Nymphes et une Source*. Crayon lithographique sur calque. H. 0^m285. L. 0^m405. Même composition que le tableau n° 199o. Exposition chez Tempelaere, n° 9. A M. A. Beurdeley.

> La source est à demi couchée au milieu, nue, le coude appuyé sur son urne qui coule. Une des deux nymphes est assise à gauche, l'autre, accroupie, lui montre une fleur.

23o7. — *Quatre Baigneuses*. Crayon lithographique sur calque. H. 0^m283. L. 0^m392. Même composition que le tableau n° 1989. Exposition chez Tempelaere, n° 8.

> Une baigneuse, à droite, est assise au bord d'un bassin de marbre. Une autre, au milieu, debout, drapée. La troisième, à gauche, assise, se fait rattacher son bracelet par la dernière qui est à genoux.

23o8. — *Le Repos de la Sainte Famille*. Crayon lithographique sur calque. H. 0^m55. L. 0^m31,5. Signé en bas, à gauche. Exposition chez Tempelaere, n° 17. A M. Sabourdin.

> Au milieu, la Vierge, assise, tournée à droite, l'enfant Jésus sur ses genoux ; derrière elle, saint Joseph, debout. A droite, trois anges en adoration et un quatrième derrière eux. Ombrages à droite.

23o9. — *Séduction*. Crayon lithographique sur calque. H. 0^m316. L. 0^m37. Exposition Tempelaere n° 6. A M. Pacquement.

> Au premier plan, une femme assise ; à gauche, le torse nu, agitant un voile. Au-delà d'elle, un homme couché à terre qui la regarde.

2310. — *Le Paradis et la Péri*. Crayon lithographique sur calque collé. H. 0<sup>m</sup>45. L. 0<sup>m</sup>295. Signature en bas, à droite. Exposition chez Tempelaere, n° 13. A M. Chouanard.

> Composition rappelant celle du Ravissement de Senta (Vaisseau-Fantôme) par la disposition des deux personnages.

2311. — *Manfred*. Crayon lithographique sur calque. H. 0<sup>m</sup>31. L. 0<sup>m</sup>425. Signé à droite, en bas, à M<sup>me</sup> Esnault-Pelterie. Exposition chez Tempelaere n° 23. Même composition que la lithographie n° 6 du catalogue Hédiard.

2312. — *Amphitrite*. Crayon noir sur calque. H. 0<sup>m</sup>145. L. 0<sup>m</sup>215. En bas, on lit : Amphitrite en bleu violet, mer verte.

> Composition à plusieurs figures, paraissant nager et s'ébattre dans la mer.

2313. — *Trois Femmes dans un paysage*. Crayon noir sur papier bulle. H. 0<sup>m</sup>213. L. 0<sup>m</sup>14.

2314. — *La Toilette de Vénus*. Crayon lithographique sur calque. H. 0<sup>m</sup>30. L. 0<sup>m</sup>21. Voir les n<sup>os</sup> 1436 et 2159. Dessin très sommaire.

> Calque fait sur une esquisse du même sujet.

2315. — *Esquisse*. Crayon lithographique sur calque. H. 0<sup>m</sup>175. L. 0<sup>m</sup>218. Calque fait sur une peinture.

> Dans un paysage sauvage une figure est étendue ; à gauche, deux figures ailées semolent fuir.

2316. — *Esquisse*. Crayon noir sur calque. H. 0<sup>m</sup>245. L. 0<sup>m</sup>173. Calque fait sur une ancienne peinture. (*Le Troubadour et sa Dame*). n° 662.

> Dessin très sommaire, représentant une jeune femme assise, de trois quarts tournée vers la gauche, causant avec un jeune homme assis derrière elle.

2317. — *Croquis de Femmes*. Crayon noir sur papier jaune. H. 0<sup>m</sup>178. L. 0<sup>m</sup>26. Au bord gauche de la feuille, un croquis d'une figure à genoux.

> Croquis très sommaire ; quatre femmes dans un intérieur ; l'une tient un miroir, l'autre un plateau, une autre joue de la mandoline.

2318. — *Feuille de croquis*. Crayon lithographique sur calque. H. 0<sup>m</sup>195. L. 0<sup>m</sup>25.

> Au milieu, une femme, mi-vêtue, adossée à un mur avec cette inscription dans le bas : « Les fils de ma mère m'ont placée à la garde de leur vigne. Je n'ai pas gardé leur vigne. »
> À droite, une jeune femme nue a l'air de descendre des hauteurs. En haut est écrit « *Alpes* », en bas à gauche « *Sapins* » ; puis elle descend. À droite, croquis d'une réunion de femmes dans un paysage.

2319. — ***Composition allégorique***. Crayon lithographique sur calque, fait sur une ancienne peinture. H. 0^m25. L. 0^m22.

Dessin très sommaire. Sujet vague.

2320. — ***Feuille de croquis***. Crayon lithographique sur calque. H. 0^m225. L. 0^m285.

A droite, deux personnages assis ; à gauche, une femme nue tenant ses cheveux.

2321. — ***Feuille de croquis***. Crayon lithographique sur calque. Croquis dans tous les sens. H. 0^m25. L. 0^m20.

Dans un coin une composition. Une tête de femme ; une femme assise, mi-vêtue, un bras sur la tête ; une femme debout, mi-vêtue d'un manteau qu'elle tient d'une main. En bas, une étude d'homme nu.

2322. — ***Feuille de croquis***. Crayon lithographique sur calque. H. 0^m175. L. 0^m24.

Dessin, très esquissé, d'une composition de cinq figures féminines dans un paysage. A gauche, en haut, deux pieds ; en bas, un croquis de femme nue.

2323. — ***Feuille de croquis***. H. 0^m25. L. 0^m154.

Au milieu, Vénus et Tannhæuser ; en haut, une femme se regardant dans une glace ; en bas, une femme assise à terre, le coude appuyé sur un coussin.

2324. — ***Croquis***. Crayon lithographique et mine de plomb sur papier calque. H. 0^m18. L. 0^m245.

Femme à sa toilette. Elle est assise sur un divan, nue, se regardant dans une glace, une suivante arrangeant ses cheveux, une autre lui apportant quelque objet de toilette, et une quatrième accroupie à ses pieds. A gauche, en bas, deux croquis de femmes nues ; au-dessus, un buste de femme.

2325. — ***Manfred et Astarté***. Crayon noir sur papier vergé. H. 0^m142. L. 0^m198.

A gauche, Manfred est assis près d'un arbre, les jambes pendantes, un bras sur le terrain, l'autre tendu vers l'apparition d'Astarté qui se détache en clair sur le fond. Sans doute fait pour les lithographies du même sujet.

2326. — ***Toilette***. Crayon noir sur papier gris. H. 0^m143. L. 0^m178.

Intérieur avec cinq femmes dont l'une soulève un rideau ; une dans le fond paraît jouer de la mandoline ; une, au milieu, nue, est, sans doute, la maîtresse à sa toilette ; à gauche une femme assise.

2327. — ***Une Source***. Crayon lithographique sur calque. H. 0^m138. L. 0^m158.

Elle est étendue, à moitié assise, le bras droit appuyé sur une urne dont l'eau coule ; l'autre bras repose sur une draperie qui couvre une jambe. A droite, une femme nue, de dos, assise.

2328. — ***Allégorie***. Crayon noir sur calque. H. 0ᵐ255. L. 0ᵐ20. Même sujet que le n° 2201.

> Au premier plan, un poète assis, tenant un papier et un crayon. A droite, près de lui une femme assise, de dos, tient une lyre. A gauche, un peu en arrière de lui, une autre femme tient une lampe antique qui éclaire le poète. Dans le fond, des figures ailées dont l'une tient une couronne et une palme.

2329. — ***Les Ondines***. Crayon lithographique sur calque. H. 0ᵐ205. L. 0ᵐ232. Voir le n° 2226.

> Calque fait sur une peinture. « Les Ondines » inspirée par la « Mer du Nord » d'Henri Heine.

2330. — ***A Chateaubriand***. Crayon noir. H. 0ᵐ26. L. 0ᵐ175. Signé en bas, à gauche.
Les numéros 2314 à 2330 sont au Musée du Luxembourg.

> Le tombeau de Chateaubriand émerge de la mer ; au loin le soleil se couche. On lit dans son auréole « Chateaubriand ». A droite, une Renommée s'élève, tenant d'une main une palme, de l'autre une trompette.

2331. — ***A Chateaubriand***. Crayon lithographique sur calque. H. 0ᵐ265. L. 0ᵐ175. Signé en bas, à droite : Fantin. Exposition chez Tempelaere, n° 18. Au Musée de Lille, n° 2596.

> Renommée sonnant de la trompette et planant au-dessus de l'Océan ; à l'horizon, soleil couchant.

2332. — ***Esquisse***. Crayon noir. H. 0ᵐ135. L. 0ᵐ165.

> Composition de nombreuses figures de femmes. Cela pourrait être une Toilette de Vénus ? A droite, est assise une femme que des suivantes ont l'air d'habiller. A droite, trois femmes debout, dont une de face. En haut des petits Amours.

2333. — ***Trois Baigneuses***. Dessin très sommaire. Crayon noir sur papier vergé. H. 0ᵐ225. L. 0ᵐ298.

> Au premier plan, une femme est étendue dans l'ombre. Derrière elle, une autre, de face, éclairée à gauche ; la troisième, de dos, vers la gauche, la tête inclinée. Fond de bois.

2334. — ***La Source***. Crayon lithographique sur calque. H. 0ᵐ205. L. 0ᵐ13. Exposition Fantin, n° 300.

> Figure assise, le haut du corps nu, les mains entre les jambes croisées. Fond de paysage. En bas, à droite, on lit : « Source ».

2335. — ***Etude***. Crayon lithographique sur papier calque. H. 0ᵐ19. L. 0ᵐ128. Exposition Fantin, n° 314.

> Femme assise, de face, demi-nue, à demi-enveloppée de voiles flottants. Première idée pour un tableau laissé inachevé.

2336. — ***Etude***. Crayon lithographique sur calque. H. 0ᵐ23. L. 0ᵐ175. Exposition Fantin, n° 321.

> Figure de femme, agenouillée, de profil vers la gauche. Peut-être un projet pour une Madeleine.

2337. — ***Femme nue à sa toilette***. Crayon lithographique sur calque. H. 0ᵐ16. L. 0ᵐ17. Exposition Fantin, n° 306.

Assise de profil à gauche, des femmes autour d'elle. Dessin très sommaire.

2338. — ***Etude***. Crayon lithographique sur calque. H. 0ᵐ215. L. 0ᵐ09. Exposition Fantin, n° 318.

Femme assise, à demi vêtue, le dos tourné de trois quarts vers la droite, la tête détournée et penchée sur l'épaule droite.

2339. — ***Femme nue***. Crayon lithographique sur calque. H. 0ᵐ215. L. 0ᵐ125. Exposition Fantin, n° 319.

Elle est debout, de face, la tête inclinée vers la gauche.

2340. — ***Féerie***. Fusain et crayon noir sur papier vergé. H. 0ᵐ25. L. 0ᵐ326. Esquisse d'un tableau donné à Duranty vendu à sa vente. Voir le n° 2274. Exposition Fantin, n° 294.

3341. — ***Femme nue***. Crayon lithographique sur calque. H. 0ᵐ202. L. 0ᵐ142. Exposition Fantin, n° 323.

Elle est debout, vue de dos.

2342. — ***Femme nue, assise***. Crayon lithographique sur calque. H. 0ᵐ20. L. 0ᵐ19. Exposition Fantin, n° 307.

Espèce de Bacchante, assise, tournée vers la gauche, le bras droit levé, comme passé dans le feuillage, l'autre appuyé.

2343. — ***Allégorie***. Crayon lithographique sur calque. H. 0ᵐ178. L. 0ᵐ15. Dessin pour une peinture faite en 1869 ou 1870. Exposition Fantin, n° 293.

A droite, un homme, assis près d'une table, une plume à la main, posée sur une feuille blanche, médite. A gauche, une figure volante s'incline vers lui.

2344. — ***Croquis de Femme nue***. Crayon lithographique sur calque. H. 0ᵐ232. L. 0ᵐ18. Exposition Fantin, n° 322.

De face, appuyée contre un mur, la tête inclinée sur le bras droit levé.

2345. — ***Femme nue***. Mine de plomb sur papier calque. H. 0ᵐ206. L. 0ᵐ133. Exposition Fantin, n° 308.

Elle est debout, de face, la main droite tient une draperie qui cache les jambes à demi.

2346. — ***Femme nue***. Crayon lithographique sur calque. H. 0ᵐ178. L. 0ᵐ253. Exposition Fantin, n° 310.

Projet de tableau. Elle est couchée vers la gauche, le bras gauche pendant, l'autre appuyé. Dessin très sommaire.

2347. — ***Femme nue***. Crayon lithographique sur calque. H. 0ᵐ143. L. 0ᵐ193. Exposition Fantin, n° 311.

Elle est couchée vers la gauche, le haut du corps légèrement relevé.

2348. — ***Femme nue***. Crayon lithographique. H. 0ᵐ27. L. 0ᵐ16.
Exposition Fantin, n° 313.

> Elle est debout, nue, à son lever, se coiffant devant un miroir, à droite.
> Dessin sommaire.

2349. — ***Feuille de croquis***. Crayon lithographique sur papier
calque. H. 0ᵐ26. L. 0ᵐ15. Exposition Fantin, n° 317.

> Profil de femme, trois études de nu, etc.

2350. — ***Jugement de Pâris***. Calque fait sur un autre dessin.
H. 0ᵐ30. L. 0ᵐ225. Exposition Fantin, n° 295.

> Pâris, à genoux, vue de dos, offre la pomme à Venus, assise, l'enfant
> Amour à ses pieds. A gauche, Minerve avec son bouclier; à droite, en
> haut, au second plan, Junon et son char.

2351. — ***Femme nue***. Sanguine. H. 0ᵐ295. L. 0ᵐ13. Exposition
Fantin, n° 320.

> Debout à mi-jambes, de trois quarts à gauche, les bras levés, la tête à
> peine indiquée.

2352. — ***Vérité***. Crayon lithographique sur calque. H. 0ᵐ20.
L. 0ᵐ105. Exposition Fantin, n° 298.

> Debout, de face, en pied et dans la main un miroir où elle se regarde,
> très esquissé.

2353. — ***Vérité***. Crayon lithographique sur calque. H. 0ᵐ195.
L. 0ᵐ125.

> Elle est debout, nue, près d'un puits, tenant élevé dans la main droite
> un miroir d'où partent des rayons. Arbres dans le fond.

2354. — ***Feuille de croquis***. Crayon lithographique sur calque.
H. 0ᵐ178. L. 0ᵐ26.

> Feuille de petits croquis. Un peu vers la gauche, un plus grand est une
> Minerve nue, coiffée d'un casque, la lance à la main.

2355. — ***Etude de nu***. Sanguine. H. 0ᵐ23. L. 0ᵐ20. Exposition
Fantin, n° 316.

> Femme assise, à mi-corps, accoudée vers la droite, le front dans la
> main.
> Etude faite probablement pour la Musique qui pleure, dans *l'Anniver-
> saire*, du Salon de 1876.

2356. — ***Femme nue***. Crayon lithographique sur calque.
H. 0ᵐ295. L. 0ᵐ13. Exposition Fantin, n° 315.

> A mi-jambes, de trois quarts vers la gauche, les bras derrière le dos, la
> tête à peine indiquée.

2357. — ***Une Nymphe***. Crayon noir avec rehaut de blanc sur
papier bleu. H. 0ᵐ185. L. 0ᵐ085.

> Elle est debout, nue, de face, la tête de profil un peu baissée et tournée
> vers la gauche. Elle a l'air d'écarter des branches d'arbre.

2358. — *Une Danseuse*. Crayon noir sur papier calque. H. 0<sup>m</sup>203. L. 0<sup>m</sup>118.

Les numéros 2332 à 2358 sont au Musée du Luxembourg.
Elle est debout, planant, un bras plié tenant une palme, l'autre bras levé.

2359. — *La Source*. H. 0<sup>m</sup>19. L. 0<sup>m</sup>26.

2360. — *Baigneuse debout*. H. 0<sup>m</sup>23. L. 0<sup>m</sup>16. Signé en bas, à gauche.
Jeune femme, debout près d'un arbre, à gauche.

2361. — *Eau dormante*. Dessin pour la lithographie, n° 173 du catalogue Hédiard. Vente Darasse, 6 décembre 1909, 410 frs. (sous le titre : *La Source*). A M<sup>me</sup> Lazard.

2362. — *Eve*. Dessin. H. 0<sup>m</sup>41. L. 0<sup>m</sup>265. Signé en bas, à droite. A M. Freund-Deschamps.
Elle est debout, nue, à gauche, tenant les branches d'un arbre, et une pomme des deux bras.

2363. — *Jugement de Paris*. H. 0<sup>m</sup>29. L. 0<sup>m</sup>39.

2364. — *Jugement de Paris*. H. 0<sup>m</sup>305. L. 0<sup>m</sup>38.

2365. — *Etude d'une main*. Mesurant 0<sup>m</sup>17, portant comme signature : H. Fantin. A M<sup>me</sup> Jeanne de Flandreysy.

2366. — *Etude de nu*. Sanguine sur papier Ingres. H. 0<sup>m</sup>207. L. 0<sup>m</sup>24.
Torse de femme assise, presque étendue.

2367. — *Etude de nu*. Crayon noir sur papier Ingres, gris verdâtre. H. 0<sup>m</sup>29. L. 0<sup>m</sup>185.
Torse de femme, de face.

2368. — *Croquis très sommaire*. Dessin sur calque. H. 0<sup>m</sup>317. L. 0<sup>m</sup>238. En bas, des vers de Victor Hugo.
Deux femmes. Dans le coin un petit croquis à la plume pour le Satyre.

2369. — *Deux Dessins sur la même feuille*.
N° 1. *Madeleine*. H. 0<sup>m</sup>09. L. 0<sup>m</sup>105.
Elle est assise à mi-corps, la tête appuyée dans la main, le bras accoudé sur un terrain plus élevé.

N° 2. *Manfred et Astarté*. Crayon lithographique sur calque. H. 0<sup>m</sup>11. L. 0<sup>m</sup>145.
A gauche, Astarté qui va disparaitre. Manfred, assis au second plan, fait un geste de frayeur.

2370. — ***Deux Dessins sur la même feuille***.

N° 1. *La Vérité*. H. o^m165. L. o^m07.

Elle tient un miroir élevé au-dessus de sa tête. En haut est écrit :
Vérité, toute nue.

N° 2. *Diane*. Crayon lithographique sur calque. H. o^m132.
L. o^m07.

Elle est de face, nue, et tient un arc au-dessus de sa tête.

2371. — ***Deux Dessins sur la même feuille***.

N° 1. *L'Amour embrassant sa mère*. H. o^m85. L. o^m07.

Mis au carreau pour une peinture.

N° 2. *Ondine*. Crayon lithographique et mine de plomb.
H. o^m10. L. o^m125.

Elle est assise sur le sable, au bord de l'eau. On lit, à gauche : sur le
sable, en haut : sur la grève.

2372. — ***Deux Dessins sur la même feuille***.

N° 1. H. o^m12. L. o^m18. Signé en bas, à gauche.

Femme, à moitié étendue, tournée vers la droite.

N° 2. Crayon lithographique et mine de plomb sur calque.
H. o^m95. L. o^m182. Signé en bas, à gauche.

Femme, à moitié étendue, tournée vers la gauche.

2373. — ***Deux Dessins sur la même feuille***.

N° 1. *Dormeuse*. H. o^m72. L. o^m13.

Couchée de dos, nue.

N° 2. *La Nuit*. Crayon lithographique et mine de plomb
sur calque. H. o^m133. L. o^m132.

Croquis pour une peinture.

2374. — ***Deux Dessins sur la même feuille***.

N° 1. *Femme tournée vers la droite*. H. o^m128. L. o^m057.
Signé en bas, à gauche.

N° 2. *Femme tournée vers la gauche*. Mine de plomb sur
papier calque. H. o^m128. L. o^m076. Signé en bas, à droite.

2375. — ***Deux Dessins sur la même feuille***.

N° 1. *Jeune Femme de face, nue*. H. o^m123. L. o^m72. Signé à
droite.

N° 2. *Andromède*. Mine de plomb et crayon lithographique
sur calque. H. o^m123. L. o^m72. Signé à gauche.

2376. — ***Toilette***. Crayon lithographique sur papier encollé rosé.
H. o^m325. L. o^m335.

A gauche, une jeune femme est assise, de trois quarts vers la droite, nue jusqu'à la ceinture, et tenant un miroir dans lequel elle se regarde. Derrière elle, une cámériste la coiffe. De la droite, arrive une suivante portant des étoffes.

2377. — ***Tentation de saint Antoine.*** Crayon lithographique sur calque. H. 0$^m$135. L. 0$^m$17. On lit : Dujardin, 9, rue Condorcet.

Saint Antoine est à genoux au milieu de la composition, entouré de deux femmes qui cherchent à le séduire.

2378. — ***Le Bain ou la Toilette.*** Crayon lithographique sur calque. H. 0$^m$12. L. 0$^m$145. En bas : bain.

Une réunion nombreuse de femmes entoure l'une d'elles et apprête la toilette.

2379. — ***Duo des Troyens.*** Crayon noir sur papier Ingres. H. 0$^m$183. L. 0$^m$226.

Didon, assise sur un banc de marbre. Enée à ses genoux. Derrière eux, de grands arbres, effet sombre.

2380. — ***Jugement de Pâris.*** Calque collé. H. 0$^m$393. L. 0$^m$302. Signé en bas, à gauche.

A droite, Pâris, assis de dos, offre la pomme à Vénus, debout devant lui ; un petit Amour semble la conduire vers lui. Derrière elle, à gauche, Minerve, casquée avec son bouclier. En haut, au milieu, allant vers la droite, Junon.

2381. — ***Tentation de saint Antoine.*** Crayon noir et blanc. H. 0$^m$143. L. 0$^m$164.

Au premier plan, saint Antoine, penché ; derrière lui, une femme nue apparait en pleine lumière.

2382. — ***Etude.*** Crayon noir et blanc, papier gris. H. 0$^m$147. L. 0$^m$14.

Torse de femme penché en arrière ; la tête, en profil perdu, est coupée à la naissance des cheveux.

2383. — ***Etude.*** Crayon noir, papier gris. H. 0$^m$222. L. 0$^m$143.

Croquis d'une main et de trois bras.

2384. — ***Etude.*** Mine de plomb. H. 0$^m$268. L. 0$^m$325.

Un croquis d'arbre, de deux branches de pommier et d'un arbuste.

2385. — ***Etude.*** Crayon noir sur papier gris verdâtre. H. 0$^m$225. L. 0$^m$143.

Torse de femme vu de profil, les bras levés.

2386. — ***Etude.*** Crayon noir rehaussé de blanc, papier bleuâtre.

Partie droite d'un torse de femme, le bras tombant.

2387. — ***Etude.*** Sanguine. H. 0$^m$24. L. 0$^m$17.

Torse de femme vu de dos, la tête en profil perdu.

2388. — *Etude*. Crayon noir. H. 0^m295. L. 0^m273.

Une jeune femme, agenouillée, se penche en avant en s'appuyant de la main droite; elle est vue de profil.

2389. — *Etude*. Crayon noir. H. 0^m24. L. 0^m14.

Une jeune femme, vue presque de profil, retient une draperie de la main gauche.

2390. — *Etude*. Crayon noir. H. 0^m24. L. 0^m16.

Une jeune femme assise, le torse nu, retient une draperie sur sa poitrine.

2391. — *Etude*. Crayon noir. H. 0^m132. L. 0^m23.

Etude de genou gauche.

2392. — *Croquis*. Crayon noir. H. 0^m22. L. 0^m16.

Croquis d'un genou, d'un pied et de deux bras.

2393. — *Croquis*. Mine de plomb. H. 0^m132. L. 0^m105.

Cinq croquis de bras.

2394. — *Croquis*. Crayon noir. Triangulaire. H. 0^m265. L. 235.

Croquis de deux bras gauches et d'un bras droit.

2395. — *Etude*. Crayon noir. H. 0^m22. L. 0^m145.

Etude de femme vue de dos.

2396. — *Etudes*. Sanguine. H. 0^m207. L. 0^m17.

Deux études de bras.

2397. — *Croquis*. Crayon noir. H. 0^m12. L. 0^m088.

Croquis de jambes d'une femme vue de dos.

2398. — *Etudes*. Crayon noir. H. 0^m215. L. 0^m27.

Une figure de femme debout, une autre assise; cinq croquis de jambes et quatre de bras.

2399. — *Etude*. Crayon noir. H. 0^m222. L. 0^m143.

Etude de bras gauche.

2400. ***L'Homme entre le Vice et la Vertu***. Crayon noir sur papier verdâtre. H. 0^m24. L. 0^m326. Exposition des dessins chez Tempelaere, 1901, n° 53. Ce sujet a été refait sous le titre: *Le voyageur*.

Il s'avance vu de face. Au premier plan, une femme, demi-nue, couchée lui présente une coupe; à gauche, une autre femme, debout, drapée, vue de profil perdu; à côté d'elle, une Renommée soufle dans sa trompette. Derrière l'homme, une figure volante, prête à le couronner. Projet de tableau.

2401. — *Etude*. Crayon noir et blanc. H. 0^m227. L. 0^m143.

Dessin d'une figure de femme nue, debout, le bras gauche relevé sur la tête, l'autre tombant. A côté, étude plus complète du bras gauche.

2402. — *Etude*. Crayon noir et blanc.  Dessin fait pour Lohengrin. H. 0ᵐ199. L. 0ᵐ142.

Dessin des deux bras d'une figure de femme.

2403. — *Etudes*. Crayon noir. H. 0ᵐ234. L. 0ᵐ265.

Dessin d'une jambe gauche, d'une jambe droite, d'un bras droit et de
deux pieds.

2404. — *Etude*. Crayon noir. H. 0ᵐ31. L. 0ᵐ237.

Torse de femme nu, vu de profil, genou droit et bras droit.

2405. — *Etude*. Crayon noir. H. 0ᵐ235. L. 0ᵐ265.

Dessins d'une jambe gauche, du bas de la jambe droite, d'un bras droit
et de deux pieds.

2406. — *Etude de Femme*. Crayon noir sur papier gris bleuté.
H. 0ᵐ305. L. 0ᵐ20.

Une femme nue, vue de profil, est assise, les jambes croisées, les
mains sur les genoux.

2407. — *Etude*. Crayon noir. H. 0ᵐ265. L. 0ᵐ185.

Une femme nue, assise, relève le bras droit pour arranger ses cheveux.
Dans le sens de la largeur du papier, une autre femme, debout et vue
de dos, se coiffe, devant une glace. Torse de femme nue, de dos, la
jambe repliée.

2408. — *Etudes de Femmes*. Crayon lithographique sur calque.
H. 0ᵐ257. L. 0ᵐ283.

Deux torses de femmes nues, de dos, les bras relevés pour se coiffer;
celle de gauche est penchée en avant.

2409. — *Baigneuse*. H. 0ᵐ412. L. 0ᵐ32. Calque fait sur une
ancienne peinture. Signé en bas, à droite.

Assise sur un tertre, le torse nu, une jeune fille est appuyée sur la
main gauche, la main droite ramenée sous le menton. Draperie couvrant
les jambes.

2410. — *Rêverie*. H. 0ᵐ25. L. 0ᵐ35. Signé à gauche: Fantin.
Calque fait sur une peinture antérieure à 1870. Voir le n° 2271.

Jeune femme dans un paysage. Elle est décolletée et les bras nus, les
mains jointes sur les jambes dans l'attitude de la rêverie.

Les numéros 2380 à 2410 sont au Musée de Grenoble.

2411. — *Etude de nu*. Crayon noir sur papier calque. H. 0ᵐ27.
L. 0ᵐ214. Au musée de Lille, n° 2589.

Femme assise, vue de dos, de trois quarts à gauche.

2412. — *Sujet allégorique*. Crayon noir sur papier calque.
H. 0ᵐ175. L. 0ᵐ17. Au musée de Lille, n° 2591.

Un poète, assis sur le gazon, écrit sur un livre que soutient un Amour:
une Renommée le couronne. Au second plan, une Muse, jouant de la lyre.
Signé deux fois : à droite à l'intérieur et à l'extérieur du dessin.

2413. — ***Composition allégorique***. Crayon noir sur papier calque. H. 0ᵐ258. L. 0ᵐ19. Signé en bas, à droite, en dehors du dessin : Fantin. Annotations sur la marge du dessin, à droite. Au musée de Lille, n° 2592.

> Buste d'un auteur posé sur une colonne, et entouré de femmes symbolisant ses œuvres.

2414. — ***Portrait de Fantin***. Croquis à la plume, au pinceau et au crayon noir. H. 0ᵐ184. L. 0ᵐ15. Signé en dehors du dessin, sur le bristol, au bas et à droite : H. Fantin. Au Musée de Lille. n° 2593.

> Il est en buste, vu de face.

2415. — ***Etude***. Dessin à la sanguine et crayon noir sur papier vergé gris-bleu. H. 0ᵐ135. L. 0ᵐ197. Au Musée de Lille, n° 2594.

> Tête de femme, de profil à gauche.

2416. — ***Etude de nu***. Dessin à la sanguine sur papier vergé gris. H. 0ᵐ309. L. 0ᵐ198. Au Musée de Lille, n° 2597.

> Femme de trois quarts à gauche, portant sur la jambe droite, le bras gauche ramené sur la poitrine. A gauche, cuisse à peine indiquée.

2417. — ***Etude de nu***. Dessin au fusain sur papier vergé. H. 0ᵐ295. L. 0ᵐ17. Signé en bas, à gauche : Fantin. Au Musée de Lille, n° 2598.

> Femme assise, de face, la main gauche ramenée sur la poitrine.

2418. — ***Etude de nu***. Dessin à la sanguine sur papier gris. H. 0ᵐ308. L. 0ᵐ24. Signé en bas, à gauche, à la mine de plomb : Fantin. Au Musée de Lille, n° 2599.

> Femme vue de dos, portant sur la jambe droite, le bras droit levé.

2419. — ***Etude***. Sanguine sur papier vergé gris. H. 0ᵐ23. L. 0ᵐ285. Signé en bas, à droite : Fantin. Au Musée de Lille, n° 2600.

> Demi-figure de femme, assise de trois quarts à droite, le torse renversé en arrière, s'appuyant sur le bras droit.

2420. — ***Etude de bras et de mains***. Dessin au crayon noir avec rehauts de blanc sur papier teinté. H. 0ᵐ285. L. 0ᵐ22. Signé en bas, à droite, à la mine de plomb : H. Fantin. Au Musée de Lille, n° 2601.

2421. — ***Croquis de Femme drapée***. Dessin à la sanguine sur papier vergé. H. 0ᵐ318. L. 0ᵐ21. Signé en bas, à gauche, au crayon noir : Fantin. Au Musée de Lille, n° 2602.

2422. — ***Etude***. Dessin à la sanguine sur papier vergé. H. o^m315.
L. o^m23. Signé en bas, à droite, à la mine de plomb : Fantin.
Au Musée de Lille, n° 2603.

> Figure de femme, de face, le haut du corps infléchi à droite, sur le
> côté : croquis de torse de femme.

2423. — ***Têtes et bras***. Croquis à la sanguine sur papier vergé
gris. H. o^m223. L. o^m238. Signé à gauche : Fantin. Au Musée
de Lille, n° 2606.

2424. — ***Etude de nu***. Dessin au fusain sur papier gris-bleu.
H. o^m114. L. o^m24. Au Musée de Lille, n° 2607.

> Femme couchée, les mains croisées sur la poitrine.

2425. — ***Etude de nu***. Dessin au fusain sur papier gris-bleu.
H. o^m135. L. o^m235. Au Musée de Lille, n° 2608.

> Femme couchée, le bras droit relevé sur la tête.

2426. — ***Frontispice***. Crayon noir et mine de plomb sur papier
végétal. H. o^m305. L. o^m225. Signé à gauche : Fantin. Même
composition que le n° 987. Au musée de Lille, n° 2612.

> Femme personnifiant la musique, inscrivant sur une table de marbre,
> placée entre deux colonnes, les noms de Robert Schumann, H. Berlioz,
> R. Wagner, J. Brahms.

2427. — ***Etude de nu***. H. o^m28. L. o^m215. Dessin à la sanguine
sur papier vergé crème. Signé au bas, à droite, à la mine de
plomb : Fantin. Au Musée de Lille, n° 2613.

> Demi-figure de femme, de trois quarts à droite, la tête appuyée dans la
> main gauche.

2428. — ***Nymphe dans un Paysage***. H. o^m318. L. o^m202. Dessin
au crayon noir, rehauts de blanc au grattoir, sur papier végétal.
Signé en bas, à droite : Fantin. Au Musée de Lille, n° 2610.

> Elle est au bord de l'eau.

2429. — ***Etude***. H. o^m32. L. o^m24. Croquis à la sanguine sur
papier vergé, légèrement teinté. Signé en bas, à droite, à la mine
de plomb : Fantin. Au Musée de Lille, n° 2614.

> Femme assise, à demi drapée, de trois quarts à droite.

2430. — ***Etude de nu***. H. o^m24. L. o^m315. Croquis à la sanguine
sur papier vergé crème. Au Musée de Lille, n° 2615.

> Femme assise, de trois quarts à gauche. Etude de bassin.

2431. — ***Etude***. H. o^m318. L. o^m24. Dessin au crayon noir sur
papier végétal. Au Musée de Lille, n° 2616.

> Petite figure d'homme nu, têtes, jambes, bras et main.

2432. — *Etude de nu*. H. 0<sup>m</sup>24. L. 0<sup>m</sup>16. Signé en bas, à gauche :
Fantin. Dessin au crayon noir sur papier vergé. Au Musée de
Lille, n° 2617.

Demi-figure de femme, assise à gauche, le bras droit ramené sur la
poitrine.

2433. — *Etude de nu*. Crayon noir sur papier vergé blanc.
H. 0<sup>m</sup>24. L. 0<sup>m</sup>165. Au Musée de Lille, n° 2618.

Torse de femme, assise, de trois quarts à gauche.

2434. — *Etude*. Crayon noir sur papier vergé. H. 0<sup>m</sup>34.
L. 0<sup>m</sup>25. Au Musée de Lille, n° 2619.

Femme nue, assise, de trois quarts, vue de dos, à gauche. Etudes de
bras, de pied, de jambes.

2435. — *Etude de nu*. Crayon noir sur papier calque. H. 0<sup>m</sup>355.
L. 0<sup>m</sup>195. Au Musée de Lille, n° 2620.

Femme debout, de trois quarts à gauche.

2436. — *Etude de nu.* H. 0<sup>m</sup>40. L. 0<sup>m</sup>27. Dessin au fusain, sur
papier teinté vergé. Au Musée de Lille, n° 2621.

Femme assise, de trois quarts à droite, levant le bras droit, cachant son
visage dans la main gauche.

# III

# ALBUMS

———

2437. — **ALBUM I**

APPARTENANT AU MUSÉE DU LUXEMBOURG

PAGE 1, AU RECTO. — **Une Loge**. H. 0$^m$12. L. 0$^m$16.

Trois personnages sont assis sur le devant d'une loge ; cinq autres sont debout derrière eux.

On lit, en haut : « toile de 60, ce qui paraît 1$^m$28 sur 96 1/2 environ. » 24 septembre 1866.

A droite : « Un enfant, celles en buste de grandeur naturelle, les autres, derrière, un peu plus petites que nature.

En bas : lorgnette, oranges, journal, livre, papier.

A gauche : main et canne. »

PAGE 2, AU RECTO. — **Vérité**. H. 0$^m$175. L. 0$^m$24.

A gauche, debout, nue, de dos, la Vérité tenant un miroir. A une table sont assis deux jeunes gens ; un autre à droite, de dos, joue du violon. Derrière eux, debout, quatre personnages.

En bas : « 23 novembre 1864. »

PAGE 2, AU VERSO. — **Atelier**. H. 0$^m$15. L. 0$^m$205.

A droite, un modèle de femme nue, de dos, posant ; un peintre à son chevalet, un homme assis à gauche ; derrière lui, deux hommes debout.

En haut : « 21 janvier 1867. »

PAGE 3, AU RECTO. — **Le Toast**. H. 0$^m$153. L. 0$^m$246.

Devant une table servie, quatre personnages sont assis ; derrière eux, six autres sont debout, l'un d'eux tient un verre en main et va porter un toast.

En haut : « 30 novembre 64. »

En bas on lit : « Celui-ci clair, la serviette sur les genoux ; la serviette en main, celui qui tient le verre en habit clair. »

PAGE 4, AU RECTO. — **Deux Croquis**. N° 1. H. 0$^m$09. L. 0$^m$155.

Réunion de personnages autour d'une table, les uns assis, les autres debout derrière eux.

En haut : « 3 décembre 1864. »

A droite : « très bien. »

N° 2. *La Vérité*. H. 0^m107. L. 0^m143.

La Vérité, à gauche, debout, nue, tenant un miroir ; un homme assis
à une table, un peintre devant un chevalet, un musicien jouant du violon,
trois autres personnages.

En haut, à droite : « 3 décembre 64. Celui-là est bien. »

**PAGE 4, AU VERSO. — Composition de trois Figures**. H. 0^m12.
L. 0^m16.

20 janvier 1867.

**PAGE 5, AU RECTO. — Vérité**. H. 0^m132. L. 0^m14.

La Vérité, debout, montrant le miroir à un peintre, un musicien, un
écrivain, etc. A côté, un petit croquis de la même composition avec quelques différences.

H. 0^m067. L. 0^m076.

On lit en haut : « Je suis content de cette disposition, 24 septembre
1866, surtout du petit croquis. » A droite : « 5 décembre 64. »

Pour le petit croquis :

« Plus de hauteur de toile (la toile dans le tableau) que de hauteur du
violoniste. Le petit croquis est bien. Peu de différence entre la toile et la
chair de la Vérité quoique la toile soit dans l'ombre. Quand ce point de
départ sera établi : je serai dans une bonne gamme (ou échelle de valeurs).
Donc, ces deux valeurs très rapprochées, puis alors le fond d'ombre mais
plus clair que les noirs d'habits qui marqueront en sombre sur le fond,
(les lumières des noirs) la table plus claire que le fond, plus sombre que
la toile.

Jambes du violoniste en clair, mais plus sombre que la table.

A gauche : et pour le repas, l'ancien croquis où ils sont debout au
moment du toast.

Le nom au catalogue, le Toast (on pourrait indiquer en l'honneur de
quoi). Voilà ! 5 décembre 64. »

**PAGE 5, AU VERSO. — Vérité**. H. 0^m129. L. 0^m14.

Même composition que le petit croquis précédent. Plusieurs petits
croquis sur cette feuille ; à droite, un violoniste assis avec cette indication : « le violoniste un peu couché sur sa chaise. »

« 7 décembre 1864. »

**PAGE 6, AU RECTO. — Vérité**. H. 0^m153. L. 0^m169.

Même composition que le précédent, avec quelques différences dans
les poses.

« 12, 13 décembre 64. »

**PAGE 6, AU VERSO. — Atelier**. H. 0^m15. L. 0^m205.

Un peintre à son chevalet, debout ; deux amis assis ; à gauche, un
modèle de femme posant, de dos, nue jusqu'aux hanches.

En haut : « 21 janvier 67. »

**PAGE 7, AU RECTO. — Toast**. H. 0^m143. L. 0^m213.

Au premier plan, une table servie. Derrière, huit personnages, deux
assis, les autres debout. L'un a l'air de porter un toast.

En haut : « 5 et 3 décembre 64. »

PAGE 7, AU VERSO. — ***Atelier***. H. 0$^m$155. L. 0$^m$212.

Un peintre, une palette à la main; deux amis, derrière lui, à droite; à gauche, un modèle de femme, de dos, le haut du corps nu.

« 21 janvier 1867. »

PAGE 8, AU RECTO. — ***Vérité***. H. 0$^m$155. L. 0$^m$185.

La Vérité, debout, de dos, montre le miroir à des Artistes autour d'elle. Dessin très effacé.

« 14 décembre 64. »

PAGE 8, AU VERSO. — ***Vérité***. H. 0$^m$169. L. 0$^m$202.

La Vérité est au milieu de la composition, de dos, nue. A droite, un peintre tenant la palette d'une main, de l'autre un pinceau. A gauche, un écrivain assis, un violoniste jouant du violon debout, un autre personnage dans le fond.

Au-dessus : « 10, 11, 12 décembre 1864. »

PAGE 9, AU RECTO. — ***Vérité***. H. 0$^m$15. L. 0$^m$18. Même sujet que le précédent avec des changements.

Au milieu, la Vérité, debout, nue de dos. A droite, un peintre devant une toile, palette à la main; en bas, un personnage assis, un autre entre la Vérité et le peintre.

A gauche, un violoniste jouant du violon; debout, derrière lui, une tête coiffée d'un chapeau.

« 15 décembre 1864. »

PAGE 10, AU RECTO. — ***Vérité***. H. 0$^m$173. L. 0$^m$205.

La Vérité, à gauche, debout, de dos, le miroir à la main; plus bas qu'elle, un peintre se détourne de sa toile pour la regarder, palette à la main; en bas, à droite, un écrivain à une table; derrière, un musicien jouant du violon et un autre personnage.

A droite : « décembre 19-64 soir et 2 janvier 1865, chaise. »

PAGE 10, AU VERSO. — ***Atelier***. H. 0$^m$175. L. 0$^m$22.

Le modèle femme est à droite, le peintre, devant sa toile, tourné vers elle; un ami assis et deux debout derrière celui-ci.

PAGE 11, AU RECTO. — ***Toast***. H. 0$^m$162. L. 0$^m$225.

Des personnages sont assis autour d'une table; d'autres debout derrière eux. Au mur, un cadre avec le portrait de Vélasquez.

En haut : « Vélasquez 23 et 28 décembre 64. »

En bas : 31 décembre 1864. »

PAGE 11, AU VERSO. — ***Vérité***. H. 0$^m$172. L. 0$^m$20.

La Vérité, debout, à gauche; près d'elle, mais plus bas, un violoniste; un peintre, palette à la main; derrière, un écrivain assis à une table, un personnage avec un chapeau, près du bord, à droite. A gauche, derrière la Vérité, un homme assis.

En bas : « les violons sont très rouges oranges. »

En haut : décembre 64-18. »

PAGE 12, AU RECTO. — ***Vérité***. H. 0$^m$15. L. 0$^m$20.

La Vérité est ici à droite, debout, tournée vers la gauche; en bas, à droite, un violoniste; à gauche, un écrivain, derrière lui, un peintre et un chevalet.

En bas : « 2 janvier 1865. »

**PAGE 12, AU VERSO. — *Atelier*. H. 0ᵐ16. L. 0ᵐ16.**

Un modèle féminin est debout, à droite, près d'une toile devant laquelle
est assis un peintre, une palette à la main ; il se retourne pour parler à
trois amis.

« 20 janvier 1867. »

**PAGE 13, AU RECTO. — *Vérité*. H. 0ᵐ162. L. 0ᵐ178.**

La Vérité, debout, à gauche, tenant d'une main un miroir, de l'autre
main une draperie qui tombe le long de ses jambes. Devant elle, un
peintre, près de sa toile, entouré d'amis.

En haut : « Le fond très clair, 21 décembre 1866. » A gauche, deux
petits croquis.

**PAGE 13, AU VERSO. — *Vérité*. H. 0ᵐ177. L. 0ᵐ177.**

A droite, un violoniste, assis de profil ; derrière lui, une toile sur un
chevalet, le peintre tenant une palette, et un personnage, un chapeau
haut de forme sur la tête. A gauche, la Vérité, debout, nue, tenant d'une
main un miroir, de l'autre une draperie. Près d'elle, et du bord, à gauche,
un écrivain assis à une table.

On lit : « 22 décembre 1864. T. B. 1887. »

**PAGE 14, AU RECTO. — *Le Toast*. H. 0ᵐ115. L. 0ᵐ195.**

Réunion de six personnages autour d'une table ; deux sont assis, les
autres sont debout, les verres en main.

En haut : « 2 janvier 1865. 7 octobre 1866. »

**PAGE 15, AU RECTO. — *Vérité*. H. 0ᵐ16. L. 0ᵐ165.**

La Vérité, à gauche, debout, le miroir à la main ; devant elle, plus bas,
l'écrivain à une table-bureau sur lequel il y a un vase de fleurs. Entre la
Vérité et lui, en arrière, le violoniste ; à droite, le peintre et sa toile.

On lit à droite : « 23 décembre 64, l'écrivain assis à une table en face
de la Vérité — pas assez de face dans le croquis, la chaise derrière l'écrivain.

Le dessin d'une table : table de l'écrivain, un vase de fleurs. »

En bas : « rapprocher l'écrivain, aussi le violoniste de façon que le
peintre plus important. »

**PAGE 15, AU VERSO. — *Vérité*. H. 0ᵐ165. L. 0ᵐ195.**

Même disposition générale que dans les numéros précédents avec quelques changements.

En haut : « 24 décembre 1864. Edwards une plaque de cuivre. »

A droite : « et 26 décembre. »

A gauche : « ici un buste peut-être. »

En bas : « graveur. »

**PAGE 16, AU RECTO. — *Vérité*. H. 0ᵐ15. L. 0ᵐ16.**

Ici, la Vérité est à droite, de dos, debout, un miroir à la main, autour
duquel rayonnent des lettres. A ses pieds, à gauche, un écrivain la
regarde, la tête appuyée sur sa main ; derrière lui, un peintre, un musicien et d'autres personnages.

En haut : « Niche au fond, 7 janvier 1865. »

En bas : « peut-être pas de chaise. Celui qui écrit sans table dans un
livre sur les genoux. »

PAGE 16, AU VERSO. — ***Deux croquis***. N° 1. *Toast*. H. 0^m65.
L. 0^m10.

Personnages autour d'une table.

N° 2. ***Toast***. H. 0^m07. L. 0^m10.

Même sujet. On lit : « 7 janvier 1865, de la grandeur de l'*Hommage à
Delacroix* — l'appeler : Études d'après nature ou d'après le naturel —
les uns à côté des autres ; sur le pan de muraille, la glace accrochée et
moi dedans.
Ce seul tableau mais serré rien que d'après nature et faire tout ce qui
pose bien — bureau avec plats, tout ce que l'on met sur un dressoir.
8 janvier 1865. »

PAGE 17, AU RECTO. — ***Toast***. H. 0^m155. L. 0245.

Une table servie, quatre personnages assis ; au premier plan, un cin-
quième debout, lisant. Derrière, d'autres figures debout.
En haut : « 8 janvier 1865. »
En bas : « retourner le sujet. »

PAGE 17, AU VERSO. — ***Vérité***. H. 0^m185. L. 0^m16.

La Vérité, à droite, debout, au bord du puits ; un peintre, un musicien,
un écrivain et un autre personnage devant elle.
En haut : « 8 janvier 1865. »

PAGE 18, AU RECTO. — ***Vérité***. H. 0^m203. L. 0^m165.

Composition en hauteur. La Vérité, à droite, debout, de dos au bord
du puits, tenant un miroir. Cinq personnages devant elle : un écrivain,
assis, la tête dans la main, les autres debout ; sous le miroir, l'un d'eux
a les bras croisés.
En haut : « 8 janvier 1865. »
En bas : « Côté de la Vérité — sous le miroir la figure les bras croisés. »

PAGE 18, AU VERSO. — ***Vérité***. H. 0^m19. L. 0^m165.

Même composition que le numéro précédent.
En haut : « 9 janvier 1865. »
En bas : « 11 janvier 1865 au soir. »

PAGE 19, AU RECTO. — ***Le Toast***. H. 0^m137. L. 0^m223.

Un personnage, debout, au premier plan, devant une table servie ; il
lui tourne le dos. Derrière lui, trois hommes dont l'un, assis, les bras
croisés ; au-dessus de lui deux autres. Au milieu, derrière la table, la
Vérité, le miroir à la main. Près d'elle, un homme, verre en main, ainsi
que deux autres à côté de lui et aussi debout ; un violoniste assis.
« 15-16 janvier 1865. »
En haut : « Velasquez — au soir — matin. »
A gauche : « Vérité 20 de moins que Whistler — Manet 15 de moins
que Whistler. »
En bas un petit croquis de la Vérité et écrit : « Velasquez et Rembrandt en lettres d'or. »

PAGE 19, AU VERSO. — ***Toast***. H. 0ᵐ16. L. 0ᵐ233.

Même sujet que le précédent, plus développé. La Vérité est toujours au milieu, derrière la table devant une niche, dans le fond, le miroir à la main. Devant la table, à droite, un personnage debout; près de lui, assis, un violoniste et trois hommes debout. A gauche, devant la table un personnage assis et le peintre, tenant une palette, debout, près de la Vérité. Deux personnages debout et un assis près du bord de la toile.

En haut, on lit : « 1865-16 et 17 janvier au soir. »

A la Vérité notre Idéal -- Etoile en argent. A gauche les fleurs et fruits très rouge vif, couleurs de façon à diviser les deux blancs, de la nappe et de la chemise.

« Bracquemond, Cordier, Duranty, Manet — la Vérité — Whistler, Astruc, Scholderer, Cazin, Edwards. » En bas, 2,40 — 1ᵐ56 fleurs et fruits table. »

PAGE 20, AU RECTO. — ***Reflets d'Orient***. H. 0ᵐ17. L. 0ᵐ23.

Intérieur oriental, fantaisie, dessin sommaire.
En haut : reflets d'Orient 20 janvier 1865 R. Schumann.

PAGE 20, AU VERSO. — ***La Vérité***.

Figure nue, debout.

PAGE 21, AU RECTO. — ***Quatre Croquis très sommaires pour les 4 Saisons***. H. 0ᵐ142 ✕ 0ᵐ245, largeur de l'ensemble.

Le Printemps, on lit : « Jeune fille effeuillant une marguerite, tête de l'amant derrière l'arbre en fleurs, verger, gazon vert, matin soleil levant. »
Eté, baigneuse sortant de l'eau, ciel bleu, soleil sur la figure.
Automne, soleil couchant, vendanges, Christ au Tombeau, Titien.
L'Hiver, Carnaval, marotte de Folie et masque — hiver, nuit, neige, lune, manteau noir, robe orange sombre — la salle où elle monte par l'escalier, salle de bal éclairée. 25 sept. 1866. »

PAGE 22, AU RECTO. — ***Le Poète***. H. 0ᵐ16. L. 0ᵐ20.

Le poète est couché à terre un bras soutenant la tête, il écrit. Intérieur oriental, lanternes japonaises au plafond; derrière le poète, une baie ouverte sur la mer. Une femme debout joue de la mandoline, une autre est accroupie par terre et joue de la flûte; une troisième assise. A gauche, une femme nue, debout, fait sa toilette, une suivante lui présente un miroir, une autre est accroupie.

En haut : « le Poète — 5 décembre 1866. »

A gauche : 4 (se rapporte à la figure assise à la fenêtre). Outremer vif, bleu vert vif et violet vif, de sorte que le ciel et la mer sont neutres.

Le poète, plus au premier plan, il écrit. Toilette de la femme, clair de lune, concert.

En bas : « Esquisse à Whistler. »

PAGE 22, AU VERSO. — ***Atelier***. H. 0ᵐ13. L. 0ᵐ175.

Croquis fait chez Manet. 20 Janvier 1867.

PAGE 23, AU RECTO. — ***Fantaisie***. H. 0ᵐ19. L. 0ᵐ218.

Sujet ?
13 décembre 1866.

Page 23, au verso. — ***L'Atelier***. H. 0^m135. L. 0^m17.

Un modèle féminin, assis à droite, posant, le dos nu ; devant elle, un peintre, palette et pinceau en mains, en face d'une toile blanche. Deux personnages assis et deux debout, à droite.

21 janvier 1867.

Page 24, au recto. — ***Jugement de Pâris***. H. 0^m20. L. 0^m155.

A gauche, Pâris, assis de trois quarts, offre la pomme à Vénus, debout devant lui, le haut du corps nu, poussée vers lui par l'Amour. Derrière Vénus, Minerve casquée, tenant une lance. Entre Pâris et Vénus, dans les nuages, Junon.

23 décembre 1866.

Page 24, au verso. — ***L'Atelier***. H. 0^m125. L. 0^m16.

Même composition que le verso page 23 avec quelques différences.

« Chez Manet, 21 janvier 1867. »

On lit : « Esquisse de Tannhæuser à Maitre, Bazille un jugement de Pâris.

Monet aussi.

Guillaume : Une femme sortant du bain et soulevant un rideau.

Le Christ en croix d'après Véronèse.

Le Cyrénéen de Véronèse sur carton, derrière le batelier de la Malaria d'Hébert.

Une Vénus couchée, l'Amour au fond.

Un petit bouquet.

Pochade d'après moi.

Un dessin d'après moi.

Une peinture d'après Legros très jeune, etc. etc. »

Page 25, au recto. — ***Toast-croquis***. H. 0^m13. L. 0^m095.

Un personnage assis, à gauche, de trois quarts à une table. Trois autres debout, dont un tient un verre.

En haut : « le 30 janvier 1865 devant mon tableau. »

En bas : « Un bout de canne. »

Page 25, au verso. — ***Etudes***. H. 0^m18. L. 0^m215.

Diverses études : une tête de femme, une autre tête, des mains, etc.

31 décembre 66.

Page 26, au recto. — ***A R. Schumann***. H. 0^m17. L. 0^m135.

Dessin très sommaire rehaussé de gouache. Buste de Schumann, qu'une figure ailée vient couronner.

En haut : 24 décembre 1866. A R. Schumann. Au soir. Apothéose

Page 26, au verso. — ***Etude***. Crayon noir. H. 0^m20. L. 0^m20.

Jeune fille nue, assise à terre, tenant son pied d'une main.

7 octobre 1866.

Page 27, au recto. — ***Atelier***. H. 0^m135. L. 0^m18.

Un peintre à son chevalet et des amis.

On lit : « 17 septembre 1866. Intérieur d'atelier. Le 1^er, chapeau, sous le bras, un carton, la main sur l'épaule du troisième, 2^e enlever. 3^e le peintre appuyé sur le rebord de son chevalet, la palette à la main. 4^e poser tête de profil, la tête dans l'ombre de la toile. 5^e dessine, le carton posé sur la table qui est chargée de natures mortes. 6^e en chemise, a dans les bras un buste antique, plâtre, la chemise plus claire que la toile, sur la table, verre, rafraichissements. »

Page 27, au verso. — *Etude.* H. o^m245. L. o^m1o5.

Etude de femme nue, une jambe croisée sur l'autre.
On lit : « 23 septembre 1866. »
« Fait aujourd'hui des raisins pour la nature morte de Spartali, la der-
nière des quatre natures mortes. »

Page 28, au recto. — *Persée délivrant Andromède.* H. o^m235.
L. o^m185.

Dessin très sommaire.
16 septembre 1866.

Page 28, au verso. — *Lever de Vénus.* H. o^m192. L. o^m15. Reproduit dans le : *Fantin-Latour,* sa vie et ses amitiés d'Ad. Jullien.

Vénus est assise sur un lit, nue, jouant avec un petit Amour qui est sur
le lit. Une suivante la coiffe, une autre est à genoux par terre, de dos,
devant un bassin.
En bas : « Lever de Vénus, négresse. »
15 septembre 1866.

Page 29, au recto. — *Andromède.* H. o^m225. L. o^m19.

Au premier plan, Andromède, assise sur un rocher, de dos, se retourne
pour voir Persée qui descend, armé d'un bouclier, pour tuer le monstre.
15 septembre 1866.

Page 29, au verso. — N° 1. *Assemblée.* H. o^m145. L. o^m205.

Dessin très sommaire d'une réunion de plusieurs personnages autour
d'une table.
15 septembre 66.

N° 2. *Petit croquis.* H. o^m62. L. o^m85.

24 septembre 66.

Page 30, au recto. — *Jeune Fille au miroir.* H. o^m165. L. o^m145.

Elle est assise, à gauche, presque de face, la tête de trois quarts, un
peu penchée. Un bras repose sur un bras du fauteuil, la main tenant des
fleurs (il y a écrit « fleurs ») et l'autre main un miroir (il y a écrit
« miroir »).
Au-dessus : 12 septembre 66.

*Croquis sur la même feuille.* H. o^m93. L. o^m145.

Andromède attachée, à gauche, par les poignets, à un rocher; Persée
arrivant d'en haut, à droite, fond sur le monstre.
16 septembre 66.

Page 30, au verso. — *Deux Croquis d'après les Japonais.*
N° 1. H. o^m09. L. o^m123.

N° 2. H. o^m06. L. o^m82.

En haut on lit : « 5 août 1866 d'après les Japonais. »

Page 31, au recto. — *Un Sucrier.* H. o^m185. L. o^m205.

Un sucrier avec une pince à sucre.
29 janvier 66.

Page 32, au recto. — N° 1. *Huit têtes d'homme*. H. 0<sup>m</sup>105.
L. 0<sup>m</sup>195.

13 nov. 1865.

N° 2. *Etude de mains et bout de tête*. (Recollé). H. 0<sup>m</sup>105.
L. 0<sup>m</sup>108.

26 novembre 1865.

Page 32, au verso. — N° 1. *Tête de Jeune fille*.

De trois quarts à droite.

N° 2. *Fragment de Tête de Femme*.

26 décembre 1865.

N° 3. *Trois Personnages devant une table*.

On lit : « toile de 60. »

*Petit croquis*. H. 0<sup>m</sup>19. L. 0<sup>m</sup>14.

Peintre à son chevalet.
Au-dessus « toile de 4. » En bas : « Edwards. »

Page 33, au recto. — *Un Sucrier*. H. 0<sup>m</sup>155. L. 0<sup>m</sup>23.

Même sucrier que le numéro 31, avec la pince vue plus de face.
30 janvier 1866.

Page 33, au verso. — *Trois croquis*. N° 1. *Intérieur*. H. 0<sup>m</sup>175.
L. 0<sup>m</sup>12.

Deux femmes dans un intérieur, l'une assise, l'autre debout.
2 novembre 1865.

N° 2. *Intérieur*. H. 0<sup>m</sup>10. L. 0<sup>m</sup>75.

Femme assise sur un canapé, les bras croisés.

N° 3. *Intérieur*. H. 0<sup>m</sup>095. L. 0<sup>m</sup>73.

Femme assise sur un canapé, la tête baissée.
2 novembre 65.

Page 34, au recto. — *Atelier*. H. 0<sup>m</sup>155. L. 0<sup>m</sup>205.

Un modèle de femme est assis, à droite, sur un siège à modèle, nue, de
dos, le bras levé. Autour d'elle, des artistes dessinant et peignant.
On lit en haut : « étagère à plâtres. »
20 octobre 1865.
En bas : « Etude de la Nature, ici le déjeuner du modèle, nature
morte. »

Page 34, au verso. — *Feuille de croquis*. N° 1. *Deux têtes
d'homme*.

21 octobre.

N° 2. *Un petit croquis*.

« Spiritisme. »
27 octobre 65.

N° 3. *Un croquis*.

Un homme et une femme.

N° 4. *Le Thé.*

Des dames autour d'une table, une servante apporte un plateau, une fenêtre dans le fond.

Hauteur du tout. H. 0ᵐ2o5. L. 0ᵐ225.

PAGE 35, AU RECTO. — **Raphaël** (D'après). *Têtes de femme et homme.* H. 0ᵐ2o5. L. 0ᵐ255.

15 et 19 octobre 1865.

PAGE 35, AU VERSO. — **Raphaël** (D'après). *Figure d'homme*
H. 0ᵐ255. L. 0ᵐ17.

8 octobre 1865.

PAGE 36, AU RECTO. — **Raphaël** (D'après). *Figure d'homme.*
H. 0ᵐ21. L. 0ᵐ26.

3 octobre 1865.

PAGE 36, AU VERSO. — **?** H. 0ᵐ165. L. 0ᵐ195

28 septembre 1865.

PAGE 37, AU RECTO. — **Atelier.** H. 0ᵐ15. L. 0ᵐ165.

Un peintre à son chevalet, quatre personnages autour de lui.
24 sept. 65.

PAGE 37, AU VERSO. — **Deux croquis.** N° 1. *Intérieur.*

Trois figures, une femme lisant, les autres écoutant.
En haut : « toile de 60, 28 décembre 1865. »

N° 2. *Un Peintre à son chevalet.*

A droite : « toile de 40, Edwards peignant. »
Grandeur du tout. H. 0ᵐ18. L. 0ᵐ13.

PAGE 38, AU RECTO. — **Atelier.** H. 0ᵐ135. L. 0ᵐ18.

Un peintre devant son chevalet, peignant, du monde autour.
En haut : « 24 sept. 65, d'après le 22 avril 65. »

PAGE 38, AU VERSO. — **Allégorie, Vérité.** H. 0ᵐ153. L. 0ᵐ18.

La Vérité apparaissant à une foule de personnages.
On lit en haut : « 20 octobre 1865 ». A droite : « La Vérité et Art, Science. » A gauche : « La femme, le vin, le jeu. » En bas : « Allégorie. »

PAGE 39, AU RECTO. — **Trois croquis.** N° 1 ?

N° 2. *Trois figures dans un paysage.*

A droite on lit : « prairies ».

N° 3. *Un pied.*

Grandeur du tout. H. 0ᵐ255. L. 0ᵐ182.

PAGE 39, AU VERSO. — **Un Peintre et trois Personnes à une table.** H. 0ᵐ13. L. 0ᵐ18.

19 sept. 1865.

PAGE 40, AU RECTO. — ***Baigneuses***. H. 0^m185. L. 0^m215.

Quatre femmes au bord de l'eau, trois couchées par terre, une debout, nue.
10 juillet 65.

PAGE 41, AU RECTO. — ***Vanités***. H. 0^m18. L. 0^m255.

La femme (la Beauté). La Fortune, les Arts, etc., etc.
4 juillet 1865.

PAGE 41, AU VERSO. — ***Fantaisie***. H. 0^m16. L. 0^m185.

Au premier plan, une femme nue de dos, étendue, un bras appuyé sur les genoux d'une compagne, assise près d'elle. A droite, deux femmes debout et une assise.
En haut on lit : « Retour de Chailly. 4 août 65. »

PAGE 42, AU RECTO. — ***Jugement de Pâris***. H. 0^m165. L. 0^m15.

Pâris, assis, à gauche, de dos, offre la pomme à Vénus, debout, nue; près d'elle, à gauche, Minerve; en haut, à droite, Junon. Un petit Amour couronne Vénus.
En haut : « 3 juillet 65. »
En bas : « Jugement de Pâris. »

PAGE 42, AU VERSO. — ***Deux Croquis***. N° 1. H. 0^m115. L. 0^m14.

Un peintre à son chevalet entouré de dames; une pose.
Au-dessus : « 29 juin 1865. »
En bas : « celui-là : Bon. »

N° 2. H. 0^m13 L. 0^m15.

Même sujet.
29 juin 1865.

PAGE 43, AU RECTO. — ***Atelier***. N° 1. H. 0^m125. L. 0^m14.
On lit à droite : « 1865. 29 juin, celui-là bien, très bien. »
Deux dessins, même sujet que les précédents.

N° 2. H. 0^m11. L. 0^m41.

29 juin 1865.

PAGE 43, AU VERSO. — ***Trois projets de tableaux à faire chez Edwards***.

Edwards à son chevalet en plein air peignant, une femme debout, derrière lui, deux femmes assises.
« 27 juin 1865, à faire chez Edwards. »

N° 1. H. 0^m102. L. 0^m127.

29 juin 1865.

N° 2. H. 0^m098. L. 0^m13.

N° 3. H. 0^m065 L. 0^m085.

PAGE 44, AU RECTO. — ***Jugement de Pâris***. H. 0^m205. L. 0^m17.

A droite, Pâris, debout, offre la pomme à Vénus, debout devant lui, à gauche, un petit Amour à ses pieds; au-dessus de Vénus, Junon; près de Pâris Minerve.
En haut : « Jugement de Pâris. 28 octobre 1865. »

PAGE 44, AU VERSO. — ***Etude.*** H. 0$^m$198. L. 0$^m$125.
   Enfant d'après ?
   1ᵉʳ février 1865.

PAGE 45, AU RECTO. — ***Raphaël*** (Dessin d'après), *Etude*. H. 0$^m$17.
   L. 0$^m$18.
   31 janvier 65.

PAGE 45, AU VERSO. — ***Raphaël*** (Dessin d'après). *Etude*.
   30 Janvier 65.

PAGE 46, AU RECTO. — ***Lohengrin.*** H. 0$^m$168. L. 0$^m$12.
   Dessin très sommaire ; en haut à gauche, une figure ailée tenant le
   vase sacré, et d'autres figures ailées.
   En bas : deux personnages prosternés.
   On lit en bas : « Lohengrin, 24 décembre 186. »
   Sur la même page un croquis ?
   Hauteur du tout : H. 0$^m$29. L. 0$^m$205.

---

## 2438. — **ALBUM II**

APPARTENANT AU MUSÉE DU LUXEMBOURG.

PAGE 1. — ***Jugement de Pâris.*** Mine de plomb, crayon noir,
   Plume. H. 0$^m$197. L. 0$^m$185.
   **Reproduit dans le *Fantin-Latour* d'Adolphe Jullien.**
   A droite, Pâris, assis, son chien à ses pieds, présente la pomme à
   Vénus, debout devant lui. Entre Vénus et Pâris, Junon ; derrière Vénus,
   Minerve, tenant sa lance et son bouclier.
   En haut : « 12 novembre 67. »
   En bas : « Fontenay-Trésigny. »

PAGE 2. — ***La Reine des Fées.*** Mine de plomb, crayon noir,
   plume. H. 0$^m$19. L. 0$^m$113.
   Elle est debout près d'une colonne, tenant d'une main une cassette, de
   l'autre un sceptre. Elle est vêtue de draperies flottantes.
   En haut : « Sainte-Hélène Ingres. Septembre 70. »
   En bas : « la Reine des Fées. »
   « Janvier 69. »

PAGE 3. — ***Le Poète.*** Crayon noir. H. 0$^m$14. L. 0$^m$155.
   Le poète est étendu par terre, écrivant sur un livre tenu par un petit
   Amour. A droite, derrière lui, une Muse, la main sur une harpe sus-
   pendue à un arbre. A gauche, une figure ailée tend une couronne.
   En haut : 30 novembre 68.

Page 4. — *Il entend la Musique au fond des bois.* Crayon noir, plume. H. 0ᵐ158. H. 0ᵐ157.

Le poëte est assis de trois quarts, la tête appuyée sur une main, un livre sur les genoux que soutient un Amour. Derrière lui, à droite, une Muse jouant de la lyre ; A gauche une figure volante le couronne et tient une palme.

En haut : « Il entend la musique au fond des bois. »

1ᵉʳ décembre 1868.

Page 5. — *Rue du Dragon.* Mine de plomb. H. 0ᵐ205. L. 0ᵐ15.

Deux femmes à une fenêtre, vues de dos. Derrière elles, un métier à tapisserie ; au premier plan, une table ronde.

En bas : « 1857, rue du Dragon, 1. »

Page 6. — *Femme assise sur son lit.* H. 0ᵐ17. L. 0ᵐ078.

Elle est assise de face, nue, sur un lit, tenant d'une main une chemise sur ses genoux. Un pied dans une pantoufle. Dans le haut, une espèce de baldaquin. Sans doute fait pour une peinture de 1871.

En haut : « bordure éclatante. »

A gauche : « 8 juillet 1868. »

A droite : « faire la femme seule. »

« Aout 70. Septembre 70.

Chemise. Robe japonaise. »

Page 7. — *Bains Turcs.* H. 0ᵐ15. L. 0ᵐ095.

Une femme, de trois quarts, de dos, penchée en avant, le bas des jambes, dans la chemise, paraît sortir du bain.

En bas : « Bains turcs ».

A droite : un croquis des jambes avec cette indication : « Montrer peut-être la jambe. »

A droite : rideau clair, violet

8 chaud :

Chocolat brun jaune ;

Feuillage d'or dessus :

7 bleu violet ;

La femme pâle jaune ».

Ces indications se rapportent au fond.

Page 8. — Nᵒ 1. *Baigneuses.* Mine de plomb et crayon noir. H. 0ᵐ123. L. 0ᵐ137.

Trois baigneuses sous un arbre, au bord de l'eau. A gauche, une d'elle debout, tient ses cheveux : A droite, la seconde, assise de profil, met sa chemise : derrière elle, la troisième baigneuse paraît sortir de l'eau.

Nᵒ 2. *Danaë.* Dessin à la plume. H. 0ᵐ11. L. 0ᵐ10.

Elle est assise sur un lit, la tête levée, tenant des deux mains une draperie prête à recevoir la pluie d'or.

Page 9. — *Jugement de Pâris.* Crayon noir. H. 0ᵐ20. L. 0ᵐ25.

A gauche, Pâris, assis de profil, se penche vers Vénus et lui offre la pomme. Vénus est debout, de face, un petit Amour jouant à ses pieds. A droite, Minerve, tournée vers la gauche, de dos ; derrière elle, Junon qui se dirige vers la droite. Fond de paysage.

PAGE 10. — *Hommage à Delacroix*. Encre de Chine. H. 0ᵐ155.
L. 0ᵐ19.

Des jeunes gens, réunis près d'un buste de Delacroix élevé sur une
colonne, que couronne une figure ailée; au pied du buste une figure
assise pleure.

PAGE 11. — Encre de Chine. N° 1. H. 0ᵐ13. L. 0ᵐ14.

N° 2. H. 0ᵐ14. L. 0ᵐ165.

Composition analogue à la précédente, le buste est à gauche au lieu
d'être à droite.

PAGE 12. — *Hommage à Delacroix*. Encre de Chine. H. 0ᵐ15.
L. 0ᵐ194.

Même composition que les précédentes, un peu plus développée.
En haut : 2 octobre 1863.

PAGE 13. — *Nymphe et Amour*. Mine de plomb, crayon noir.
H. 0ᵐ215. L. 0ᵐ15.

La nymphe est accroupie, de trois quarts vers la gauche, un bras levé
dans l'action d'ôter son voile, un petit Amour, à gauche, devant elle,
cherche à l'enlever.

PAGE 14. — *Femme au Miroir*. Crayon noir. H. 0ᵐ145. L. 0ᵐ15.

Une jeune femme est assise de face sur un canapé, la tête appuyée sur
la main dont le bras repose sur un coussin; de l'autre main, elle tient
un miroir dans lequel elle se regarde.

PAGE 15. — *Tentation de Saint Antoine*. N° 1. H. 0ᵐ16. L. 0ᵐ16.

Saint Antoine est à genoux, de profil, penché sur un livre; devant lui,
une femme debout, à moitié nue. Sur un terrain, derrière lui, une autre
femme est étendue, d'une main entourant le cou du saint, de l'autre
tenant une coupe élevée.
En bas, à gauche, est écrit « source. »
En haut, à droite, « 26 octobre 68. »

N° 2. H. 0ᵐ06. L. 0ᵐ073.

En bas, à droite, une petite esquisse du même sujet, mais différente.
Le saint est à genoux, à gauche, devant un livre et une croix en bois,
A droite de lui, une femme nue, de trois quarts de dos, une autre étendue
derrière elle.
Au-dessus : « Ancienne esquisse. »

PAGE 16. — *Le Pêcheur*. H. 0ᵐ75. L. 0ᵐ09.

Il est presque à genoux dans sa barque dans un mouvement de recul,
devant une femme qui émerge de la mer. En haut : « 5 août 68. Pêcheur
tirant ses filets, nu, en caleçon. »
En bas: « Il est dans sa barque. »

*Mélodie de Schumann*. H. 0ᵐ133. L. 0ᵐ112. Même composition
que la lithographie n° 32 du catalogue Hédiard.

Un homme est à genoux vers la droite, près d'un arbre, la tête, de dos,
tournée vers une femme qui lui apparaît au-dessus de l'eau.
En bas : « 19 décembre 1868 »

PAGE 17. — ***Toilette***. Crayon noir. H. 0^m12. L. 0^m107.

Une jeune femme est assise, à gauche, le buste nu, tenant un miroir dans lequel elle se regarde, pendant qu'une suivante la coiffe ; une autre lui apporte une robe.

A gauche : 6 juillet 1868 ».

A droite : « et septembre 70 ».

PAGE 18. — ***Japonisme***. H. 0^m10. L. 0^m135.

Une femme de dos, est assise à droite, tenant un écran, entourée d'une quantité d'objets indiqués par des numéros correspondant à des indications en marge

En haut : « 4 Boîte japonaise sur des livres japonais.

3 Images japonaises, paysages.

2 Pantoufles.

1 Camélias en bouquet, blonde ».

A droite : « 8 Genou nu sur l'autre jambe.

9 Cadre paraissant dans l'ombre du cabinet.

10 Pour le ton.

11 Bordure dans des tons vermillon et or (ornements d'église).

12 Robe de Whistler.

7 Grande plante verte, foncée.

6 Primevère.

5 Tasse de Bouvier avec des oranges et citrons, grenades à terre. »

A gauche : « 3 janvier 1869.

septembre 70 ».

PAGE 19. — ***Le Poète et la Muse***. Crayon noir. H. 0^m14. L. 0^m117.

Le poète est assis à une table, écrivant d'une main, l'autre main sur sa poitrine ; près de lui, la Muse, debout, nue jusqu'à la ceinture, un bras passé derrière la tête du poète, l'autre bras appuyé sur une balustrade.

Sur la table, une lampe qui les éclaire en dessous. Dans le fond, des arbres et un ciel où l'on voit un croissant.

En haut : « la lampe les éclaire en dessous.

Le poète et la Muse.

Lune, 26 juin ».

En bas à droite : « lampe. »

Composition ressemblant beaucoup à la lithographie n° 13 du catalogue Hédiard de 1877.

PAGE 20. — ***Femme lisant***. Crayon noir et plume. H. 0^m20. L. 0^m12.

Une jeune femme est debout, devant une architecture ouvrant sur un paysage, la tête baissée, et lisant dans un livre qu'elle tient des deux mains.

PAGE 21. — ***Musique vénitienne***. Deux compositions sur la même feuille.

N° 1.

Réunion de plusieurs figures sur des marches. Un jeune homme (genre trouvère) joue de la guitare, deux femmes tiennent un livre et chantent d'autres au loin.

N° 2. H. 0^m21. L. 0^m14.

Une dame, en costume vénitien est assise, vue de dos, au premier plan, à droite ; on aperçoit dans l'ombre, derrière elle, d'autres figures. Au milieu, un troubadour joue de la guitare et une dame, à côté de lui, tient un cahier de musique et à l'air de chanter.

Page 22. — ***Tentation de saint Antoine***. H. 0ᵐ135. L. 0ᵐ098.

Saint Antoine est prosterné à droite, tenant une tête de mort entre les mains ; derrière lui, une femme nue, renversée, lui tend d'une main une coupe pleine de vin. Fond de paysage.

En haut : 8 mai 1871.

Page 23. — ***L'Anniversaire de Baudelaire***. Mine de plomb H. 0ᵐ075. L. 0ᵐ115.

Une procession va porter des couronnes à son tombeau, un buste sur une colonne. Les figures sont coupées à mi-corps. En avant, une Muse avec une couronne et un rameau d'or. On lit en haut : « 28 août 1869, l'anniversaire de Beaudelaire, on porte des couronnes et des bouquets à sa tombe. »

A droite : « fond gris clair, buste et colonne tout blanc. »

En bas : « La Muse, couronne et rameau d'or, en blanc et violet (scabieuse).»

En haut à gauche : « Etude de cyprès. »

***Deuxième composition***. H. 0ᵐ095. L. 0ᵐ135. Plume sur papier calque.

Dix personnages réunis autour d'une table, trois assis, le quatrième debout lisant, les autres groupés autour ; dans le fond, au mur, le portrait de Baudelaire entouré de feuillages.

Page 24. — ***A Robert Schumann***. Mine de plomb. H. 0ᵐ13. L. 0ᵐ175.

Une théorie de femmes allant au tombeau de Schumann. L'une, assise, à droite, de dos, pleure ; une autre vient offrir une couronne ; une Muse tient un papier où sont inscrits ses œuvres ; à gauche, l'une cueille des fleurs à un buisson.

A gauche : 20 octobre 72. Violon.

Cette composition dont Fantin voulait faire un tableau a été souvent reprise avec des variations.

Page 25. — ***Le Toast***. Mine de plomb. Deux compositions sur la même feuille.

Nº 1. H. 0ᵐ085. L. 0ᵐ09.

A gauche, la Vérité, nue, de dos, tient dans la main un miroir. A ses pieds, une foule d'hommes portant un cartel.

En haut est écrit : « sombre, et sa tête, claire, blonde. »

Nº 2. H. 0ᵐ10. L. 0ᵐ12.

Au premier plan, coupé par le cadre, un homme, de dos, portant un cartel à un bâton qu'il tient en l'air au-dessus des têtes de sept de ses compagnons.

En haut à droite : « 13 mai 1864. »

Page 26. — ***Le Toast***. Mine de plomb. H. 0ᵐ14. L. 0ᵐ135.

A gauche, sur le bord d'un puits, la Vérité, debout, nue, tenant un miroir qu'elle montre à une foule d'hommes à ses pieds. L'un d'eux élève un cartel.

On lit à droite : « Gerbe de fleurs, de plantes autour du drapeau.

Le puits rond d'ouverture, peut-être avec les cordes, poulies, sceau clair, livre, édition M. Lévy. »

A gauche : « 30 mai 1864. Couleur de fond terre d'ombre n. sienne, n. laque, vermillon, bleu d'outremer. »

Gor (?) 8, dans le coin un croquis d'une tête d'homme.

En haut : « 5 décembre 1864 très bien. »

Page 27. — ***Deux compositions sur une même feuille***. Mine de plomb. H. 0ᵐ205. L. 0ᵐ168 grandeur des deux dessins.

Un intérieur d'atelier, un peintre à son chevalet; derrière lui, à gauche, un personnage assis et trois autres debout. A droite, un modèle de femme nue.
A gauche est écrit: « 1ᵉʳ septembre 1869 au soir. »
Modèle de femme passant derrière le rideau.

Page 28. — ***Hommage***. Quatre compositions sur la même feuille. 1ʳᵉ de gauche à droite. H. 0ᵐ095. L. 0ᵐ125.

Réunion d'hommes devant un portrait accroché au mur, sans doute celui de Baudelaire; à droite, coupé par le cadre un homme assis; derrière lui, trois autres debout. Au milieu un homme debout, apporte une couronne: à gauche, le coin d'une table; derrière, un homme assis et trois debout.
A gauche est écrit: 16 octobre 71.

2ᵉ. Même sujet avec quelques changements. H. 0ᵐ95. L. 0ᵐ123.

3ᵉ en bas à gauche. H. 0ᵐ093. L. 0ᵐ133.

Ici la table est au milieu, coupée par le cadre, autour, trois hommes assis, un debout, lisant; derrière des personnages debout.

4ᵉ composition. H. 0ᵐ096. L. 0ᵐ143.

On voit un peu plus de la table, couverte d'une nappe avec des objets dessus. Autour, des personnages assis et, derrière eux, d'autres debout.
En haut, à gauche du portrait, la date: 11 décembre 1871.

Page 29. — ***Hommage***. Crayon noir. H. 0ᵐ118. L. 0ᵐ158.

Réunion de jeunes hommes devant un portrait, les uns, assis, lisant, les autres, debout groupés. Au fond, à droite, une bibliothèque.
En haut, à gauche, près du portrait: « Fantin 1871. »
A gauche est écrit: « 15 décembre 7, retourner à droite: bibliothèque. »

Page 30. — ***Baigneuse debout***. Mine de plomb et crayon noir. H. 0ᵐ175. L. 0ᵐ12.

Elle est debout, nue, presque de face, tournée vers la gauche, la tête légèrement inclinée vers la droite et regarde une suivante à genoux derrière elle.
En haut: « 22 janvier 1872. »

Page 31. — ***A Robert Schumann***. Mine de plomb, crayon noir. H. 0ᵐ14. L. 0ᵐ08. Première idée de la lithographie n° 8 du catalogue Hédiard.

Une jeune fille, vue de trois quarts, s'avance vers le tombeau de Schumann, à gauche, un bouquet à la main.
A droite: « 16 décembre 1872 ».

***Portrait de Mᵐᵉ Fantin***. Mine de plomb. H. 0ᵐ13. L. 0ᵐ095.

Premier croquis mis au carreau, pour le portrait de Mme F. du Salon de 1873. Elle est assise de trois quarts, dans un fauteuil, un livre à la main.
En haut: 18 1/2, 12 février 73.

Page 32. — ***Assemblée de Dames***. Deux dessins sur une même feuille. Nº 1 (droite). H. 0ᵐ102. L. 0ᵐ087.

> Réunion de dames autour d'une table lisant et travaillant ; à gauche, une fenêtre avec un rideau blanc, à droite, une porte sombre.
> En haut : « 11 novembre 72
> Rideau blanc et grands rideaux, porte. »

Nº 2 (gauche). Mine de plomb. H. 0ᵐ115. L. 0ᵐ083.

> Autre disposition que le précédent. Une figure assise, à gauche de profil à droite, lit ; derrière elle, une autre de profil à gauche, se détache sur la fenêtre ; derrière la table où le métier, une femme, la main sur la table(?) A droite, une figure debout.
> En haut : « 13 novembre 72.
> Blanc, grands rideaux marron. »

Page 33. — ***A Robert Schumann***. Trois dessins sur une même feuille. H. 0ᵐ088. L. 0ᵐ11.

> Une procession de femmes au tombeau du maître. A droite, le tombeau devant lequel pleure une Muse. Une autre figure apporte une couronne, les autres suivent.
> En bas : « En l'Honneur, à la Mémoire, à la Gloire de R. Schumann, rouge brun « violon. »
> A gauche : « 21 décembre 72. »
> Presque la même composition que celle ci-dessus.

H. 0ᵐ095. L. 0ᵐ11.

> A gauche : « 5 janvier 73. »
> Croquis sommaire.

H. 0ᵐ087. L. 0ᵐ12.

> A gauche : « 23 novembre 72. »

Page 34. — ***L'Atelier***. Nº 1. H. 0ᵐ09 L. 0ᵐ125.

> Un peintre à son chevalet, un homme assis posant ; derrière eux, six amis debout. A gauche, une porte ouverte et encore deux personnages, une table au bord de la toile.
> A gauche on lit : « le meilleur, 9 novembre 1869 ».

Nº 2. ***Réunion de Femmes***. H. 0ᵐ08. L. 0ᵐ12.

> Autour d'une table, sous la lampe.
> En haut : « 24 novembre 72. »

Nº 3. ***Atelier***. H. 0ᵐ095. L. 0ᵐ137.

> Une femme, de dos, devant un chevalet peignant. Autour d'elle, quatre personnes, deux assises et deux debout.
> A gauche : « 25 octobre 72. » En haut : « Buré 82. »

Nº 4. ***Musique***. H. 0ᵐ095. L. 0ᵐ142.

> A droite, une femme de profil, au piano ; près d'elle, debout, une chanteuse un cahier de musique à la main.
> A gauche, le père et la mère assis ; derrière eux une porte.
> On y lit : « 25 octobre 72 — porte. »

PAGE 35. — *L'Atelier*. N° 1. H. 0^m085. L. 0^m12.

Même composition que le dessin du 9 novembre 1869 avec peu de changements.

A gauche on lit: « 16 novembre 1869, très bien. »

N° 2. *Musique*. H. 0^m95. L. 0^m125.

La pianiste au milieu de la toile, une figure à sa droite et deux chanteuses à sa gauche. Derrière ces dernières, deux figures assises.

A gauche: « 25 octobre 72. »

N° 3. *Hommage*. H. 0^m09. L. 0^m13.

Un buste sur une colonne; beaucoup de monde autour. Une femme couronne le buste. Une autre assise de dos, au bas du monument.

A gauche on lit: « 10 septembre 73. »

N° 4. *Salon*. Crayon noir. H. 0^m105. L. 0^m14.

A droite, un homme, assis dans un fauteuil, à côté de lui, une femme assise également. Au milieu de la composition, une femme debout, en toilette de ville. Derrière elle, à gauche, deux femmes assises et une debout.

Dans un cadre, à droite on lit: « 25 août 1874. »

PAGE 36. — *Le « Soir ramène le Silence*. » Mine de plomb et crayon noir H. 0^m205. L. 0^m137.

Une jeune femme, appuyée au balcon d'un palais, la tête reposant sur une main, de l'autre elle tient un écran. A gauche, un ciel et des bouquets d'arbres.

En haut on lit: « le soir ramène le silence. » 3 janvier 69.

*Deux croquis*. N° 1. *Thé*. Mine de plomb. H. 0^m09. L. 0^m115.

Réunion de personnages devant une table servie.

A droite on lit: Domestique un gâteau dans les mains, thé sur la table, fruits, fleurs.

En haut: « 2 octobre 1865, lumière. »

N° 2. *Hommage banquet*. Plume et mine de plomb. H. 0^m095. L. 0^m135.

Devant une table, trois hommes assis, un autre debout, fait la lecture. Autour d'eux, d'autres personnages.

Sur la table on lit: « 22 décembre 1871. »

PAGE 37. — *Vénusberg*. H. 0^m14. L. 0^m185.

A gauche. Tannhœuser, assis contre un arbre, un bras sur sa lyre. Vénus, étendue, s'appuie des deux mains sur ses genoux. A droite, deux danseuses: l'une, de face, nue, l'autre, de dos, vêtue. Deux femmes assises entre elles et le groupe de Tannhœuser et Vénus. A droite, une cinquième, assise près du bord du cadre. Papier calque.

En haut on lit: « le Thannh. et Vénus vus de très haut ». Dans le coin à gauche, en haut, à travers le papier calque, à l'envers: « 6 nov. 1863. »

PAGE 38. — *Quatre croquis d'après des peintures*. N° 1. *L'Amour grondé*. H. 0^m132. L. 0^m105.

Jeune femme, tenant sur ses genoux un Amour.

N° 2. *Le Lever*. H. 0^m07. L. 0^m09.

Femme assise sur son lit, de trois quarts de dos, nue.

N° 3. *Enfant embrassant sa Mère*. H. 0^m85. L. 0^m065.

N° 4. *Femme au sortir du Bain* arrangeant sa chevelure.
H. 0^m085. L. 0^m07.

On lit en haut à gauche: « 5 avril 77. » En bas à droite: « A Edwards. »

Page 39. ***Fantaisie***. H. 0^m19. L. 0^m26.

Des femmes dans un intérieur fantaisiste. Une, étendue sur un divan ;
à côté d'elle une autre assise, tenant un tambourin. Devant elle, assise
à terre de trois quarts une autre. Une quatrième arrive, tenant un plateau
d'une main, de l'autre écartant un rideau pour laisser passer une
cinquième.

On lit, à gauche : « 25 novembre 67. »

Page 40. — ***Portrait***. H. 0^m275. L. 0^m187.

Dessin pour le portrait de M^lle de Biron, en robe blanche et nœuds
cerise, qui a été coupée sous la taille et mis dans un ovale.

Elle est debout, une main appuyée sur le dos d'une chaise ou d'un
fauteuil, l'autre bras pendant le long de sa robe.

En haut à droite: 1868.

Page 41. — ***Portrait***. H. 0^m27. L. 0^m20.

Projet pour un portrait de son ami Scholderer, qui n'a pas été fait.

Il est assis, à gauche, de trois quarts tourné vers la droite, tenant sa
palette et ses pinceaux d'une main, l'autre main repose sur sa jambe.

En haut à gauche : « Scholderer. »

A droite : « 1869. »

Page 42. — ***Deux croquis***. N° 1. *Le Voyageur*. H. 0^m097. L. 0^m13.

Le voyageur arrivant avec son bâton, voit devant lui la femme nue,
étendue par terre, tenant en main une coupe. A gauche, la Fortune sur
sa roue, à droite la Renommée et sa trompette et une autre figure.

N° 2. H. 0^m095. L. 0^m125.

Même composition que la précédente, mais renversée.

Page 43. ***Le Découragement de l'Artiste***. Crayon noir. H. 0^m22.
L. 0^m22.

Au milieu, l'artiste, devant un chevalet dont il se détourne, une palette
a la main, la tête tournée vers la droite. A droite et derrière lui, une
Muse lui apporte une couronne et une palme. Près de lui, une femme se
penche et paraît l'encourager. A gauche une figure ailée s'envole.

A gauche on lit: « 14 octobre 1868. »

A droite: « 4 octobre 70. — Echarpe. »

Page 44. — ***Le Poète et la Muse***. Crayon noir. H. 0^m285. L. 0^m16.

Le poète est assis à une table, un livre devant lui sur lequel il écrit
Il appuie la tête sur son autre main. Derrière et au-dessus de lui, la Muse,
assise sur des nuages, tenant d'une main une palme et de l'autre main
une lyre.

A gauche : « 16 octobre 1868. »

Composition très semblable à la lithographie n° 45 du catalogue
Hédiard, le Poète et la Muse exécutée en 1883.

PAGE 45. — *Le Toast*. Crayon noir. H. 0$^m$148. L. 0$^m$22.

Huit personnages, dont deux assis, entourent une table servie. Derrière eux, au mur, deux cadres au-dessus desquels est écrit: Vélasquez, Rembrandt.

En bas : « le Toast. 26 décembre 1864. »

PAGE 46. *Le Toast, la Vérité*. Crayon noir. H. 0$^m$165. L. 0$^m$208.

Au milieu, la Vérité, nue, debout, de dos tenant d'une main un miroir, de l'autre un bout de draperie. A droite, un peintre à son chevalet, la palette à la main se détourne. A gauche, un poète, assis à une table, lève la tête et regarde la Vérité. Derrière lui, un violoniste devant un pupitre ; une autre figure dans le fond.

En haut : « 11 décembre 1864. »

PAGE 47. — *A. Robert Schumann*. Mine de plomb et crayon noir. H. 0$^m$21. L 0$^m$157.

Au premier plan, coupé par le cadre, un personnage, assis, de dos, jouant du piano ; près de lui, un violoniste l'accompagnant, deux autres figures près du bord, à gauche. Derrière les musiciens, une colonne surmontée d'un buste qu'une Renommée couronne.

En haut, on lit : « A Robert Schumann 24 décembre 1866. — Sonate en la. »

PAGE 48. — *Atelier: La Vérité*. Crayon noir sur calque. H. 0$^m$137. L. 0$^m$195.

Au premier plan, à droite, une femme de dos, nue, assise. Autour d'elle sept personnages. Les uns dessinant, écrivant, d'autres dont l'un un chapeau haut de forme sur la tête, la regardent.

29 octobre 1865.

PAGE 49. — *E. Delacroix reçu aux Champs-Elysées*. Crayon noir. H. 0$^m$178. L. 0$^m$223.

A droite, tout en noir, Delacroix, conduit par une figure ailée, est reçu par les grands peintres.

Fond de paysage.

En bas on lit : « Titien, Vélasquez, Rembrandt, Rubens, Véronèse, 14 novembre 1865 E. Delacroix reçu aux Champs-Elysées. »

PAGE 50. — *Deux croquis*. N° 1. *Delacroix reçu aux Champs-Elysées*. Mine de plomb. H. 0$^m$11. L. 0$^m$15.

Même composition que le numéro précédent.

14 nov. 1865.

N° 2. *Femme nue assise*. Crayon noir. H. 0$^m$78. L. 0$^m$10

Elle est assise, de dos, la tête de profil à droite ; à côté d'elle, un écran des fleurs, etc. Derrière elle, un rideau.

A droite : « 9 décembre 72. »

PAGE 51. — *Trois croquis*. N° 1. *Apparition d'Astarté*. Mine de plomb. H. 0$^m$95. L. 0$^m$117.

A gauche, Manfred, assis sur une hauteur, les jambes pendantes ; devant lui, apparaît Astarté, émergeant des profondeurs.

A gauche, on lit : « 3 déc. 75. Chauve-Souris. »

Nº 2. *A. R. Schumann*. Mine de plomb et plume. H. 0ᵐ95.
L. 0ᵐ113.

Procession de femmes, se rendant au buste de Schumann, qu'une
figure ailée couronne et devant lequel pleure la Musique.

On lit, à droite : « la Péri, Astarté, Geneviève, Marguerite. » A gauche :
« 26 février 1874. »

Nº 3. *Rheingold. début*. H. 0ᵐ14. L. 0ᵐ95.

Les Filles du Rhin, nageant autour de l'or du Rhin ; en bas, Albéric,
dont on ne voit que le haut du corps. de dos, guette pour s'emparer de
l'or du Rhin.

En haut : « 20 nov. 76. Rheingold. »

Même composition que la lithographie nº 8 du catalogue Hédiard.

Page 52. — Nº 1. **M. et Mᵐᵉ Edwards**. Crayon noir. H. 0ᵐ125.
L. 0ᵐ09.

Première idée du portrait de M. et Mᵐᵉ Edwards exposé au Salon
de 1875.

Edwards est assis, de trois quarts à droite, un bras appuyé sur un
carton, tenant une gravure de l'autre main. A côté de lui, Mᵐᵉ Edwards,
debout, les bras croisés.

En haut on lit : « 5 février 75. »

Nº 2. **Portrait**. Crayon noir. H. 0ᵐ125. L. 0ᵐ93.

Croquis pour le portrait de Mᵐᵉ Fantin, exposé au Salon de 1877. Elle
est assise de face, sur une chaise, les mains croisées.

Au dessus : « 7 février 77. »

Page 53. — Nº 1. **Au Piano**. Mine de plomb, crayon noir.
H. 0ᵐ78. L. 0ᵐ115.

Un personnage, assis devant un piano, dont on voit un peu le dos ;
près de lui, un autre qui a l'air de battre la mesure. A gauche, cinq jeunes
filles tenant des cahiers de musique, chantent.

A droite : « 30 oct. 1872. »

Nº 2. **Croquis**. Crayon noir. H. 0ᵐ92. L. 0ᵐ115.

Une femme, de dos, assise au piano, jouant ; à côté d'elle, une autre
femme, s'appuie sur le dos de sa chaise. Une troisième est debout.

A droite : « 25 décembre 1876. »

Page 54. — **Deux croquis**. Nº 1. H. 0ᵐ95. L. 0ᵐ15.

Une femme, assise au coin d'un canapé, la tête appuyée sur sa main
et tournée vers une compagne assise près d'elle et lisant.

A droite : « 14 oct. 77. »

Nº 2. **Tentation de saint Antoine**. H. 0ᵐ08. L. 0ᵐ11.

A droite, saint Antoine à genoux près d'une croix en bois ; derrière
lui, à gauche, une femme nue.

Esquisse d'une peinture faite en 1877.

A droite : « Octobre 77. »

En bas : « A Edwards. »

A gauche : « Saint Antoine. »      Voir le nº 837.

PAGE 55. — *Trois croquis*. N° 1. *Apparition ?* H. 0<sup>m</sup>68. L. 0<sup>m</sup>85.

Un personnage faisant un geste d'étonnement devant une femme (une fée) qui lui apparaît.
A droite : « 26 janvier 68. »

N° 2. *Les Ondines*. Crayon noir. H. 0<sup>m</sup>76. L. 0<sup>m</sup>92.

Un chevalier, couché au bord de la mer, entouré d'ondines.
Esquisse pour une peinture faite beaucoup plus tard, restée à l'atelier. Voir le n° 2226.
A droite : « Ondine, Heine. »
A gauche : « 20 nov. 1868-mer. »

N° 3. *Le Poète*. Mine de plomb. H. 0<sup>m</sup>72. L. 0<sup>m</sup>66.

Le poète est assis à une table et écrit ; près de lui, une Muse tient une palme d'une main, de l'autre elle le couronne. Fond de paysage, colonne à gauche.
A droite : « 12 janvier 69. »
A gauche : « le Poète. »

---

2439. — **ALBUM III**

APPARTENANT AU MUSÉE DU LUXEMBOURG.

PAGE 1. — *La Toilette*. Crayon noir. H. 0<sup>m</sup>135. L. 0<sup>m</sup>10.

Jeune femme, debout, vue à mi-corps, près d'une toilette, versant d'une main de l'eau dans une cuvette, de l'autre retenant une draperie sur son sein.

*Baigneuses*. Crayon noir. H. 0<sup>m</sup>145. L. 0<sup>m</sup>117.

Trois baigneuses dans un paysage ; l'une, debout, nue, de trois quarts vers la gauche, une autre, assise de trois quarts, se détournant vers celle qui est debout ; au fond, une troisième, qu'on aperçoit vaguement, a l'air de mettre sa chemise.

PAGE 2. — *Entrée du Paradis*. H. 0<sup>m</sup>142. L. 0<sup>m</sup>105.

Virgile et Dante, à l'entrée du Paradis, que Virgile indique de la main.
On lit : « Entrée du Paradis.
Virgile Dante. Stace.
21 nov. 1868. »

*Même sujet* que le précédent. H. 0<sup>m</sup>105. L. 0<sup>m</sup>08.

PAGE 3. — *Baigneuse*. Crayon noir. H. 0<sup>m</sup>123. L. 0<sup>m</sup>10.

Jeune femme dans un paysage. Elle est assise à terre, les jambes pliées, la tête penchée appuyée sur la main, l'autre main sur les jambes.
En bas : « 3 janvier 69. »

### *La Vierge et l'Enfant Jésus.* Crayon noir. H. o^m153. L. o^m115.

La Vierge, assise, tient l'Enfant sur ses genoux, entourée d'anges ; l'un apporte une couronne à l'Enfant qui le regarde. Devant la Vierge, à genoux, un saint Jean-Baptiste avec sa croix et un vieillard.

### Page 4. — *L'Homme entre le Vice et la Vertu.* Crayon noir. H. o^m83. L. o^m85.

Une femme nue, debout, de dos : le Vice : à côté d'elle, à droite ; une autre femme mi-vêtue, de face, tient une coupe ; de l'autre côté de la femme de dos, l'homme, nu, de trois quarts, est accompagné d'une figure ailée, qui cherche à l'entraîner.

### *Concert.* Crayon noir. H. o^m15. L. o^m16.

Au premier plan, à droite, une jeune femme assise, tient un cahier de musique ; derrière elle, deux autres personnes chantent. Assis plus haut qu'elle, une sorte de troubadour joue de la mandoline. A gauche deux jeunes gens assis.

### Page 5. — *Persée et Andromède.* Crayon noir et mine de plomb. H. o^m125. L. o^m115.

A gauche, Andromède, près d'une caverne les mains jointes. A droite, Persée, tuant le monstre avec sa lance. Derrière lui, au-dessus de la mer, une figure ailée.

Ne serait-ce pas plutôt un saint Georges ?

### *Trois Baigneuses.* Crayon noir et mine de plomb. H. o^m118. L. o^m14.

Au premier plan, une baigneuse est déjà dans l'eau ; debout, derrière elle, la seconde tient ses vêtements sur un bras, la troisième est assise au fond, de dos, nue.

### Page 6. — *Baigneuses.* Crayon noir. H. o^m125. L. o^m233.

Quatre figures au bord de l'eau : l'une est assise tout au bord de l'eau et tient une ligne à la main. A droite, grands arbres ; à gauche, l'eau et un lointain.

Signé et daté en haut à gauche : « 17 décembre 1868 ».

### Page 7. — *Intérieur d'atelier.* H. o^m125. L. o^m15.

Un peintre à son chevalet, un tabouret près de lui ; derrière lui, un groupe de personnages. A droite, un homme posant et deux debout, le chapeau sur la tête.

A gauche : « 15 octobre 1869. »

### Page 8. — *Petit croquis.* Crayon noir. H. o^m68. L. o^m95.

Réunion de femmes.

On lit : « Christ au tombeau. Guast-Maitresse -- Pèlerins d'Emmaüs. Ex-voto Giorgione. »

Exécutions ? -- Infante -- saint Mathieu.

Souvenir de Robert Schumann titre.

Crépuscule.

Le tapis de l'antichambre retourné et une robe bleu outremer vigoureux.

« juillet 1868. »

Page 9. — *La Marchande de fleurs.* H. 0^m145. L. 0^m92.
Projet de tableau.
1^er mai 70.

*La Toilette.* Mine de plomb. H. 0^m10. L. 0^m13.
Une femme dans un intérieur, à sa toilette. Une suivante la coiffe, une autre apporte un plateau, une troisième assise la tête baissée, dans le fond.
En haut : « A Bouvier, 21 décembre 1868. »

Page 10. — *Toilette de Vénus.* Mine de plomb. H. 0^m12. L. 0^m68.
Vénus est debout, nue, tenant ses cheveux des deux mains, et se regarde dans un miroir que tend un petit Amour, assis sur un terrain, devant elle. Sujet repris souvent.
En bas : « A O'Connor. »

*Adam et Eve.* Mine de plomb. H. 0^m10. L. 0^m075.
Adam et Eve sont assis sous un arbre. Eve donne la pomme à Adam. Le serpent est enroulé dans l'arbre, au-dessus d'eux.
En haut : « 1^er nov. 1868. » en bas : « Adam et Eve, serpent dans l'arbre. »

*Adam et Eve chassés du Paradis.* Mine de plomb. H. 0^m088. L. 0^m07.
Eve est à terre et pleure, Adam, debout près d'elle, chassé par l'Ange qui est derrière lui. En bas le serpent.
On lit en haut : « Ailes blanches sur fond vigoureux ».
En bas : « serpent foncé, jambe de l'ange fraiche, robe bleu ciel, jardin du Paradis, soleil. »

Page 11. — *Rêverie.* Crayon noir. H. 0^m093. L. 0^m197.
Une femme, assise, à droite, au bord de la mer, le vent faisant voler un voile autour d'elle. Terrain à gauche.
En haut : « A Edwards. Janvier 1878. »

Page 12. — *Projet de portraits.* Crayon noir. H. 0^m108. L. 0^m085.
Une jeune femme, assise dans un fauteuil, la tête appuyée sur la main, tenant de l'autre la main d'une jeune fille, debout, à côté d'elle. Entre elles deux, un homme debout.
En haut : « 5 sept. 68 ».

*Portrait de Baudelaire de face.* Crayon noir et estompe. H. 0^m12. L. 0^m08.

Page 13. — *Enchantements.* Mine de plomb. H. 0^m10. L. 0^m11.
Un pêcheur, au bord de l'eau, voit sortir d'un vase une figure de femme. Sans doute souvenir des Mille et une nuits.
A gauche, on lit : « Couvercle, Enchantements, elle sort du vase. »

*Frontispice.* H. 0^m10. L. 0^m13.
Une figure ailée tient un portrait entouré de couronnes et palme.
A droite des têtes, on lit : « A la place de Champfleury Whistler debout, à la place de Whistler alors Ribot. »

PAGE 14. — ***Tentation de saint Antoine***. Plume. H. 0ᵐo85.
L. 0ᵐ11.

A droite, au premier plan, saint Antoine à genoux, la tête dressée, tient
une tête de mort; derrière lui, assise sur un terrain, sous un arbre, une
femme nue, la tête appuyée sur une main.

***Toilette de Vénus***. Crayon noir sur papier calque. H. 0ᵐ122.
L. 0ᵐo7.

Même composition inversée que page 10.

PAGE 15. — ***Femme turque***. Plume et crayon noir. H. 0ᵐ215.
L. 0ᵐ23.

Femme turque dans un intérieur oriental. Elle est assise à terre, demi-
nue; à côté d'elle, à droite, une esclave joue de la mandoline. Une
suivante arrive de la gauche, un plateau dans les mains.
Daté en haut, à droite : nov. 67.

PAGE 16. — ***Ariane abandonnée***. Crayon noir. H. 0ᵐ12. L. 0ᵐ145.

Elle est assise au bord de la mer, à droite, sous un arbre, tournée vers
la gauche, la tête de profil, regardant un navire au loin.
En bas : « proportions de la Vierge au lapin. »
A gauche : « Ariane abandonnée, 10 sept. 68. »

PAGE 16. — ***Persée et Andromède***. Crayon noir. H. 0ᵐ132.
L. 0ᵐ155.

A droite, Andromède, assise sous un arbre, le haut du corps dans
l'ombre; à gauche, Persée pourfendant le monstre.
A droite : « Persée et Andromède. »

PAGE 17. — ***Hommage***. Mine de plomb sur papier calque.
H. 0ᵐ112. L. 0ᵐ92.

Jeune femme assise sur les marches d'un monument, où on lit : Robert
Schumann. Elle est assise de trois quarts, la tête de profil et, d'une
main, offre une couronne tandis qu'elle en tient une autre sur ses genoux.
En bas : » 26 février 1874. »

***La Vérité***. Plume, mine de plomb sur papier calque.
H. 0ᵐ122. L. 0ᵐo84.

Elle s'élance hors du puits, une jambe posant à terre, l'autre encore
sur la margelle; elle tient un miroir et une draperie élevés au-dessus de
la tête.

PAGE 18. — ***Intérieur oriental***. Dessin d'une esquisse donnée
à Whistler. H. 0ᵐo6o. L. 0ᵐo75.

PAGE 18. — ***Hommage***. H. 0ᵐo62. L. 0ᵐo68.

Muses entourant un monument funéraire sur lequel on lit les noms de
R. Schumann. E. Poë. Baudelaire. Delacroix. Au-dessus du monument,
figure ailée tenant un flambeau et une palme.
A droite, on lit : Hugo, Ingres. Wagner. Millet, Balzac, Berlioz, David
d'Angers, Baudelaire, E. Poë. Barye. »
A gauche : « R. Schumann. Heine. E. Delacroix, Stendhal. »

***Persée et Andromède***. H. o^mo57. L. o^mo6.

Andromède, à droite, attachée au rocher; à gauche. Persée qui fond sur le monstre.

***Vanités***. H. o^mo7. L. o^mo85.

Un voyageur rencontre sur son chemin des femmes qui cherchent à l'arrêter.

A gauche on lit : « 1^er janvier 1869. Vanités. »

PAGE 19. — ***Fantaisie***. H. o^m118. L. o^m85.

Au-dessous : « Dessin de Duranty d'après une esquisse de moi ».
La peinture figura à la vente Duranty, vendue 47 francs. A M. de Launay.
Voir le numéro 2274.

PAGE 19. — ***Ed. Poë. Baudelaire***. H. o^mo92. L. o^mo7.

Ed. Poë, une main posée sur l'épaule de Baudelaire, semble, de l'autre lui indiquer le chemin à suivre.

PAGE 20. — ***Vénus embrassée par l'Amour***. Mine de plomb. H. o^mo7. L. o^mo85.

Vénus, assise de trois quarts vers la droite, les mains croisées sur les genoux, tourne la tête vers l'Amour qui l'embrasse. Une figure, assise dans le fond, à droite.
Au carreau. a servi à une peinture.
10 nov. 1868.

***Nymphe endormie et Satyre?*** Plume. H. o^mo73. L. o^m112.

La nymphe est couchée de gauche à droite, une figure agenouillée devant elle. Fond de paysage à droite, à gauche monument.

PAGE 21. — ***Femme à sa toilette***. Mine de plomb. H. o^m65. L. o^mo46.

Elle est assise, de trois quarts à droite, devant une glace, une suivante la coiffe.
En bas on lit : « Velours cerise, 18 juillet 1868, projet de Salon. »

PAGE 21. — ***Sirènes***. Mine de plomb. H. o^mo85. L. o^mo6.

Trois sirènes au bord de l'eau, deux debout, une assise; elles font de la musique.
En bas : « sirènes, ciel pommelé en rose. »

PAGE 22. — ***Projet d'hommage***. Crayon noir. H. o^mo9. L. o^m138.

Une théorie de femmes s'avance vers le monument à R. Schumann. l'une d'elles porte une couronne; sur son vêtement on lit : « raisin. »
Une femme nue assise, pleure au bas du monument.
A droite : « 4 sept. 73. »

***L'Aurore et la Nuit***. Crayon noir. H. o^m132. L. o^m130.

L'Aurore arrive d'en haut, à gauche, accompagnée par des Amours et paraît chasser la Nuit. qui fuit à droite.
En haut, à gauche : « l'Aurore. »
En bas, à droite : « la Nuit. »

Page 23. — **Dans l'Atelier**. Crayon noir. H. 0^m14. L. 0^m117.

Un jeune peintre est à son chevalet, en corps de chemise, et regarde un personnage, debout à côté de lui.

Page 24. — N° 1. **Femme lisant**. Mine de plomb et crayon noir. H. 0^m11. L. 0^m087.

Elle est assise près d'une table, lisant dans un livre qu'elle tient à la main ; derrière elle, une petite bibliothèque.
En bas : « 21 janvier 1872. »

N° 2. **Femme lisant**. Crayon noir. H. 0^m095. L. 0^m08

Elle est assise, à gauche, de trois quarts, tenant un livre des deux mains. Derrière elle, à gauche une fenêtre.

N° 3. **La Lecture**. Crayon noir. H. 0^m102. L. 0^m088.

Une jeune fille, assise dans un fauteuil à haut dossier, tient un livre, une main dessous, l'autre main dessus, près d'elle à gauche, un pot de fleurs sur une table.
En haut : 72.

Page 25. — **Le Mois de Marie**. H. 0^m066. L. 0^m063.

Jeune fille, assise devant un autel plein de fleurs ; elle tient un livre à la main. Projet de tableau.
En bas : « le Mois de Marie 1870. »

**Projet de portrait**. H. 0^m078. L. 0^m065.

Un peintre en corps de chemise, de trois quarts à droite, une palette à la main.

**Jeune femme accoudée à une table, lisant**. H. 0^m75. L. 0^m07.

En bas : M^lle Escombe d'après moi. Ce dessin a été fait d'après une peinture faite en 1861 », voir le n° 166.

Page 26. — **Deux croquis**. N° 1. H. 0^m87. L. 0^m82.

Projet pour le portrait du graveur Edwards et de sa femme. Il est assis à une table, et elle, debout, devant lui.
En haut : « Edwards et sa femme. »
En bas : « 17 nov. 74. »

N° 2. H. 0^m10. L. 0^m07.

Un homme, debout, derrière une table chargée d'objets divers, tient une feuille de papier dans ses mains.

Page 27. — **Deux croquis**. N° 1. H. 0^m095. L. 0^m125.

Une femme, assise devant un chevalet, peignant ; derrière elle, une tête.

N° 2. H. 0^m92. L. 0^m94.

Une femme, assise devant un chevalet, une boîte à couleurs près d'elle.
En bas : « 13 mai 1872. »

Page 28. — **Cinq croquis**. N° 1. H. 0^m103. L. 0^m09.

Deux croquis à la plume d'une femme nue, debout.

N° 2. Croquis à la plume. H. 0<sup>m</sup>o8. L. 0<sup>m</sup>48.

Femme nue, de dos, sortant du bain ; une servante, debout, devant elle.
En haut : « Sortie de bain. »

N° 3. H. 0<sup>m</sup>o9. L. 0<sup>m</sup>o6.

Femme nue, assise sur un lit, passant sa chemise.
En haut : « 12 sept. 69. »

N° 4. Mine de plomb et crayon noir. H. 0<sup>m</sup>o7. L. 0<sup>m</sup>102.

Femme assise, de trois quarts, sur un lit, à moitié nue, tenant un
miroir.
19 septembre 69.

N° 5. Encre et mine de plomb. H. 0<sup>m</sup>o9. L. 0<sup>m</sup>83.

Femme debout, nue, de dos, sortant du bain ; devant elle, une servante ;
à sa gauche, une autre femme, nue, assise.

Page 29. — *Le Lever*. H. 0<sup>m</sup>115. L. 0<sup>m</sup>065.

Croquis très sommaire d'une femme, assise sur un lit, un bras derrière
la tête, linge blanc sur les genoux.
Esquisse d'une peinture appartenant à M. F. Bracquemond, voir le
n° 2192.
En haut : « mai 1872. »
En bas : « A. Bracquemond. »

*Croquis*. N° 1. A la plume. H. 0<sup>m</sup>10. L. 0<sup>m</sup>o5.

Femme sortant du bain, debout, de dos.

N° 2. Mine de plomb. H. 0<sup>m</sup>135. L. 0<sup>m</sup>74.

Femme se levant. Elle est debout, nue, de face, tenant sa chemise. Une
main appuyée sur le bord du lit.
En haut à droite : « 20 mars 1874. »

Page 30. — *La Toilette*. H. 0<sup>m</sup>106. L. 0<sup>m</sup>075.

A gauche, une femme assise, de trois quarts, de dos, tenant un miroir
à la main ; devant elle, une suivante à genoux tient une corbeille ; derrière elle, une autre apporte une robe.
En haut à gauche : « 4 février 68. »

*La Toilette*. Crayon noir. H. 0<sup>m</sup>13. L. 0<sup>m</sup>15.

A gauche, une femme assise, de face, à mi-corps, la poitrine nue,
qu'on est en train de coiffer ; à droite, deux suivantes, une debout, l'autre assise.
A droite : « 27 mars 1874. »

Page 31. — *Toilette*. Mine de plomb. H. 0<sup>m</sup>o6. L. 0<sup>m</sup>o8.

Croquis de femmes, dans un intérieur, procédant à la toilette d'une
femme assise. Intérieur d'un palais.
On lit à gauche : « Soleil levant. »
En haut : « 23 janvier 1869. »

*Toilette*. Crayon noir. H. 0<sup>m</sup>o85. L. 0<sup>m</sup>11.

Femme à sa toilette, assise de face, la tête tournée vers la gauche et
parlant à une suivante, derrière elle. Une autre lui apporte des robes ; à
droite, deux autres femmes, une debout, l'autre assise à terre.
A gauche : « 18 février 1868. »

***Toilette***. H. o^m84. L. o^m104.

A gauche, une femme assise, le haut du corps nu ; une femme la coiffe.
Au premier plan, une suivante, à genoux devant un bassin ; une autre
apporte quelque chose sur une table. Une musicienne, debout près d'une
fenêtre, joue de la mandoline.

A droite : « 18 février 1868. »

**PAGE 32. —** ***Croquis à la mine de plomb***. H. o^m098. L. o^m056.

Jeune femme, debout devant une toilette.

En haut on lit : « Elle soulève le couvercle, de l'autre verse de l'eau ».

***Croquis au crayon noir***. H. o^m114. L. o^m085.

Deux jeunes filles avec un enfant. Dessin sommaire.

En haut on lit : « Les 2 demoiselles en noir. »

**PAGE 33. —** ***Le Génie de l'air***. H. o^m905. L. o^m132

Au premier plan, Manfred, assis à terre, tourné vers la gauche, le
bras levé ; un peu derrière lui, apparaît le génie de l'air accompagné de
voiles.

En bas : « Génie de l'air. »

***Manfred et Astarté***. H. o^m095. L. o^m132.

Manfred, un genou à terre, voit apparaître Astarté, à sa droite, un bras
étendu vers lui, la tête renversée, draperies flottantes autour d'elle
Paysage sévère, rochers, etc., la lune se lève.

A gauche : « 8 décembre 74. »

En bas : « Astarté. »

**PAGE 34. —** ***Manfred***. H. o^m092. L. o^m085.

Dans un paysage sévère, Manfred est assis au bord d'un ravin. Au fond,
le ciel.

On lit en bas : « Soleil couchant. Manfred. »

En haut : « 23 décembre 74. »

***Consolation du Poète***. H. o^m065. L. o^m063.

Un poète est assis, la tête dans ses deux mains. Derrière lui apparaît,
sur des nuages, une femme qui a l'air de le protéger. Dans le ciel on voit
le croissant.

On lit : « 28 décembre 1868, rivière très éclairée, la lune reflète ».

***Apparition***. H. o^m07. L. o^m09.

Un personnage, au pied d'un arbre, voit apparaître une femme très
éclairée.

**PAGE 35. —** ***Evocation***. Mine de plomb. H. o^m11. L. o^m16.
Même composition que la lithographie n° 42 du catalogue
Hédiard : *Evocation de Kundry*.

Sous une espèce de voûte, un alchimiste évoque une figure de femme
qui apparaît, nue, sur des nuages, un bras devant la figure, de l'autre
bras soulevant un voile.

A gauche : sept. 1870.

L'évocation, la création d'un alchimiste aussitôt créée elle disparaît ».

Page 35. — *Le Poète et la Muse*. Crayon noir. H. 0<sup>m</sup>135. L. 0<sup>m</sup>137.

Le poète est assis, à droite, la tête renversée légèrement et appuyée sur sa main, l'autre main sur ses genoux. La Muse, nue, renversée, passe un bras autour de ses épaules et retient, de l'autre, des draperies. Elle est éclairée par le croissant que l'on voit dans le ciel.

A gauche : « 10 sept. 68, proportions de la Vierge au lapin. »

A droite : « Le poète en costume blanc brodé du frère de Véronèse. »

Page 36. — *Quatre croquis*. N° 1. H. 0<sup>m</sup>095. L. 0<sup>m</sup>127.

N° 2. H. 0<sup>m</sup>09. L. 0<sup>m</sup>117.

N° 3. H. 0<sup>m</sup>095. L. 0<sup>m</sup>143.

N° 4. H. 0<sup>m</sup>094. L. 0<sup>m</sup>13.

A gauche : 12 sept. 74.

Page 37. — *Deux croquis*. N° 1. H. 0<sup>m</sup>07. L. 0<sup>m</sup>95.

Projet pour le tableau du Salon de 1870 : *La Lecture*. Une jeune femme, à gauche lisant, à droite, au premier plan, une autre femme écoute.

On lit : « 6 décembre 69 » en haut.

En bas : « noir châle rouge. »

A gauche : « pot bleu — schall. »

N° 2. H. 0<sup>m</sup>09. L. 0<sup>m</sup>13.

Quatre femmes assises autour d'une table.

Page 38. *Deux croquis*. N° 1. H. 0<sup>m</sup>11. L. 0<sup>m</sup>095.

Croquis très sommaire. Un personnage assis devant un carton, deux debout.

En haut : 5 nov. 72.

N° 2. H. 0<sup>m</sup>102. L. 0<sup>m</sup>09.

Une femme devant un chevalet, un pinceau dans la main. Au premier plan, à gauche, une autre femme posant. Entre elles deux, une troisième debout.

En bas : 3 Janvier 74.

Page 39. *Deux croquis*. N° 1. Crayon noir. H. 0<sup>m</sup>175. L. 0<sup>m</sup>13.

Projet de portrait. Un jeune homme assis, dessinant sur ses genoux croisés. Le corps presque de face, la tête baissée.

N° 2. Crayon noir. H. 0<sup>m</sup>185. L. 0<sup>m</sup>13.

Même personnage, assis dans un fauteuil, les mains croisées. De trois quarts à gauche. La tête penchée.

Page 40. *Deux croquis*. N° 1. H. 0<sup>m</sup>052. L. 0<sup>m</sup>09.

10 novembre 1865.

N° 2. H. 0<sup>m</sup>09. L. 0<sup>m</sup>12.

Un monsieur et une dame, assis dans un fauteuil, devant une table sur laquelle il y a une cafetière, une tasse, un sucrier, une lampe. Derrière la dame, une porte.

PAGE 41. — **Vanités**. H. 0ᵐ085. L. 0ᵐ065.

Femme assise, le haut du corps nu, devant une table sur laquelle il y a un miroir ; à terre, aiguière, fleurs, fruits, violon, etc.

**Croquis**. H. 0ᵐ095. L. 0ᵐ07.

Baigneuse effrayée, assise à droite, de trois quarts.
14 janvier 1867.

**Omnia Vanitas**. H. 0ᵐ085. L. 0ᵐ105.

Femme nue jusqu'à la ceinture devant un rideau et une étagère avec beaucoup d'objets.

A droite on lit : « trompette, instruments de mathématiques, palette, épée, fleurs, cuirasse, mappemonde et zodiaque, livres. 12 nov. 77. »

PAGE 42. — **Apparition**. H. 0ᵐ07. L. 0ᵐ068.

A droite, un homme prosterné ; à gauche une fée.

**Conte de fée. R. Schumann**. H. 0ᵐ075. L. 0ᵐ055.

En bas, une figure couchée ; plus haut un chevalier à genoux devant une fée.

En haut : « 22 janvier 1869. »
En bas : « R. Schumann lisant des contes. princesse endormie. »

PAGE 43. — **Toilette**. H. 0ᵐ068. L. 0ᵐ09.

Cinq femmes, dans un intérieur, s'empressent autour d'une sixième dont on fait la toilette.
23 janvier 1869.

**Croquis**. H. 0ᵐ062. L. 0ᵐ078.

A gauche, une femme assise, de dos. nue.
25 janvier 69.

**Le Rameau d'or**. H. 0ᵐ055. L. 0ᵐ07.

Un poète devant une Muse qui lui remet un rameau d'or.

PAGE 44. — **Deux croquis**. Nº 1. H. 0ᵐ098. L. 0ᵐ112.

Deux femmes assises devant un palais, une troisième s'éloigne.
3 janvier 1869.

Nº 2. H. 0ᵐ107. L. 0ᵐ125.

Au milieu une figure qui semble une Muse ; derrière elle, des figures ailées avec trompettes, d'autres figures autour.
3 janvier 1869.

PAGE 45. — **Nuit de Printemps**. H. 0ᵐ097. L. 0ᵐ127. Projet pour la lithographie nº 47 du catalogue Hédiard et pour le tableau du Salon de 1884.

Le poète est étendu à terre, à gauche, près d'un lac ; une femme vient l'entourer de ses bras, une autre debout, danse.

PAGE 46. — **Le Toast**. H. 0ᵐ155. L. 0ᵐ25.

Réunion d'une dizaine de personnages assis et debout autour d'une table ; quelques-uns ont le verre en main.
En haut : 11 janvier 65.

Page 47. — ***Croquis***. H. 0^m125. L. 0^m202.

Croquis de cinq figures (Muses), de dos, tenant une couronne et des palmes.

Page 48. — ***Hommage à Delacroix***. H. 0^m082. L. 0^m128.

Dessin pour l'hommage à Delacroix avec des changements; il y a beaucoup plus de figures à droite.

En bas : « 27 janvier 1864. »

***Hommage à Delacroix***. H. 0^m155. L. 0^m16.

Le buste de Delacroix sur une colonne; une figure ailée vient le couronner, et tient une palme. Au pied, une pleureuse. Beaucoup de personnages autour. Un peintre, en corps de chemise, tient une palette, d'autres apportent des couronnes.

Page 49. — ***Hommage à Delacroix***. H. 0^m165. L. 0^m212.

A gauche d'un portique, le buste de Delacroix sur un socle au bas duquel une Muse, assise, la tête dans les mains, pleure. Du portique descendent une foule d'artistes, venant rendre hommage au buste du maître. Le premier, à gauche, le couronne.

En haut : « 6 octobre 1863. »

Page 50. — ***La Fée***. H. 0^m125. L. 0^m058.

Elle est debout, de profil, tournée vers la droite. L'épaule et le bras nu, elle tient une baguette.

On lit : « La fée d'un coup de baguette sur son chemin fait naître des fleurs. Regarde le spectateur.

Suite de figures de femmes d'après des modèles costumés. La fée, la diseuse de bonne aventure et costumes de théâtre, de féeries. Grandes comme nature (pas plus) en pied comme les philosophes de Vélasquez, quelques accessoires au pied ou autour. »

Page 51. — ***L'Étoile du Soir***. H. 0^m125. L. 0^m097.

A droite, Elisabeth monte vers la Wartburg; du même côté, plus bas qu'elle, le bas du corps caché par le terrain, Wolfram la regarde monter. L'étoile du soir brille dans le ciel.

En haut : « Étoile du soir. »

En bas : « 11 août 73. »

***La Bohémienne***. H. 0^m128. L. 0^m07.

Elle est debout, de face, dans un costume fantaisiste, une main appuyée sur une table, l'autre étendue.

On lit : « la Bohémienne, sur la table, sortilèges, robe sombre constellée. »

Page 52. — ***Le Libérateur***. Crayon noir. H. 0^m10. L. 0^m113.

A droite, un saint Georges tient une lance, avec laquelle il vient de pourfendre le monstre. Près de lui, un ange le conseille.

A gauche, au second plan, la princesse, assise, les mains jointes, semble attachée à un rocher.

A droite on lit : « le Libérateur. »

A gauche : « 3 janvier 64. »

***Le Lever***. Crayon noir. H. 0^m08. L. 0^m077.

Jeune femme, assise sur un lit, de trois quarts, de dos, le haut du corps nu.

Page 53. — **Vérité**. H. 0ᵐ118. L. 0ᵐ12.

La Vérité debout, nue, montre un miroir à la foule.

On lit : « La Vérité éclatante, lumineuse sur un fond sombre, l'antiquité, vieillard tenant un buste antique et montrant la Vérité comme source, puis des têtes, portraits se pressant en foule : peintres; sculpteurs, architectes, musiciens, savants, littérateurs beaucoup de foule. Vérité écrit sur fond d'or véritable, autour du drapeau, des couronnes de fleurs, comme une réjouissance, une fête, quelqu'un porte le drapeau.

Je revois ce croquis un mois après, la Vérité sera de dos, mais la disposition des têtes très bien ».

Page 54. — **Tout petit croquis de la Vérité**.

On lit : « 23 mai 1864, au soir, fait des fleurs dans la journée.

Lumière de ce côté (indiquant la gauche) et presque de face. Le dos de femme et sa draperie, le plus clair du tableau, puis le vieillard, puis le fond, enfin les habits.

Les ombres de mon tableau du Salon de 64 sont trop sombres, pas les ombres des clairs. Les habits noirs trop noirs pas assez de lumière et les ombres sont trop faites avec du noir pas assez de jaune, de rouge, de bleu.

Les coups de brosse font des demi-teintes dans mes chairs, le fond est trop semblable de valeur aux habits noirs, il aurait dû être plus clair. Voir les amis de Vélasquez, complètement admirable. Restreindre ses ressources, c'est gagner de la puissance. »

Page 55. — **Projet de portraits**. H. 0ᵐ165. L. 0ᵐ235. Projet qui n'a pas été exécuté fait à la Lorie. Reproduit dans le : *Fantin-Latour, sa vie et ses amitiés* d'Ad. Jullien.

La Duchesse douairière de Fitz-James, entourée de tous ses enfants et petits-enfants.

Page 56. — **Le Toast**. H. 0ᵐ16. L. 0ᵐ227. Crayon noir sur papier calque.

Quatre personnages assis à une table, quatre autres debout, quelques-uns le verre en main.

En bas : « 1ᵉʳ janvier 1865. »

Page 57. — **Un Repas**. H. 0ᵐ14. L. 0ᵐ205. Crayon noir sur papier calque.

Au premier plan, une table servie, sept personnages l'entourent. Dans le fond, un portrait au mur.

Projet de tableau.

En bas : « 20 décembre 1864. »

« Bien en 1866. »

Page 58. — **Hommage à Delacroix**. H. 0ᵐ185. L. 0ᵐ195. Crayon noir.

Projet de tableau très sommaire. Un buste sur une colonne, foule à droite. Dans le fond et à gauche, ciel mouvementé.

En haut : « 6 janvier 1864. »

Page 59. — **Même sujet que le précédent**. H. 0ᵐ10. L. 0ᵐ127. Crayon noir.

En haut retourné 12 figures.

Page 60. — *Vision*. H. 0^m115. L. 0^m105.

Un homme est étendu, de face, la tête tournée vers la Vision, qui apparaît au-dessus de l'horizon.

En haut : 20 oct. 70.

À gauche on lit : « La lune se lève derrière le terrain. La Vision passe dans ses vapeurs au ras du gazon. »

12 oct. 70.

Puis un petit croquis :

Dessous : 21 oct. 70.

Page 61. — *Apparition*. H. 0^m135 L. 0^m102. Crayon noir.

Au premier plan à gauche, un homme, de dos, à genoux en adoration devant une fée qui descend de son char, une baguette à la main. Dans le ciel, la lune.

On lit : « Lune brouillée, jaune verdâtre, entourée d'une vapeur jaune rougeâtre, nuages dessus brouillés, le tout gris bleuâtre-verdâtre, comme mi-deuil crêpe noirâtre. La fée, bleu de lumière, vif, vert, rose, cramoisi, etc.

Arbre sur le ciel comme dentelle noire. »

Page 62. — *Baigneuses*. H. 0^m13. L. 0^m13. Crayon noir.

Deux baigneuses, au pied d'un arbre, l'une assise à gauche, à terre, de trois quarts, de dos, le haut du corps nu ; l'autre dans l'ombre, est assise plus haut que la première.

*Baigneuses*. H. 0^m133. L. 0^m17. Crayon noir.

Deux baigneuses. L'une est assise sous un arbre, de face, la tête de profil tournée vers la gauche ; d'une main elle soutient le bras de sa compagne, l'autre est étendue. Devant elle, de dos, l'autre baigneuse est étendue, le haut du corps appuyé sur les genoux de sa compagne ; elle a l'air effrayé.

---

## 2440. — ALBUM IV

APPARTENANT AU MUSÉE DU LUXEMBOURG.

Page 1. — N° 1. *Sortie de Bain*. H. 0^m07. L. 0^m063.

À gauche, une femme nue, assise ; une autre entre, chargée d'étoffes, une troisième près d'une table.

4 février 69.

N° 2. *Toilette de Vénus*. H. 0^m125. L. 0^m072.

Vénus debout, nue, tient ses cheveux et se regarde dans un miroir que lui présente un Amour. Sujet repris souvent.

« Même sujet que celui à O'Connor. 1869. »

N° 3. *R. Schumann*. H. 0^m085. L. 0^m068.

Schumann est assis, une femme, qu'on voit de dos, à ses pieds ; un petit Amour lui tient un livre ouvert, une figure ailée le couronne, d'autres figures dans le fond.

27 novembre 1868.

N° 4. *Le Musicien*. H. 0ᵐ075. L. 0ᵐ065.

Un musicien est assis à une table, la plume à la main. Une Muse,
tenant une lyre d'une main, le couronne.
20 janvier 69.

Page 2. — *Vision*. H. 0ᵐ155. L. 0ᵐ18.

Fantaisie.
Composition analogue à la Féerie du Salon des refusés en 1863.
A gauche : « Vision, 5 septembre 1863. »

Page 3. — *Deux dessins sur la même feuille*. N° 1. H. 0ᵐ145.
L. 0ᵐ10.

Un pèlerin, debout au premier plan ; dans les nuages, au-dessus de
lui, une femme nue ; plus à gauche, une autre femme, tenant un drapeau ?
En haut : 19 décembre 1868.

N° 2. H. 0ᵐ14. L. 0ᵐ10.

En bas, un homme étendu à terre, les bras levés dans un geste d'étonnement devant trois femmes qui lui apparaissent. A droite, l'une est
accroupie sur des nuages ; au-dessus, la seconde debout ; la troisième, à
gauche, étendue, un bras levé. Dans le ciel, un croissant.

Page 4. — *Trois croquis*. N° 1. H. 0ᵐ07. L. 0ᵐ085.

Femme de dos, nue, assise, des fleurs etc., autour d'elle.
A droite, on lit : « plat de cuivre. 25 janvier 1869 ».

N° 2. H. 0ᵐ06· L. 0ᵐ085.

Même sujet que le précédent avec des petites différences.

N° 3. H. 0ᵐ065. L. 0ᵐ09.

Même composition.

Page 5. — *Tannhæuser. Vénusberg*. Dessin à la plume.
Grandeur du tout. H. 0ᵐ135. L. 0ᵐ205.

A gauche, des indications de lignes et de taches ; nombreuses inscriptions tout autour.
A gauche, Vénus et Tannhæuser. A droite trois danseuses et une
joueuse de flûte.
On lit : « 13 novembre 63.
« Noir la ligne du nuage et le nuage en sombre et le fond de paysage
clair. La femme à la flûte plus loin que les deux danseuses. La femme à
la flûte au milieu du sombre, arbre profil et de profil sombre de la fumée.
La fumée en clair en opposition à la ligne sombre des arbres. De même
les rochers, n° 8 correspond à la femme à la flûte ; la jupe ».

Page 6. — *Tannhæuser. Vénusberg. Acte Iᵉʳ Scène Iʳᵉ*.
H. 0ᵐ13. L. 0ᵐ165.

Même sujet que le précédent avec des changements. Il y a cinq
figures de femmes, à droite.
On lit : « 8 novembre 63. »
« — Même lumière de chair partout plus ou moins d'ombre font les
2ᵐᵉˢ plans. — Dernière figure au second plan. 3 citron. — 7 jaune roux. —
Le n° 8 rose laque. — 8 clair et rouge vermillon le n° 4. »

PAGE 7. — ***Tannhæuser. Vénusberg.*** H. 0<sup>m</sup>14. L. 0<sup>m</sup>193.

Même sujet, mais avec des différences. Il n'y a plus que trois femmes à droite, deux danseuses et une troisième, assise, de dos, nue.

En haut : « 6 novembre 1863. »

PAGE 8. — ***Tannhæuser. Vénusberg.*** H. 0<sup>m</sup>12. L. 0<sup>m</sup>15.

Même composition, mais il y a trois danseuses et la femme de dos est devenue une flûtiste, vue de trois quarts vers la droite.

En haut : « 14 novembre 1863. »

PAGE 9. — ***Tannhæuser.*** H. 0<sup>m</sup>115. L. 0<sup>m</sup>16.

Même composition que la précédente, seulement inversée.

En haut : « 29 novembre 1863. »

En bas : « 7 décembre 1863. »

PAGE 10. — ***Tannhæuser.*** Dimensions des deux dessins. H. 0<sup>m</sup>193. L. 0<sup>m</sup>15.

Même sujet : Ici Tannhæuser et Vénus sont à gauche et il y a trois danseuses. En haut, il y a un croquis de Tannhæuser et Vénus seuls.

On lit en haut : « 19 novembre 1863. »

En bas : « la fumée claire. »

A gauche du croquis : « Au-dessous de la fumée de l'eau courante plus claire que celle qui tombe en cascade.

Rubens a fait au milieu de sa cascade un arc-en-ciel. »

PAGE 11. — ***Tannhæuser.*** H. 0<sup>m</sup>133. L. 0<sup>m</sup>182.

Même sujet avec plus de femmes à droite.

En haut : Tannhæuser 1<sup>m</sup>30 sur 0<sup>m</sup>97. »

« 6 octobre 1863. »

PAGE 12. — ***Cinq Croquis.*** N° 1.

Numéros, teintes. 17 novembre 63.

N° 2. H. 0<sup>m</sup>055. L. 0<sup>m</sup>082.

« Wartburg et Étoile du soir Vénusberg. Un seul tableau réunissant tout Tannhæuser. »

N° 3. H. 0<sup>m</sup>065. L. 0<sup>m</sup>09.

« Wolfram, Tannhæuser parait sortir, s'élancer des nuages pour venir embrasser Elisabeth morte. »

31 octobre 1868.

N° 4. H. 0<sup>m</sup>11. L. 0<sup>m</sup>075.

« R. Wagner dans le bois de Meudon, composant Tannhæuser, dans une éclaircie, des personnages lui apparaissent, l'entourent. »

N° 5.

« Wagner couronné par une figure ailée, autour de lui, les opéras dans des cartels. »

14 avril 69.

PAGE 13. — ***Frontispice.*** H. 0<sup>m</sup>16. L. 0<sup>m</sup>24.

Une figure ailée tient un portrait encadré ; une femme vient offrir une couronne et des palmes ; en bas, des têtes et des personnages qui applaudissent.

A gauche : « Frontispice. »

En haut à droite : « 8 octobre 68. »

Page 14. — *Le Concours à la Wartburg*. H. 0ᵐ16. L. 0ᵐ196.

Dessin très sommaire : Wolfram chante devant les juges ; Tannhæuser assis derrière lui, écoute.

A gauche : « Acte 2, scène IV. »

Page 15. — *Tannhæuser*. H. 0ᵐ16. L. 0ᵐ21.

Dessin très peu indiqué. Wolfram à droite, voit Elisabeth à genoux devant la Vierge.

On lit à gauche : « Soleil couchant.

Automne.

Vierge sombre sur le ciel très clair, le haut des arbres seulement clair. »

Page 16. — *Tannhæuser*. H. 0ᵐ152. L. 0ᵐ16.

Wolfram à droite, au pied d'un arbre, tenant une lyre ; il regarde Elisabeth qui monte à la Wartburg.

On lit à gauche : « Elis. seule claire, robe blanche, tout le reste brouillard, manteau de deuil-burg. Acte 3, scène II. »

A droite : « Un peu plus dessous Wolfram, aussi lui trop grand. »

Page 17. — *Deux Personnages à peine indiqués*.

On lit : « Reste loin de moi, la place, place où je me repose est maudite. Ecoute Wolfram, écoute moi !

Acte 3, scène 3 ».

Page 18. — N° 1. *Quatre croquis*. H. 0ᵐ055. L. 0ᵐ065.

Un peintre à son chevalet, en plein air ; une femme, debout derrière lui, deux autres femmes assises par terre.

27 juin 1865.

Projet de tableau (Edwards et sa famille.)

N° 2. *L'Atelier aux Batignolles*. Mine de plomb. H. 0ᵐ075. L. 0ᵐ105.

Manet à son chevalet, un modèle posant ; à droite, cinq personnages debout ; autour d'eux, de l'autre côté du chevalet, trois autres figures.

On lit à droite : « Scholderer plus de face, presque regardant la toile les mains derrière le dos. »

N° 3. Dessin à la plume.

Même composition et même grandeur que le précédent.

A gauche, on voit plus distinctement une table recouverte d'un tapis et des objets dessus.

8 novembre 1869.

N° 4. Mine de plomb. H. 0ᵐ08. L. 0ᵐ11.

Autre croquis du même sujet ; à droite seulement deux personnages et un à gauche.

Page 19. — *L'Atelier aux Batignolles*. Mine de plomb. H. 0ᵐ125. L. 0ᵐ16.

A gauche, Manet à son chevalet, la palette à la main ; derrière lui, quatre personnages debout. A droite, le modèle posant et deux personnages, chapeau sur la tête.

16 octobre 69.

Page 20. — ***Prélude de Lohengrin***. H. 0<sup>m</sup>085. L. 0<sup>m</sup>o53.

Petit croquis sommaire. Intérieur d'église, en haut le Graal, en bas des personnages en adoration.
On lit à gauche : « fond d'église illuminée, demi-jour nuit lumière ».

H. 0<sup>m</sup>o88. L. 0<sup>m</sup>o65.

Autre croquis du même sujet.
12 novembre 1866.

***Fiançailles de Lohengrin***. H. 0<sup>m</sup>105. L. 0<sup>m</sup>075.

Croquis sommaire : Elsa et Lohengrin suivis de beaucoup de monde.
A gauche : « 28 avril 1868.
« Fiançailles de Lohengrin. »

Page 21. — ***A R. Schumann***. H. 0<sup>m</sup>15. L. 0<sup>m</sup>13.

Croquis : Schumann assis ; à ses pieds une femme couchée, un Amour tient son livre, un autre Amour joue avec une lyre. Au-dessus de lui, une figure ailée le couronne. D'autres figures indécises dans le fond.
On lit en haut : « 27 novembre 1868. »
En bas : « à R. Schumann.
Les ailes de l'ange brun fauve et robe violette, Muse blanche, lui noir. Orient coup de soleil. »

Page 22. — ***Schumann et ses pairs***. H. 0<sup>m</sup>14. L. 0<sup>m</sup>107.

En bas, Schumann, un Amour tenant son livre, une figure ailée le couronnant, nombreuses figures.
20 juin 1868.

Page 23. — ***A R. Schumann***. H. 0<sup>m</sup>175. L. 0<sup>m</sup>155.

Schumann assis, songeur ; une femme étendue à ses pieds, s'appuie sur ses genoux. Derrière lui, une figure ailée le couronne.
En haut : « 27 novembre 68.
A R. Schumann. »

Page 24. — ***A R. Schumann***. H. 0<sup>m</sup>155. L. 0<sup>m</sup>17.

Schumann, assis par terre, écrit sur un livre que tient un petit Amour devant lui. Debout, à gauche, une Muse tenant d'une main une lyre, l'autre sur son sein, lève la tête. De l'autre côté, une figure ailée, une palme à la main, couronne Schumann de l'autre.
A droite on lit : « dans la journée grisaille du même sujet. »
A gauche : « 29 novembre 1868. Schumann. »

Page 25. — ***A R. Schumann***. H. 0<sup>m</sup>145. L. 0<sup>m</sup>155.

Un buste de Schumann sur un piédestal ; des femmes viennent en procession à ce buste offrant des guirlandes. Une figure devant le buste joue d'un instrument. Dans le haut, une Renommée, les bras étendus, tient une trompette.

Page 26. — ***A Robert Schumann***. H. 0<sup>m</sup>105. L. 0<sup>m</sup>115.

Un buste de Schumann sur un piédestal, jeunes femmes venant rendre hommage ; l'une joue d'un instrument devant le buste. Une figure ailée le couronne.
Composition se rapprochant de la précédente.
En haut on lit : « 12, 13, 14 juin 1868. »

A droite : « A Robert Schumann.
Crépuscule du matin.
Tout sombre, en vigueur sur le ciel oriental coloré
Ange en bleu, petits nuages roses. »
En bas : « La Péri, Orient.
A gauche : enfants amoureux (?)
Manfred, arbres en fleurs. »

### Page 27. — *Le Lever*. Crayon noir. H. 0<sup>m</sup>22. L. 0<sup>m</sup>30.

Projet pour un tableau exposé au Salon de 1869, n° 900 sous le titre :
Le Lever et que Fantin détruisit après le Salon.
Dessin très sommaire.
On voit sur un siège, élevé sous un portique, une femme assise,
d'autres femmes l'entourent ou viennent vers elle.

### Page 28. — *La Nuit et les Songes*. H. 0<sup>m</sup>285. L. 0<sup>m</sup>215.

Projet de tableau qui a été exécuté plusieurs fois.
En bas, couché de gauche à droite, le dormeur. Au-dessus de lui les
figures qu'il voit en rêve. Deux femmes dansent, un Amour tenant son
arc ; à gauche une figure sombre, le Cauchemar. En haut une figure
ailée et une autre, assise sur des nuages et se détachant sur un ciel ; on
voit la lune.
En bas on lit : « La Nuit et les Songes. »
28 octobre 1868,

### Page 29. — *Hommage à Delacroix*. H. 0<sup>m</sup>145. L. 0<sup>m</sup>182.

Le buste de Delacroix sur un socle ; deux figures au pied, un groupe
d'hommes à gauche, un personnage (Fantin) couronnant le buste.
On lit en haut : « 11 septembre 1863.
A droite : 1 Moi, 2 Legros, 3 Whistler, 4 Manet, 5 Bracquemond,
6 Duranty, 7 Myionnet (regarde le public), 8 Guillaume, 9 Cordier. »

### Page 30. — *Un Morceau de Schumann*. H. 0<sup>m</sup>19. L. 0<sup>m</sup>275. Dessin fait pour l'eau-forte. Voir Appendice du catalogue Hédiard. N° 2.

M<sup>me</sup> Edwards est assise à un piano à queue ; on ne voit que la tête et
les épaules. Edwards à gauche devant un pupitre joue de la flûte.

### Page 31. — *Le Poète et la Muse*. Crayon lithographique sur papier calque. H. 0<sup>m</sup>295. L. 0<sup>m</sup>16. Dessin fait sans doute, en vue de la lithographie n° 45 du catalogue Hédiard.

Au premier plan, le poète, - figure coupée -- est assis à sa table de
travail, un livre est ouvert devant lui. Il est éclairé par une lampe
antique. La plume en suspend, la joue appuyée contre sa main, il semble
réfléchir. Derrière lui, la Muse est assise dans les airs, la main droite
appuyée sur une lyre, la gauche tenant une palme.

### Page 32. — *La Famille D*. H. 0<sup>m</sup>177. L. 0<sup>m</sup>22.

Projet pour le tableau, la famille D. du Salon de 1878.
M. Dubourg assis, à droite, près d'une petite table sur la table il y a :
« pas de table » ; de l'autre côté, M<sup>me</sup> Dubourg ; près d'elle, debout.
M<sup>lle</sup> Ch. Dubourg ; entre M. et M<sup>me</sup> D. M<sup>me</sup> Fantin, et, près du cadre.
Fantin.
1<sup>er</sup> nov. 77.

Page 33. — *La Famille D.* Papier gris bleu, crayon noir. H. 0ᵐ215. L. 0ᵐ25.

> Projet pour le tableau : la famille D. du Salon de 1878. Ici il n'y a plus de table et Fantin est enlevé.
> 10 février 78.

Page 34. — *L'Atelier aux Batignolles, du Musée du Luxembourg.*

> Photographie inversée.

Page 35. — *Frontispice.*

> Reproduction de la lithographie.
> Frontispice : le Génie de la musique, n° 35 du catalogue Hédiard.

Page 36. — *Etude.* Crayon noir. H. 0ᵐ095. L. 0ᵐ265.

> Dessin d'après nature, femme couchée, de trois quarts, de dos, le torse nu jusqu'au-dessous du genou et un autre dessin, à côté, ne donnant rien que les jambes.

Page 37. — *Croquis.* N° 1. H. 0ᵐ115. L. 0ᵐ95.

> Projet pour un tableau qui n'a pas été exécuté.
> A gauche, le coin d'un piano ; une pianiste, dont on ne voit que la tête ; derrière elle, trois figures ; un peu plus loin, une jeune fille, un cahier de musique à la main, paraît chanter.
> En bas, à gauche, un personnage assis.
> 30 mai 1872.

N° 2. H. 0ᵐ115. L. 0ᵐ95.

> Même sujet : Ici, le piano est à droite ainsi que le personnage assis ; derrière la pianiste, quatre femmes debout chantent.
> 5 juin 72.

N° 3. H. 0ᵐ095. L. 0ᵐ095.

> Même sujet, plus développé ; il y a plus de chanteuses et, dans le fond une dame dans un fauteuil. Le piano est à gauche.
> 10 juin 1872.

N° 4. H. 0ᵐ078. L. 0ᵐ08.

> Le piano est, ici, vu de trois quarts ; on voit le clavier sur lequel un pianiste a les mains posées ; il occupe le premier plan ; derrière, des jeunes filles chantent.
> On lit en haut : « 4 juillet 1872. »
> « 13 oct. 1872. Bien. »
> « 28 juillet 82. Bure. »
> En bas : « pour le peindre être debout voir le pianiste en dessus. »

Page 38. — *Croquis.* N° 1. H. 0ᵐ07. L. 0ᵐ09.

> Le pianiste est, ici, de dos devant le piano ouvert et joue. A droite et à gauche, les chanteuses.
> 21 oct. 72.

N° 2. H. 0ᵐ09. L. 0ᵐ125.

> Dessin plus sommaire, le pianiste est remplacé par une pianiste ; à droite, une chanteuse, quatre à gauche.
> 25 oct. 72.

N° 3. H. 0<sup>m</sup>09. L. 0<sup>m</sup>10.

Une pianiste; à gauche, derrière elle une jeune fille paraît battre la
mesure, devant le piano, une figure debout; à droite quatre chanteuses.
29 oct. 72.

N° 4. H. 0<sup>m</sup>095. 0<sup>m</sup>145.

Le piano est beaucoup plus de face, la pianiste presque de dos; autour
d'elle les chanteuses, à gauche une figure assise.
30 nov. 76.

PAGE 39. — *Croquis*. N° 1. H. 0<sup>m</sup>086. L. 0<sup>m</sup>113.

Le piano à gauche; le ou la pianiste de dos; derrière, deux figures; à
droite, quatre chanteuses avec leurs cahiers de musique.
20 oct. 72.

N° 2. Papier gris bleu, crayon noir. H. 0<sup>m</sup>15. L. 0<sup>m</sup>18.

La pianiste à droite, de face, derrière le piano; à gauche, quatre jeunes
filles, debout, dont quelques-unes ont des cahiers de musique; à droite,
une chanteuse et une autre tête derrière elle.

PAGE 40. — *La Répétition*. N° 1. H. 0<sup>m</sup>086. L. 0<sup>m</sup>13.

Piano à gauche, de dos, cinq jeunes filles chantent.
On lit en haut : « Chœur de jeunes filles, la Répétition ». A gauche :
30 juin 1872. »

N° 2. Crayon noir, papier calque. H. 0<sup>m</sup>153. L. 0<sup>m</sup>198.

Même sujet que le précédent. Piano à queue à droite; une pianiste
cinq jeunes filles chantent; dessin plus affirmé.

PAGE 41. — *Frontispice*. H. 0<sup>m</sup>145. L. 0<sup>m</sup>13.

Femme assise devant un monument, inscrivant les noms de Schumann, Berlioz, Wagner, Brahms.
Dans l'encadrement, quatre médaillons aux quatre coins.

PAGE 42. — *La Brodeuse*. H. 0<sup>m</sup>132. L. 0<sup>m</sup>103.

Croquis du tableau exposé au Salon de 1881, n° 862.
Jeune fille brodant à un métier.
20 février 81.

*Petit Croquis*. H. 0<sup>m</sup>085. L. 0<sup>m</sup>07.

Pour le pastel exposé au Salon de 1882.

PAGE 43. — *Jugement de Pâris*. Crayon lithographique sur
papier calque. H. 0<sup>m</sup>207. L. 0<sup>m</sup>19.

Pâris est assis, à droite, de trois quarts, un chien à côté de lui, son
bâton de berger dans une main; de l'autre main il offre la pomme à
Vénus, nue, debout devant lui, de dos pour le spectateur. Derrière elle,
Minerve, tenant sa lance et le bouclier. Entre les deux, Junon, le haut du
corps nu.
Dessin reproduit dans le : *Fantin-Latour, sa vie et ses amitiés* d'Ad.
Jullien.

PAGE 44. — *Croquis*. H. 0<sup>m</sup>16. L. 0<sup>m</sup>245.

Croquis sommaire. Un personnage, assis près de la cheminée, la tête
appuyée sur le bord. Un personnage assis de profil tenant un journal.
Une femme, derrière lui, dans un coin de canapé.
26 nov. 1868.

PAGE 45. — ***Petite peinture***. N° 1. H. 0<sup>m</sup>13. L. 0<sup>m</sup>12.
> Jeune femme de dos, nue, assise devant un mur (?) plein de fleurs.

N° 2. ***Petite peinture***. H. 0<sup>m</sup>117. L. 0<sup>m</sup>10.
> Jeune femme assise, nue jusqu'à la ceinture, de trois quarts, devant un monument sur lequel elle trace des noms (sans doute Schumann, Berlioz, Wagner, Brahms).

PAGE 46. — ***Bénédiction***. H. 0<sup>m</sup>30. L. 0<sup>m</sup>223.
> Composition pour l'œuvre de Baudelaire.
> En bas on lit : « 26 décembre 1868. Bénédiction Ch. Baudelaire. »

PAGE 47. — ***Etude***. Crayon noir sur papier gris bleu. H. 0<sup>m</sup>175. L. 0<sup>m</sup>30.
> Etude de femme nue, couchée de trois quarts, presque de face, un bras sur la tête, l'autre pendant.

PAGE 48. — ***Etude***. Dessin à la sanguine.
> Femme nue, jusqu'au dessous des genoux, debout, les deux bras levés derrière la tête, un peu baissée, le corps de trois quarts vers la droite.

PAGE 49. — ***Etude***. Crayon rouge.
> Etude de femme. Elle est de dos, un bras replié devant elle, l'autre pendant.

---

## 2441. — **ALBUM V**

### Appartenant au Musée de Grenoble.

PAGE 1. — ***Etude pour l'Immortalité***. Fusain. H. 0<sup>m</sup>25. L. 0<sup>m</sup>20.
> Figure de femme assise, vue de dos, écrivant.

PAGE 2. — ***Etude de bras***. Sanguine. H. 0<sup>m</sup>19. L. 0<sup>m</sup>107.
> Partie gauche d'un torse de femme, vu de dos.

***Femme implorant***. Sanguine. H. 0<sup>m</sup>22. L. 0<sup>m</sup>17.
> Femme tournée à droite, la tête levée dans l'attitude de la prière, les mains croisées sur la poitrine retiennent une draperie.

PAGE 3. — ***Croquis***. Croquis d'un temple à colonne. Crayon noir. H. 0<sup>m</sup>173. L. 0<sup>m</sup>20.
> Femme assise, femme debout.

***Baigneuse ou Vérité***. Mine de plomb. H. 0<sup>m</sup>105. L. 0<sup>m</sup>07.
> Femme nue, assise sur la margelle d'un puits.

PAGE 4. — ***Croquis d'après nature***. Crayon noir. H. 0<sup>m</sup>20. L. 0<sup>m</sup>21.
> Etude de jambe.

Page 5. — *Étude*. Crayon noir. H. 0^m235. L. 0^m189.

Jeune femme en décolleté, tournée à gauche, tenant un éventail.
Étude pour le pastel exposé au Salon de 1882. N° 3170.

Page 6. — *Etude d'après nature*. Sanguine. H. 0^m205. L. 0^m24.

Torse de femme penchée à gauche, le bras droit replié.

Page 7. — *Etude d'après nature*. Sanguine et crayon noir.
H. 0^m147. L. 0^m174.

Buste de femme; la main droite sur la poitrine, maintient une draperie, la main gauche derrière la tête.

Page 8. — *Croquis d'après nature*. Sanguine. H. 0^m244.
L. 0^m183.

Torse de femme de profil, penchée en avant, le bras gauche allongé,
une draperie sur les genoux

Page 9. — *Croquis d'après nature*. N° 1. Sanguine. H. 0^m147.
L. 0^m124.

Buste de femme, le bras gauche replié retenant une draperie, le bras
droit relevé.

N° 2. Sanguine. H. 0^m122. L. 0^m132.

Jeune femme assise, la tête appuyée sur la main droite, lisant.

Page 10.  - *Etude de jambes*. Crayon noir. H. 0^m22. L. 0^m113.

*Etude de bras gauche*. Sanguine. H. 0^m146. L. 0^m104.

Page 11. — *Figure de femme*. Crayon noir. H. 0^m175. L. 0^m17.

Elle est debout, de face, les mains derrière la tête.

Page 12. — N° 1. *Jeune Femme méditant*. Sanguine. H. 0^m21.
L. 0^m165.

Elle est assise, vue de profil, la tête appuyée sur la main gauche.

N° 2. *Etude de jambes*. Crayon noir. H. 0^m215. L. 0^m107.

Jambes d'une femme debout.

Page 13. — *Torse de femme, vu de face*. Sanguine. H. 0^m185.
L. 0^m24.

Page 14. — *Etudes de femmes*. Crayon noir. H. 0^m245. L. 0^m145.

Etudes de jambes; femme assise; femme couchée; bras gauche; femme
vue de face, la tête penchée; femme renversée, les mains sur la tête.

Page 15. — *Etude de tête*. Crayon noir. H. 0^m165. L. 0^m16.

Buste de femme décolletée la tête de trois quarts.

Page 16. — *Torse de femme levant les bras*. Crayon noir.
H. 0^m25. L. 0^m15.

PAGE 17. — ***Etude de Femme debout***. Crayon noir. H. 0ᵐ27. L. 0ᵐ17.

Elle est debout, le bras gauche tendu.

PAGE 18. — ***Etude de jeune Fille***. Sanguine. H. 0ᵐ202. L. 0ᵐ165.
On ne voit que le haut du torse, la tête est en profil perdu.

PAGE 19. — ***Etude d'après nature***. H. 0ᵐ19. L. 0ᵐ14. Sanguine.
Tête de jeune femme en profil perdu, tournée à gauche.

PAGE 20. — ***Etude de Femme vue de dos***. Sanguine. H. 0ᵐ282. L. 0ᵐ13.

Elle est debout, le bras droit tombant, l'autre replié.

PAGE 21. — ***Croquis de Femme assise***. Sanguine. H. 0ᵐ275. L. 0ᵐ21.

Elle est dans l'attitude du repos, la tête appuyée sur la main droite, le bras gauche tombant le long du corps.

PAGE 22. — ***Etude de Femme assise***. Sanguine. H. 0ᵐ219. L. 0ᵐ215.
Elle est appuyée sur le dossier d'un siège, la tête levée.

PAGE 23. — ***Etude de jeune Femme***. Sanguine. H. 0ᵐ175. L. 0ᵐ142.
Elle est accoudée, le bras droit replié sur la poitrine.

PAGE 24. — ***Baigneuses***. Crayon noir. H. 0ᵐ185. L. 0ᵐ207.
Une femme sort de l'eau, tandis que sa compagne hésite à y entrer. Paysage boisé.

PAGE 25. — ***Croquis de Femme volante***. Mine de plomb. H. 0ᵐ16. L. 0ᵐ9.

***Persée et Andromède***. Crayon noir. H. 0ᵐ145. L. 0ᵐ126.
Indication très sommaire de Persée combattant le monstre, Andromède à gauche.

PAGE 26. — ***Etude***. Crayon noir. H. 0ᵐ295. L. 0ᵐ265.
Deux croquis de la même pose, la tête reposant sur le bras gauche : dans l'un, on ne voit que le buste. Pour la figure couchée du Songe, Salon de 1889, pastel transformé en peinture à l'huile.

***Couverture***. Mine de plomb.
Quatre croquis très sommaires d'après des tableaux de maîtres.
Le premier à gauche : H. 0ᵐ74. L. 0ᵐ118.
On lit dans le bas : « 10 août 1864. »
A droite : « H. 0ᵐ059. L. 0ᵐ09. »
On lit en haut : « Rubens, Lancashire. »
Celui du bas, à gauche : H. 0ᵐ90. L. 0ᵐ125.
« 12 sept. 64. »
Celui de droite : H. 0ᵐ056. L. 0ᵐ085.
On lit dans le haut : « Hampton-Court. »
Dans le bas : « Pordenone.
Dimanche 18 sept. 64. »

### 2442. — **ALBUM VII** [1]

Appartenant au Musée de Grenoble.

Page 1. — ***Etude d'après nature.*** Sanguine. H. 0^m24. L. 0^m195.
Buste de femme, tête penchée ;

Page 2. — ***Etude d'après nature.*** Sanguine. H. 0^m25. L. 0^m20.
Jeune femme assise, les bras tombant, une draperie sur les jambes.

Page 3. — ***Etude d'après nature.*** Crayon noir. H. 0^m24. L. 0^m21.
Torse de femme, les bras levés, la tête n'est pas indiquée.

Page 4. — ***Etudes d'après nature.*** Sanguine et blanc. H. 0^m245.
L. 0^m19.
Femme assise, vue de dos, la tête baissée.
Partie inférieure d'un torse de femme.

Page 5. — ***Etude d'après nature.*** Sanguine. H. 0^m209. L.
0^m205.
Femme assise, le bras gauche tendu, la main droite devant la poitrine,
tête en profil perdu. Draperie passant sous les seins.

Page 6. — ***Deux études de bras.*** Sanguine. H. 0^m21. L. 0^m187.

Page 7. — ***Etude de bras.*** Sanguine. H. 0^m158. L. 0^m208.

Page 8. — ***Etude d'après nature.*** Crayon noir. H. 0^m28.
L. 0^m21.
Bassin et jambes de femmes debout.

Page 9. — ***Etudes de bras.*** Sanguine et crayon blanc. H. 0^m18.
L. 0^m245.

Page 10. — ***Torse de femme.*** H. 0^m24. L. 0^m18.
Buste de femme, la tête penchée, draperie sur les genoux.

Page 11. — ***Etude d'après nature.*** Sanguine et crayon blanc.
H. 0^m16. L. 0^m15.
Bassin de femme.

Page 12. — ***Croquis d'après nature.*** Crayon noir. H. 0^m26.
L. 0^m19.
Tête renversée, bras gauche et quatre études de pieds.

---

[1] Les dessins de l'Album VI ont été séparés et se retrouvent indivi-
duellement mentionnés plus haut, sous divers numéros.

PAGE 13. — ***Etude d'après nature***. Crayon noir. H. 0^m^27. L. 0^m^205.

Femme de profil, le corps penché en avant, les bras soulevés.

PAGE 14. — ***Croquis d'après nature***. Sanguine. H. 0^m^18. L. 0^m^24.

Deux études du bras droit.

PAGE 15. — ***Etude d'après nature***. Sanguine. H. 0^m^172. L. 0^m^153.

Bassin de femme.

PAGE 16. — ***Croquis d'après nature***. Sanguine. H. 0^m^275. 0^m^205.

Etude de l'épaule et du bras gauche, d'une main gauche et attache du bras droit.

PAGE 17. — ***Etude d'après nature***. Sanguine. H. 0^m^195. L. 0^m^22.

Femme assise, le bras gauche tendu, la main droite ramenée sur la poitrine, draperie passant sous le sein gauche.

PAGE 18. — ***Etudes de bras***. Crayon noir. H. 0^m^243. L. 0^m^17.

PAGE 19. — ***Etude de jeune Fille***. Sanguine. H. 0^m^22. L. 0^m^19.

Elle est accoudée, le torse nu.

PAGE 20. — ***Etude d'après nature***. Sanguine. H. 0^m^24. L. 0^m^175.

Partie gauche d'un torse de femme.

PAGE 21. — ***Croquis d'après nature***. Sanguine. H. 0^m^175. L. 0^m^19.

Deux bustes de femmes nouant leurs cheveux ; l'une baisse la tête, l'autre la renverse.

PAGE 22. — ***Croquis d'après nature***. Sanguine. H. 0^m^248. L. 0^m^14.

Femme vue de face, dessin coupé au-dessus des genoux. A gauche, indication d'un bras.

PAGE 23. — ***Etude d'après nature***. Sanguine. H. 0^m^248. L. 0^m^148.

Jeune fille vue de face, la tête penchée à gauche, figure coupée à mi-jambes.

PAGE 24. — ***Croquis d'après nature***. Sanguine. H. 0^m^135. L. 0^m^096.

Elle est de face, dessin arrêté à la hauteur des épaules et au-dessous des genoux.

***Femme assise***. Crayon noir. H. 0^m^115. L. 0^m^095.

Elle est de face, la tête baissée, la main droite sur la poitrine, l'autre sur les jambes.

PAGE 25. — ***Croquis d'après nature***. Sanguine. H. 0^m^215. L. 0^m^14.

Jeune femme debout, appuyée à gauche, la tête baissée, la main droite sur la tête ; dessin arrêté au-dessus des genoux.

PAGE 40. — ***Etude de Femme en prière***. Sanguine. H. o^m225. L. o^m155.

La tête levée semble implorer, les mains, jointes, sur la poitrine, retiennent une draperie.

***Etude de jambe***. Sanguine. H. o^m165. L. o^m11.

Jambe droite repliée.

PAGE 41. — ***Etude d'après nature***. Sanguine. H. o^m22. L. o^m154.

Jeune femme assise, draperie partant de l'épaule droite et passant sous les seins.

PAGE 42. — ***Etude de Femme vue de dos***. Crayon noir. H. o^m19. L. o^m155.

PAGE 43. — ***Femme drapée***. Sanguine. H. o^m225. L. o^m191.

PAGE 44. — ***Etude de genoux***. Crayon noir. H. o^m064. L. o^m106.

***Torse de Femme vu de profil***. Sanguine H. o^m207. L. o^m128.

PAGE 45. — ***Croquis de Femme***. Crayon noir. H. o^m247. L o^m145.

Elle est vue de dos, assise, une draperie recouvre les jambes.

PAGE 46, COUVERTURE. — ***Etude 'de draperie***. Crayon noir. H. o^m14. L. o^m203.

Recherche des plis de la robe du portrait de M^me Maître, exposé au Salon de 1882.

On lit en haut : « Madame Maître ».

———————

# ALBUMS DIVERS

CROQUIS ET CALQUES

APPARTENANT A M<sup>me</sup> FANTIN-LATOUR.

2443. — A). *Croquis*, projets de tableaux. Cinquante et une feuilles.

2444. — B). *Croquis*, projets de tableaux. Cinquante-six feuilles.

2445. — C). *Dessins* d'après des médailles antiques, croquis, projets de tableaux. Cinquante-trois feuilles.

2446. — D). *Dessins* et *Calques* d'après les Maîtres. Cent soixante-quinze feuilles.

2447. — E). *Calques* d'après des académies. Cent quarante-sept feuilles.

2448. — F). *Calques* d'après des académies. Cinquante-deux feuilles.

2449. — G). *Calques* d'après des académies. Cinquante-deux feuilles,

2450. — H). *Calques* d'après des académies. Cinquante-sept feuilles.

2451. — I). *Calques* d'après des académies. Cinquante-trois feuilles.

FIN

Paris. — Société anonyme de l'Imprimerie Albouy, 117, avenue de Choisy.

9 782329 320489